「混血」と「日本人」

ハーフ・ダブル・ミックスの社会史

下地ローレンス吉孝
しもじ・ろーれんす・よしたか

青土社

「混血」と「日本人」　ハーフ・ダブル・ミックスの社会史　目次

はじめに　9

序章　15
1　日本社会と「ハーフ」
2　分析枠組み
3　人種編成論の日本の文脈への援用
4　方法と対象
5　インタビューの概要
6　本書の構成

第Ⅰ部　「混血」の戦後史

第1章　敗戦と「混血児問題」の時代　一九四五〜一九六九年　61
1　「日本人」の境界線の引き直し
2　旧植民地出身者をめぐって
3　「混血児問題」をめぐって
4　文部省の「混血児対策」
5　市民社会の動向
6　小括：戦後日本における「日本人」化／「外国人」化の萌芽

第2章　豊かさと「ハーフ」の時代　一九七〇〜一九八九年　135

1 「ハーフ」の誕生
2 「日本人論」における「混血児」の不在
3 「混血児問題」のその後
4 「ハーフ」言説の登場
5 「国際化」のなかの日本人論
6 国籍法改正運動が焦点化しなかったもの
7 小括：「ハーフ」登場のなかで

第3章 「多文化共生」と「ダブル」の時代 一九九〇〜二〇〇〇年 181

1 グローバル化のなかで何が起こったのか
2 開国・鎖国論争から入管法改定へ
3 その後の「ハーフ」言説
4 「混血児」の使用禁止運動と「ダブル」言説の登場
5 「多文化共生」で繰り返される「日本人」対「外国人」
6 小括：恣意的に使い分けられる人種のロジック

第4章 「ハーフ」の多様化の時代 二〇一〇年〜 213

1 「日本人／外国人」二分法の現在
2 日系定住外国人政策
3 「ハーフ」表象の新たな展開
4 消費の対象から発信する主体へ
5 コミュニティ形成とアイデンティティ・ポリティクス

6　メディア・アクティビズム
7　小括：「あたりまえ」が問い直されるとき

第Ⅰ部まとめ　251

第Ⅱ部　「混血」の生活史

第Ⅱ部への序——戦後史から生活史へ　259

第5章　「あなたはナニジン?」——日常生活における人種経験　271
1　日常から何が見えるか
2　日常生活での人種経験
3　ジェンダー、セクシュアリティと「ハーフ」
4　エスニシティと「ハーフ」
5　ネーションと「ハーフ」
6　小括：日常生活に偏在する人種

第6章　「ハーフ」の捉えがたさ　325
1　なぜ「ハーフ」は捉えがたいのか
2　位相Ⅰのケース
3　位相Ⅱのケース

4 位相Ⅲのケース
5 小括：位相ごとの人種化

第7章 「日本人らしさ」がもたらす人種化の力学
——家族・学校・労働・ストリートの現場から 361
1 現場で何が起こっているのか
2 家族
3 学校
4 労働
5 ストリート
6 制度間の相互作用
7 小括：人種化がもたらす社会的帰結

第8章 「日本人」と「外国人」に二分される世界を生きる 391
1 人生の軌跡をたどる
2 ライフコース分析
3 小括：移りゆくライフコースのなかで

第Ⅱ部まとめ 433

終章 437

あとがき　445
参考資料　xxiii
引用・参考文献　v
索引　i

「混血」と「日本人」

ハーフ・ダブル・ミックスの社会史

はじめに

人種差別の実態が、認識されない国

> 級友や上級生との関係は、混血児自身も周囲もいまだ明確な自意識がなく、一時的に差別視される（ひやかされたり、仲間外れにされたりする）事件は散発するが、担任の先生を始とする学校の努力によって解決され、永続的な深刻な差別視の例は皆無といってよい。また学校の他の児童の父兄も非常に協力的である。（中略）要するに、先生の努力と家庭の協力により現在のところ学校生活に問題はほとんどないが将来には多くの不安を蔵している。

我が国の現状が、既存の法制度では差別行為を効果的に抑制することができず、かつ、立法以外の措置によってもそれを行うことができないほど明白な人種差別行為が行われている状況にあるとは認識しておらず、人種差別禁止法等の立法措置が必要であるとは考えていない。

一つ目の引用は、一九五四年に文部省初等中等教育局がまとめた『混血児指導記録一』にある、当時の文部省の報告である。この記録で言及されている「混血児」たちのなかには、実際には深刻な人種差別を経験し、登校拒否になったり自殺願望を抱くような例もあったが、文部省はこうした差別の実態から目をそむけ続けていた。一方、二つ目の引用は、二〇〇一年に外務省が国連の人種差別撤廃委員会の報告に対して提出した意見書に書かれたものである。なお、二〇一七年に至っても、政府は「包括差別禁止法が必要であるとの認識には至っていない」という見解を繰り返している。[1] 冒頭の二つの文書が書かれた時期は半世紀近くも隔たっている。これほどの長きにわたって、なぜ日本において人種差別は「存在しないもの」、あるいは「問題ではないもの」とされ続けてきたのだろうか。問題が「ある」のに「ない」とされ続けてきた、あまりにも長い歴史の前に佇んで、私が今日まで接してきた、あるいは見聞きしてきた多くの人びとの人生を思う。

本書がこれから問おうとすることは、「実際に人種差別があるのかないのか」ではない。本書の関心は、「人種差別がない」と反復されることが、現実社会にどのような帰結をもたらしているのか、という点にある。

古くて新しい問い。「日本人」とは何か？

本書を通して考えることは、日本社会のなかでかつては「混血（児）」、現在ではおもに「ハーフ」と呼ばれる人々についてである。私はこれまで、多くの「ハーフ」にインタビューしてきた。

「あなたって日本人じゃないの？」
「一〇〇パーセント日本人ですか？」
「え、おまえの血って何色なん？……日本人やない」

いずれも、インタビュー協力者が実際に浴びせられた言葉だ。かれらへのインタビューを重ねるなかで浮上してきた問いは、かれらに対して発せられている「日本人」とはいったい何か、というものだ。すでに多くの歴史社会学の研究や日本人論において、「日本人」というカテゴリーそのものが歴史的過程を通じて作られたものである、という点が指摘されてきた。

「血統」というものが何をさすのかはそれほど明確ではないにもかかわらず（小熊 1995:391）、「日本人」を論じるうえで「血統」のもつインパクトはとても大きい。「血統」や「日本人の血」というものじたいに明確な定義がなく、それがあいまいな概念だとしても、日本の現実世界において「日本人」の身体と、概念上の「血統」とが、あまりにも強固に結びつけられてしまっている。「日本人」とは何か。古くから繰り返し問われてきた問いに、本書は「混血」と「ハーフ」というテーマから迫ることにしたい。

（1）外務省、二〇〇一「人種差別撤廃委員会の日本政府報告審査に関する最終見解に対する日本政府の意見の提出」、外務省、二〇一七「人種差別撤廃条約第一〇回・第一一回政府報告」（二〇一八年七月六日取得、https://www.mofa.go.jp/mofaj/gaiko/jinshu/）。

現実の世界に目を向ける

いま一度、日本社会の現実に目を向けてみたい。日常生活をみれば、「日本人」という概念の民族的・人種的なイメージはあまりにも素朴に、そして深く人びとの認識に刷り込まれているといえよう。日常会話では「日本人である／ない」「日本人の血」「日本民族」「純ジャパ」などといった言葉がごく普通に使われている。これら「日本人」に関わる諸概念は、言葉として存在するだけではなく、暮らしのあらゆる場面に染みついている。家庭、職場、学校、就職活動の面接、ストリートなどのさまざまな場面、あるいは公的書類（住民票、戸籍、運転免許証）など、日常生活のいたるところで、わたしたちは「日本人か否か」を問われている。

本書が対象とする「混血」「ハーフ」の日常生活に目を向けてみても、あらゆる生活空間で、毎日のように「あなたは何人（なにじん）か？」「日本人か否か」を問われ、実際にこうした声をかけられる経験をしている。

もしかすると「日本人かどうかを決めるのは国籍だ」と考える人がいるかもしれない。しかし、事態はそれほど単純ではないだろう。日常生活のなかで「日本人か否か」がその場その場で判断されるとき、そこで日本国籍の有無はほとんど問われていない。この問いかけは直接的に、かれらの「外見」「見た目」「肌の色」「身体」に結びつけて投げかけられるものである。かれらが日常生活でさらされる経験をみていくと、日本国籍の有無を度外視して、その身体によって「日本人かどうか」の判断が下されているのである。また、こうした問いかけは決して身体だけに結びつけられるのではない。あまりにあいまいな「血統」の概念はじめ、問いかけをする者の意図によってあらゆる指標に結びつけられる。名前、立ち振る舞い、ジェンダーやセクシュアリティ、階層性など、さまざまな指標に基づいて、日常生活における「日本人か否か」の線引きは展開される。

先のように、これまでに多くの歴史研究が、「日本人」や「単一民族」といった概念そのものが歴史を通じて構築されたものであることを明らかにしてきた。しかし、強固に構築された「日本人」概念は、現実世界を生きる人びとにいかなる帰結をもたらしているのだろうか。また、そのことをどう理解すればいいのだろうか。戦後日本において「日本人」と「外国人」の境界線が策定されるとき、そのあいだを生きる「混血」や「ハーフ」と呼ばれた人々はいかに人種化されてきたのか。実際に引かれた境界線は、現実世界に具体的にどのように作用し、それはどう生きられてきたのか。本書を通じて考えていく。

本書の目的

しかし本書の最終的な目的は、「日本人」とは何か、「ハーフ」とは何かと問うことを通じて、「日本人」や「ハーフ」という語句やカテゴリーを定義することではない。むしろ、「日本人」や「ハーフ」が問われるとき、その言葉がいかに用いられ、意味づけられていったのかという、プロセスそのものを記述する。どのような主体（政府・企業・社会運動等）が、どのような対象に、どのような語句やカテゴリーを用いて（あるいは名づけて）、それをどのように意味づけ、どのように用いてきたのか。そうした言葉が歴史を通じてどのように反復され、再生産され、あるいは消滅したのかという、意味づけのポリティクスをたどること。そして、その過程が日常生活にいかなる影響をもたらしたかを明らかにすることが、本書の目的である。

本書では、「人種」という概念を用いるが、ここでは「日本人」はどのような人種なのか、本質主義的な分析するのではない。むしろ「日本人」はどのように人種化されてきたのか、「混血」や「ハーフ」がどのように人種化されてきたのかという、「人種化」のプロセスそのものをつぶさに分析する（分析的な「人種概念」については序章で詳述する）。新聞・雑誌などのメディアにおける言説や表象を通じて人種化の歴史的な側面を、そしてインタビューで語られる「ハーフ」の日常的経験を通じて人種化の生きられた側面をたどり、日本社会において人びとが人種化されてきた社会史の一端を描いてみたい。

本書は二部構成をとっている。理論や研究手続きを述べた序章のあと、本編へと続く。序章は本書が社会学的に「人種」や「ハーフ」を分析するにあたっての研究枠組みを提示した。理論や研究手続きに関心のない読者は、戦後史を論じた第Ⅰ部、生活史の第Ⅱ部から読み進めてもよいだろう。公文書、新聞、雑誌などの史資料の分析を通じて日本社会の人種化と「混血」「ハーフ」の歴史に迫ろうとするのが第Ⅰ部である。ここでは約二〇年ごとの時代区分で、四つの章が構成されている。また、インタビュー調査を通じて「混血」や「ハーフ」のライフヒストリーをまとめたのが第Ⅱ部である。当事者が経験する初対面での出来事、同じ「ハーフ」として括られてもさまざまに異なるそれぞれの背景、社会的場面ごとの経験の違い、ライフコースなどをいくつかの視点から論じている。

本書の章一つひとつは、これまであまり語られてこなかった、日本社会のもうひとつの社会史である。そして戦後史の一部をなし、いまも日本社会に暮らす「ハーフ」と呼ばれる人々の社会史をたどることは、「日本」の輪郭線をたどりなおすことでもある。

序章

1　日本社会と「ハーフ」

1－1　「ハーフ」の全体像

日本社会に「ハーフ」と呼ばれる人々はどのくらい暮らしているのだろうか。国際結婚の数についてみれば、厚生労働省の人口動態調査「夫妻の国籍別にみた年次別婚姻件数」[1]によると、「夫妻の一方が外国」である婚姻総数は年々増加の一途をたどり、過去一〇年間における国際結婚数は年間平均三万件以上となっている。結婚総数のうちおよそ三〇組に一組が国際結婚である。その一方で、現在日本社会に暮らす「ハーフ」と呼ばれうる人々の正確な数字を把握する統計データはない。そのため、

（1）　厚生労働省、二〇一七、「夫婦の国籍別にみた婚姻件数の年次推移」（『人口動態計年報　主要統計表』）、厚生労働省ホームページ（二〇一七年六月一五日取得、http://www.mhlw.go.jp/toukei/saikin/hw/jinkou/suii09/marr2.html）。

厚生労働省の人口動態調査における出生時の親の国籍数の統計をもとに、日本国籍と外国籍の組み合わせで生まれた子どもの年間数が、メディア等で「ハーフ」の数として伝えられている。

両親のどちらかが外国出身のいわゆる「ハーフ」の子どもは、国内では新生児の五〇人に一人にあたる年間約二万人が誕生している。

（「『ハーフ』新生児の五〇人に一人　外国人扱いに戸惑い」、『朝日新デジタル』二〇一六年一一月五日）

正確な数は捉えられていないものの、日本全体の出生率や死亡率なども勘案して算出された「国際児」の人口推計が、二〇一八年五月二〇日に発行された移民政策学会の『移民政策研究』の論文で発表され、「日本で初の試み」として注目を集めている。この論文を執筆した是川夕によれば、日本国内における「国際児」の人口は二〇一五年一〇月一日の時点で八四万七一七三人にのぼると推計されるという。この数値は出生率や死亡率を勘案して算出されているものの、国際移動は想定されていない。また、推計の元となる数値データは先述の厚生労働省の人口動態調査を利用しているため、一九八七年以前に生まれた人々の数値は含まれていない。そのため、この数値が示しているのは、現在三〇、三一歳以下の若者の「国際児」人口の推計であることがわかる。また、その後二五年間ずつの増加数の推計値は、それぞれ二〇四〇年で二〇三万一四九二人、二〇六五年には三四八万五四五二人と、五〇年後には現在の四倍以上になるとされている。この数字をみて、意外に多いと感じた読者もいるかもしれない。しかし、朝日新聞や是川論文では、厚生労働省の人口統計の数値をもとにしている。そのため、ここでの「ハーフ」や「国際児」の定義は〈親の国籍〉と〈出生地〉という指標に

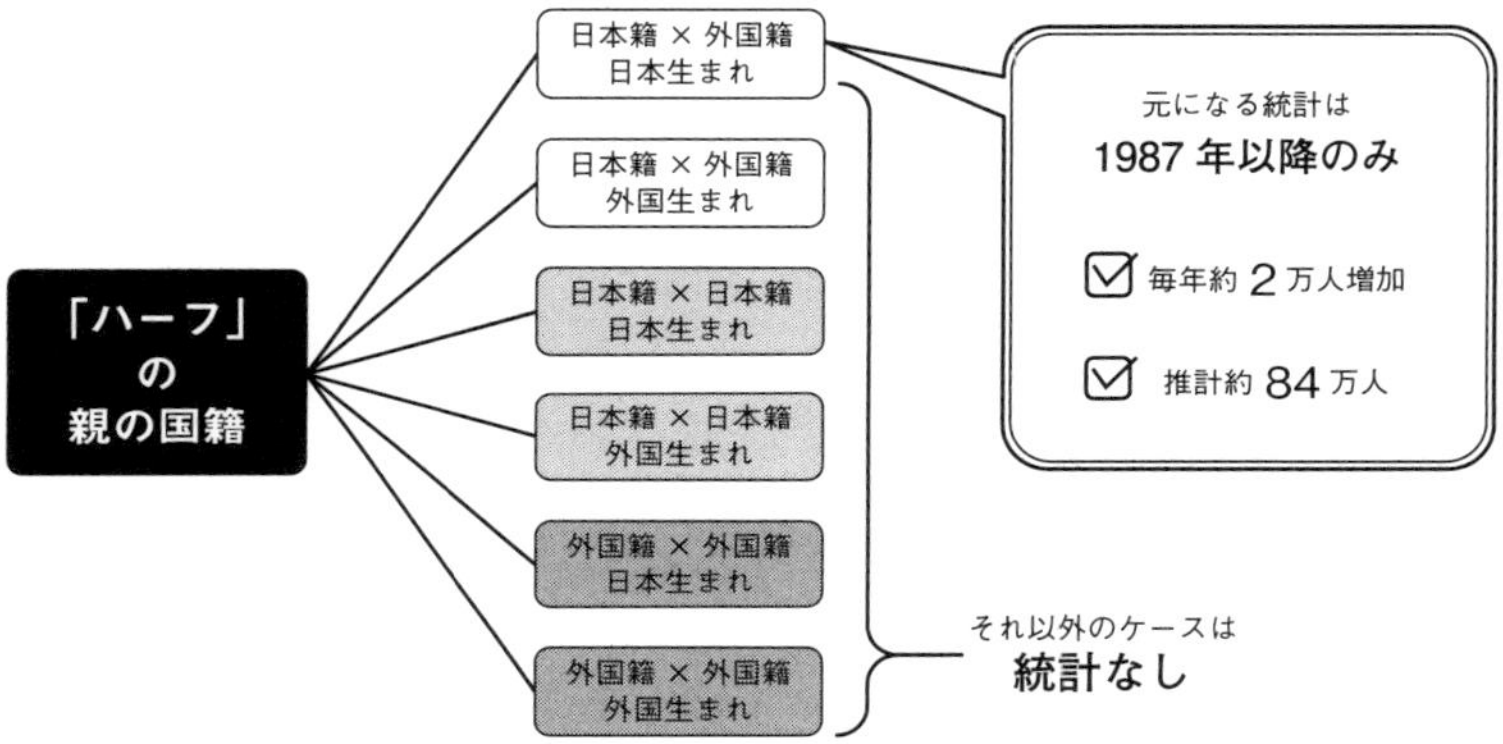

図 0-1　「ハーフ」と呼ぶ／呼ばれうる人の親の国籍と出生地のパターンと統計の関係

基づいており、出生時の父母の国籍が日本国籍と外国籍という組み合わせのパターンの推計となる。しかし、日本社会で、「ハーフ」と名乗り／名指される人々の国籍のパターンは、上記の組み合わせだけだろうか？　例えば、海外へ移住して暮らす日系人（日本国籍もしくは外国籍）が現地女性と出会って子どもが生まれる。そして、この子どもが日本にやってきた場合、かれらが自らを「ハーフ」と名乗る、もしくは周囲から「ハーフ」と名指されることがありえる。このように、海外で生まれ、日本に移住してきた多くの「ハーフ」の若者たちの数は厚生労働省の統計には計上されていない。また、外国籍から帰化した日本国籍であることを考えた場合には、親が日本国籍者同士の子どもであっても、「ハーフ」と名指し／名指される場合がありえるだろう。そして、一九八七年以前に生まれた人々、すなわち二〇一六年の時点で三〇、三一歳以上の、私の母のような「ハーフ」も日本社会には暮らしている。

　日本社会で周囲から「ハーフ」と呼ばれる／もしくは自らを「ハーフ」とみなす人の親の国籍のパターンを細分化すれば、「日本国籍と外国籍」「日本国籍と日本国籍」「外国籍と外国籍」という三つに大別できる。さらに、これに「日本生まれ」か「海外生まれか」という条件を加えると、図0－1のように六つのパターンに区分けすることができ、統計が出されているもの以外の五つのパターンの「ハーフ」の実態はいまだに捉えられていないこととなる。

このように、推定人口と親の国籍のパターンの多様性をみると、「ハーフ」と呼ぶ／呼ばれうる人口は是川氏の推計値よりもさらに大きいと予測される。

1－2 「ハーフ」と一言で表されるものの多様性

「ハーフ」の定義については、社会一般には「外国人」と「日本人」との間に生まれた子どもとされる場合が多い。朝日新聞の記事などではより単純化されており親の国籍のどちらかが外国籍のパターンでの出生者を「ハーフ」と呼んでいる。しかし、「国籍」という指標だけではなく、「出身地」、「育った地域」、「外見」、「歴史的背景」(基地のルーツ、オールドカマーのケース、在留資格の違い、難民のルーツなど)、アイデンティティとする「国」、「文化」、「経験」、「学校教育のあり方」、「ジェンダー」、「アイデンティティ」、「自分の名前」(カタカナ、漢字、ひらがな)などの指標も組み合わさると、「ハーフ」と社会的に呼ばれうる人々の内実はより複雑であることがわかる。しかし、このような複雑性はメディアや日常生活では十把一絡げに「ハーフ」という言葉でまとめられ、社会一般的に「なんとなく」使われているのが現状である。さらに、帰化や国際移動をも考えれば、そもそも「日本人」と「外国人」というカテゴリーそのものが実に曖昧である。それでもなお、私がこの「ハーフ」という語句に着目して研究を進めることには理由がある。

それは、日本社会で「ハーフ」という言葉、そして「日本人」と「外国人」という区分が歴史的過程を通じて、さまざまな主体によって意図的に構築されてきたこと、そしてこの構築されたカテゴリーがあたかも自明で本質的なものとして、社会や人々の認識のなかにあまりにも深く浸透しており、それが日常生活のあらゆる場面でさまざまな実際的な社会的影響を及ぼしているからである。

1－3 「ハーフ」がなぜ、語られないのか？

「ハーフ」人口の推計をみても、日本社会で「ハーフ」と呼ばれる人々の存在感はますます増しているといえる。しかし、冒頭でも述べたように、「ハーフ」に関わる研究はまだまだ十分であるとはいえない。かれらは毎日のように人種的な偏見と向き合わざるを得ない環境に直面しているが、その状況は社会に十分に認知されておらず、その無知ゆえにまたあらたな偏見が生み出され続けている。ではなぜ「ハーフ」に関わるテーマは語られないのだろうか。

その理由の一つは、「ハーフ」という語句が示す意味範囲があまりにもあいまいであることがいえる。先に述べたように、〈歴史〉〈外見〉〈出身地・国籍〉などの指標によってかれらの歴史や経験は非常に多岐・多様である。さらに重要な点は、かれらを指し示す語句が歴史と共に変化しているという点も、その捉えがたさの背景にある。戦後の「混血児問題」、六〇年代ごろの「混血ブーム」、七〇年代以降の「ハーフブーム」、九〇年代以降の「ダブル」の社会運動と「混血児」という語句使用禁止運動、二〇〇〇年代の「ハーフ」の意味づけの多様化など、歴史のなかでかれらの呼称はその都度変化してきた。「混血」「あいのこ」「国際児」「ダブル」「ハーフ」「クォーター」「ミックス」「ブレイジアン」「アメラジアン」「ハパ」など複数の語句が生み出され、これらの語句の示す範囲や、社会的意味、政治性と歴史性、そしてその使用目的・用途も非常に多様である。これらの複雑性は、かれらの存在の捉えがたさや語られがたさの背景に直結している。

これらの複雑性は、「ハーフ」にまつわるテーマの社会学的研究が他のマイノリティ研究に比べて圧倒的に少ないことの背景にも関係している。岡村（2016）は、カテゴリーの分断によって研究や運動そのものが分かれてきたことを指摘している。このような先行研究の問題は、より具体的には研究領域と分析対象の分化として現れている。「混血」や「ハーフ」を対象とする研究は蓄積されつつあるが、実際の分析では個別のカテゴリーに細分化された上で調査が展開されている。このように細分化された個別の研究領域は以下の五つに整理することができる。[2]

①米軍人と日本の女性との間に生まれたケースを分析する領域で、戦後の「混血児問題」をめぐる研究（加納など）と、沖縄の「アメラジアン問題」をめぐる教育・社会運動研究（照本 2004; 野入 2009 など）。②「在日ダブル」と在日コミュニティとの関係性を描き出す研究（李 2008; 松岡 2014; 川端 2014 など）。③フィリピン女性と日本人との間に生まれた「ジャパニーズ・フィリピーノ・チルドレン（JFC）」や「日比国際児」を対象とした研究（小ヶ谷 2013; 三浦 2015 など）。④日系南米人のルーツを持つ「混血」や「ハーフ」を対象とした研究（関口、渡会など）。⑤「混血」「ハーフ」にまつわる言説・表象研究（岩渕 2014; 岡村 2016 など）。

これまで長い間、社会学や歴史学では「混血」「ハーフ」は研究対象とされてこなかったが、特に近年では上記のように個別のテーマに沿った様々なテーマの研究が進められている。①〜⑤で用いられる研究対象のカテゴリーは、それぞれが個別の歴史的背景をもっており、個々のルーツの詳細な研究成果を蓄積している。しかしその一方で、上記のように研究領域が細分化され、研究対象の選定とその際に用いるカテゴリーも個別化されているがゆえに、研究蓄積の成果が十分に相互参照されないこと、個別具体的な事例を明らかにすることに留まるため日本社会全体における人種差別構造への転換を迫るような研究となりにくいことがいえる。

アカデミックの領域ではカテゴリーが細分化される一方で、実生活に目を写せば、かれらは総じて「ハーフ」と呼ばれ続けている。問題は、このような現実のカテゴリーと、研究上のカテゴリーとのズレにあり、日本社会における「ハーフ」や「混血」の社会的位置づけについて包括的に扱った研究がほとんどみられず[3]、かれらをとりまく日本社会の人種構造の歴史的・日常的な問題はまだ十分に検証されているとはいえない。「ハーフ」を十把一絡げに捉えるのではなく、歴史資料や個人の聞き取り調査などから、むしろその内にある複雑さを丁寧に整理し解きほぐす必要があるだろう。「ハーフ」の複雑性を的確に把握し、かれらをめぐるカテゴリーそのものが「日本人」と「外国人」カテゴリーとともに構築されてきたプロセスを整理することで、日本社会に浸透する人種化の構造そのものを逆照射することができるだろう。これまで相互参照されてこなかった個別の「混血」「ハーフ」の

---

(2) これ以外にも、移民第二世代研究や海外ルーツの子どもをめぐる研究、国際結婚をめぐる研究(志水・山本・鍛治・ハヤシザキ編 2013 など)においても事例において「混血」「ハーフ」が取り上げられている。

(3) 日本社会の歴史的背景や社会構造の特徴の重要性を指摘しているのは竹沢泰子である(竹沢 2016)。竹沢は、かれらが日本社会に登場するようになった特有の歴史的背景を「異集団間混淆を生み出してきた」「構造的要因」として、「1:帝国主義・国外植民地主義」「2:先住民支配・国内植民地支配」「3:占領期から今日に至る米軍などの軍隊・基地の存在」「4:国外における婚姻外の混淆」「5:一般的な移住・移住労働」とまとめている(竹沢 2016:13-14)。しかしながら、竹沢自身や編者となった著作において、実際にこれらの歴史的な位相の差異に基づいて「混血」「ハーフ」言説の歴史的な構造化や社会的帰結を論じる包括的な分析はみられない。

研究領域を架橋し、日本社会における人種化の構造を捉えると同時に、これらのカテゴリーが現実社会に及ぼす具体的な帰結を詳細に明らかにしていく。

1−4 「集団」としては捉えられないハーフを研究することの意味

「日本人」と「外国人」とを区分する強力な二分法は、人種的な観念であれ国籍の差異によるものであれ、あまりにも広く日本社会に浸透している。エスニシティの社会学や移民研究などのような社会学研究においても、エスニシティや人種概念が社会構築主義的にとらえられる一方、集団内／間の差異に着目するため、集団カテゴリーによる認識はしばしば自明のものとされてきた。そして、このようなエスニック・グループはしばしば共通の特徴、すなわち共通の言語・文化・祖国・ルーツ(ルート)をもつ存在として設定される。しかし、本研究の対象である日本社会の「混血」もしくは「ハーフ」と呼ばれる人々は、上記のように共通の特徴をもつ「エスニック・グループ」という単一の集団カテゴリーによって説明することは不可能である。そのため、本書では集団の前提により個人を説明していくという従来の研究手続きではなく、「個」という次元からあらためて複数の「集団」や境界を問い直してみたい。すなわち、「混血」や「ハーフ」の位置づけをめぐる問題を探ることで、「日本人」「外国人」の境界策定のありようを浮かびあげる研究となるだろう。

本書で対象とする「混血」「ハーフ」と呼ばれるような、「集団」の境界をまたぐ人々は、既存のエスニシティの社会学や移民研究で取り上げられることは少なかった。これには、日本社会に通底する、「日本人」と「外国人」とを強力に区分しようとする二分法の力学が影響している。「ハーフ」「混血」は、これまで研究対象とされてきたどのエスニック・グループにも共通する事象であり、なおかつ、植民地化や冷戦構造、トランスナショナルな国際移動などの歴史的背景の結果であるにもかかわらず、従前の社会学の領域は「ハーフ」「混血」をめぐる問題に焦点を合わせてこなかった。[4] この背景として、日本におけるエスニシティの社会学や移民研究では、エスニック・グループを対象とした欧米の分析枠組みが参照されてきたが、エスニック・グループ外部の人との間に生まれるケースは研究対象からもれやすかったことが指摘できる。「混血」「ハーフ」と呼ばれる人々のもつ文化・身体的特徴・親世代の移動の背景は多様であるため、単一のエスニック・人種グループに還元されず例外化されやすい。また、これらの学問領域では移民の適応過程やコミュニティ形成、文化変容の分析に重点が置かれるため、主流社会で生まれ育った場合の「混血」「ハーフ」はその問題関心から逸れてしまう傾向にある。さらに言えば、かれらを名指す語句が歴史過程のなかで漸次変化したこと(「混血児」「ハーフ」「ダブル」「国際児」など)も、当該分野の研究が進展しにくかった要因の一つである。そしてもっとも重要な点は、社会学の領域においても「日本人」と「外国人」とを区分する強力な人種のロジッ

(4) 社会学におけるマイノリティ研究・移民研究のなかで「国際児」「ハーフ」に関する言及は事例の一部分にみられる場合がある。しかしながら「外国籍児童」に比べて「ハーフ」「国際児」と呼ばれる人々は、これらの研究群の分析の視野から外れてしまう傾向にあったといえる。例えば「外国籍児童の場合は、まずもっては日本語、給食、教科学習、日本語的習慣への適応など、受け入れに際して解決しなければならない問題がある」とされる一方で、「国際児の場合は、日本国籍を有し、日本語もでき、日本文化のなかで育っているので、問題がみえにくいことがある」(渡辺 2002:31) と述べられているように、従来のマイノリティ・移民研究の説明のなかでは適応過程や社会の受け入れ、教育問題などに着目するため、「国際児」や「ハーフ」に対する分析は「外国籍児童」に対する分析の後景へと退けられてしまう傾向があった。

クが浸透し、この二分法が分析においてしばしば自明視されているという点である。

本研究はこの二分法に還元されえない「混血」「ハーフ」を対象に据えることによって、日本社会に浸透し強力に作用している「日本人」と「外国人」の人種的な二分法を正面から問い直す研究となる。

2 分析枠組み

本書では、日本社会における人種化の歴史的編成過程の全体像をつかむため、社会構造の水準をマクロ・メゾ・ミクロの三層構造に整理する。そして、各水準における分析をより精緻化するために、「人種編成」、「時期区分と位相」、「人種プロジェクト」、「節合」、「制度」といった概念や方法論を用いる。

2−1 人種編成論

日本社会における人種化の展開によって不可視化されてきた存在に焦点を当てるためには、そもそも「日本人」と「外国人」という二分法が歴史過程のなかでいかに構築され、再生産されていったのかを明らかにする必要がある。翻れば、「混血」「ハーフ」の人々の社会的位置づけを分析することで、日本社会において「日本人」「外国人」を策定する人種・イデオロギー・法的な境界線がいかに形作られていったのかを浮き彫りにすることができる。本研究では、人種に関連する概念や意味付けが歴史的過程のなかでいかに構築・維持・再生産・破壊され、その変化が社会・経済・政治的な政策決定や資源の再分配にどのような影響をもたらしてきたのかについて理論化したM・オミとH・ウィナント（1986, 1994, 2015）の「人種編成」論を用いた。

アメリカ社会の人種関係を分析したオミとウィナント（1994）は、「人種編成」を理論化するにあたって、まず初めに「人種」概念に対する認識を述べている。かれらの理論では、「人種」とは、単に形質的な「顔つき」や「肌の色」をめぐった問題なのではなく、人がどのように生活し、どのように死をむかえ、どのように資源が再配分され、どのように法的な権利が決定づけられるのかという議論にまたがる重要な概念であると位置づけられる。かれらは、「人種」がいかなるものなのか、という概念の意味（例えば「●●人は□□である」というようなもの）それ自体が問題なのではなく、むしろ「人種」という概念が歴史／社会的にどのようなものとして意味づけがなされたのか、そしてその概念がどのような社会的な役割をはたしてきたのか、またそれによってどのように権力関係が形作られてきたのかという、「人種」概念がもたらした社会的帰結に着目する必要があると述べている（Omi & Winant 1994:54）。

アメリカ社会における「人種」の捉えられ方は二通りである。一つは「人種」を本質的な概念として捉える傾向であり、もうひとつは「人種」を単なる「幻想」と捉える傾向である。歴史的に「人種」は、優生学や形質人類学的な様々な「不確実で完全に恣意的な実験」を通して本質的なものとして定義づけられてきた。その「実験」によって強化された人種主義は、植民地政策や戦争の道具とされ、その最も悲惨な帰結はナチスによるホロコーストとして知られている。そのような「人種」概念の本質化に対する反省から、「人種」概念はしばしば「問題含みのもの」とみなされてきたし、過去の歴史によってつくられた「間違った」「不明瞭な」概念であるとされ、消し去ろうと試みられてきた。「形質」人類学は「文化」人類学となり、社会学では「人種」概念ではなく「エスニシティ」概念が用いられるようになっていったのである。

しかし、アメリカ社会ではすでに「人種」的な概念は社会全体から個人のアイデンティティの中核まで隅々に広まっており、社会構造においても社会の表象においても「人種」概念は根本的な役割を果たしているため、「人種」概念を「不明瞭」なものとして避けて社会を分析することはできないとオミとウィナントは強く主張している（Omi & Winant 1994:55)。

その上で、彼らは、「人種」概念を、「本質」でも「幻想」でもなく、「人間の身体の差異を参照することによって社会の葛藤と利害関係を表し意味づける概念である」と定義づけた（Omi&Winant 1994:55)。

「人種」概念は、人びとの「外見」を参照することで歴史的に意味づけられ、ミクロな日常生活やマクロな社会構造にいたるまで影響を与え続けている概念である。かれらは以上のような問題意識から、「「人種」概念を「社会の不調和」ではなく社会の構成要素とみなし、「幻想」ではなく人間の表象の一つの様相として捉えていくこと」と目的として、「人種編成（racial formation)」という分析枠組みを理論化した。

人種編成とは、「人種的なアイデンティティが生み出され、引き継がれ、変化し、破壊されることによる社会歴史的なプロセス」（Omi and Winant 2015:109）であり、政治領域と日常生活における人種言説の構築／再構築が社会的な資源の再分配にどのように関連しているのかを歴史社会学的に分析する方法論である。かれらによるとアメリカ社会における「人種」の意味付けや言説は、偶発的に生じるのではなく、政治的なアクターの戦略のなかで意図的に構築され（人種化のプロセス）、社会構造の構成に大きな効力をもたらしてきたという。日本社会の「混血」「ハーフ」の事例に着目した場合も、かれらを名指すカテゴリーは歴史的・社会的文脈によってその論じられ方が異なり、人種化された各カテゴリーは当事者をめぐる社会構造にも異なる帰結や効力をもたらしている。また、「混血」や「ハーフ」について分析することによって浮上するのは、「日本人」と「外国人」という日本社会に浸透する強力な二分法の人種編成である。松尾知明（2010）はオミとウィナントの人種編成論を用いて日本社会における「日本人」の人種化を分析している。松尾は、「日本人というカテゴリーを、固定した本質的な実体としてではなく、社会的に構築されたもの」と捉えた上で、以下のような問いを立てている。

可視化されるかどうかにかかわらず、日本人と外国人の間の違いが社会的な利害を意味するものとしてどのように語られ、日本人という意味が、ある歴史的に位置づいた時間と空間のコンテクストにおいて、いかに形成され変容しているかといったプロセスを問うのである。日本人の意味というものは、可変であり不安定であるにもかかわらず、日本人の特権や規範は、生成され、形を変え、維持されている。日本人性の解明にあたっては、こうした日本人性という意味の形成・変容のプロセス、あるいは、その機能を問題にしたい（松尾 2010:196）。

このような問いから松尾は、日本の公立学校における外国人の子どもたちをめぐる日本人性の教育言説による影響を分析している。本書では、「日本人」と「外国人」という二分法に還元されえない「混血」や「ハーフ」を対象にしているが、かれらをめぐる社会的位置づけの編成過程を分析することは、不可避的に「日本人」と「外国人」というカテゴリーがいかに法的・イデオロギー的・文化的な側面から人種化されてきたのか問い直すものとなる。そこで、本研究では日本社会における人種化の歴史的編成過程を、オミとウィナントの「人種編成論」を用いて分析することによって、「日本人」／「外国人」カテゴリー、および「混血」「ハーフ」といったカテゴリーがいかに生成・再生産され、それがどういった社会的な効果や利害といった具体的帰結をもたらしてきたのかについて明らかにしていく。

一方、人種編成論に対しては一定の評価とともに批判も挙げられる。かれらの枠組みはアメリカ社会の人種編成を念頭においた「人種政治の軌跡（トラジェクトリー）」が分析対象の中心であり、政治言説や社会運動の中でしばしば不可視化されてきた「Mixed Race」に関する議論が十分に取り扱われていない。また、ジェンダーや階級、エスニシティなどの概念よりも人種概念を優位な説明変数として設定してしまう傾向がある。これに対しP・カンダスワミーは、人種の編成とジェンダー、セクシュアリティ、階級の編成は不可分のプロセスであることを指摘している（Kandaswamy 2012）。南川文里は、人種とエスニシティが相互排他的ではなく関係的概念であることを指摘し、この二つの概念がナショナリズムをめぐって「同時的に」作用する諸相を日系アメリカ人研究から浮かび上がらせた（南川 2007:29-35）。この点は、人種編成理論を日本の文脈に援用する際に重要な点である。吉野耕作は日本社会における人種概念の用いられ方の特徴について、①社会的に構築された「日本人の血」の観念による境界線の設定、②「日本」文化と「日本」人種の密接なつながり、という二点を挙げている。特に後者については、七〇〜八〇年代に活況を呈し現在でもその影響が強い「日本人論」を分析し、「日本人でなければ日本の精神や習慣は理解できず獲得もできない」といった発想を「文化の人種的所有」と説明している（Yoshino 1997:203-206）。このように日本社会の文脈に人種編成論を援用する場合は、人種のみならず文化、ジェンダー、階級などの密接なつながりによる人種化の作用を捉える必要がある。「混血」「ハーフ」に関わる言説も、人種、言語、文化、階級、ジェンダーなどといった様々な要素によって社会・政治的文脈のなかで人種化されてきた。また、かれらが日本社会に存在するようになった背景の違いも大きく影響している。そこで本書では、分析の横軸として経年的な歴史過程のプロセスを「時期区分」とし、縦軸としてかれらが生まれる経緯や親世代の移動などの歴史的背景の差異を「位相」として設定することで、人種編成および日本のエスニシティ研究のなかで取りこぼされてきた「混血」「ハーフ」をめぐる複層的な社会編成の歴史過程を描き出し、かれらをめぐる人種化の作用がいかなる社会的帰結をもたらしたのかについて明らかにしていきたい。

2―2　「混血」「ハーフ」をめぐる社会編成の時期区分と位相の整理

時期区分

本書は、オミとウィナントがアメリカ社会における人種の構造化とそのポリティックス（人種政治）を分析した人種編成論の視点を批判的に用い、日本社会におけるヘゲモニックな「日本人」「外国人」の二分法および、「混血」「ハーフ」をめぐる人種化の歴史的な編成過程を分析することを企図している。

この理論は、背後の歴史的経緯や社会状況の動向に着目することでプロセスとしての人種言説の構造化とそのポリティックス（人種政治）を分析している。オミとウィナントはアメリカを対象としており、その政治の動向（政党の展開や政策の変遷）や経済状況、社会運動などの指標をもとに、戦後の人種政治の軌跡を三つの時期区分（①一九五〇～六〇年代、②七〇年代、③一九八〇～二〇一〇年代）に分けている（Omi and Winant 2015）。戦後の日本社会における「ハーフ」「混血児」の事例を対象とした場合も、社会問題化した「混血児問題」から近年のダブル・アメラジアンの社会運動、SNSにおける当事者団体の近年の増加傾向に至るまで、社会編成の歴史的プロセスが段階的な傾向を持って展開・変化していることがわかる。特に時期ごとに主流化した「混血児」や「ハーフ」などのカテゴリー編成とそれらをめぐる社会動態に歴史的変化に焦点を当てた場合、図0－2のように四つの「時期区分」に大別することができる。またオミとウィナントの人種編成論にならい、それぞれの時期区分における日本社会の背後の社会的状況を「国際関係」「社会経済状況」という指標に沿って整理した。さらに、「混血」「ハーフ」が日本社会に登場する背後の要因として、同時期区分における「出生の背景／国際結婚のパターン」の変化の推移を表に示した。

もちろんこの時期区分は歴史のある時点での明確な区切れを示すものではなく、各時期区分は連続性をもっており人種編成も緩やかに変化していく。この時期区分は、歴史過程におけるある種の傾向を示すものであり、ここでは特に「混血児」や「ハーフ」と呼ばれる人をめぐる人種編成プロセスに着目して時期区分を設定した。

以下に各時期区分の特徴を簡略に示す。

第一期（一九四五年～一九六〇年代）

戦後、GHQの占領期間が終わると瞬く間にメディアを賑わせ社会問題化したのが「混血児問題」である。それまで「混血」をめぐる社会的関心は、朝鮮半島や台湾、もしくはアイヌ民族などとの

図 0-2　戦後日本の「混血」「ハーフ」をめぐる人種編成の時期区分

	時期区分	第1期 1945〜60年代	第2期 70年代〜80年代	第3期 90〜2000年代前半	第4期 2000年代後半〜
「混血」「ハーフ」をめぐる社会状況	言説編成	「混血児問題における「混血児」言説の流通	「ハーフ」言説の登場と流通	「ダブル」言説による社全運動の展開	「ハーフ」言説の多様化
	社会	厚生省と文部省を中心に政府が調査・研究会を設置し、教育指針資料を全国に配布するなどの対応	タレント・芸能人・スポーツ選手の活躍とメディア表象の活発化	「JFC」や「アメラジアン」、在日の「ダブル」をめぐる権利主張型の社会運動が活発化	多様な背景をもつ「ハーフ」タレント登場 SNSの浸透を背景に、当事者のコミュニティ活動が活発化する
	研究会／社会運動／コミュニティ	混血児問題対策研究会 混血児の児童養護施設・養子斡旋団体・学校（エリザベスサンダースホーム、福生ハウス、ボーイズタウン、ウェルカムハウスなど） 国際社会事業団 一九五三年の会（当事者による支援団体 レミの会	エリザベスサンダースホーム パール・バック財団（特に沖縄） 国際社会事業団（特に沖縄）	JFC関連団体（JFC弁護団、コムスタカ） パラムの会（在日コリアンコミュニティにおけるダブルの会） アメラジアン・スクール・イン・オキナワ	様々なコミュニティイベント活動 （Mix Roots Japan、Hafu Japanese、Hapa Japan、コミュニティ交流会、アメリカ系うちなーんちゅの会など）
社会的背景	国際関係	・サンフランシスコ講和条約 ・朝鮮戦争 ・国際連合加盟 ・OECD参加 ・冷戦期（国際移動が制限） ・「戦争花嫁」や「混血」孤児の海外移民 ・南米への戦後の海外移民事業	・冷戦体制のデタント ・日中国交正常化 ・70年代後半インドシナ難民受入 ・80年代中国残留日本人の帰国事業展開 ・85年プラザ合意	・APEC首脳閣僚会議（1989発足） ・G7／G8、G10開催 ・97年アジア金融危機 ・六カ国協議（2003〜2007） ・9・11と対テロ戦争	・世界金融危機 ・アジア諸国とのEPA拡大 ・TPP交渉結大 ・日中韓FTA交渉 ・中国や韓国との領土・歴史問題、韓流ブーム ・ISISと安全保障体制の高まり
	社会経済状況	・戦後復興期における経済不況 ・47〜49年のベビーブーム ・50年代半ば以降高度経済成長期へと移行していく ・地方から都市への国内集団就職 ・都市化・産業化によって60年代から所得拡大と消費の活性化（「所得倍増計画」） ・64年東京オリンピック ・60年代後半の団塊の世代による学生運動と対抗文化の形成 ・「家族の戦後体制」が形成される	・1970年代の石油ショック後の低成長期を脱し80年代はバブル経済・高度消費社会 ・70年代「終身雇用制度・年功賃金・企業別組合」の日本的経営 ・日本人論の展開 ・女性運動（ウーマン・リブ、中ピ連、アジアの女たちの会）、ベトナム反戦運動、在日コリアンの民族運動などが展開 ・80年代の中曽根首相による新自由主義的政策展開…脱規制化・福祉制度の抑制・民営化	・バブル崩壊により、経済は低成長期へ ・経済のグローバル化。90年代になると、新自由主義が本格化 ・「日本型雇用」の解体と不安定雇用の増大、若年失業率の急増、「ワーキングプア」の拡大 ・経済危機や労働力不足を背景に移民法改正、ニューカマーの増加 ・外国人や外国につながる子どもの支援活動増大	・終身雇用の崩壊と、契約・派遣社員の増大、「ブラック企業」の社会問題化 ・GDP下降、所得格差・世代間格差・教育格差の増大 ・少子高齢化 ・情報化社会の進展 ・多文化共生」関連施策
	出生の背景／国際結婚のパターン	・米軍占領を背景として、米兵と日本の女性との間に生まれる子どもの増加。 ・65年から74年頃までの国内国際結婚比率は男性が外国籍の方が主流	・75年以降に国内国際結婚比率で女性が外国籍のケースが主流となる ・80年代からアジア女性との間の国際結婚が増加（農村花嫁」など） ・イラン・パキスタン・バングラディシュなどのイスラム系男性との国際結婚も増加	・ワーキングホリデーを契機とした国際結婚や、『国際見合い結婚」の増加 ・ニューカマーとの国際結婚が拡大. 2000年代になると都市部だけではなく畳村出身者も来日するようになる	・国際結婚数は2006年に統計上の最大値を記録し、それ以降漸次減少傾向 ・ニューカマーの子ども世代・成人世代の増加・多様化

「混血」であった。しかし、戦後の「混血児問題」における「混血児」とはそのほとんど全てが米兵と日本の女性との間に生まれた子どもたちを指していた。「混血児」という語句に新たな意味付けの変化させたのはもっぱら厚生省などの政府機関とメディアである。そして、その後「混血児問題対策研究会」が厚生省傘下で発足し「混血児問題対策」を実施するなか、かれらを保護する児童養護施設も多く展開された（エリザベス・サンダース・ホーム、福生ハウス、ウェルカムハウスなど）。また、「混血」当事者による支援活動として「一九五三年の会」や「レミの会」も発足される。このように「混血児問題」が社会問題化する一方で、かれらを支援するための草の根的活動も全国規模で広がった。

この「混血児問題」はＧＨＱによってもたらされた大量の米軍人の駐在に起因しており、「混血児」をめぐる状況は日本の外交と密接に関係している。第1章で詳しく論じるが、日本ではサンフランシスコ講和条約が締結されＧＨＱによる占領期間が終わってはじめて、国家レベルの「混血児問題」対策が展開された。また、その後も朝鮮戦争などによって沖縄などの地域では「混血児」が増加した。その後、アメリカの移民法が改正されることで多くの「戦争花嫁」と「混血児」たちが渡米していった。経済状況に目を向ければ、「混血児問題」には戦後復興期の経済不況や敗戦といったイメージが付与されていたが、五〇年代半ば以降の高度経済成長期には戦後のイメージが後景化し、「混血児問題」の報道も減少していった。

また、五〇年〜六〇年にかけてアメリカ文化（テレビドラマ、ファッション、音楽など）が大量に輸入されるが、日本社会の欧米に対するイメージは変化していった。欧米に対する肯定的なイメージは、戦後の「混血児」を敗戦や恥辱の象徴としてではなく、憧れや羨望というイメージと結びつける土台を形成した。このように、「混血児」の問題化とその終焉に大きく特徴づけられるのが第一期である。

第二期（一九七〇年〜一九八〇年代）

第二期として設定した一九七〇年代〜八〇年代には、高度経済成長と欧米文化の影響の上で、「ハーフ」という語句がメディアを中心に広まっていった。メディアは、「混血」「ハーフ」のタレント、芸能人、スポーツ選手の活躍を多く取り上げ始めたが、かれらをめぐる差別や貧困の問題は不可視化されていた。また、第一期に全国規模で展開された支援団体の活動も低迷した。第一期には児童福祉の観点からの対応がとられていたものの、「混血児」が成人した以降の差別問題は放置されていた。また、この時期には「日本人論」が流行した。この「日本人論」では、日本人の意味づけが新たに構成され、単一民族としての人種化が強化されたが、これは「ハーフ」を「外国人」化する根拠として強く働くこととなった。この時期にはフェミニズム運動（「アジアの女たちの会」など）や学生運動、在日コリアンによる民族運動も活性化していたが、これらの社会運動においても多くの場合「日本人」と「外国人」が自明の前提とされていたため、「ハーフ」や「混血」をめぐる差別を焦点化した活動はみられなかった。国際結婚の状況に関しては、第一期までは男性が外国籍のケースが半数を上回っていたが、七五年以降から女性が外国籍のケースが過半数となる。そして八〇年ごろからアジア女性との国際結婚も非常に増加した。さらにグローバル化が進むなかで、様々な国のルーツをもつ人と日本人との国際結婚も増加した。

第三期（一九九〇年〜二〇〇〇年代前半）

それまで主流であった「混血」や「ハーフ」などという言葉にかわって、「国際児」や「ダブル」という言葉を用いる社会運動が展開されるようになったのが、一九九〇年代から二〇〇〇年代前半にかけてである。第三期として設定したこの期間には、「日比国際児」や「アメラジアン」、「在日のダブル」をめぐる権利保障運動やコミュニティ活動が活発に展開されるようになった。また、日本が国際社会におけるプレゼンスを高めるなかで、留学生やワーキングホリデー、開発と援助、企業の海外進出といったさまざまな機会を通じた国際結婚が増加していった。また、バブル崩壊後の経済危機(不安定雇用の増大、若年失業率の増加、「ワーキングプア」の拡大など)と深刻化する労働力不足を背景に、移民法が改定され南米から多くの移民が移住したのもこの時期である。それに伴い、外国人や外国につながる子どもたちに対する支援活動も増加していくこととなった。

第四期(二〇〇〇年代後半〜)

第二期から増加し始めた多様なルーツの国際結婚で出生した子どもたちが成人し、かれらが社会進出し、支援対象としての「ダブル」ではなく、自ら「ハーフ」を名乗ったアイデンティティ・ポリティクスが草の根レベルで展開され始めるのが第四期である。また、第三期に増加した南米からの移住者のなかには「混血」であったものも多く、結果として日本社会における「ハーフ」や「クォーター」と呼ばれる人々は多様化・増加することとなった。また、情報技術の発展に伴って、「ハーフ」の当事者コミュニティが増大するとともに、当事者によるSNSを通じたメディア・アクティビズムも活発化した。これにより、戦後から不可視化され続けてきた人種差別の問題が次第に可視化されつつある。しかし、国際関係の変化もかれらをめぐる社会状況に大きく作用している。例えば中国や韓国との領土・歴史問題、もしくは韓流ブームなどから当事者は大きな影響を受ける。また、安全保障体制の高まりやテロ組織との戦いのなかで、「ハーフ」を含めた外国人に対する監視がより一層強化されている。政府が展開する「多文化共生施策」もしだいに縮小され、「ハーフ」をめぐる人種差別の社会構造は温存されたまま未だ手付かずの状態にある。

このように、「混血」「ハーフ」をめぐる特徴的な人種編成の時代区分を本研究では、四つの時期区分として整理する。このように時期区分を四つに設定する理由は、「混血」「ハーフ」という言葉では一括りにはできない多様なルーツとルートを持つ人々の複雑性とその歴史的背景の特徴を捉えるため、本書では人種編成のプロセスの横軸を「時期区分」として設定する。さらに、かれらをめぐる人種編成の歴史的プロセスは、国際関係や経済社会状況によって漸次変化するだけではない。かれらが日本社会に登場する契機となった歴史的背景は非常に多様であり、「混血」や「ハーフ」という語句の指し示す対象範囲は歴史過程を通じて常に変化してきたため、これらを単一の文化・歴史背景・伝統をもつエスニック集団として捉えることはできない。そのため、重層的で複雑なかれらの歴史的背景を整理するもう一つの視点として、本研究では「位相」という概念を導入し、人種編成の歴史的変化の過程における縦軸として設定する。

位相

「混血」「ハーフ」と呼ばれる人々を、単一のエスニック集団として取り扱うことはできない。それは、かれらが日本社会に登場する背景が、親のルーツや歴史的背景によって非常に多様であるからである。この複層的な「混血」「ハーフ」の内部を解きほぐして理解するために設定したのが「位相(フェーズ)」という概念である。

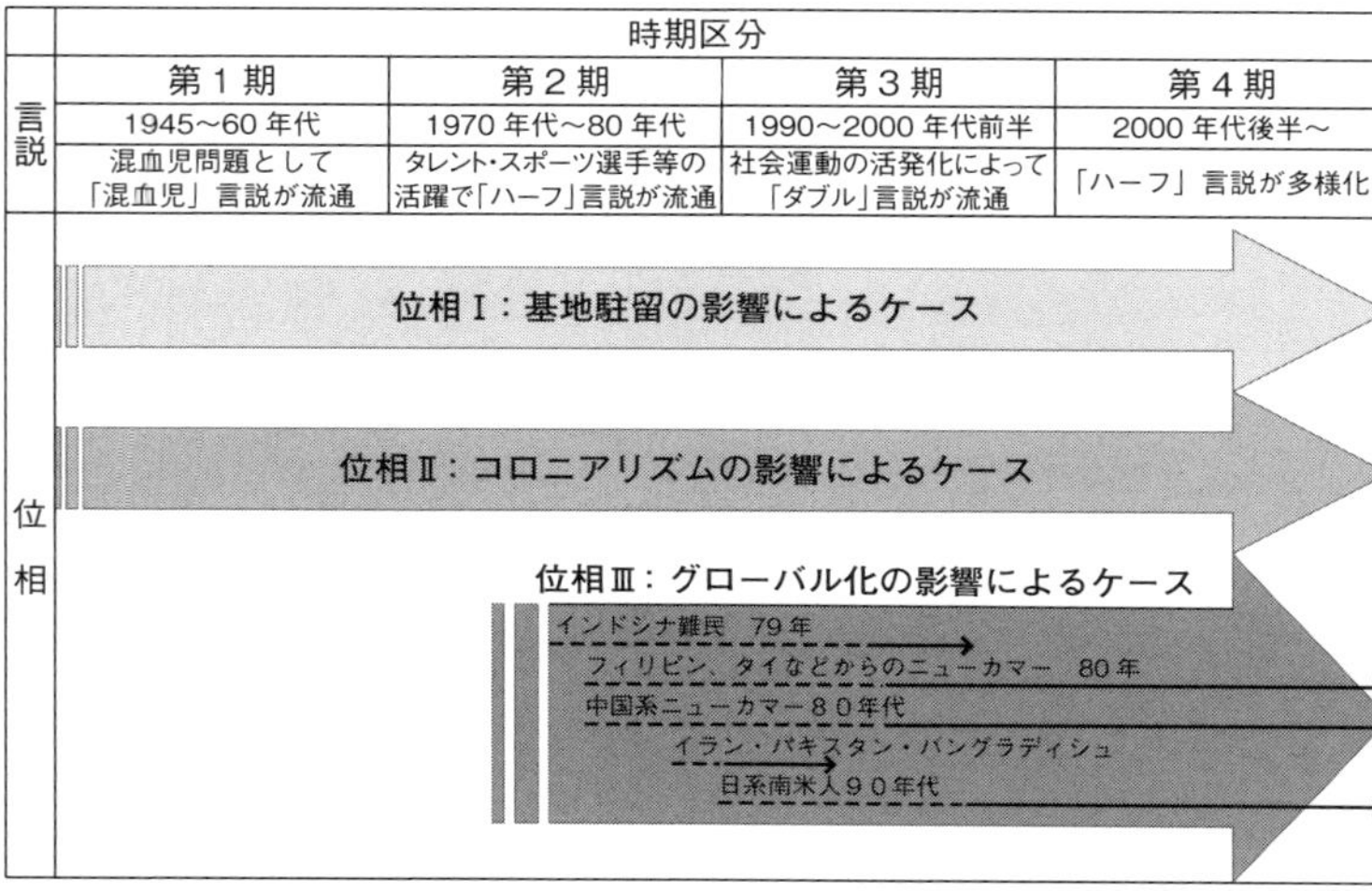

図 0-3　「混血」「ハーフ」をめぐる時期区分と三つの位相

戦後以降という時代区分において、かれらが生まれた経緯やその歴史的背景は三つの位相（Ⅰ～Ⅲ）(5)に大別することができる。(6) 第Ⅰの位相は軍事基地の存在によってもたらされたものである。この位相は上記の時代区分の第一期において「混血児問題」として日本社会において最も盛んに取り上げられ、また数多くの調査や支援活動の対象となった。多くは米軍人と米軍属（特に沖縄においてはアメリカ系だけではなくフィリピン系軍属なども）のルーツが中心だが、広島県呉市などの特定の地域ではオーストラリア系の軍属などのケースもみられる。Ⅱの位相はオールドカマー、すなわち旧植民地である朝鮮や台湾などからさまざまな理由で日本に移住した人々と日本人との間に生まれた人々である。位相Ⅲは八〇年代からのグローバル化や移民法改定、バブル景気などを背景に第二期の後半（一九八〇年代後半）から移住してきたニューカマーと日本人との間に生まれたというルーツで、第三期から急速に増加し始めた。この位相はさらに親世代の移動の背景によってさまざまなケースに細分化される。[7]「位相」は、「ハーフ」そのものを定義する概念ではなく、その歴史的背景や親世代の移動の差異を可視化するための概念である。

　このように時期区分と位相という概念を組み合わせることで複雑な「混血」「ハーフ」をめぐる人種編成の入り組んだ構造を解きほぐして理解することができる。この概念を人種編成論に導入することで、歴史過程におけるそれぞれの時期区分において「混血」「ハーフ」「ダブル」と呼ばれていたのは一体どの対象であったのか、どのような主体がかれらを名指したのか、それによってどのような対策が実施され、それがどのような社会的帰結をもたらしたのか、という単一の集団カテゴリーでは捉えることのできない「混血」「ハーフ」をめぐる複雑な人種編成の歴史を詳細に分析することができるのである。

(5)　段階的な変化の過程と、それぞれ異なる複層的な歴史的背景を指す概念として「位相(フェーズ)」という語句を本研究では用いる。
(6)　戦後以降新たに「混血児」や「ハーフ」が登場する歴史的経緯や背景を位相を大別したものであり、実際には一九四五年以前にもこれらの人々は日本社会に存在していた。例えば、開国以前から外国人との交流が盛んな長崎で「混血児」が生まれるケース(嶽本新奈 2015:152-153)があり、戦後も、外交官や領事館、国際機関などで出会うケースなどもある。さらに、「日本人」・「外国人」間の婚姻というケースだけではなく、日本在住の異なる外国籍者同士の結婚のケースの場合などもあり、このケースで生まれた人々が自らを「ハーフ」や「ダブル」などと表現するかどうかなどについては今後さらに検討が必要である。
(7)　日本人が海外へ渡航し外国人と出会うケースもこの位相に含むこととする。

2-3　人種プロジェクト

オミとウィナントは、人種編成論における鍵概念として「人種プロジェクト racial project」という概念を理論化している。心理学や精神分析学などの"project"という概念は日本語で「投企」「投射」「投影」「企投」「企て」などと訳され用いられてきた。[8] この概念はカルチュラル・スタディーズやポストコロニアリズム理論においてもしばしば用いられてきたが、オミとウィナントの人種編成論では、次のように「人種プロジェクト」という概念が用いられている。

人種プロジェクトとは、構造と意味づけとを結びつけ、それらの間のつながりを節合するような、イデオロギー的でありなおかつ実践的な「はたらき」をするものである。すなわち、ある人種プロジェクトは、人種的なアイデンティティや意味づけの翻訳・表象・説明であると同時に、特定の racial lines にそって資源（経済・政治・文化）を組織化し再配分する作用である。人種プロジェクトは、特定の言説的もしくはイデオロギー的な実践において人種が意味するものと、その意味づけにもとづいて社会構造と日常経験が人種的に組織化される方法とをつなげる（Omi and Winant 2015:125）。

このように「人種プロジェクト」とは、社会構造が人種的に意味づけられる方法と、人種的な意味づけが社会構造のなかに埋め込まれる方法の両方を形作る「企て」として説明されている。すなわち、社会構造も人種的な言説もそれらが独立して作用するのではなく、両者のつながりが相互作用し合うことによって、個々人の社会編成における配置を決定づけ、具体的な社会的現実への効果（資源の再分配など）をもたらすのである。

このような人種プロジェクトは大・小のスケール、すなわち人種的な政策決定や国家活動、集合的運動というマクロレベルだけでなく、日常経験や人々の相互行為というミクロレベルでも形作られるという。かれらは例えば、若い通行人を呼びかけて検問する警察、一〇代で殺されたトライボン・マーティンの追悼行進に参加する学生、ドレッドロックス（レゲエミュージシャンがするような束ねる髪型）にしようと決めることさえも、人種プロジェクトとみなされるだろうと述べている（Omi and Winant 2015:125）。特に路上での呼びかけ検問（職務質問）の場合、通行人の外見的特徴に対して、社会システムに埋め込まれた人種的な意味づけを投企することで、これらの行為が警察によって施行される。そのため、このような個人的な人種プロジェクトは単に、個人に根差した考えや行動として分析されるべきではなく、これらの投企が社会システム全体に広がる人種概念のパターンへの反応であり応答であるという。そして、すべての人種プロジェクトがその社会システムを再生産し、拡大し、転覆し、もしくは直接的に変化をせまるような試みであるという（Omi and Winant 2015:125）。すなわち、

（8）　心理学では「投影 projection」という概念がある。これは自己の心理状態や感情を、他者へ映し出すことを指す。この概念はしばしば、防衛機制の一つとして説明され、自己の受け入れがたい資質や負の側面を、自分を守るために他者へその悪い面を押しつける作用を指して説明される。自己の内面にあるイメージを他者へと結びつける点では、オミとウィナントのプロジェクト概念と同様だが、かれらは概念の結びつけだけではなく、その結びつけが結果としていかに社会的資源の再分配に影響をもたらすのかといった点までもを捉える概念として理論化している。

人種プロジェクトという概念を用いることで、「日本人」／「外国人」というカテゴリーを、歴史的に再生産・拡大・変更されることで具体的な社会的効果をもたらす概念として分析的に捉えることができるようになる。

人は、誰かに出会った際、それが誰であるかについての手がかりを得るために社会構造に埋め込まれた概念や意味づけを用いる。オミとウィナントは、この事実が痛々しいほど明らかにわかるのは、わかりやすいように人種的にカテゴリー化できない人に会ったとき、例えば、人種的に「ミックスの」人々や、よく知らない人種／エスニック・グループの人に会ったときであり、このような出会いは不快さを生じさせたり、瞬間的な人種概念の危機となると述べている（Omi and Winant 2015:126）。そのため、本書が論じる「混血」「ハーフ」の場合も、日本の社会システムに深く埋め込まれた「日本人」と「外国人」とを区別する強力な人種プロジェクトによって、その日常生活において周囲からの様々な人種化の作用を経験している。つまり、「混血」「ハーフ」の生活史、とりわけ周囲からの人種プロジェクトの経験の諸相を明らかにすることで、日本社会で構造化され埋め込まれた人種・民族の意味づけを明らかにすることができる。

2-4 節合

歴史的に展開される人種化の作用を捉える上で、言説や語句の意味づけの変化を捉えることは非常に重要な点である。この点を分析する際に有効な概念が「節合 articulation」である。

節合は、ある語句に対する政治的な意味づけの作用を分析する際に用いられる概念である。この「節合」という概念は特にE・ラクラウやC・ムフ（2001=2012）らによって分析に用いられ、後にカルチュラル・スタディーズやポスト構造主義における政治的な言説編成の議論にも引き継がれていった概念である。[9] この節合は、言説・語句・意味づけなどの連結が固定的なものではなく、政治的文脈で恣意的に結びつけられて組み替えられていく様相を明らかにしてきた。特にラクラウとムフはこの概念によって、イデオロギー的な政治的意味付けが必然的な党派帰属をもたず、ある種の「結節点」において恣意的に結びつけられうるものとして論じている（Laclau and Mouffe 2001=2012）。

一方、オミとウィナントはこの概念をイデオロギーの結びつきの水準で捉えるのではなく、アメリカ社会の政党や社会運動における言説戦略の社会学的分析に援用した。かれらは政治的な言説の組み替えがいかに実際の資源の再分配や社会運動の正当性などに影響を与えているのかという、社会学的な議論に踏み込んでいる。アメリカ社会では公民権運動以降、新しい社会運動陣営と、それに対抗する反動的な陣営のどちらにおいても言説の節合が重要な政治的戦略として用いられ、特に新保守主義や新自由主義陣営の用いた「逆差別」「ポスト公民権」「カラーブラインド」などの言説の構成によっ

（9） 特にラクラウは、プラトンの洞窟における声と影の結びつきのメタファーを用い、言説内における諸概念同士が論理的に結合しているのではなく「喚起的な連鎖によってつながれているにすぎない」と articulation の含意を説明している（Laclau 1977=1985:5）。そしてムフと共に、この概念によって、イデオロギー的な政治的意味付けが必然的な党派帰属を持たないことを論じた（Laclau and Mouffe 2001=2012）。また、かれらの概念を援用したスチュアート・ホールは、「節合とは、特定の条件下で、二つの異なる要素を統合することができる、連結の形態」であるが「そのつながりは、いかなる時も常に、非必然的で、非決定的で、非絶対的かつ非本質的なもの」と説明している（Hall 1996=1998:33）。この概念は訳者や論者によって、「節合」「分節化」「明確化」「節合＝分節化」などさまざまな訳語があるが、本研究では文脈に合わせて適宜「節合」「分節化」と表記する。

て反人種主義運動の政治的な力が削がれていく状況を分析している。

例えば「混血児」という概念も、政治空間において戦後に新しく構築されたわけではない。戦中期にはより広い意味合いで使用されていた「混血児」という語句が、それまでの文脈から切り離され、戦後新たな政治的カテゴリーとして転用され意味づけられたのである。さらに第二期以降に現れる「ハーフ」という概念は、日本社会における日本人論の展開とアメリカや西洋に対する社会的意識の変化、高度経済成長や消費文化の変化などの時代的背景を反映しながら構築されていった。また「ダブル」という用語も、第三期においてさまざまな社会運動団体によって二つの文化・言語を意味する肯定的な名称として節合（アーティキュレート）されていった。

そこで本書ではこの概念を用い、戦後日本社会における「混血」「ハーフ」をめぐる社会編成の四つ段階において、各位相に対しそれぞれどのように言説の節合が行われてきたのか、また位相ごとの呼称やカテゴリーはどのように他の位相の言説構築に影響をもたらしたのか（位相の相互作用）を明らかにしていきたい。

2-5　メゾレベルの人種編成への着目——コンネルの制度理論

オミとウィナントの人種編成論では、マクロレベルとして人種ポリティクスの歴史過程を、ミクロレベルとして日常生活における人種化の作用を視野に入れている。しかし、本書の調査協力者の語りをみていくと、人種化の作用は「学校」や「職場」といった具体的な社会的制度のなかで経験されていることがわかる。そこで、人種編成論の分析枠組みをより深化させるためR・コンネルが着目した「制度」という概念を参照したい。

コンネルは既存のジェンダー理論において研究の焦点が「全体社会のレベル」か「個人間関係」に焦点が当てられる傾向が強かったことを指摘し、これまで省略されがちだった「個人と社会を媒介する社会組織のレベル」への分析の重要性について述べている。コンネルは、このように社会構造を維持するさまざまな「制度」、すなわち学校や職場、スポーツクラブ、工場、軍隊、警察などさまざまな組織において、それぞれ独自のジェンダー関係が構築され、それらが相互に関連していると指摘しており、それをある制度のジェンダー・レジーム（体制）と呼んでいる。本研究のように「混血」や「ハーフ」の場合も、制度内部で働く人種化の作用や、制度間の相互関係、そして各制度における当事者のエージェンシーが十分に議論されてきたわけではない。マクロレベルの人種編成の作用や、ミクロレベルの個人の生活史の分析だけではなく、個別具体的な各種の「制度」における社会的な人種化の作用に着目し、これらの相互作用の分析を行う。

そこで具体的には、インタビューデータによって個々人の生活史における、学校、家族、ストリート、会社などの制度での経験の諸相を明らかにする。例えば、調査協力者の語りでは、学校において英語力や文化的な側面の多様性を期待されると同時に、周囲と異なることでグループからの仲間はずれやいじめを受けている。また、家庭においては親子であってもその外見の違いから他人と思われたりするケースがあった。また、海外のルーツによって結婚差別を経験する場合もあった。不特定多数の人々が行き交うストリートという制度では、当事者の外見によって周囲から不当な差別用語を投げかけられることがある。さらに国家の監視・検閲システムとして警察によるプロファイリングが実施されるが、協力者（特に男性に多い）の経験からは不当な取り締まりの実態が示されている（五時間以上に及ぶ拘留や指紋採取など）。また、職場では、面接時の人種的ステレオタイプによる質問や、「日本的ではない」外見や名前のために不採用とされるケースが語られた。また一方では自らの外見や語学的能力を活かすことで職を得るという事例も見られた。

このように、マクロレベルの人種編成は各制度の内部に浸透し、当事者の日常生活においてより具体的な帰結や効果をもたらしている。「日本人」と「外国人」という二分法のヘゲモニーは、曖昧な作用としてはたらくのではなく、社会的現実として各制度において具現化されるのである。そこで、メゾレベルの人種編成を捉えるために、各制度における人種化の作用と制度内部の当事者の反応を明らかにしていく。

3　人種編成論の日本の文脈への援用

アメリカのマルチレイシャル、マルチエスニックな社会を土台として理論化されてきた人種編成論を日本の文脈へ援用するにあたっては、欧米における"race"概念とは異なる、人種観念の日本社会に特徴的な用いられ方についても念頭に置く必要がある。[10] そして、日本社会で最も強力でヘゲモニックに作用している人種プロジェクトである「日本人」「外国人」という二分法が、いかに人種の観念によって支えられているのかを考察したい。

小熊英二は、「日本人」と「植民地」という二項対立的な構図を再検討し、植民地期から沖縄復帰の議論に至るまでの「日本人」というカテゴリーの境界設定の揺らぎを分析している。しかし、小熊はあくまでも「日本」の領域変動を対象とするため、「「日本」の領域変動を伴わない「日本人」の境界の問題、すなわち帰化や国籍取得、外国人労働者、戦後の在日韓国・朝鮮人政策などは除外し」ている（小熊 1998:10）。一方、本書が焦点化する「混血」「ハーフ」をめぐる戦後日本社会の人種編成については、国内における「日本人」の法的・イデオロギー的・人種的な境界線の策定が一貫して問われることとなる。

戦後の日本社会において、「日本人」の境界策定に動員される指標は、「民族」「人種」「日本人の血」「戸籍」「国籍」「家族制度（イエ）」などさまざまである。吉野（1997）は「日本人」が人種観念と密接に結びつけられてきたことを指摘し、「客観的に見て「日本人種」が存在しないのは言うまでもないが、日本人は日本人らしさを「人種」的にとらえてきたということはできよう」と説明している（吉野 1997:144、傍点筆者）。このように「日本人」というカテゴリーは、日本社会の歴史過程を通じて再生産され、人種化されてきた観念である。では、このような人種的な「日本人」化はどのようなロジックによって展開されてきたのだろうか。

先述の通り、吉野は戦前・戦後の「日本人」の人種化について、①「日本人の血」のロジックによる家族的なつながり、②日本人でなければ日本人の精神や行動を理解することができないという「人種の文化的所有」という観念の二点から説明している（Yoshino 1997）。一点目については戦前や戦後

（10）オミとウィナントはアメリカをめぐる歴史の「人種」トラジェクトリーにおいて、奴隷制度や宗教・科学における人種編成の過程をまとめている。では、日本社会はどのような人種編成を戦前に辿ってきたのだろうか。この点については、封建社会における身分制度やイエ制度、さらに西欧から輸入した「人種」概念の日本的展開、そして帝国において拡大された「臣民」ロジックにおける人種イデオロギーについて詳細に論じる必要がある。この点については本書の対象範囲を大きく超えているが、今後の研究の課題としたい。

の状況を論じながら以下のように説明される（吉野 1997）。

日本人のエスニック・アイデンティティは、明治エリートによる家族国家イデオロギー創造の中で人種化され、人種主義的な色彩を帯びた。重要なのは、江戸時代に人々の日常生活の一部であった家制度、同族そして同族の祖先を信仰する習慣に対して新たな政治的意味が付与され、国家統合のイデオロギー操作に使われた点である。（中略）天皇を頂点とした国家が大きな家族・同族であるとしたら、その成員は「血統」によって結びつけられた「人種」ということになる。さらに、同族としての日本人の本家である天皇家の祖先を信仰の対象とする国家神道が「伝統」そして創造された。このように、血統、人種、宗教が重複する形で強烈な一体感が創出された。超国家主義のイデオロギーを支えていた家族国家観は一九四五年の敗戦に伴い表舞台から姿を消すが、「想像上の家族・親族」としてのネーションのイメージは人々の潜在意識の中に生き残った。「日本人の血」という人種的メタファーは、こうした親族的内集団メンタリティとその背景にある様々な社会的・文化的・宗教的な記憶を連鎖反応的に呼び起こすシンボルであると言えよう（吉野 1997:146-147、傍点筆者）。

このような「日本人の血」という人種的なメタファー(11)は、戦後日本社会における「日本人」の境界策定においても非常に効力をもっていた。そのため、戦後に流行した「日本人論」においても、このメタファーは「単一民族」としての一体感や家族的つながりを強調する上で盛んに用いられた。このメタファーはイデオロギー的であるだけではなく、国民の境界線を策定する法的な議論にも浸透している。特に、嘉本伊都子（2001）、遠藤正敬（2013）、丹野清人（2013）らは国民の法的な位置づけにおいて重要である「戸籍」と「国籍」が血統主義といかに密接に結びついているかについて指摘してきた。丹野は、「日本人の血」、「家」、「戸籍（本籍）」、「国籍」、「国土」といった概念がいかに結びついているかについて、戦後の新国籍法の起草者である平賀健太の議論をもとに次のように説明している。

日本人であることは決して自明のことではない。（中略）戸籍は日本人であることを証明する疎明資料の一つになっている。日本人がパスポートを申請するときに戸籍の提出を要求されるのはそのためである。しかし、戸籍登録者が必ず日本人であるとは限らないし、本来は日本人であるにもかかわらず戸籍に登載されていない場合もある。（中略）平賀によれば、国籍とは「個人と国家との間の政治的紐帯」であり、「個人の特定の国家の構成員たるの資格、特定の国民共同体の一員たる資格」である（平賀、一九五〇、一頁）。（中略）平賀は、「我が国の戸籍制度においては、戸籍の記載を受ける資格のある者は、日本国民に限られかつ日本国民はすべて戸籍に記載されるという建前である。しかるに他方戸籍制度の基盤をなすものは本籍である。本籍は現実の居

（11）吉野はさらに、「「日本人の血」というシンボルは、「我々」は特殊な歴史的形成過程の産物であり、だからこそ特殊な資質を共有するようになったという感情を可能にする。従って、「日本人の血」は遺伝的特徴を指し示すサインではなく、「彼ら」らしさに対する「我々」らしさをめぐる心理的反応を鋳型にはめるために歴史的に醸造され社会的・文化的に創造されたシンボルである」と指摘している（吉野 1997:147）。

住の事実とは必然的な関連を持たないが、それでもなおそれはわが国の国土における一定の場所である。してみれば、日本国民はすべて戸籍に記載されることによって本籍をもち、この本籍をもつことによって観念的にではあるが日本の国土との間に地縁的なつながりをもっている」と説明するのだ（平賀、一九五〇、一二一―一二三頁）。つまり、血統主義を採ることで国民の子どもは国民とするだけでなく、国籍を、家を管理する戸籍制度に結びつけることで、個人を家という共同体の一員として具体的に位置づけると同時に、日本の国土との観念的な結びつきが本籍を媒介に担保される（丹野 2013:99-103、傍点は丹野）。

「日本人の血」の家族的なつながりによる「日本人」化の作用は、戸籍や国籍といった法的な地位の策定においても密接に結びつけられている。このような法的・イデオロギー的な「日本人」の人種化は、「混血」「ハーフ」と呼ばれる人々に対する社会的・法的なポジショナリティの策定にも甚大な効力をもっていた。戦後、旧植民地出身者と日本人との間に生まれた子どもたちの法的な位置づけ、「混血児問題」における政策対象の設定、国勢調査と人口統計の枠組み、日系人の法的な位置づけ、多文化共生関連施策における支援対象の設定といったあらゆる場面において、「日本人」の境界線が問われ続け、「日本人」の人種化が繰り返されてきた。また先述のとおり日本社会における人種化は、単に人種の要素のみならず、ジェンダー、セクシュアリティ、エスニシティ、階級などといったさまざまな指標に沿って構築される。以上をふまえた上で、日本社会における「日本人」化と、そしてそれと表裏一体にある「外国人」化という二分法を前提とした人種プロジェクトの展開によって、そのカテゴリーに還元されえない「混血」や「ハーフ」の人々がいかなる影響を受けてきたのかを論じる。

4　方法と対象

本研究の目的を達成するため、本書では史資料や先行研究のデータによってマクロ・メゾレベルの社会動態を詳細に分析し、その上で、当事者がどのような経験をしてきたのかについてインタビューデータを用いることで明らかにしていく。

史資料は、公文書館（主に沖縄）、基地地域図書館（広島・呉市、山口県・岩国市、青森・三沢市、神奈川県・横須賀市）、外務省外交史料館、国会国立図書館などで収集した新聞、公文書、政府・民間調査資料、雑誌などを用いる。特に位相Ⅰに関するものは、GHQの「混血児」対策資料、アメラジアン関連資料などである。また位相Ⅱに関するものは、「パラムの会」や在日「ダブル」の関連文献であり、位相Ⅲに関するものは、「日比国際児」関連資料、ニューカマー研究文献などを参照する。史資料は主に第Ⅰ部で用いるが、そこでの考察を第Ⅱ部においても参照する。

また史資料は、第1章に関して分量が多く、第2～4章における「混血児」「ハーフ」関連の史資料が相対的に少ない。資料の偏りは、政府関係機関や児童福祉施設、メディア、知識人が「混血」「ハーフ」を論点化する頻度とその推移を表してもいる。つまり、第一期には「混血児問題」をめぐって様々なアクターが対策や情報発信を行ったことで史資料が多く蓄積された。しかし第Ⅰ部でも詳しく論じるように、第二期～第三期にかけては「混血児」「ハーフ」に対して対策は講じられなかったばかりか、かれらを不可視化する力学が強力に働いてきた。そのため、かれらをめぐる政府関連資料などの史資料は管見の限り第二期以降はみられない。そこで、第二期から第四期にかけては「混血」や「ハーフ」を直接取り扱う政府関連資料ではなく、「日本人」や「外国人」の社会的地位を問う史資料に着目し、そのなかから「混血」「ハーフ」の位置づけを照射する手段をとった。また、第二期以降はメディアを中心として「ハーフ」に関するスティグマ化、人種化されたイメージが拡散される一方、第四期には当事者によるSNSなどを通じたインターネットによる草の根レベルのメディア・アクティビズムが展開されていたため、これらのメディア（新聞、雑誌、テレビ、インターネット）による情報発信も分析対象とした。

研究を始めた当初、第二期以降の史資料のデータ（特に政府関係資料）が少ないため、この時期区分における人種編成の分析に苦心した。しかし、オミとウィナントがアメリカ社会を舞台に展開した人種編成論のもつ理論的な利点は、誰もがわかるようなあからさまな差別を捉えるのではなく、むしろカラーブラインド時代において非常に見えづらく、かつ表面上はポジティブな語句に言い換えられ覆い隠された人種差別を逃さず、徹底的に批判していくことにある。そのため、第二期以降に史資料のデータが限られているその要因自体の背景を探り、さらに「混血」「ハーフ」の社会的位置づけに強力に作用する「日本人」化と「外国人」化の人種プロジェクトに関わる史資料やデータ（日本人論、入管法改定、多文化共生施策など）を分析することとした。

そして、二〇一二年九月から二〇一六年一二月まで実施したフィールド調査で得たデータを用いる。支援団体やSNSを中心としたコミュニティを対象として参与観察や文献収集をおこなった。

さらに、東京・神奈川・大阪・沖縄で実施したインタビュー調査のデータを用いる。インタビューは機縁法により地域的にみると関東圏に偏っている。人数は四一名（女性二七名、男性一四名）、年齢層は二〇代が最も多く（二九名）、続いて三〇代（五名）、四〇代（一名）、五〇代（三名）、六〇代（一名）、そして一〇代後半（二名）となっている。調査協力者の一覧は巻末に付した。両親どちらかの出身地域は非常に多様であり、親が来日した経緯も一様ではない。本研究の第II部でこれらのインタビュー・データを用いるが、このデータによって特に位相の差異にかかわらず経験されるストーリー（学校でのいじめや就職での困難、プロファイリングなど）と、位相ごとに特徴的なストーリー（基地地域における反米感情や、フィリピン系に対する親へのスティグマ化など）とに分けて分析することができる。

5　インタビューの概要

本研究のインタビューは質問項目に沿って順序よく進められたというよりも、あえて比較的自由な会話のなかにインタビューの場を設定し、協力者が語る内容に即して質問内容などを適宜変更しながら聞き取りを行った。

またインタビュー過程で推論が変化し、それにともなって調査協力者の対象範囲も拡大していくこととなった。研究の当初のテーマは「米軍の父と日本人の母との間に生まれた人びと」（位相Iのケース）であり、「ハーフ」／「混血」関連の研究ではほとんど扱われていない高齢者層を対象として考えていた。それは、調査者である私自身の母のように、戦後直後の時代に生まれた五〇代〜七〇代の人びとのライフストーリーを聞くことで、戦後から現在までの人種編成過程でどのような経験をしてきたのかを包括的に知ることができると考えたためである。さらに「米軍の父と日本人の母」との間に生まれたというルーツから、基地に対する嫌悪感や、母親にたいする性的なスティグマを投げかけられる経験が語られるのではないかと、ある程度の仮説を立てていたためである。そのため、二〇一二年九月から米軍基地周辺の地域を集中的に訪問しフィールド調査として地元のカフェや飲食店にインフォーマルな形で事前聞き取りを行っていた。また、戦後最大の「混血児収容施設」と呼ばれていた「児童養護施設」でのフィールド調査によって、卒業生二名にインタビューを実施した。さらに、「ハーフ」／「ミックス」の人々が参加するSNSのコミュニティに参加し、そこで知り合った人と友人となり、インタビューを依頼した。こうして「米兵」と「日本人女性」との間に生まれたインタビュー協力者に数名出会うことができた。

しかし、フィールド調査を進めていくなかで、本調査の方向を大きく転換していく転機となった語りと出会った。それは、参与観察中に聞かれたストーリーであり、私がSNSコミュニティで知り合った友人と何人かで食事をとっているときの何気ない会話のなかで聞かれた。そこでホンジュラスにルーツをもつある女性が、白人系という肌の色だけで周囲から「アメリカ人」とみられてしまうことが嫌だと話していた。さらに、外見によって部活の後輩から「日本に戦争で爆弾落としたくせに」というような発言をされていじめられたという経験を語っていた。この話を聞くまで、アメリカのルーツを持っている人びと（特に位相Iのケース）に対して強く「基地」や「戦争」「敵国」のイメージが結びつけられると仮定していた私にとって、このストーリーは研究の仮説に大きな転換を迫った。つまり、たとえアメリカのルーツがなかったとしても、見た目によって「アメリカ」のルーツと判断され差別を受けてしまうという状況が実際には広がっていたのである。「人種」の編成において、ルーツいかんにかかわらず、さまざまな人々が歴史的に蓄積された人種化の作用によって影響を受けている状況があるということがこの段階で研究課題の中に浮上してきた。そのため、これ以降のインタビュー対象者はルーツを限定せず、日本とそれ以外の国にルーツのある人々として設定し、ニューカマーの親をもつ多様なルーツの「ハーフ」に積極的にインタビューを行った（位相Ⅲ）。さらにその身体的特徴によって「日本人」化される傾向がある、中国や韓国、台湾など東アジアのルーツがある人々（位相Ⅱ、Ⅲ）にもインタビューを行うことで、日本社会におけるより複雑な人種編成の歴史構造を明らかにすることを試みた。

本書の調査協力者は、日本と他の国のルーツをもつ人びとである。対象者の選定方法としては他の人からの紹介によってインタビューを依頼する場合と、私自身の友人関係のなかからインタビューを直接お願いした場合とがある。実際のインタビューに関してはインフォームド・コンセントとして、調査の目的・方法・プライバシー保護に関して了承を得た上でインタビューを実施した。また、インタビュー中やインタビュー後に協力者から使用しないように依頼された内容に関してはトランスクリプトから削除している。調査を実施した場所は、協力者とも相談の上カフェや駅前のベンチ、飲食店、協力者の自宅などで実施した。

半構造化インタビューを採用しており、実際のインタビューの場では質問票を用いずに、「どのような経験をしてきましたか」などのような開かれた質問（open question）によって、協力者自身の日常生活の場面に着目した聞き取りを行い、印象深いと判断された出来事にはその都度さらに質問をしていった。なお、インタビューはすべて日本語によって実施している。本章で取り上げているトランスクリプトはすべてICレコーダーによる録音データを文字起こししたものである。録音に関しても事前に許可を得て、インタビュー時間についても協力者のスケジュールにあわせて調整した。録音時間は平均して一〜一・五時間、長いものだと四時間程度である。なお、プライバシー保護の観点から、協力者の名前は仮名で掲載している。

インタビュー協力者にはすべて、私が大学院生の男子学生であり、私の祖父がアメリカ人の

「クォーター」であることを説明をしている。また適宜、祖父が米兵であることや沖縄生まれの母が婚外子であること、「アメラジアン」と呼ばれること、自らの差別的経験などをインタビューの場で話している。そのため本書が「当事者」研究とみなされる場合があるかもしれないが、厳密に言えば本書では同様のルーツの人にインタビューを行ってはいない。インタビューのなかには、私と共通点がみられる出来事もあれば、そうでない語りももちろんある。「当事者研究」について論じている中村は、「ある現象をよりよく理解できるはずだという素朴な考え方は、研究の世界ではしりぞけられているといえる」とし、「そもそも、ある現象をよりよく理解できる特権的なポジションなどないと考えたい。経験者であるか否か、専門家であるか否かなどのポジションによって、ある現象の解釈の度合いやその解釈の優劣が決まるのではない」と説明している（中村 2011:13）。社会学研究ではすでに「当事者研究」が「特権的」な研究ではないことが認識されてきている。しかし、だからといってインタビューにおける研究者のポジショナリティを軽視するというわけではない。中村は同時に、「それでも私はなお、個人の経験やポジションがどこにあるかは、研究や臨床を進めていく上で、大変大きな意味を持っているといえる」と述べ、「個人の経験やポジションは、ある個人がある現象をどう眼差すかに非常に大きな影響を与えるからだ」と説明しており、むしろ研究者のポジショナリティを明示することが重要であると指摘している（中村 2011:13）。さらに、私自身は「クォーター」であるため、「ハーフ」のインタビュー協力者の語りを必ずしも当事者としてその経験を聞くことができるわけではない。身体的特徴から「外国人」化の人種プロジェクトを受ける頻度も、それを毎日のように経験している「ハーフ」とは異なるため、必ずしもすべての経験を共感しながら同じ立場として語り合うことはできない。例えば、メールにてインタビューを依頼したが、実際に私をみたインタビュー協力者から、「あれ、もっと顔が濃いかと思った」と驚かれたこともあった。しかし、警察に頻繁に職務質問を受けるなど、男性というジェンダーと「クォーター」としての私の身体的特徴が、インタビュー協力者と同様の経験に結びつくときもある。また、外国のルーツをカミングアウトするという状況に関してはむしろ、東アジア系のルーツをもつインタビュー協力者と共通の感情を抱いて日常生活を送っている。このように、調査者である私自身の身体的特徴と人生経験は、「ハーフ」であるインタビュー協力者と微妙な距離をもっている。この微妙な距離感は、ときに共感をもたらし、ときに緊張感を生むものとなる。このように、当事者性があるからこそ聞くことができる経験もあるかもしれないが、その一方で当事者性をあまりもたないからこそ聞くことができる話も存在するはずだ。その意味で、本研究で聞き取ることができたインタビューの記述は限界を抱えつつも、トランスクリプトには適宜、私自身の語りも含めて記している。

インタビューデータを中心的に論じるのは第Ⅱ部であるが、第Ⅰ部にも史資料分析を裏づけるために適宜インタビューデータを記述する。また、日本の社会学領域において、「ハーフ」や「混血」に関する語りの分析においていまだに十分な理論枠組みは展開されていない。それればかりか、日常生活における人種化の影響とその具体的効果を十分に捉える理論的枠組みも社会学研究の中では蓄積されてこなかった。そのため、第Ⅱ部のライフコースの分析では、人種編成の枠組みをインタビューデータ分析に援用した欧米の先行研究の理論を適宜用いて分析を展開することとする（King and DaCosta 1996; Rocha 2016 など）。これらの理論枠組みについては第Ⅱ部にて詳細に説明する。

6　本書の構成

第Ⅰ部では史資料を用いて、時期区分ごとに各章を構成し、戦後日本社会においてヘゲモニー化する「日本人」化／「外国人」化の人種プロジェクトに着目することで、「混血」「ハーフ」をめぐる人種編成を詳細に論じる。

まず第1章では、一九四五年〜六〇年代（第一期）における「混血児」をめぐる人種編成の歴史的プロセスに着目する。まず、戦後すぐに展開された旧植民地出身者をめぐる法的地位の変化の政治的プロセスにおいて、「混血」の人々がいかに「日本人」化または「外国人」化されたのか法令や通達をもとに詳述する。また、戦後の「混血児問題」の諸相と政府の対策の実態を概観し、厚生省・文部省・外務省それぞれの「対策」が連動するなかで、「混血児」が「日本人」化され、差別問題が無化されていく状況を明らかにする。

第2章では第二期（一九七〇〜八〇年代）の人種編成に関して、特に一九七〇年代ごろから活発化する「日本人論」によってより一層ヘゲモニー化していく「日本人」の人種化のプロセス、および同時期に登場する人種化・ジェンダー化された「ハーフ」言説に着目する。また一九八〇年代に政府によって進められる「国際化」の言説においても、「日本人」と「日本文化」が密接に結びつけられる「日本文化論」が展開され、政府主導による「日本人」化の人種プロジェクトが推し進められていく状況を論じる。

第3章の対象範囲である一九九〇年代に入ると、入管法改定をめぐって政府による「日本人の血」のロジックが用いられるようになる。この改定法によって「日本人」の人種化がいかに機能し、その帰結がいかなるものであったのかについて明らかにする。また、一九九〇年代後半から展開される「ダブル」を掲げた社会運動の成果と当事者の反応を示すとともに、政府や社会運動によって推進される「多文化共生」施策においていかに「日本人」と「外国人」とを強力に区分する人種プロジェクトが展開されていったのか明らかにする。

第4章では、インターネットの発達とともに新たに展開されていく「ハーフ」当事者のアイデンティティ表象や人種差別の告発といった、メディア・アクティビズムの諸相について論じる。これらの草の根的運動がヘゲモニックな「日本人」「外国人」の人種編成をいかに揺るがし、第II期において人種化・ジェンダー化された「ハーフ」言説をいかに再構築していくのかについて明らかにする。

このように第I部では歴史資料の分析をもとにして人種編成の歴史的展開を分析するが、第II部ではこれを土台としつつ、「混血」「ハーフ」「クォーター」と呼ばれる当事者にインタビューを実施し、そのデータをもとに「日本人」化／「外国人」化の人種プロジェクトの日常的な相互行為における展開を詳細に論じ、その反応や戦略を明らかにする。

まず第5章では、人種・ジェンダー・セクシュアリティ・エスニシティ・ネーションなどといった切り口から当事者をめぐる日常生活の相互行為の場面に着目し、人種プロジェクトがこれらの指標の軸に沿っていかに当事者に影響を及ぼしているのかについて詳細に論じる。

第6章では「ハーフ」と呼ばれる人々の歴史的背景の差異に着目し、先述した位相（I〜III）の差異によって異なる人種化の作用を経験する。

第7章では、インタビューから浮上する特徴的な経験として、家族・学校・職場・ストリートという四つの「制度」についてデータを抽出し、これらの「制度」が当事者に及ぼす人種化の作用が資源の再分配といった具体的な効果としていかに機能しているのかについて分析する。

第8章では、特に一〇名のライフストーリーを土台として、かれらをめぐる様々な「制度」の作用とそれを再生産・抵抗する当事者の反応のあり方について詳細に論じていく。終章ではこれまでの第I部と第II部の議論を通し、戦後日本社会における「日本人」と「外国人」の二分法の人種編成が「混血」や「ハーフ」と呼ばれる存在にもたらす具体的な効果を明らかにし、日常生活の場面でいかなる社会的帰結をもたらしているのかを示す。

第I部　「混血」の戦後史

第1章　敗戦と「混血児問題」の時代　一九四五〜一九六九年

1　「日本人」の境界線の引き直し

かつて植民地政策を進めた大日本帝国において、「日本臣民」は朝鮮や台湾などを同化するための概念として用いられていた。「日本臣民」は戸籍の機能によって「内地人」と「外地人」とに序列化・差別されていた（小熊 1998; 遠藤 2013）。

そして大日本帝国は朝鮮と台湾における支配の基本方針として同化政策をとったが、その政策を正当化する理論として人類学的なバックグラウンドから混合民族論を主張していた。特に朝鮮総督府は混合民族論を背景とした同化政策によって朝鮮・台湾における支配を正当化した。終戦以前の時期において混合民族論の学説は多数存在していたが、「日本民族」は様々な「民族」が混合してできたものであるという説が一般的に通底していた。小熊によると、それまで戦時期には「日本民族」が様々な民族の「混合」から成り立っているという「混合民族論」が植民地支配の文脈で正当化され、一般的に広く浸透していた。この同化政策では基本的に「混血」は容認されており、とくに「混血推進による被支配民族の抹消」が「重要な要素」とされていた（小熊 1995:235）。日帝占領下の朝鮮半島では日朝間の結婚（内鮮結婚）の奨励が行われ一九三〇年代には一〇〇〇組を超えた。一九三六年に朝鮮総督に着任した南次郎は、「司法の領域に於ける内鮮一体の具現」として「氏名の共通」「内鮮通婚」「内鮮縁組」という三項目を掲げ、内鮮結婚を熱心に行ったことで、この時期に特にその数が増加したという（小熊 1995:241）。また、半島から内地（日本列島）への強制連行などによって、内地でも日朝間の結婚が増加した。

しかし敗戦後の日本社会では植民地と、「日本臣民」を下支えしていた混合民族説という論理を失うこととなり、「日本人」の新たな境界線の引き直しに迫られた。オミとウィナントは、「人種的なアイデンティティや意味づけの解釈・表象・説明であると同時に、特定の人種の線（racial lines）にそって資源（経済・政治・文化）を組織化し再配分する作用」を「人種プロジェクト」として説明しているが、戦後の「日本人」というアイデンティティや意味づけはどのように構築されたのだろうか。そしてその際に、どのように人種的な線引きがなされ、それによっていかなる資源の組織化と再分配がなされたのだろうか。

これらの問いを明らかにするために、本章では特に一九四五年〜六〇年代前半（第一期）の日本社会に焦点を当て、「日本人」と「外国人」、そして「混血（児）」の法的・社会的な位置づけが活発に議論された①旧植民地出身者の法的位置付けの変動と②「混血児問題」における人種化という二つの点を論じる。

2　旧植民地出身者をめぐって

「日本人」と「外国人」の境界線を制度的に策定するための国家レベルの人種プロジェクトは戦後すぐに展開されることとなる。その背景には、植民地政策によって日本帝国内に移住した植民地出身者の法的な処遇の再編成と、広く一般化していた「民族混合説」に対処する政府の意図があった。戦後、植民地とそれを支える帝国のロジックを失ったため、日本国内の旧植民地出身者を再び「外国人」へと外部化する必要があるという認識が政府内にあったのだろう。

この一つとして、戦後の憲法や法律の再編成における「旧植民地出身者」の処遇に焦点を当てたい。遠藤正敬によれば、外地戸籍に登録されていた「旧植民地出身者の「外国人」化」（遠藤 2013）が展開されたという。そして、この「外国人」化のなかで、「混血」の人々についてもその法的な位置づけが親の戸籍に引きずられる形で策定されていった。ではまず、法制度における「日本人」と「外国人」の境界線再設定の展開を時系列に沿ってたどっていく。

占領軍総司令部との半年にわたる交渉のすえ、一九四七年五月二日（日本国憲法施行の前日）に「最後の勅令」として公布施行されたのが「外国人登録令」（一九四七年勅令第二〇七号）である。この勅令において「朝鮮人」への「適用については当分の間外国人とみなされる」と規定されていた（森田 1955:80）。

一九四七年六月二一日付の内務省調査局長の通達で、外国人登録令の適用を受ける「朝鮮人」とは、「朝鮮戸籍の適用を受けるべき者」を指すことが明記された（森田 1955:80）。遠藤はこの文言について、「これは朝鮮戸籍に「入籍すべき取扱いをうけた」日本人（つまり元「内地人」）も含むものであった」

と説明している（遠藤 2013:244）。また、外国人登録令公布の翌日の一九四七年五月三日に施行された日本国憲法では、第一〇条で国民の定義について、「日本国民たる要件は、法律でこれを定める」と留保つきで記され、この「日本国民たる要件」を法的に策定する法律として一九五〇年に国籍法が公布・施行された。ここで、出生により日本国籍を得たものが「日本国民」、日本国民ではないものが「外国人」（すなわち日本国籍のないもの）という法的カテゴリーが定立した。

そして、サンフランシスコ講和条約締結の九日前にあたる四月一九日に、法務府民事局長より「平和条約に伴う朝鮮人、台湾人等に関する戸籍及び国籍事務の処理について」（民事甲第四三八号）という通達（民事局長通達）が発せられた。それは次のようなものであった。

（1）これに伴い、朝鮮人及び台湾人は、内地に在住している者を含めてすべて日本の国籍を喪失する

（2）もと朝鮮人又は台湾人であった者でも、条約の発効前に内地人との婚姻、縁組等の身分行為により内地の戸籍に入籍すべき事由の生じたものは、内地人であって、条約発効後も何らの手続きを要することなく、引き続き日本の国籍を保有する

（3）もと内地人であった者でも、条約の発効前に朝鮮人又は台湾人との婚姻、養子縁組等の身分行為により内地の戸籍から除籍せらるべき事由の生じたものは、朝鮮人又は台湾人であって、条約発効とともに日本の国籍を喪失する

遠藤によるとこの通達にしたがって、「朝鮮戸籍または台湾戸籍に入るべき取扱いを受けていた者

は「朝鮮人」及び「台湾人」として扱われ、すべて日本国籍を喪失するが、内地戸籍に入るべき取扱い（これも実際に内地戸籍に記載された者に限られない）を受けた者は「日本人」として扱われ、引き続き日本国籍を保持するものとされた」という（遠藤 2013:247-248）。このように、かつての帝国日本において人種編成の基軸であった「戸籍」の機能は戦後の再編成の際にも用いられた。この「戸籍」の機能を最大限に活用し、外地戸籍にあった者と、婚姻や養子によって外地戸籍に入籍した者から日本国籍を剝奪し「外国人」化した。一方、もとは旧植民地出身者であっても内地戸籍に入ったものは「日本国民」とされた。[1] このため、遠藤によると外国人登録令で人口統計として集計された「朝鮮人」「台湾人」には「生来的日本人」も含まれていたという。また、朝鮮戸籍や台湾戸籍に入籍した「生来的日本人」は選挙法と戸籍法の規定によって参政権を奪われることになった。そして、内地戸籍に入っていた朝鮮人と台湾人は外国人登録の対象外となり、参政権も行使できることになっていた。遠藤は「個人の自由意志を超えた戸籍の力が旧植民地出身者およびその家族を「日本人」と「外国人」

（1）　さらに、サンフランシスコ講和条約締結の目前である一九五一年八月二六日に閣議決定された「出入国管理令」の政府原案では、「日本人で戸籍法（昭和二十二年法律第二二四号）の適用を受けないものは、当分の間、この政令の適用については外国人とみなす」と規定されていたという（森田 1995:124）。遠藤はこの「戸籍法の適用を受けない」という文言について以下のように鋭く批判している。「「日本国民」でありながら参政権もなく、なにより「外国人」として登録され、登録令に違反すれば退去強制の対象にもなるという、国籍の機能を無化するごとき差別的処遇を正当化するのが、「日本戸籍法の適用がない」という根拠であった。この「戸籍法の適用がない」という文言を駆使して、法文上に「民族」を名指しして差別主義を明記せずとも差別政策が可能になるという便法は戦前からの常套手段であり、「大日本帝国」における戸籍制度の産物である「民族籍」の効果にほかならなかった」（遠藤 2013:238-239）。

とに振り分け、明暗の分かれ目を生んでいたのである」と指摘している（遠藤 2013:245）。

ここで、「旧植民地出身者」と日本国籍者との婚姻家族の中に子どもがいた場合、この「混血」の法的な地位は本人の意思やアイデンティティに関わらず親の戸籍に基づいて決定された。そのため、男性側が内地戸籍で女性側が外地戸籍であった場合に、結婚した後の子どもは内地戸籍となり法的に「日本人」化され、男性側が外地戸籍で女性側が内地戸籍の場合の子どもは外地戸籍とされ法的に「外国人」化された（図1－1）。

このように、戦後の人種編成においてとりわけ重要であった「日本国民」と「外国人」カテゴリーは「戸籍」を基軸に再構成され、女性や「混血」は男性側の戸籍に沿って、本人の意思にかかわらず「日本人」か「外国人」かに振り分けられた。

ここで注目すべき点は、日本国憲法の文言にも民事局長通達にも「日本人」とは書かれず、「日本国民」と記述されていた点である。先述のように、かつて旧植民地出身者で内地戸籍に入籍したものや「混血」であるその子どももこのカテゴリーに含まれていたため、この時点での国内法において人種や民族を彷彿とさせる「日本人」ではなく「日本国民」というカテゴリーを用いたことは確かに現実に即しているように思われる。しかし、遠藤も述べるように「内地戸籍こそが正統なる「日本人」の証しである」とする「戸籍原理主義」（遠藤 2013）がすでにヘゲモニー化されていたため、「日本人」と「外国人」という、あくまでも法的なカテゴリーが、「正統なる日本人」と「外国人」とを人種・イデオロギー的に区分けする境界線として機能することとなった。遠藤は戸籍のもつヘゲモニックな機能について以下のように述べている。

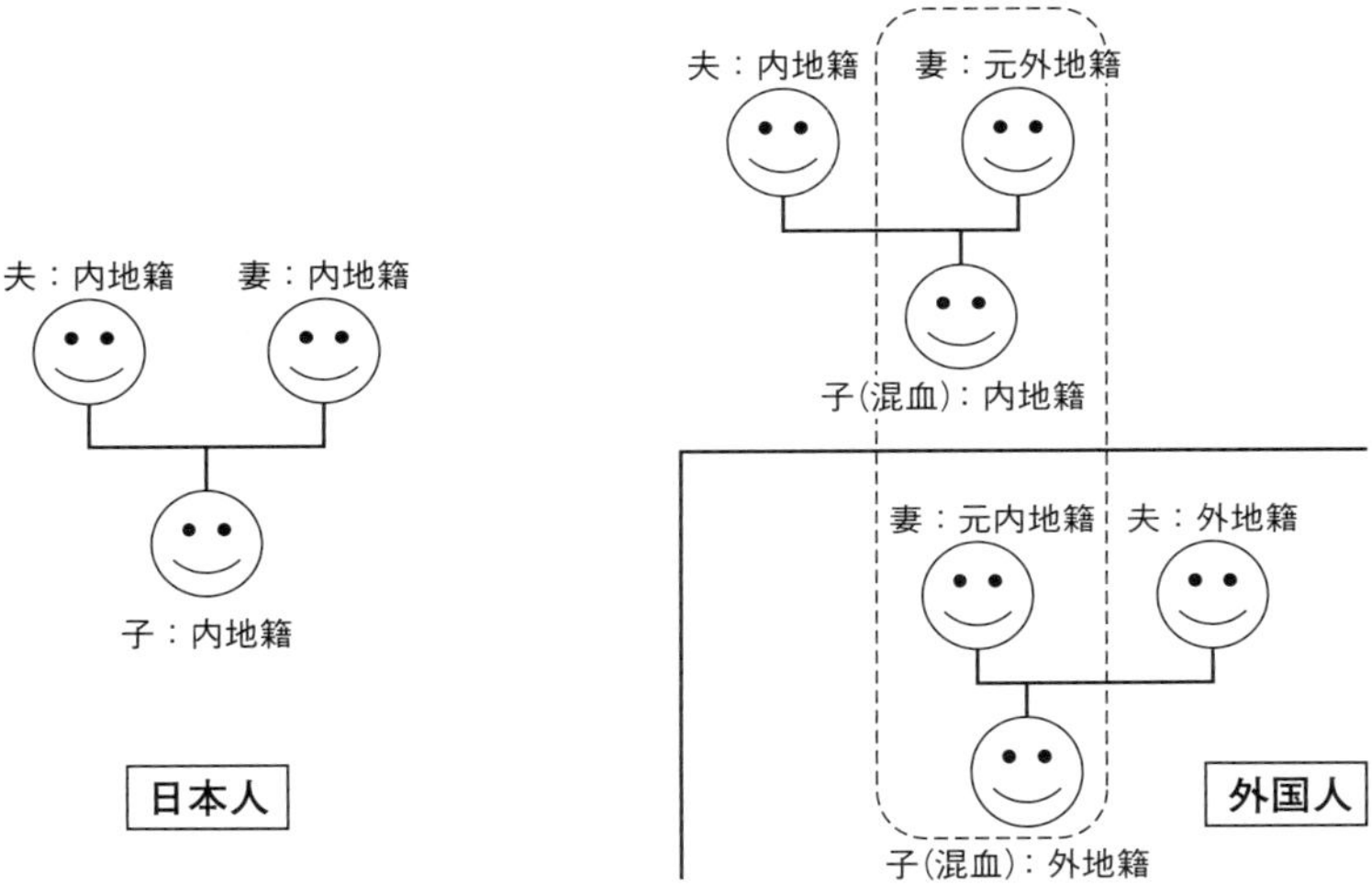

図 1-1　旧植民地出身者と「混血児」の法的処遇（筆者作成）

戸籍を原初的な「民族」の表象とみなし、かつ壬申戸籍を源流として受け継ぐ内地戸籍こそが正統なる「日本人」の証しであるという思考は、「戸籍原理主義」と呼びうるものである。しかし、それは帝国統治における婚姻等を通じた民族籍の交流の結果としておよそ正統性を持ちえないものであることは既述の通りである。にもかかわらず、日本の主権国家としての再出発という重大な局面で、右に述べたような憲法理念や国際的先例との背馳もいとわず、戸籍原理主義が「日本人」を再編する基軸とされたのである（遠藤 2013: 251）。

　つまり戸籍の法的な機能によって「日本人」と「外国人」の二分法は策定されたが、同時に戸籍の社会的な機能によって、「日本人」内部の多様性が不可視化され、単に日本国籍を持つものが「日本人」、日本国籍を持たないそれ以外の人々が

「外国人」とされるかのようにその意味づけが再編された。また、当時の戸籍への編入原理はあくまでも家父長的なジェンダー規範に基づいていたため（婚姻の際に夫が外地籍であれば外地戸籍の家として、夫が内地戸籍であれば内地戸籍の家として編成された）、子どもである「混血」の法的な位置づけは親の戸籍上の性別に左右されることとなった、ヘゲモニー化された戸籍原理主義によって「日本人」化もしくは「外国人」化されたのである。このように「日本人」と「外国人」という法的な二分法は、実際には「血統」の現実に一致するものではなく国家の権力が形式的かつ機能的に運用される戸籍によって区分された。すなわち、戦後の「日本人」と「外国人」との法的な境界線策定は戸籍という「人種の線」による、国家レベルのジェンダー化された人種プロジェクトといえる。そして同時に、戸籍は国籍の証明として用いられるため、戸籍の機能は日本国籍に基づく「日本人」と「外国人」の二分法へとつながっていった。

そしてサンフランシスコ講和条約発行日と同日の一九五二年四月二八日に「外国人登録法」（一九五二年法律第一二五号）、そして「ポツダム宣言の受諾に伴い発する命令に関する件に基づく外務省関係諸命令の措置に関する法律」（一九五二年法律第一二五号）すなわち出入国管理法が公布されたことによって、「外国人」とされた人々の指紋押捺が義務化された（遠藤 2013:251）。

このジェンダー化された人種プロジェクトによって、「日本人」化された人々の存在とその多様性や混交性は不可視化され、「外国人」化された人々は法的な地位からくる様々な差別的処遇にさらされることとなった。

また、「日本人」と「外国人」とを明確に区分する二分法が国勢調査においてもみられた。国家が自国の「国民」を把握し規定する上で国勢調査は非常に重要な役割を果たしている。二二カ国の国勢調査の歴史的編成過程を比較分析した青柳真智子は、各国において人種（レイス）やエスニック集団がいかに規定されているかに着目し、以下のように述べている。

レイスやエスニック集団の分類研究として国勢調査を取り上げた理由はその当該国民にとって国勢調査はもっとも権威ある、そして定期的に繰り返されることによって人々に刷り込まれていく分類であるからである。（中略）本来レイスとかエスニック集団といった分類は、「自己」と「他者」、すなわち「われわれ」と「われわれ以外の者」を区分する分類の1つであり、その分類はかなり流動的・状況的なものであったと思われる。しかしそのような分類が、集団間の力関係によって、歴史的に何らかの形式で定着し、より固定的な制度的な区分として固定していくと、個人の生活全般を規定するほどの大きな意味を持つようになる。とくに国家がその版図内の住民を把握するために定期的に施行する国勢調査における分類は、確固たるものになるに相違ない（青柳 2004:1)。

このように、国勢調査における人種や民族の区分や規定は国家によって恣意的に意味づけられているため、国家が用いる人種のプロジェクトを明らかにするうえで重要であることがわかる。

青柳（2004）によると、日本において第一回の国勢調査は一九二〇年に実施され、その質問項目は、「①氏名、②世帯に於ける地位、③男女別、④生年月日、⑤配偶関係、⑥職業および職業上の地位、⑦出生地、⑧民籍別・国籍別」の八項目であったという。青柳はこの「民籍」という概念が、日本におけるエスニック集団を特定するために、国勢調査において導入された概念であるとしている。この

第一回国勢調査における質問票の項目⑧には、「一、朝鮮人、台湾人、樺太人、北海道旧土人は、それぞれ朝鮮、台湾、樺太、又は北海道と書き入れること。二、外国人はその国籍と書き入れること」という但し書きがされており、国籍のみでわからないエスニック集団について集計の試みがなされた。そしてこの「民籍」という項目は一九四〇年まで用いられていた。

しかしながら敗戦を迎えて初めての国勢調査（一九五〇年）より、「民籍」という項目は消え、その後は国籍のみを記すことが現在まで続いている。単純に「日本人」と「外国人」の人口のみが集計されることとなり、日本人にカテゴリー化される人々の内部にある多様性は人口統計からも捨象されていった。日本の国勢調査の歴史的な変動を研究した青柳は、この「民籍」の消失の理由は不明であるとしているが（青柳 2010:134）、結果としてこの国勢調査による統計データのあり方も戦後の「日本人」と「外国人」の二分法の人種プロジェクトを補強することにつながった。現在まで続く厚生労働省の人口統計には民族・人種のルーツは完全に不可視化され、日本国籍者と外国国籍者のみの統計が出され続けており、この国籍の軸にそって資源の再配分は規定されている。青柳が説明するように、国勢調査は最も権威があり、調査が何度も繰り返される中で人々の認識に刷り込まれていく。混淆性や多様性を認めない「日本人」「外国人」の二分法カテゴリーは国勢調査の数値によっても拡散されているのである。

3 「混血児問題」をめぐって

3-1 背景

旧植民地出身者の法的処遇と同様に、「日本人」と「外国人」の境界設定の議論が政府やメディアを巻き込んで再び活発化したのが、戦後の「混血児問題」である。

一九四五年、敗戦後の日本政府は占領の目的でやってきた米軍人用にRAA（Recreation and Amusement Association／特殊慰安施設協会）を設置し、全国的に展開する。当時日本社会は深刻な経済不況と食糧難のなかにあって都市部には「闇市」が広がっていた（原山 2013:4）。また主要な米軍基地周辺地域においては「赤線」「青線」と呼ばれる米軍相手の性産業が活発化した[2]。平井和子（2014）や茶園敏美（2014）によれば、米軍の相手をする「街娼」、「私娼」は当時、「パンパン」や「闇の女」などと呼ばれたが、この女性たちのなかに「オンリー」などと呼ばれる、米兵と親密な関係を持つものもいたという。さらに、売買春によってではなく通訳やハウスキーパーとして米軍基地で働く女性

（2） 平井和子は当時のRAAの状況を回顧する証言集を参照し、「RAAがその後の「赤線」や基地周辺の「パンパン」たちの誕生の母体となった」と述べている（平井 2014:37）。また、吉田容子は「赤線」と「青線」について、「表向き特殊飲食店街として指定され「赤線」ともよばれた私娼黙認地区や、それらの地区と同じ形態で売春が行われるものの特飲街の指定を受けない売春地区「青線」が形成された。こうした地区が歓楽街として発展していった」と説明している（吉田 2010:1-2）。

が米兵と親密な関係を築くケースもあり、これらの結果として多くの「混血児」が誕生することとなった。上田誠二はこのような日米の「混血児の誕生」を、「強姦によって産まれた場合、売春によるケース、現地妻の子として産まれた事例などに大別できる」としている（上田 2014:48）。このように、この時期に多くの「混血児」が誕生した。戦後の経済不況のみならず、制限づけられた移民制度および結婚制度、そして当時の人種的偏見などにより母子家庭になるケースや結婚に至らず孤児になるケースも多かったため、(3) この子どもたちの存在に対して社会的に大きな関心が寄せられていた。

一方、加納実紀代によれば、このような「混血児」にまつわる問題は米国の占領下にあった日本において「タブー」扱いされていたため、一九五二年四月二八日の独立まではメディアにおいて「混血児問題」に関する報道はほとんどみられなかった（加納 2007:219）。また、占領期においてエリサベス・サンダース・ホームや聖母愛児園など複数の児童養護施設が「混血児」の孤児や養育の問題に対策を講じていたが、GHQ及び日本政府は福祉に対する無差別平等の原則に従って「「混血児対策」には積極的に取り組もうとはしなかった」という（嶺山 2012:43）。こうした流れに変化が訪れるのは、沖縄を除く日本本土においてGHQによる占領期が終結した一九五二年前後である。このころから、戦後直後に生まれた「混血児」が学齢期に達したこと、「混血児二〇万人説」が社会に流布していたことなど複数の要因を背景として、メディアで「混血児」が活発に取り上げられるようになる。そして、政府も具体的な対策を講じざるをえない状況に追い込まれた。

では日本政府は「混血児問題」へどのような方針を示したのだろうか。管見の限り、国会において最も早い時期に「混血児問題」への対策が議論されたのはGHQ占領下の一九五〇年（昭和二五年）である。当時、衆議院議員で日本共産党の衆議院議員であった江崎一治が「混血児に関する質問」

（第七回国会、質問番号五一、昭和二五年二月二二日）として、①「日本人と進駐軍関係との間の混血兒」の人数と、②この子どもたちの保護の有無について質問している。この質問に対して、同年三月七日付で以下のように当時の内閣総理大臣吉田茂の答弁がなされている（内閣衆質第三九号、昭和二五年三月七日）。

衆議院議員江崎一治君提出混血兒に関する質問に対する答弁書

日本人と進駐軍関係との間の混血兒の問題については、当局もその福祉について遺憾のないように努力しているのであるが、そのおよその総数及び保護なしに放置されている者の数については、現在までに特に調査したことがない。しかし、兒童福祉法は、日本国憲法第十四條の規定による国民の無差別等の原則を兒童の生活の保護についても等しく適用すべく努めているのであつて、従つて、混血兒のうち保護を要する兒童に対する福祉の措置についても、広く一般の保護者

（3）　神崎清は当時の米兵との結婚状況について、「軍人の結婚に厳重な制限があり、国籍法や移民法の手続きがすこぶるめんどうで、帰国までに間にあわなかった者が、けっして少なくないことである。アメリカの軍人と日本の若い女性の合意による結婚をいちじるしく困難にしているきびしい制限や日本の警察機関による花嫁候補の身元調査（この法的根拠があきらかでない）、日本人の渡航許可の枠をわずか一八〇人におさえて、混血児の養子縁組をほとんど絶望的にした新移民法（昭和二七年一二月二三日発効）の実施は、アメリカ至上主義の重圧といおうか、本来平等の立場にあるべき日米両国民の自由な結合にとって、最大の障害になっている」と述べ、当時の結婚を困難にしている構造的背景について説明している（神崎 1953:139）。

のない児童又は、保護者に監護させることが不適当であると認める児童に対すると同様の措置をとることを建前とし、特に混血児であるからといつてこれに差別的待遇を與えることのないように、各児童福祉機関及び施設等において適切な保護を講じている次第であり、又将来も、この見地から適切な保護を加えて行きたい所存である。右答弁する。

この答弁からは、一九四七年に施行された日本国憲法の第十四条および、同年に制定された児童福祉法のロジックに基づき、「混血児」に対しても「差別的待遇」を与えないという建前によって特別な方策を講じずに、一般児童と同様に扱うようにとの方針がとられていることがわかる。[4] すなわち、ここで「混血児」は「日本人」と同等に対処するという意図が読みとれる。

その後、「混血児」に対する実態調査とさまざまな対策が講じられたのは一九五二年から一九六〇年代ごろまでであり、その主要なアクターは厚生省や文部省であった。政府による「混血児問題」の対策は、①海外養子縁組による「混血児」の「外国人」化と、②国内に居住することとなった「混血児」の「日本人」化として整理することができる。

厚生省における「混血児問題対策」は児童憲章や児童福祉法の理念に基づき、一般児童と同様の扱いをするという方針のもとで、児童局や中央児童福祉審議会を中心に統計調査や実態調査をおこない〈福祉問題〉として対策を講じた。また、同時に福祉という名目で、それまで民間団体によって進められてきた海外養子縁組を積極的に支援した。文部省では特別扱いしないという基本方針の下、初等中等教育局を中心にして、「混血児」の教育に関するガイドライン、指導記録・資料を刊行し全国の学校に配布し、ケースワークを蓄積し〈教育問題〉として対策を講じた。また、外務省は厚生省や文部省の対応を踏襲する形で海外からの情報収集などを行った。しかしながら、「混血児」をめぐる深刻な人種差別の問題については、「福祉」や「教育」という別個の問題群としてすり替えられることで、結果として何も対策が取られないまま放置されてしまう（図1－2）。

では、混血児をめぐる人種差別の問題はいかにして福祉や教育の問題に置き換えられていったのだろうか。そして人種差別の問題はいかに不可視化されていったのだろうか。このような政府の対策がどのような帰結をもたらしたのだろうか。「混血児」や「混血児問題」が、国家によっていかに表象もしくは翻訳され、その枠組みにそって資源がどのように配分されたか／されなかったのかというマクロレベルの人種プロジェクトについて史資料をもとに明らかにしていく。

3－2　「混血児」の人口統計調査

戦後の「混血児問題」について、政府内で具体的な議論が展開されたのはGHQによる占領が終

（4）　加納によると、「混血児」に対して無差別平等の姿勢を貫こうとしたのは日本政府だけではなく、GHQ側でも同様であったという。加納は、GHQが対日救援の基本姿勢をまとめた文章である「福祉課の任務」の内容について、「そこには公的扶助の認定基準として、客観的な単一の基準に基づき、無差別平等に与えられるべきことが示されている。しかしそれには限定がついていた。①家族の相互扶助機能を最大限利用することを前提とした国家責任、②施設保護は極力避ける、の二点である」と説明している。さらに、「こうしたGHQの姿勢に、日本政府もただちに同調した」、「単に勝者への迎合というよりは、日本政府自体の「主体的な」混血児忌避による可能性もつよい」と指摘している（加納 2007:218-219）。

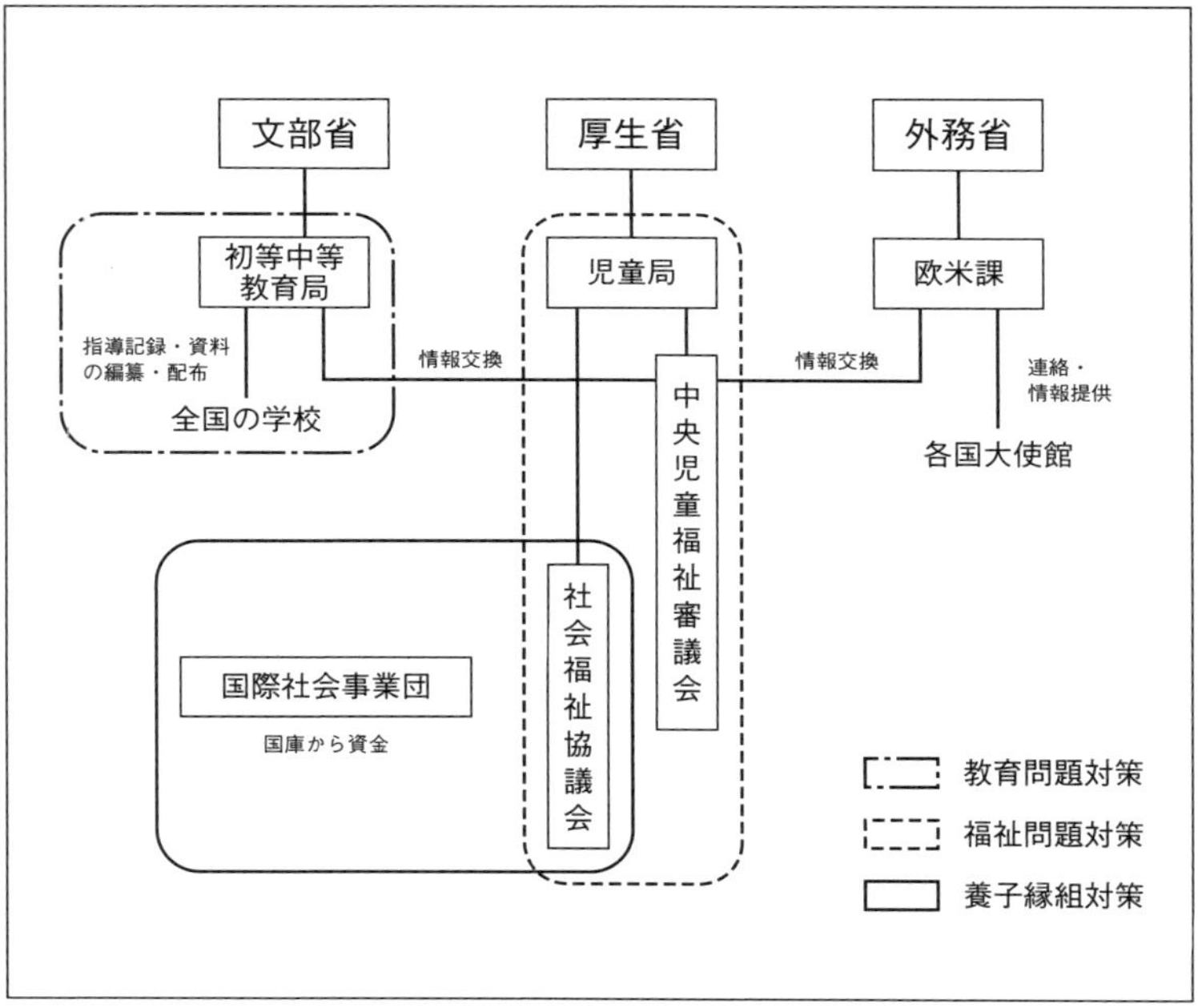

図 1-2　国家レベルの「混血児問題対策」（筆者作成）

わった一九五二年からである。当時、政府の対策で急務とされたのは実態把握であり、厚生省内で初めて「混血児」に関する議論が展開されたのが一九五二年七月九日、厚生省の第二五回中央児童福祉審議会である。(5)

この審議会では①「混血児」の実態把握の必要性、②海外養子縁組について、③「隔離保護」か「同化」か、という議論が展開された。

本審議会の議事録(6)をみると、まず①の「混血児」の実態把握について議論が展開されている。「混血児」の数が全国で二〇万人にのぼるという説について質問された高田は「(混血児問題に対して)国会議員の中には相当極端な意見を出す方もあるし、新聞記者等も非常に問題にしている。そのときいつも問題になるのは数の点です。いづれにしても、何か施策をやるとか、何もしないとか決めなければならない」と述べた。一九五二年の講和条約締結以降、「混血児」について参照できるのは医師会による調査や全国福祉協議会が把握する統計データのみで、政府は全国を網羅する正確な人数の把握

(5) 厚生省児童局局長の高田は第二五回中央児童福祉審議会の冒頭で、「混血児問題」が政府としてそれまで行われていなかった経緯について質問され、以下のように答弁している。「この混血児の問題を審議会にお諮りしたのは、実はわたくし共はこの問題に対する考え方をもっていないのです。それかといって最近の事情では放置してはおけない。国会議員の中には相当極端な意見を出す方もあるし、新聞記者等も非常に問題にしている。(中略)この問題は調査それ自体がかえって問題をひき起こす端緒になるおそれも多分にあるので、今日まで手をつけないでいた」。

(6) 中央児童福祉審議会「第二十五回中央児童福祉審議会議事録」(一九五二年七月九日)外務省記録『本邦人と諸外国人の混血児問題』(J-6-0-0-5、外務省外交史料館)。各委員の役職は記されていないが、議事録ないに書かれている範囲では、高田(厚生省児童局局長)、中川(中央児童福祉審議会委員長)、新居(母子愛育会)となっている。

はできていない状況であった。当初、厚生省側では「混血児」について調査の必要性を感じていなかったが、当時「混血児二〇万人説」が流布していたため、厚生省側としても「混血児」の実態をとらえ何らかの対策を議論する必要に迫られていたことがわかる。

そして二点目は、里子や養子縁組によって海外に「混血児」を「引取る」という議論である。高田は「この問題はたんに児童福祉の観点から対策をたてても、他に外交的な問題等もあり、総合的な見地から考える必要がある」と述べた。審議会の伊藤委員が「外国で引き取るなど何か外交的な問題があったかどうか」という問いかけで議論が展開され、「黒人は、あちらに還すというようなことはないのですか」（松島委員）、「一部にはそういう人もあるが、政府としてはできるものではないと考えている」（高田局長）、「もし本国に還ることができるならばそれに越したことはない」（新居委員）などの意見が出た。この時点では、米国の移民法の影響で「混血児」をアメリカに移民させることができなかった背景もあり、厚生省側としては養子縁組を積極的に進める方針ではなかったことがうかがえる。一方、とくに「黒人」系を積極的に国外へ移民させる趣旨の差別的な意見を述べる委員もいた。

そして三点目は、学校や教育の面で、「混血児」を「隔離保護」するか「同化」するかという論点が交わされた。「具体的な保護の方法として隔離保護論の問題ですが、子供の間でいじめられている事実がほんとうにあるかどうかわたくしは若干の疑問に思っている」（伊藤委員）、「わたくしも施設保護については多くの疑問をもつが、神奈川のエリザベス・サンダース・ホームの沢田さんは、特別の保護をするよう主張されていた」（高田局長）。一方、聖母愛児園の委員は「見別のつかない子供は格別問題にする必要もないが、はっきりしているものについてはそれに相応しい保護の手が必要と思う」「格別問題のない子供を特別の学校に入れる必要はないと思うが、現に収容されている子供については特別学級を設けても差し支えないと思う」と述べ、「保護」を主張している。しかし審議会内の意見は「同化」の意見が多く、「結局日本の社会になじむという方向にもってゆけばよいのではないかという気持ちがする」（高橋委員）、「児童福祉の面からいって、子供の引取の問題を云々することはできないし、所詮同化させておく方がよいということにもなり、したがって新聞記事にすること自体が子供のために好ましくないと反問したい位である」（高田局長）、「特別の学校を造っても、いつか外国に引き取られるものではない以上やはり同化の必要があろう」（新居委員）と繰り返された。このように「保護（隔離）」／「同化」の議論が活発に展開されたのは、この審議会の半年後に戦後生まれた「混血児」の第一世代が小学校への入学を控えていたためである。この「保護（隔離）」／「同化」という議論は審議会内だけではなく、当時の新聞上や雑誌などの論壇でも知識人の間で活発に議論されていた。

そして審議会の最後に、これらの問題を検討する特別委員会として「混血児問題対策研究会」の発足が提案される。議事録の内容から推察すれば、この研究会は審議会とは別個に外部で発足されたもの[7]ではなく、結果としてはその後の四回にわたる審議会において、政府関係者や知識人、児童養護

（7） 厚生省では児童局を中心にその実数の把握に努めたが、児童局の政策決定に大きな影響を及ぼしていたのが中央児童福祉審議会である。「混血児問題」が議題となった会は、一九五二年七月九日開催の第二五回から第二九回までの合計五回であり、厚生省関係者はもとより文部省や外務省などの関係省庁の人員も召集されている。同審議会の五度にわたる議論を土台とし、厚生省は省庁としての「混血児対策」を発表している。第二五回審議会の内容については第1章で詳しく説明したが、その後の四回の審議会の議事録は入手することができなかったため（二〇一六年七月

施設関係者などを集め「混血児問題」について審議を重ねていくかたちとなった（第二五〜二九回までこの議題が審議された）。

その後、厚生省児童局が中心となり、今後の「混血児問題対策」を決定する土台となる基本資料作成を目的とした全国規模の「混血児」実態調査として、一九五三年二月に「いわゆる混血児実態調査」が執り行われることとなった。[8] この調査では、全国都道府県知事あてに調査要綱が配布され、[9] 各地にある児童・福祉関連の行政部門によって調査が行われた。そして、この調査結果を示す「混血児童実態調査概略」には調査の目的と対象が以下のように記されている。[10]

調査の目的

いわゆる混血児童について現に養育せられている実数を掌握するとともに併せてこの種児童を持つ家庭の相談に応じ且つ今後における種々の問題を解明し、その福祉を計るための実証的基礎資料を得ることを目的として当該児童及びその養育者等についての実態を調査するものとする。

調査の対象

所謂混血児童であるが、この調査目的からして一般の概念でいう混血児ではなく、終戦以降、混血児問題として一般に問題になつた児童のみを調査対象とした。

本調査は今後の「混血児」に対する福祉対策の方向性を決めていくうえでの「実証的基礎資料」として位置づけられ、「混血児」の実態調査と養育者（家庭など）へのサポート、相談という目的を持つとされた。また、本調査は当時「一般の概念」として用いられていた「混血児」ではなく、「終戦以降、混血児問題として一般に問題になった児童」が対象とされている点も非常に重要である。では調査当時の年代における「一般の概念」としての「混血児」はいかなるものであったのだろうか。例えば、この時代の『広辞苑』には「混血児」について、以下のように記されている（新村出編、一九五五、『広辞苑』岩波書店：五、八一四）。「こんけつ【混血】異種族通婚の結果、両系統の特徴が混ずること。―・じ【混血児】⇩あいのこ（間の子）」「あいのこ【間の子】①異種の生物または異人種間に生まれた子。混血児。②いずれともつかぬ中間のもの」。このように当時の『広辞苑』では混血児やその類義語に、特に米軍や米軍属とのつながりは明記されておらず、より広い範囲を包含する概

に筆者が国立国会図書館で同審議会資料について職員に出所を確認したところ、同審議会の議事録は保存されていない旨の説明を受けた）、この審議の議論の推移を詳細に論じることはできない。

（8）厚生省児童局「いわゆる混血児実態調査について」（一九五三年一月二一日）外務省記録『本邦人と諸外国人の混血児問題』（J-6-0-0-5、外務省外交史料館）。

（9）この調査概略は厚生省児童局長から全国の都道府県知事宛に送付された「いわゆる混血児実態調査について」（昭和二八年一月二一日児乙発第三号）に添付されていた。この発令の冒頭には混血児の問題について「児童福祉の基本的精神にのっとり特に国籍、人種等の差別をすることなく平等にその福祉を計るべきであることはいうまでもないところである」としつつも、「しかしながらこの種児童は、その外見が一般児童といちぢ（ママ）るしく異なるため、当該児童は勿論その養育者が周囲の人々から特異の眼をもつてながめられる傾向がうかがわれ、これ等児童の生活上や教育上のことについても問題が生じているようである」と記されている。

（10）厚生省児童局「混血児実態調査概略」（一九五三年二月一日）外務省記録『本邦人と諸外国人の混血児問題』（J-6-0-0-5、外務省外交史料館）。

念であった。また、小熊によると大日本帝国時代に政府にとって最も主要な問題関心の一つは植民地における「混血の是非」であったという（小熊 1995:235）。さらに、当時は「お雇い外国人」や商船関連の外国人などと日本の女性との間に生まれる「混血児」もいた。しかし、ここではそのすべての「混血児」を対象としたのではなく、戦後にメディアや雑誌を通じて世間を賑わせていた駐留兵と日本の女性との間に生まれた子どもたちに対して、それまで広義の意味合いで「一般」に用いられてきた「混血児」という語句がそのまま踏襲され、「いわゆる混血児」または単に「混血児」として問題化されることとなったのである。では、多様なルーツをもつ「混血児」と、本調査で問題化され、福祉の対象とされた「混血児」との間には、いかなる「人種の線 racial line」（Omi and Winant 2015）が策定されたのだろうか。

　この「調査対象」については、以下のような但し書きが付け加えられている。「（1）終戦以降、本調査の日（昭和二八年二月一日）までに出生し、現に養育されている混血児であること。（2）外国の軍人、軍属等を父に持ち、日本人を母に持って出生した児童であること。従って、外国人を母に持った混血児は除外されている。（3）日本人、中国人及び韓国人の血統のある父を持ち、その出生児童の眼色、頭髪、容貌等が日本人、中国人又は韓国人に酷似し、皮膚の色が黄色をしている混血児は、調査対称（ママ）から除外してある。従ってこの調査対象となった児童は、皮膚、眼、髪の色、容貌等が日本人種と著しく相異している者のみに限られている」。この（1）について、本調査では戦前に生まれた「混血児」は除外されていた。また（2）では、父親が「外国の軍人、軍属」であり、母親が「日本人」であるケースのみが対象とされ、母親が「外国人」のケースもここから排除された[11]。この調査の数年前に「日本人」化と「外国人」化の境界策定によって分断された旧植民地出身者のケースに照らし合わせて考えてみた場合、父親が「外地籍」で母親が「内地籍」である子どもは「外地籍」となり、そのまま法的にも「外国人」化されていたが、当該調査の対象である位相Iのケースは婚姻した家庭の子どもと未婚あるいは離婚した場合の子どもも対象とされた。すなわち、旧植民地出身者の場合は、父親が外地籍であれば母親が元内地籍であってもその父の戸籍に従って「混血」の子どもが外部化され「日本人」の範疇から排除される。その一方、「混血児問題」のケースの場合は母親が「日本人」である場合も「混血児」として日本の福祉支援の対象とされた。また、(2)で興味深い点は、戦後生まれた「混血児」のなかでも、父親が「日本人」であり母親が「外国人」である場合はこの調査の対象から除外されている点である。戦後の「戸籍原理主義」(遠藤 2013)からすれば、父親が「日本人」であるケースの「混血児」はそもそも法的にもイデオロギー的にも「日本人」として扱われることがわかる。このように親の戸籍上の性に紐づくかたちで「日本人」化された「混血児」は対象とされなかった。あくまでもここで「問題化」されたケースとは、旧植民地出身者に対して展開された人種プロジェクトのような厳密な「戸籍原理主義」のロジックからすれば「外国人」化されうる、父親が「外国人」で母親が「日本人」のケースである。すなわち日本政府からみて法的にもイデオロギー的にも「日本人」として扱うことが微妙な立ち位置にあたる「混血児」が調査の対象とされたのである(図1-3)。

このように、法的・イデオロギー的な「外国人」化と「日本人」化のあわいに位置する「混血児」

(11) 新聞などのメディアで問題化されていたケースもほとんどが母親が「日本人」であった。また、「混血児問題」に関するさまざまな文献からも明らかなように実際の数も母親が「日本人」のケースが多かったことがうかがえる。

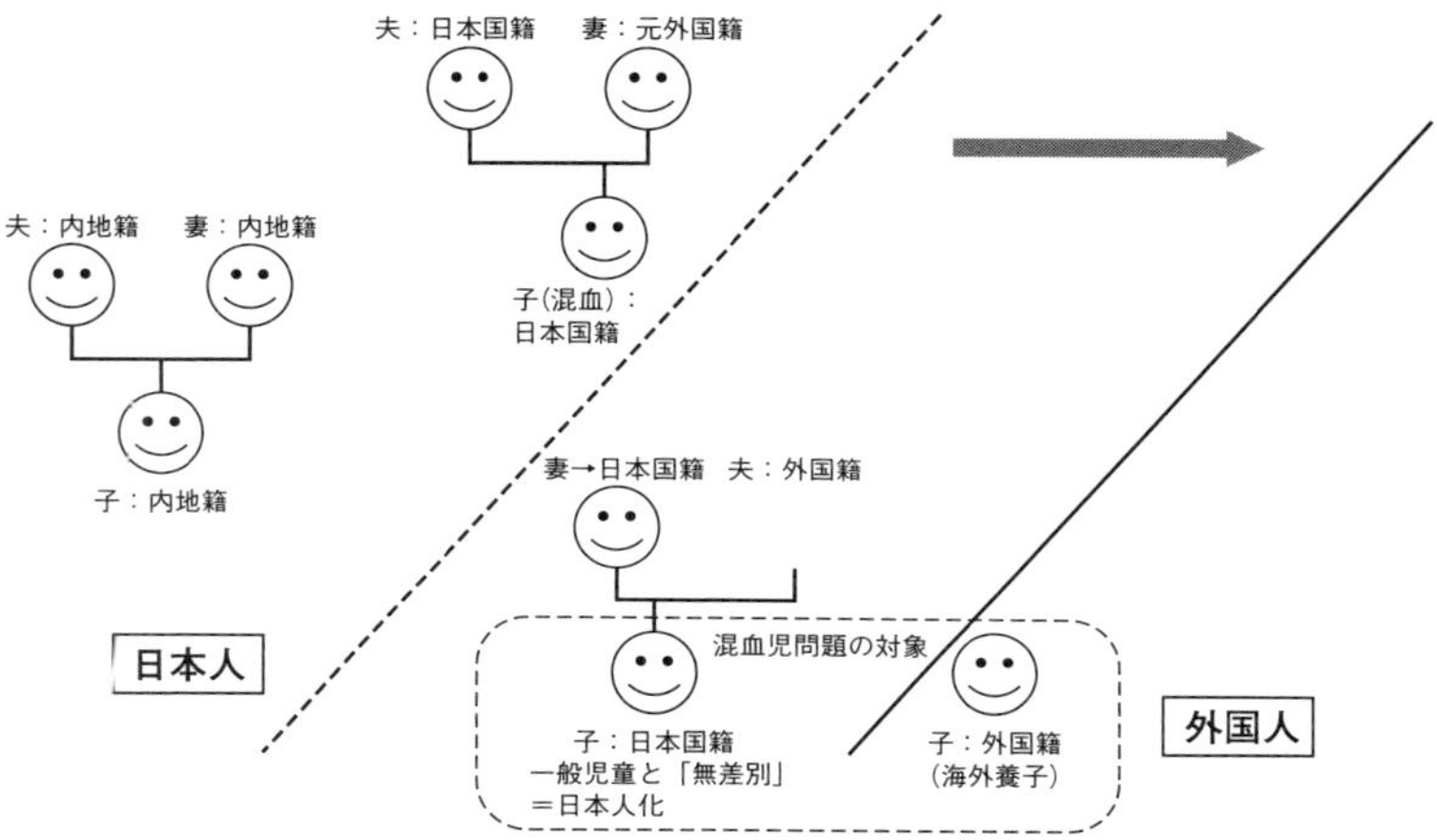

図 1-3　混血児問題における「混血児」の法的処遇（筆者作成）

のなかでも、さらに（3）のように当人の人種的な特徴によってその対象が絞られていく。すなわち、父親が「日本人、中国人及び韓国人」の「血統」（国籍ではない）があるとされる者であり、なおかつ「混血児」本人も、その「眼色、頭髪、容貌等」の要素が、「日本人、中国人又は韓国人に酷似し、皮膚の色が黄色をしている」場合は、その調査対象（すなわち福祉対策の対象）から除外された。ここには客観的で厳密な指標は示されず、あくまでも調査員の主観的な人種観念によって恣意的に人種化されることになる。これまで、帝国日本の支配のロジックでも「台湾」や「朝鮮」の人々は「日本臣民」として人種化・同化することができていた。そのため、「混血児」の中でも「日本人、中国人又は韓国人」に酷似しているとみなされた場合は、「人種」的な意味での「日本人」化にさしたる支障はないと考えられていたことがわかる。そしてその一方で「調査対象となった児童」は、「皮膚、眼、髪の色、容貌等」が「日本人種と著しく相異している者」のみに限定された。これは戦前からの人種的な意味での「日本臣民」のロジックの中でも想定されていなかった対象であった。
もう一度、先述した日本政府の「混血児問題」への基本方針に戻ってみると、「混血児」は建前上は日本人と差別なく同様に扱う必要があるとされていた。この点から考えてみると、戦後生まれで父親が「日本人、中国人又は韓国人」の「血統」であり、なおかつ外見も酷似している場合、その「混血児」を建前上「日本人」と同等に扱うことは問題とされなかった。ここで、厚生省が問題化したのは、あくまでも法的・イデオロギー的、かつジェンダー化された人種的観念からみてもそれまでの日本社会の人種編成のロジックから「日本人」化できるかどうかが非常に微妙な位置にいる外見的に「日本人」から区別されるとみなされた「混血児」のみであったことがわかる。[12]
そして、この調査で実際に用いられた質問票(図1－4)では、具体的な「人種」に関するカテゴ

(12)「混血児」に対するこのような人種化は文部省の「混血児対策」においても引き継がれていた。文部省は一九五四年から計四回にわたって毎年全国の学校に、「混血児」に対する教育実践とその問題点などを掲載した『混血児指導記録』という資料集を配布している。第一巻の巻末には、一九五三年四月二〇日に小学校へ就学した混血児の実数を調査した「混血児就学状況調査集計表」が掲載されている。その集計表の「調査対象」には「昭和二十八年度に小学校第一学年に入学した混血児。ここでいう混血児は白色系或いは黒色系の混血児のみをさし、黄色系の混血児は含んでいない。ただし、正常な結婚によるものか否かの区別は問題にしなかった」と記されている。ここで厚生省と異なる点は、親のジェンダーと人種の規定がないことであり、本人の外見の指標がとりわけ重要な指標として扱われた。このような規定は一九五六年までの計四回にわたって同様に記され、一九六〇年に文部省が配布した『混血児指導資料』における「昭和三四年度混血児在籍状況調査集計表」にも同様の定義づけがなされた。厚生省において新たに問題化された戦後の「混血児」概念は、文部省においても踏襲されていったのである。

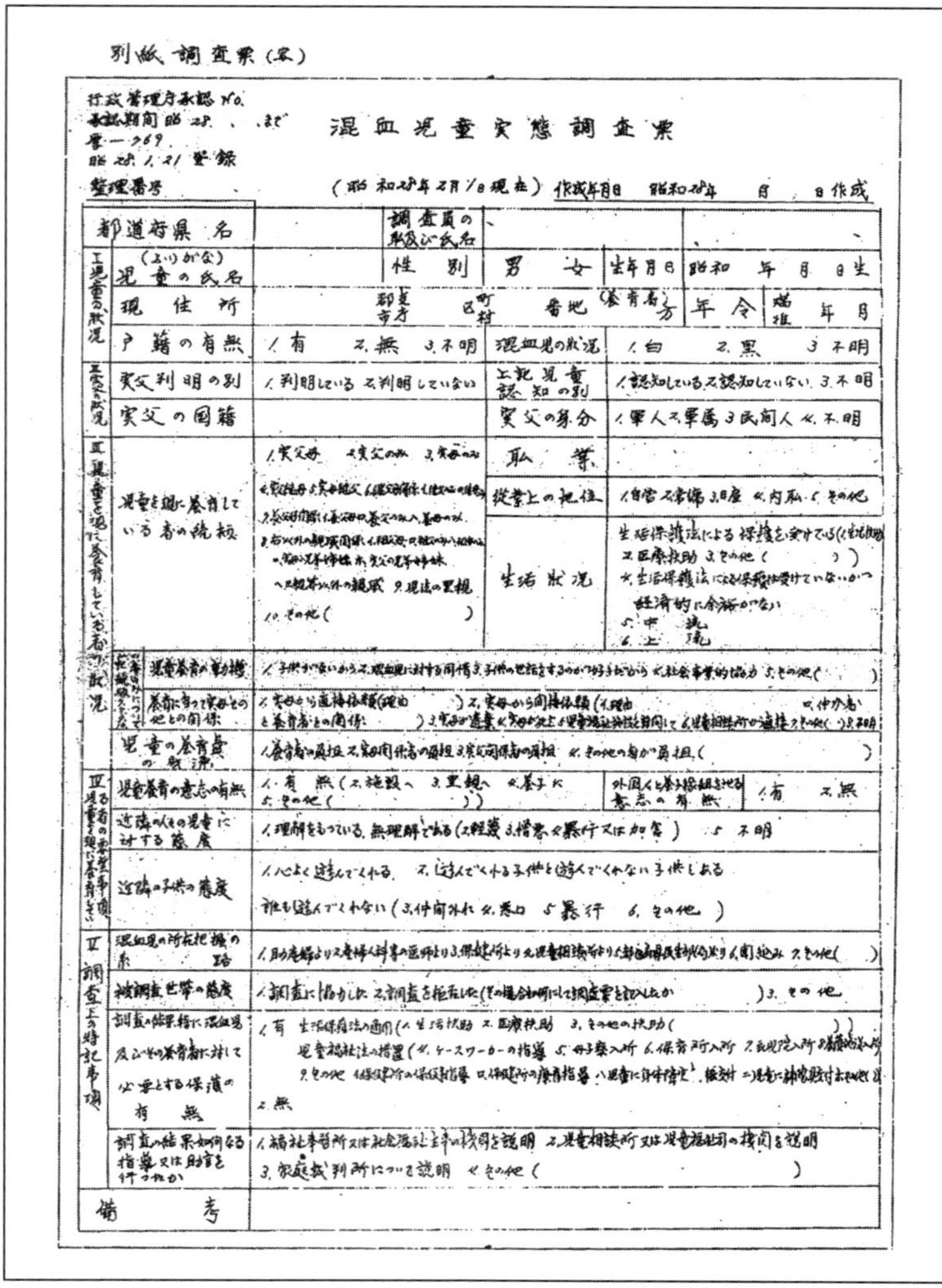

別紙調査票（案）

行政管理庁承認 No.
承認期間 昭28．．まで
豊－969
昭28．1．21登録
整理番号

混血児童実態調査票

（昭和28年2月1日現在）　作成年月日　昭和28年　月　日作成

都道府県名		調査員の職及び氏名			
Ⅰ 児童の状況	（ふりがな）児童の氏名		性別	男　女	生年月日　昭和　年　月　日生
	現住所	都道府県　区町村　番地（養育者）方			年令　満　年　月
	戸籍の有無	1．有　2．無　3．不明	混血児の状況	1．白　2．黒　3．不明	
Ⅱ 実父の状況	実父判明の別	1．判明している　2．判明していない	上記児童認知の別	1．認知している　2．認知していない　3．不明	
	実父の国籍		実父の身分	1．軍人　2．軍属　3．民間人　4．不明	
Ⅲ 児童を現に養育している者の状況	児童を現に養育している者の続柄	1．実父母　2．実父のみ　3．実母のみ　4．実祖父母　5．実母と継父　6．…　7．…　8．…　9．現住の里親　10．その他（　）	職業		
			従業上の地位	1．自営　2．常傭　3．日雇　4．内職　5．その他	
			生活状況	生活保護法による保護を受けている（1．生活扶助　2．医療扶助　3．その他（　））　4．生活保護法による保護を受けていないが経済的に余裕がない　5．中流　6．上流	
	児童養育の動機	1．…　2．…　3．…　4．社会事業的協力　5．その他（　）			
	養育に当って実母その他との関係	1．実母から直接依頼（理由　）　2．実母から間接依頼（1．理由　…）　3．…　4．…			
	児童の養育費の負担	1．養育者の負担　2．実の関係者の負担　3．…　4．その他の者が負担（　）			
Ⅳ 児童を現に養育している者の希望事項	児童養育の意志の有無	1．有　無（2．施設へ　3．里親へ　4．養子に　5．その他（　））	外国人に養子縁組させる意志の有無	1．有　2．無	
	近隣の人の児童に対する態度	1．理解をもっている　無理解である（2．軽蔑　3．憎悪　4．暴行又は加害）　5．不明			
	近隣の子供の態度	1．心よく遊んでくれる　2．遊んでくれる子供と遊んでくれない子供とある　誰も遊んでくれない（3．仲間外れ　4．悪口　5．暴行　6．その他）			
Ⅴ 調査上の特記事項	混血児の所在把握の系路	1．… 2．… 3．… 4．… 5．… 6．聞込み　7．その他（　）			
	被調査世帯の態度	1．調査に協力した　2．調査を拒否した（…）　3．その他			
	調査の結果特に混血児及びその養育者に対して必要とする保護の有無	1．有　生活保護法の適用（1．生活扶助　2．医療扶助　3．その他の扶助（　））　児童福祉法の措置（4．ケースワーカーの指導　5．母子寮入所　6．保育所入所　7．乳児院入所　…）　9．その他　…　2．無			
	調査の結果如何なる指導又は助言を行ったか	1．福祉事務所又は社会福祉主事の機能を説明　2．児童相談所又は児童福祉司の機能を説明　3．家庭裁判所について説明　4．その他（　）			
備考					

図 1-4　「いわゆる混血児童実態調査」における質問票
（出典：「いわゆる混血児実態調査について」（厚生省児童局、1953））

リー区分として、「白系」「黒系」「不明」がそれぞれ記され、調査員の主観的判断によってこれらの人種的な区分けに基づく人口調査が執り行われることとなった。たとえ外見で「日本人種と著しく相異」するとされた場合であっても、実際には曖昧な外見をもつ児童もいたはずであるが、政府の単純化された人種カテゴリーにこれらの児童が区分けされ数値化されることで、「白」と「黒」それ以外は「不明」というかたちで人種化された。

調査は一九五三年二月一日から二〇日までに実施された。一九五三年一月二一日に厚生省より示されたこの調査の通達（児乙発第三号）には、調査の趣旨に続いて、先に行われていた調査結果の写し、調査票、さらに「いわゆる混血児童実態調査要綱」が添付されていた。この「要綱」には調査の目的が以下のように説明されている。「いわゆる混血児童について現に養育せられている実数を掌握するとともに併せてこの種児童を持つ家庭の相談に応じ且つ今後における種々の問題を解明し、その福祉を計るために実証的基礎資料を得ることを目的として当該児童及びその養育者等についての実態を調査するものとする」。

この調査の結果、「混血児童」の総数は三四九〇名であることがわかった（「白色系」三〇〇四名、「黒色系」四〇〇名、「不明」八六名）[13]。世間一般では、それまで「混血児二〇万人説」の流布によって

（13）年齢別では講和条約締結の前年の一九五一年（昭和二六年）の六九一名が最も多く、それ以降も毎年五〇〇名を超える子どもが出生しており、講和条約締結以降も「混血児」の数が増加し続けていることがわかる。このなかで、実父の国籍については、アメリカが八四％（二九四三名）と最も多く、続いてオーストラリアが一〇四名、フィリピンが三五名、イギリスが三四名、ソ連が二九名であった。また実父の職業では、軍人が八三％（二八九七名）、軍属

その対策が喫緊した課題であると考えられてきたが、厚生省の調査によって実際にはそれほど人数がいないとされ、しだいに「混血児問題」に関する報道熱も冷めていくこととなる。しかし、本調査の対象策定からもわかるように、戦後生まれの旧植民地出身者との「混血児」や、母親が外国人の場合の「混血児」、そして「日本人、中国人又は韓国人」に「酷似」する「混血児」は、ここでの「混血児童」には数えられておらず、実際に問題化された「混血児」は数値の上でその範囲が最小化されていた。そして、このような親のジェンダーや人種的な指標に基づいて集計された「混血児童」のデータは、その後の厚生省の「混血児対策」を構成する際の「実証的基礎資料」とされた。

3—4　厚生省の「混血児問題対策」

混血児の実態調査や審議会での議論が行われたのち、一九五三年七月九日、厚生省大臣名によって中央児童福祉審議会へ「混血児問題対策」に関する諮問がなされた。それに対して同審議会委員長の中川望は七月二一日に「混血児対策諮問についての答申」を出している（児審第一号）。審議会では、第二五回〜二九回の五回にわたって行われた審議をもとに、「混血児問題対策方針」を以下のように四つにまとめている。「第一　原則　混血児は、往々にして一般児童と差別される懼れがあるが、児童憲章の精神に基き、すべての児童をひとしく社会の一員として立派に成人するよう育てられること」、「第二　福祉の措置　混血児は、すべての児童とひとしく取扱われるが、個々の場合は、種々の点で問題となるケースもあるので、混血児及びその家庭については、特に児童福祉司、社会福祉主事、児童委員等による絶えざる実情の把握及び指導が必要であり、児童福祉法に基づく措置により施設等への入所が必要な場合あるいは混血児家庭の援護を要する場合には、速かに必要な措置を講じ、混血児の福祉にかけることのないように留意すること」、「第三　一般人に対する啓蒙　一般人の混血児に対する偏見は、或る程度存在すると思われるから、あらゆる機会を利用して、一般人のかかる偏見を除去するよう啓蒙すること。基地周辺の女性に対しては、軽率な交際によって混血児を生むことのないよう啓蒙に努めること」、「第四　その他　混血児が当面している諸問題には、父親の國と関連することが多いが、この解決策として政府は、海外と関連をもつ民間団体、篤志家等の協力を求めるとともに、問題解決のための活動を極力促進し支援すること。この場合、関係官公者、児童福祉司、社会福祉主事、児童委員等もできるだけ援助協力すること」。

ここで対策として挙がったのは、児童憲章の理念を中心として、①福祉の措置、②偏見に対する啓蒙、③養子縁組の推進の三点であった。そして、この方針をもとに厚生省からは「混血児問題対策について」という題目の通達が全国都道府県知事に出される（一九五三年八月一九日）。この通達にも、上記の中央児童審議会の答申と同様の「福祉の措置」「一般人に対する啓蒙」「その他」（海外養子縁組に関する事項、「養子」とは明言されていないがそれを意図した項目）という三点の「対策」が提示された。この通達をもって、厚生省の一応の「混血児問題対策」の方向性が示されることとなった。

またそれに付随する調査報告資料として厚生省児童局は『いわゆる混血児童実態調査結果につい

が六・八％（二三九名）となり、軍関係者が全体の約九〇％を占めて大多数となっている。さらに実父母に育てられているケースは六七七名しかおらず、その多くが母子家庭か母の親戚、または養父母や里親に育てられていた。養育者の生活状況は生活保護法の適用を受けているケースが一三六名、生活の余裕のないものが一三四八名で、総数の四三％もの人々は貧困生活を送っていたことも明らかとなった。

て』（一九五三年二月一日付）[14]をまとめている。その中に「混血児の現状と対策」という二ページの資料があるが、ここでは本調査の結果報告として、「白人」と「黒人」の「混血児」の人数、調査時点では出生数が減少してないこと、戸籍を有する者（すなわち日本の戸籍に入っている者）が八一％であったこと、「混血児」を養育する者のなかで生活保護受給者や生活に余裕のないものが四二％にのぼっていたことなどが記された。また、海外養子縁組に関する調査結果として、「外国人と養子縁組をさせる意思をもっている者は全体の二一％に止どまりその他の大部分はその意思をもっていない。現在まで養子縁組の大部分は施設収容児童についていわれている」と報告された。差別の問題については、「回答者の八割程度が理解ある態度を示し仲よく遊んでくれると答えている。軽蔑、憎悪等の無理解の態度を示されたものは一割に達しない」と記載されている。

また「対策」と記された節には、当時の厚生省の「混血児対策」の方針が示されている。「混血児問題対策については、政府としてはこの中央児童福祉審議会の答申に基き、一般児童と等しく取扱い立派に成人するよう指導する。唯、現在差し当たって問題となるのは調査結果にもあるように、混血児中には養子縁組、父親の認知、これらに付随して起る海外渡航等の希望者が相当あることで、これらを解決することがその福祉のために必要と思われる。これに対しては、海外と密接な連絡のある民間団体で、この問題解決に熱心に努力しているものが二、三あるのでこれらの努力を得て逐次解決して行きたい」。ここで注目すべき点は、調査結果において海外養子縁組をする意思のあるものが全体の二割弱であり、約八割の人々は自らで養育するとの報告があったにもかかわらず（「混血児の現状と対策」は二ページの報告であるため前ページに当該内容が書かれている）、「混血児問題」の「対策」においては海外養子縁組がいかにも最重要課題であるかのように取り上げられている点である。実際の希望者数は二割であったにもかかわらず「希望者が相当」あると記され、これらを解決することが「その福祉のために必要」と書かれている点である。そして、この養子縁組を支援する体制が以下のように事細かに記されている。「国内でかかる希望のある混血児を発見したときは、都道府県乃至市町村の社会福祉協議会連合会に通知、同連合会は、更にこれをその述の民間団体に連絡し、民間団体は自主的に海外と連絡して解決をはかる方針である。社会福祉協議会の行うこれらの連絡事務については、政府、都道府県、児童相談所、福祉事務所、児童福祉司社会、福祉主事、児童委員も充分に協力することになっている」。このように、海外養子縁組を支援するための制度的なルートが非常に組織的に構築・準備されたことがわかる。

かつての厚生省内で初めて「混血児問題対策」が議論された中央児童審議会においては、少なくともその時点で児童局長は海外養子縁組を福祉の問題としてとらえていなかった。厚生省の海外養子縁組に対する態度の変化の背景には、当時の米国との間における移民法の変化が非常に大きな影響をもたらしていたことがわかる。「混血児の現状と対策」には以下のように書かれている。「なお米国のマッカラン移民法が最近改正され米国民の混血児五〇〇人の入国が許され（一九五四年一月まで有効）更に本月米国議会を通過した四、〇〇〇人の孤児の養子による移民が許される事になった事は（一九五六年末まで有効）この問題解決を容易にしている」。すなわち、この文章から推察するに、米国間の移民法の改定によって「混血児」の移民の可能性がひらけたことで、厚生省側としても「福

（14）外務省記録『本邦人と諸外国人の混血児問題』（J-6-0-0-5、外務省外交史料館）所収。「混血児の現状と対策」には頁数記載なし。

祉」の対策として「混血児」の海外養子縁組推進に舵を切っていったことがうかがえる。そしてこの資料の最後には以下のように国内で居住する「混血児」に対する姿勢が記された。「これらの方法は、海外と連絡したい混血児で、その手段もない者にその便宜を与えるための手段であってその他の日本社会に平穏に暮らしている大多数の子供達には児童福祉司、社会福祉主事、児童委員等の暖かい手に護られるように配慮し、若し問題がある場合には、児童福祉施設入所や生活保護法の適用等を考慮して立派に成人するよう指導していく」。このように、国内へ居住することとなった「混血児」に対しては、「日本人」と同様に扱うこと、そして海外養子縁組を希望する者については移民法改定の動きに従って厚生省側からも積極的に移住をサポートし、「混血児」を養子として法的に「外国人」化させ、「混血児問題」を極力外部化しようとする意図がみてとれる。そしてそのどちらの方針についても、「福祉」の対策としてその意味づけがなされた。

その後、一九六三年の『児童福祉白書』によると、「混血児」やその家庭に対する支援としては、通達の「原則」通り、一般家庭と同様の政策がとられた。すなわち、児童に対しては、児童福祉法にもとづく児童福祉施設への入所等の措置、家庭に対しては困窮する場合には生活保護法に基づく家庭援護がなされ、「児童福祉および公的扶助の立場から一般児童と異なることなくその福祉を図る方針」がとられている（一〇一頁）。「混血児問題」の個別のケースは児童福祉司（七八四人）、社会福祉主事（七二五四人）、児童委員（一二万五〇〇〇人）が相談指導にあたっている（児発第三三号）と言われるが、この児童相談の実態については調査が実施されていないため、通達の「対策」にそって具体的にどのような活動が展開されたのかはわからない。

また、厚生省としては養子縁組を推奨し、社会福祉協議会と国際社会事業団などとの連携をもつことで、「国際養子縁組みがいっそう促進され、混血児の福祉がさらに高められることが期待される」としていた。[15] 以上から、厚生省は「混血児問題」に対して、海外養子縁組を推進することで「外国人」化し、国内に残った児童は「日本人」化するという対策を、児童福祉という観点から実施したことがわかる。そして、「福祉の措置」を行う具体的な主体として「児童福祉司」や「児童委員」などが、「その他」の養子縁組の対応を行う主体は「海外と関連をもつ民間団体」「篤志家」などが名指されている。しかしながら、人種差別を扱う「一般人に対する啓蒙」では、どのような主体がどのように啓蒙を行うのかについて全く明示化されていない。このように一見すると人種差別の問題を意識化しているようにみえる方針も、実質的には人種差別について放任の態度を示すものとなった。

このように厚生省を中心とする「混血児対策」では、まず調査対象の選定プロセスを通じて支援の対象とする「混血児」の範囲を最小化し、その上で海外養子縁組を推進することで「混血児問題」を極力外部化し「外国人」化させていった。そして日本に残った「混血児」については「日本人」化という対応をとり、一般児童と同様の「福祉」の対象とする一方で、人種差別は具体的な対策が示されないまま放置されることとなった。

4　文部省の「混血児対策」

厚生省が〈児童福祉の観点〉から対策を講じていたのに対し、文部省は〈教育問題の観点〉から

(15)　小川政浩、一九六〇、「混血児の福祉について」『混血児指導資料』文部省、一五一頁。

「混血児問題」の対策を講じていた。

一九五二年、メディアに噴出した「混血児問題」報道では、「混血児」の実数の把握とともに、かれらの教育に関する議論が活発になされていた。すなわち、児童を一般の学校に入学させるのか、それとも施設や特別の学校を設けて「隔離」した教育を行うかという議論が展開された。このような議論に対し、文部省は一般児童と同様に公立・私立の小学校に就学させるという方針を示した。文部省が一九五三年に発行した『わが国の教育の現状』「混血児について」[16]に、その方針を以下のように示している。

> 混血児といえども日本に国籍のある限り日本人である（中略）他の一般児童と何ら区別すべきものでもない（中略）混血児に対する教育の根本方針は一般の児童と何ら異ならないが、特に人種的な差別感をなくし、平等の感情の上にのびのびと成長されることに留意し、次のような方策をとっている。（中略）あまり騒ぎたてずにそのままそっとしておくのが最良の方はではあるまいか。混血児も日本人なのである。

このような文部省の方針に関して上田は、「混血児たちの教育について具体的な方策を持っておらず、憲法の正当性の下、結局はみな同じ「日本人」なのだから無「差別」「平等」に放任しておく方がよいという、責任放棄ともとれる教育方針をとっていたのである」と強く批判している（上田 2014:58）。文部省の姿勢は、厚生省の「混血児」に対する無差別のロジックと通底している。厚生省は「混血児対策」では「日本人」という表現は避けたまま、一般児童と同様に扱うという方針によって国内の「混血児」を人種化していたが、文部省は厚生省とは異なり「混血児も日本人なのである」と明言している。そしてその根拠は「国籍」からきていた。すなわち、「日本人」の正統な継承性を示す「戸籍原理主義」(遠藤 2013)は国籍にも重なっていたため、国籍が日本であれば「日本人」として扱う、という人種化のロジックがここから看取される。戦後制定された教育基本法では、「すべて国民」に対して等しく教育を受ける機会が保障され、「人種、信条、性別、社会的身分、経済的地位又は門地によって、教育上差別」されない旨が明記されている。これはかつての封建制度における「身分」によって分断された階級社会を乗り越え、近代化と民主化を希求する明治以降の変化の流れを汲んでいるが、この日本政府の教育に関する方針がまさに「混血児」の存在を無化する方向へ作用してしまった。「混血児」に対し、かれらの教育上のニーズを満たすことはせず、あくまでも「日本人」化することによって対処していったのである。これは、教育における「無差別平等」の原則が、実際には「日本人」化の人種プロジェクトの土台の上で構築されていることがわかる。

一方、文部省の姿勢に対する上田の批判では「放任」という用語が用いられているが、文部省として対策を何も行わなかったというわけではない。文部省では、位相Iの第一世代が最初に入学する年に合わせて、「混血児」教育に関する詳細なガイドラインを全国の小学校に配布している。また、入学以降も「混血児」児童の教育を実践する各学校の担当教員によるケースワークを蓄積し、学者や知識人の論文などとともに編集して、教育における参考として各学校に配布している。次節以降ではこ

(16) 文部省、一九五三、『わが国の教育の現状』文部科学省ホームページ(二〇一六年一〇月三日取得。http://www.mext.go.jp/b_menu/hakusho/html/hpad195301/index.html)所収、頁数記載なし。

のような文部省における「対策」の内実を明らかにし、文部省が「混血児」問題をどのように捉えていたのか、そして無差別の人種プロジェクトが各学校の教育の現場でいかに展開されたのかについて明らかにしていく。

4－1 「混血児」指導上のガイドライン配布

文部省は「混血児」の最初の世代が小学校入学を控えた一九五三年二月に全国の小学校に冊子『混血兒の就學について指導上留意すべき点』[17]を配布する。この冊子の「まえがき」には、「およそ混血児の指導といっても、その基本原理なり、方法なりは、すべての児童に対する生活指導の考え方や方法となんら根本的な違いがあるべきではない」と記され、「混血児」の教育は基本的には他の児童と同様の対応をすべきであることが冒頭に示されている。また、人種の偏見を取り去ることの重要性や、教育現場での研究の蓄積の必要性なども述べられていた。さらに冊子の中には、入学前の混血児童の把握（未就学を防ぐための対策）やクラス編成のあり方、座席の決め方、指導記録の蓄積など、事細かな指示やアドバイスが記載されている。[18] このように文部省の対策は「放任」というよりも非常に詳細なガイドラインが作成され、配布されていることがわかる。そして「混血児」の入学に関する日常的な問題への対策は担当教員や学校、ＰＴＡなどに任されることとなった。

4－2 『混血児指導記録』によるケースワークの蓄積と情報提供

「混血児問題」で対象とされた子どもたちの第一世代が小学校へ入学して以降、いくつかの学校では個別の「混血児」指導の記録が蓄積されていったが、その記録をもとに、[19]一九五四年から一九五七年までに『混血児指導記録』が四冊刊行され、各学校へ配布された。これらの資料に掲載されたケースは氏名、学校名とその所在地が匿名化されている。さらに、当時の文部省の「混血児問題」への考え方や、小学校における教員の取り組み、「混血児」本人の経験、そして「混血児」対策への指針を示す論考や参考文章が記載されていたため、当時の教育をめぐる「混血児問題」とその対策を詳細に知ることができる。また一九六〇年にはこれらの調査の総括的な位置づけとして『混血児指導資料』が編纂されている。以下ではこの五点の資料についてそれぞれの内容を見ていき、教育をめぐる「混血児問題」とその対策の具体的な内実に迫っていきたい。

①『混血児指導記録一』

まず文部省は、位相Ｉの第一世代である一九五二年に入学した児童の記録を複数の学校から収集し、『混血児指導記録一』（以下、『記録一』）としてまとめ、一九五三年に刊行している。『記録一』に掲載されたケース数は一七であり、学校入学後一年間の児童の様子の記録が収められている。

（17）『混血兒の就學について指導上留意すべき点』には頁数の記載がない。

（18）『混血兒の就學について指導上留意すべき点』の目次は巻末の表にまとめた。このように文部省の対策は「放任」というよりも、子ども自身や母親との関係性、ＰＴＡや職員との連携、そしてクラス編成や座席のあり方に至るまで詳細なガイドラインが作成されている。

（19）『混血児指導記録二』の「まえがき」によると、文部省は「混血児」が入学した公立小学校のなかから地方教育委員会を通じて複数の学校を指定し、記録作成を要請。その資料をもとに当記録を編集したとしている。

「N子」のケース（「白色系　女子」）

N子は周囲の児童から「アメリカ、アメリカ」「パンパン」と言われいじめをうけていた。このようないじめからN子は髪型を変え、「金髪は目立たぬようにたばねてお下げ髪になった」という。教員はこのような状況に対処すべく、他の教員と連携をとり、そのなかから「混血児教育協力者」が選出された。担当教員は入学後しばらくは下校を見送りに門外へN子とともに出たが、道行く人や、商店の人たちからじろじろと見られたという。教員はこのエピソードを「私までが混血児と同じように思われている」と回想している。また「春秋の遠足や、校外学習の時でも、同じ方言で話しているN子と私の顔は、じろじろ見比べられた。時には立ち止まって、指さしてひそひそ言い合う人もいた」という（記録一、一五～一六頁）。また、「名は知らないが映画会社から、映画を作るのに混血児を貸してほしいと、言ってきた。校長先生は「学校として見せ物に児童はお貸しできません。家庭と個人交渉なさるのはご自由ですがね。」とことわられた。その日、N子が学校内や、下校の途中でつかまえられる事のないように、言って聞かせて帰らせた」というエピソードも綴られ、いかに社会の好奇の目にさらされていたかがわかる（記録一、一六頁）。

担当教員はN子の上級生約三〇〇名に独自の聞き取り調査を行い、その調査票も記録している。ここには、「混血児は何所の国の子供だとおもいますか」という問いに対し、「アメリカ」と回答したものが六一％だった。また、「混血児はあなた方と同じですか、ちがいますか」という質問には、「同じ」が一八％で、「違う」と答えた生徒が八二％にものぼっていた（記録一、一八頁）。この学校に入学していた「混血児」はN子だけではないため一概には言えないが、やはり「混血児」が周囲の児童から差別されているという状況がうかがえる。

担当教員はこのような状況への対策として、職員会でN子へのいじめの現場を議題にあげ、校長から各学級の担任教員がそれぞれの学級でいじめ対策の指導を行うように指示が出された。また各学年に一名ずつの「混血児教育協力者」が選出され、問題解決に向けた体制を整えていった。また校長と教頭から全校へ訓話があり、さらにN子の担当教員はクラスの中でN子へのいじめについて児童全員と話し合う機会を設けた。また、クラスの児童の家庭訪問の際も、それぞれの保護者に対してN子への理解を求めた。また、学習面でも、勉強が得意な児童の横にN子を座らせたり放課後の補習授業などを行なっている。これらの取り組みによっていじめや学習面の状況はある程度改善されたという。

一方、担当教員は、N子の家庭環境をめぐる問題を以下のように語っている。「問題は母の生活である。パンパンの現役であると言うことなのだ。昼間は暇で学習を見てやり、N子のための編物もする。仕事に追われる貧乏な母よりはよいかもしれない。夜はN子は一人か、他人の世話になるか、他家へ泊まりにやられるかで、母と共にいることができない。そして朝寝坊する、朝の支度も他人、登校で家を出る時母の見送りを受けられない日が多い。こんな事が今後も続けられるであろうが、N子にどんな影響がくるかを考えると、恐ろしい。(中略)一般父兄の中にはN子に同情しても、母の生活を非難する声が多いではないか」。N子に対するいじめの問題も深刻であるが、当時の「混血児」の教育をめぐる問題点が、単に外見からくる偏見のみならず、家庭環境といった複数の要件が重ねられている状況がわかる。担当教員は、「「N子ちゃんのため、その生活を切り替えてください。」と言いたいが、母子の生活を保証する能力を私は持たない。級友達や、N子は今はお互いは無邪気で、何も知ってはいない。けれども、子供達の成長の近い将来に、N子の母の生活を知るであろう。その時、その時の指導が、今後に残されされた問題なのである。私が案じるこの問題は、一般社会問題とつながって、未解決のままいつまで続くだろうか」と記録を締めくくっている（記録一、二三頁）。

「児童A」のケース（「白色系　男子」）

Aが入学した一週間後の状況について、担当教員の記録よると、「あの子はアメリカ人だ、日本はアメリカに負けたのだ、にくいからいじめてやれ、等の声は勿論直接行動に訴えるような子も出てきた。隣席にいる女子の父兄からは、子供の教育上悪いから席を変えてほしいと言ってこられた。このかたは進駐軍に少し関係もあり、会社の外交にアメリカへ行っておられるかたである」（記録一、二五頁）とある。文部省は入学直前に配布したガイドラインにおいて教室の座席に関する事項まで事細かに記載し隣同士になる子どもの父兄に連絡する必要性を述べていたが、実際に座席の関係から差別を経験してしまうケースが記録されている。

Aの養父母は「このたび入学してまもなく子供は元気がなくなり、今までの友達ともだんだん遠ざかるようになり、何事かを考えているような態度をとり、涙ぐんでいるような事があり、学校へ行くのをいやがるふうが見えてきた。ある日いかにも思いつめたような顔色をなし、「お父さん僕死んでしまいたい。」と言って泣きだした」という（記録一、二五～二六頁）。さらに登校途中での高学年からのいじめにより学校へ通えず家へ逃げ帰ってしまうこともあった。わずか六、七歳という年齢で「死んでしまいたい」と悩みを吐露するほどに、小学校でのいじめや差別は深刻なものであった。Aの担当教員は児童間の交流を促進させたり、校長に訓示を述べさせるなどの対策を行った。その後、担当教員の把握する限りにおいて、とりたてて問題となるような事件は発生しなくなったという。

「児童Y」のケース（「黒色系　男子」）

Yは恵まれない家庭環境に生まれた。家庭の収入が少なく、家族のメンバーからはしばしば厄介者扱いされ、育児放棄をされてきた。家の者はYを同伴して外出することはほとんどなかった。また、N子と同様の状況として、新聞社が写真を撮りにたびたび教室にきたという。担当教員の対策は、積極的にいじめの状況を改善するというよりも、問題が起こった後に事情を聞きにいくといった消極的な対応をとっていた。そして、この担当教員の対応には、文部省の「無差別平等」の原則がそのなかに貫かれていることが以下からはわかる。

『混血児である』という意識を、級友にもあるいは他の全校児童にも持たせないようにすることが大切なことである。この意識を持たせると、ここを出発点として色々めんどうなことが生じて来る。そのためには、指導者自身の心構えがたいせつになってくる。〝混血児であるがための特別な扱い〟をまったくしないという根元の方針を立てた次第である。日常、色々な指導の面において他の一般児童となんら区別することのない取扱をしてやる事が、児童達に区別意識を持たせない最も良い方法であると考えている。同じ眼で見、同じ取扱をしてやることこそ、最も有力で効果のあるやり方だと信じている。指導者においてこの根元的な考えを持って、それが日常の言動に表れているならば、一般児童はしらずしらずのうちにこの気持ちに同化され、両者がうまく融和されていくのではなかろうか。担任や学校の配慮も、この出発点に立脚してなされるものであって、一般児童や父兄への働きかけは、ことばではなくて、動作、態度、無言の言葉をもってしたのである（記録一、四一～四二頁）。

担当教員はYについて個別の対応が必要である考えも一部には認めつつ、右記の基本姿勢にあった。これは、「混血児」の第一世代の入学を控えて各学校へと配布された『混血兒の就學について指導上留意すべき点』で文部省が示した方針と一致する、模範的な対応であり、「日本人」化の人種プロジェクトを根底に秘めた「無差別平等」の方針に則っている。「一般児童や父兄への働きかけは、ことばではなくて、動作、態度、無言の言葉をもってした」という表現からも明らかなように、文部省の方針が再生産され、身体化されていたことがわかる。しかし、右記のように「混血児」としての意識を持たせないことや、ほかと同じ扱いをすることが、本人をめぐるいじめや偏見などの人種差別や家庭問題の解決にどのような効果をもっていたのかは明らかではない。担当教員は、Yの状況を鑑みて、将来が心配であると述べ、「採用就職において然り、結婚においてなおさら然り」と記述している。

それ以外のケース

また、「混血児」の教育対策の側面では、学校や担当教員によってさまざまな形をとった。文部省の方針のように一般児童と区別しない姿勢で、子どもの様子を見守りつつも最小限の干渉に留めるケースがある一方で、子どもの状況に合わせて個別的な解決策を講じるケースもみられた。例えば、成績が向上しない「混血児」児童に対して一対一の学習補講を行うケース、公立小学校に「混血児」を入学させることができないと考えていた母親がいたため事前に混血児の就学状況を報告する機会をもつケースのほか、「混血児」の母親のための懇親会を開催（月一回）する市の取り組みなどもみられた。[20]

このような担当教師の記録には、周囲の環境や政府に対する以下のような要望もみられた。「成長して次第に自我を意識するようになるその時が一番大切な時期と思われる。その善処方法こそ大いに研究されねばならぬ事だと思う」(記録一、四六頁)、「混血児、混血児と新聞雑誌で大きく取り上げないでいただきたい。それがつまり何も感じてない童心に大人の心が響きかえっていけない結果になると思う。(中略) このままでソットしておいてくれと祈っている」(記録一、八二頁)、「意識のはっきりして行く成年期こそYがさまざまな障壁につき当る大じな時期になるのではないだろうか。日本の社会がそれまでにどう変って行くか測り知れないにしても、純粋の日本民族の中に育ちながら」(記録一、九七頁)。

(20) その他には、「混血児」の親や養父が「朝鮮人」「沖縄人」のケースも記録されている。養父が朝鮮半島のルーツを持つケース(「北鮮系」「朝鮮人」と記録)の場合、妻(「混血児」の母)と離婚して一人で育てるが、養父自身が「日常生活には困らない様子であるが、日本の文学も読めないし、書けない、したがって学校からのいろいろなプリントも近所の人に読んでもらうとの事である」(記録一、八七頁)という。この養父と「混血児」は「朝鮮人」の多い長屋地区に暮らしていた。また、母親が「沖縄人」で、再婚した養父も「沖縄人」のケースでは、「家が沖縄県人寮にあり、寮内の住人はよく助けあって暮らしているので、近所のおとなもかばいあっているせいか、いままでたいした問題も起こらずにすんでいる」(記録一、一〇八頁)と、沖縄人の自助コミュニティの中で「混血児」が暮らしている様子がわかる。このように、いわゆる在日コリアンや沖縄人の家族やコミュニティで位相Iのケースの「混血児」が育てられている状況は、ケース数自体が少ないものの、当時の人々の暮らしが単純なエスニック・グループの枠組みで捉えられない非常に重要な事例である。

また、とくに現時点で差別的経験のない事例であっても、将来児童が成長するのに合わせて問題が深刻化するのではないかと懸念する声が聞かれた。このような教員の懸念には二種類があり、一つ目は周囲からの排除（将来の就職差別や結婚差別）、二つ目は本人のアイデンティティ・クライシスである。なぜならば、「混血児」が自分自身の生い立ちやそれに対する社会からの眼差しについて理解していないケースや知らされていない場合があり、成長するにつれて児童自身がそれを自覚したときに困難が生じるのではないかという懸念である。以下のB子の事例も、児童自身が自らのルーツを養母からも教員からも知らされていないケースである。

B子は「そめたの。」という。「どうして？」ときくと、「KちゃんとNちゃんが、アメリカ、アメリカというから。」（中略）翌日、B子の家を訪れて養母と話しあった。「あの子は妹や弟たちのめんどうをよくみますし、私たちをほんとうの親だと思ってこれまで過ごしてきたのです。自分が混血児だということを少しも知らないでいますのに、時々、近所のお子さんが、B子ちゃんはアメリカだ、といっていじめるので困ります。時にはそんなことをどなっていく子もあるんです。この間も、大きな子が、「お前はアメリカだから学校に来てはいけない。」といったといって、B子は泣いて帰って来ました。わたしはそんな時に、近所の家をまわって、そんなことを言わないようにとたのみに行くのです。」（記録一、一〇九頁）

このように、本人に「混血児である」ことや「養子である」ということを伝えていないケースについてどのように対応すべきかという点も教育現場や家庭内の課題となっていた。B子の場合も、担当教員は「混血児」であることを本人に伝え周囲にも理解を求めるという方法をとらず、本人にも周囲にも「混血児」であるという意識をもたせないようにする対応を行っている。これは文部省が示した一般児童との「無差別」の方針と一致する対応ではあるが、この対応ではB子が外見によって周囲から「アメリカ」と呼ばれ、いじめられる状況を改善する十分な解決策とはなっていないことがわかる。すなわち、「日本人」化の人種プロジェクトが準拠する「無差別平等」の方針は、「混血児」が学校の日常的場面で直面する差別の実態を対処するのに十分なロジックとなりえていなかった。

　このように様々な児童の生活実態と、担当教員の対応のあり方が示された。このなかでは自殺願望や登校拒否を起こすケースなど、深刻な人種差別を経験するケースも取り上げられていたが、文部省はこれらの差別の実態に対して楽観的な態度をとっていた。『記録一』の「まえがき」にはこれらの指導記録に対する文部省側の所感が示されている。

> 指導に関しては、各方面と協議の上就学に先だつ昭和二八年二月「混血児の就学について指導上留意すべき点」なるパンフレットを文部省で作成して、人種的差別観を排し、無差別に取り扱うという基本方針を示したが、それが現実に当ってどういう形をとるかは、我国では先例がないため、大きな不安をもって見守られていたところであった。その後若干の地域で協議会も開かれ、現在のところ学校ではむしろ予想以上に問題なく、また無差別に取り扱うという文部省の方針は現場で全面的に支持されていることがしだいに明らかになってきたが、ここに集った記録によってもほぼこのことは裏づけられているようである。（中略）級友や上級生との関係は、混血児自身も周囲もいまだ明確な自意識がなく、一時的に差別視される（ひやかされたり、仲間外れにされ

たりする）事件は散発するが、担任の先生を始とする学校の努力によって解決され、永続的な深刻な差別視の例は皆無といってよい。また学校の他の児童の父兄も非常に協力的である。（中略）要するに、先生の努力と家庭の協力により現在のところ学校生活に問題はほとんどないが将来には多くの不安を蔵している（記録一、二～三頁）。

このように文部省側は、「無差別」のロジックが各学校で支持されていること、そして「混血児」の問題については教師や学校の努力で「解決」され、「永続的な深刻な差別視は皆無」と述べている。実際の指導記録の中には深刻なケースが取り上げられていたにもかかわらず、文部省は差別の実態を非常に楽観的に捉えている。このような文部省側の見解は、指導記録に記載された実態と大きく乖離しており、「混血児」の問題を意図的に無問題化しているとも考えられる。

また、文部省は海外養子縁組に関しても以下のような見解を示した。「将来アメリカへやることを希望している例もあり、また海外においても同情的関心が高まりつつあり、米国の家庭への養子縁組に関する措置等若干明かるい報知もある折から、文部省としても今年度の経験にもとづき、厚生省とも連絡し、現場の先生方とともにその対策をさらに研究して行きたい」（記録一、三～四頁）。このように、文部省では厚生省と同様に、米日間の移民法の変化にあわせて、省庁間で連絡をとりながら養子縁組についての対策を講じていく考えを示していた。

②『混血児指導記録二』

翌年の一九五五年に『混血児指導記録二』（以下、『記録二』）が刊行・配布された。本巻には「混血児」教育の記録として一八ケースが収録されており、一部には『記録一』と同じ児童のフォローアップ（児童が二年生に進級時）した記録が掲載されている。また、『記録一』にはいわゆる「国際都市」[21]や基地周辺地域といった地域性のケースが大多数であったため、『記録二』では新たに農村部の「混血児」児童の教育の記録を収集している。さらに『記録一』と異なる点は、ケース紹介の後に付録として、有識者の論文（医学・生物学者、小学校校長、アメリカ在住経験知識人、仏教指導者、厚生省）や政府関係者（外務省、厚生省）の文章が掲載されている点である。

継続する問題と教員の対応

記録されているケースのなかには、比較的落ち着いた環境で育ち差別を経験しない事例、引き続き差別に見舞われたり同級生とうまくいかない事例、私立に入学を希望するもＰＴＡからの拒否にあい公立に入学させた事例などがあった。また、以下のように、一部では児童への人種差別が継続・深刻化しているケースが見られる。「皆でぼくに黒アメ一本十円っていって逃げまわらすので、追っかけて行きました」（記録二、二八頁。当地では米兵が、「アメチャン」と呼ばれていた）、「ぼく、どうして、こんな黒いのがとれないの。（中略）山で外みてたらよその子が、黒んぼ黒んぼっていいました」（記録二、五八頁）。また『記録二』の第二部には農村部のケースが取り上げられているが、この事例から

（21）『混血児指導記録二』には「国際都市」についての明確な定義はないが、『記録一』の文面から考察すると、古くから開港し、諸外国との国交が比較的に進んでおり、地域においていわゆる「外国人」と接する機会が少なくない特定の地域社会もしくは都市を指していると推察される。

は、国際都市や基地周辺地域とは異なった差別経験が記録されている。上級生から「わいはあいのこじゃらよ。」と言われ（記録二、六七頁）いじめを経験する「A児」の事例では、農村部における「混血児」に対する反応を担当教員が次のように記録している。

隣人と利害の共通性はあっても、共同性はない。隣が貧乏するのを喜ぶ心理がそこに見られる。表面上では、A児の不幸に同情する如きようすは見せても、家という対立の上では真から同情しているのではなくて、夜毎のいろりの茶話では、そのA児をめぐる嘲笑の談話がかわされる。農家に独立した部屋がないように、独立した個人というものもない。家長を中心とする話題が、いつしかこどもたちの判断の中に沁みこんでいくのだ。更に、農村の固定した秩序の中では、なにごとによらず変化を与えるということはすべて悪である。この県のように封建制の強いところではいっそう部落意識が強烈である。そこでA児の家は、軌道をはずれたものとして、無力な農民たちをびっくりさせ、そのあげくは白眼視となってせめたてる（記録二、六七〜六八頁）

さらに、先述の上級生の発言についても、その背景に「性格にもよるが、家と家との対立がそこに潜在することは否定できないようだ」と説明している（記録二、六八頁）。ここからは、農村部に強い地域コミュニティのあり方や、当時の封建制・家父長制の中で、家族の中に「混血児」の児童がどのように周囲に受け止められていたのかという状況の一端を知ることができる。

また、同様に農村部に暮らす「インド人軍属」の子どもであるK子の事例は非常に深刻な状況であった。K子は小学校入学から周囲からの厳しい差別にあい、学年の中途で転出届が出される。担当教員がその身を案じて、K子の転出先を調べたところ、別の小学校に転校しておらず、児童福祉施設に入所したわけでもなかった。さらに行方を調べると、K子が寺に預けられていたという事実がわかった。この事例の記録の最後には、同級生がK子のために書いた作文が紹介されている。

K子さんは　いつも　がっこうから　かえりがけに　Aさんにたたかれるので　かわいそうにおもう。　わたしでも　あんなにされたら　こまる。K子さんが、そうされているとき、おとこのこは　みんな「やあい、やあい」と　K子さんを　たたいてにげるので　Aさんに「Aさん、大きい人にいじめられたら　あんたでもいけまあ」というと　こらえてあげました。K子さんはまたいじめられると　いけないとおもったのでしょう　はしってかえりました。K子さんはいろが　くろいので　いつも　六ねんや　五ねんや　四ねんや　三ねんや　二ねんの人に　かえりがけに「いんどじんのくろんぼ」といわれています（記録二、一二一頁）。

『記録二』からはK子がその後、義務教育を受けることができたのかについては明らかにされていない。農村地域などの封建制度が色濃く残る地域では、旧来からの身分制度に基づく人種イデオロギーがより強く作動するため「混血児」が「日本人の血」とは異なる存在とされ、差別や迫害を受けていた。また、被差別部落地域で暮らすために、二重の差別を受けた「混血児」の事例も記録されている。

『記録二』では、教員の対応にも様々なものがあり、母親についてよく理解を示す教員もみられた。「わたくしはパンパンに対して同情こそすれ決して軽べつはしていない。（中略）わたくしの家へは家の職業上パンパンがよくくるためかの女等の心や生活もよくわかっていた」（記録二、九〇頁）。その一方で、母親に対して明らかな嫌悪感情を持ち、児童に対しても人種的な偏見を露骨に見せる教員もいた。「ああその母はまさしくパンパン。美しく着飾ってはいるがどうしようもないその素性」（記録二、一〇九頁）、「ヨーロッパ人の血を継いでいるとあんなのだろうかなどと疑ってみる」（記録二、一一一頁）。

以上、『記録二』は多様なケースを掲載しつつも、一部にはＰＴＡからの入学拒否や、義務教育からの離脱、人種差別の深刻化といった状況がみられた。ここでは前年の『記録一』で文部省が述べていた、「永続的な深刻な差別視の例は皆無」といった見解が実態とずれていることがよりいっそう浮き彫りとなっている。

文部省の姿勢

『記録二』では、継続、深刻化する差別の現状が明らかとなったが、文部省の見解が示された「まえがき」には、「指導面についても昨年と同様、全体として特にとりたてていうほどの問題はない」と記された。文部省側からは、「一時的に混血児としてからかわれたり、いじめられたりしたことがまったくない者はほとんどないが、永続的に学級内で白眼視されるという例はない。（中略）いじめるのも、一部の特に上級生が、親の話を聞いてたいした意味もなくいやがらせをやるのが多く、先生の指導でほとんど（少なくとも一時的には）解決している」というように、無問題化のロジックが展開された。

その一方で、地方の「混血児」のケースについては、「いなかの例をとりあげたため、人間を人間として見る前に家柄や身分によって見る、いわゆる封建的なふん囲気による差別視する傾向が、昨年より幾分めいりょうに見られるようである」、「内心白眼視している人もあり（特にいなかの場合）」と、都市と比べてより事態が深刻であることが認識されている。ここで取り上げられたような農村地域の場合、旧態依然の封建制度が強く作用している地域では、「身分制度」の外側に位置づけられる「混血児」は、やはり差別や「白眼視」の対象となった。しかし、これらの点をふまえた上でも、「以上の通り、いろいろな問題を含みながらも、大部分は現在のところ特にとりたてていうほどの問題はない」と自家撞着な論法で事態の無問題化を図っている。すなわち、封建制度が残る農村地域の場合、身分制度にもとづく旧来の人種編成において「混血児」が差別される一方で、戦後の民主化の流れのなかで封建制度を乗り越えるために制度化された「無差別平等」の原則からも無化されてしまうのである。かれらをめぐる差別は封建制度から残存する人種編成と民主化における「無差別平等」の人種編成の中で、二重の圧力を経験していたことがわかる。

また、海外養子縁組について、前年度には厚生省と連絡し、どのように対応を講じるかという検討がなされていたが、この点については、「文部省として渡米を奨励するのではないし、また養子にするにしても、ほんとうにその家庭が自分の子としてかわいがってくれるかどうか確かめてみる必要がある」と、積極的には奨励しない姿勢が示された。

③『混血児指導記録三』

一九五六年四月には引き続き『混血児指導記録三』（以下、『記録三』）が刊行・配布された。前年の『記録二』では差別の深刻化が問題とされていたが、『記録三』の冒頭には、意外にも「指導上いろいろ困難を感じる点がかなり出はしまいか、と思っていた。それが結果的にさしたる問題もなく」などと書かれている。担当教員から集取した記録のなかには、厳しいいじめや人種差別のみならず、入学拒否や義務教育からの離脱といった深刻な教育問題の事例があったにもかかわらず、このような文部省の見解はあまりにも楽観的すぎると言わざるをえない。『記録三』にはこれまでと同様に担当教員による一九ケースの記録が掲載されており、『記録二』のように省庁関連の文章は記載されていないが、古賀行義・広島大学教授が差別の実態についての対策の必要性を指摘した論文が添付されている。

掲載されたケースは、文部省の見解のように楽観視できるようなものばかりではなく、児童の成長や周囲の状況の変化に伴って事態が深刻化する事例もみられた。また、これまでの『記録』においてもたびたび懸念されていた自らのルーツを自覚していない児童についても、その教育方針をめぐって担当教員は苦心していた。養父母に育てられたある児童の事例では、自身が成長とともに、なぜ両親と肌の色が違うのか、という疑問を抱くようになっている。授業で映画鑑賞を行った際も、「黒人」の俳優が映し出された際に、同級生から「似ているね」といわれたが、先生は「そんなことないよ」と対応している。担当教員はこの児童について、「自分は混血児というはっきりした意識はなくともいつのまにか他の子とは肌色が違うとはっきり意識しており今のうちはなんとかなだめすかしそのつど解決しているが、この子がいつも同じ三年生ならいいが、子どもは日々成長するのである。成長した時どんなにか思いつめるだろうと思うとたまらない」（記録三、三六頁）と語っている。

文部省側の方針は、特別視せず一般児童と同様に扱う、というものであり、この方針に沿った対応をした現場の教員もいた。児童が自身の人種的なルーツを自覚しないよう、授業で人種に関連する語句の使用を避けたり、話題を変えるといったその場しのぎの対応を続けるだけでは、子ども達が実際に抱える問題の解決にはならない。自身の身体へどのようなイメージが結び付けられるのかということは、誰よりも「混血児」本人が肌で感じていたことである。「無差別平等」という方針に沿うことは、子ども達をめぐる人種差別やいじめの課題を解決できないばかりか、子ども達自身が抱えるリアリティと向き合うことからも遠ざかってしまう。

ケース記録の後に、広島大学の古賀が心理学的な立場から「第四部　混血児の調査――序報」という論文を載せている。古賀は文部省の方針を厳しく批判し、対策の必要性を訴えている。「混血児的意識は現在明らかでないとしても、やがては、その真実にたち向かわなければならぬ。それで、そのことをこどもに意識させないようにするいかなる企ても、かれらの青年期における適応に、一つの大きな困難をもたらすかもしれない。そのことは混血児が理解のある地域社会におかれているときでも同様である。おそらく自己の存在の前提をしらしめることが必要で、その時期は、なるべく早い時代において行ったがよい（ママ）ようである。小集団に属していることをむしろ積極的に認めさせて、混血児集団に内在しているあいまいさや緊張から解放してやることがかえって後年の不適応の災厄をまぬかれしむることになろう」。さらに、「わが国のようになおまだ封建的な身分階級が根をはっているばかりでなく他の民族や人種に対しての優越感・劣等感あるいは排他性が著しいところでは、混血児の問題は必ずしも将来楽観をゆるさないように思われる」（記録三、一七七頁）としている。古賀は優生学的人種観を批判し、実証的な研究が新たになされなければ、いかに宣伝や教育を行っても実質的な差別や偏見の減退に実効を収めることにはならないと述べ、「混血児」の意識化や問題化を避けるような文部省や教員の方針を真っ向から批判している。

しかしながら、文部省は無問題化のロジックを繰り返した。『記録三』の「まえがき」には、短い文章のなかに異様なほど多く、「これまでは問題がなかった」という言明が繰り広げられる。

結果的にさしたる問題もなく、これまで三か年を過ごしたことは、担任教師はもちろんのこと、これに関係をもったすべての人々の御協力によるものと思う。さいわいにしてこれまで問題がなかったとしても、こうしたことはあすにも問題が起こらないともかぎらない。すなわち過去において問題が起こらなかったのは、これまでの関係者が、この教育に対してじみで目だたない配慮はもちろん骨身を削るほどの苦労をされたからに違いない。だからこそ大きな問題が起らずに未然に防がれたのだとも考えられる。しかしこの種の問題は、今日これまで起こらなかったといって安心はできない。(中略)混血児たちはこうした人種的に民族的に複雑な運命をになわされ、好むと好まざるとにかかわらずいつかは、また多くの場合は、深刻な事態に当面し、その解決に悩まざるを得ないことになるであろう。

今日的な「混血児」の問題はあくまでも無問題化され、今後、将来的に起こりうるものとして想定されたのである。

④『混血児指導記録四』

一九五七年六月には『混血児指導記録四』(以下、『記録四』)が刊行・配布された。すでにこの時期には、位相Iの第一世代の児童が五年生になっていた。本巻には、一一ケースが掲載され、参考論文が三部添付されている。指導記録では、これまでの『記録』と同様に以下のような人種差別の経験が載せられている。「Sが自身の色の黒さを気にしてある日ひとりでふろにはいって軽石でいっしょうけんめいからだをこすっていたそうである。そして「いくらこすってもかあちゃんのように白くならん」と言ったそうである」（記録四、二八頁）、「（同級生から）「Y子さんあなたあいの子のくせにどうして国語があんなによくできるの。知ってるわ日本人らしく見てもらいたくて必死なんでしょ」」（記録四、六一頁）。また、『記録四』に記録された教育内で差別的な言動があったときの教員の対応は、これまで同様、話をそらすことなどのケースが多かった。また、「黒人・土人・黒い・南洋」などといった語句を授業の際に積極的につかわないようにするなどの方策をとったという記録もあった。このように、文部省が進めた「無差別平等」の原則に基づく「日本人」化の人種プロジェクトは教員の実践の現場において様々な「無化」の形をとった。

巻末には、当時、愛育研究所の所員であった竹田俊雄によって「混血児の指導に関する一考察」という論文が載せられている。竹田も昨年の古賀と同様に、「混血児といえども、日本の土地に生まれたものであるから、日本の普通の小学校へ入れて、他の児童と同様に教育すればよいということは、形式的にはもっともなことであるが、それは混血児の教育の問題を具体的に解決するものではない。」（記録四、一二八〜一二九頁）と文部省の方針を批判している。さらに、日本社会にある人種差別や、差別に結びつく社会集団・イエなどの身分意識、母の職業などが「混血児」の差別に同一視される状況を指摘し、差別や蔑視に対処する必要性を訴えた。また、児童自身が「混血児である」ということを自覚するのはなるべく早い時期からがよく、自らのルーツや社会的スティグマを受け入れるためには、当人に自信をつけさせておくことも大切であると教育方針を指南している。さらに、竹田が深刻な問題としてとらえていたのは児童の将来である。「混血児の将来の進路、その進学や就職、あるいは結婚については、それが混血児自身に限られる問題でなく、むしろ社会がそれをどのように受け入れ、あるいは拒否するかという。かなり複雑な事情がある。それについて筆者は今資料を整えていないので、この重大な問題については別の機会に譲りたい」(記録四、一四〇頁)と竹田はまとめている。

このような古賀や竹田らの批判にもかかわらず、文部省は「混血児」の無化と無問題化の方針を貫徹し続けた。『記録四』の「はしがき」では、「やはり問題なしといわれている例が多く、クラスのこどもたちとの間に特に深刻な緊張関係が起こっているような例はほとんどない」としている。しかし、「はしがき」のなかでも、「「あいの子」「アメリカ人」「くろんぼ」などのことばが出ることは一般的に存在し、その奥に民族的な優越感や劣等感が根強く働いているらしいという事例もある」と記述されている通り、実際に児童が差別的な経験をしていることは明らかであり、文部省の「問題なし」といった発想が何に依拠しているのか非常に疑問が残る。

また『記録一』『記録二』でも触れられていた海外養子縁組について文部省は以下のように記している。「渡米の問題については、養護施設以外の混血児の保護者で、希望をもちながら手続きがわからないために時期を失している人、渡米後の生活について不安をもつため決心できない人もかなりあるようであるが、(中略)養親となることを希望する米人は多いようであるから、渡米させる希望者は前記の機関(児童相談所や社会福祉団体)に連絡しておくとよい」(記録四、三頁)。これまで文部省では、養子縁組を積極的に奨励する姿勢をとっていなかったが、上記のような言及や、巻末に養子縁組を積極的に進めていた国際社会事業団(ISS)の宮野氏による海外養子縁組の手続きに関する資料を添付していることからもわかるように、これらを促進する動きに変化していることがうかがえる。

⑤『混血児指導資料』

その後、文部省から『混血児指導記録』の続編は刊行されることはなかったが、これらの蓄積の総集編として、一九六〇年に『混血児指導資料』(以下、「資料」)が刊行・配布されている。本巻が発刊されたとき、位相Iの第一世代がすでに中学校へと入学していた。内容は文部省や厚生省、国際社会事業団の報告、ケースワーク、学術論文(横浜と広島を対象とした心理学的分析)、統計などである。

冒頭には文部省初等中等教育局初等教育課長の上野芳太郎からの所感が述べられ、「ふりかえってみると、昭和二八年四月にはじめて小学校へ入学して以来七年間、いろいろな問題をはらみながらも、入学前に心配されたほどの深刻な事例もほとんどなく、ここまで成長してきたことは、担任の先生がたをはじめとする関係のかたがたの御努力のたまものであって、深く感謝している次第である」と記されている。ここにも、これまでの児童の教育環境や人種差別の問題への楽観視と無問題化がみてとれる。そして、「しかし、中学生は青年前期といわれ、心理的な動揺も激しくなり、一面では将来の社会生活にそなえる心構えもつくっていなかければならない重要な時期であって、混血児のもつ身体的条件や複雑な家庭事情から生ずる困難な問題は、むしろ今後に生じてくるとも考えられる」(資料、一頁)と、「混血児」の問題はあくまでも今後生じるものとして意味づけられた。今後の指導を充実させるために研究論文と指導事例、資料などを収集し、さらにこれからも対策を続けるという旨が述べられてはいるが、『混血児指導資料』以降に同様の冊子は発行されておらず、文部省としての「混血児対策」はそこで打ち切られている。この理由は不明であるが、結果として、小学校期の児童のあらゆる偏見や人種差別の問題は徹底的に無問題化され抹消された上で、先送りにされた「今後」の「混血児」の対策はまったくとられなかった。

4―3 「混血児」の同化と無問題化、そして「外国人」化

ここまでみてきたように文部省は『混血兒の就學について指導上留意すべき点留意』というガイドライン、『混血児指導記録』(一〜四)、『混血児指導資料』の発行・配布によって「混血児問題」の対策を教育問題という側面から実施した。文部省の方針は、建前上は特別扱いせず、一般児童と同様に教育すべきというものであったが、その対策の内実は上田(2014)の述べるように「放任」の策として一蹴することはできない。当時、「混血児」をめぐる教育についての研究がまったくないなかで、児童を担当した教師は暗中模索のなかで「混血児」の指導にあたっていた。他の学校や教師の取り組みをケースワークとして蓄積し、資料として配布するという対応そのものは重要であった。さらに巻末に掲載された論考も、当時の教育現場に一定の効力を発揮しただろう。

しかし同時に、『記録』と『資料』によって明らかになったのは、一点目として文部省の無差別の方針が実際の教育の場面でも教員によっても展開されたこと、二点目としてはそれらの対応が深刻化する人種的偏見や差別、当人のアイデンティティ・クライシスの問題に十分に対処できなかったこと、そして三点目としては、入学拒否や義務教育からの離脱など教育問題としても深刻なケースがみられたにもかかわらず、文部省が問題の重大性を十分に鑑みず無問題化していた点である。さらに四点目としては、児童の将来(進学や就職)についての懸念があったにもかかわらず、これらの資料配布が一九六〇年をもって打ち切られたことである。

このように文部省の対策は、一定程度の成果をあげた一方で、将来に対する懸念を述べるにとどまっており、その後のケアを十分に行わないまま幕を閉じることとなった。特に三点目に関しては、

「記録」のなかで自殺願望のある児童や差別経験による学校からの排除など、非常に深刻な人種差別の実態があったにもかかわらず、文部省や厚生省はこれらについて問題はないと何度も繰り返していた。反復される意味づけ（「混血児」の人種差別は問題ではないという見方）によって、「混血児」の問題は子どもの問題に還元され、成長して進学や就職を迎えるときの問題について、そして人種差別の問題については対策の視野のそとに置かれていたのである。

　このように問題化を避けることは、文部省の「混血児対策」の方針がうまく機能しているという錯覚を抱かせる上で効果をもつプロジェクトであった。「無差別平等」の方針は、いじめや人種差別の問題を対処することに十分に機能していないばかりか、子どもが自分自身のアイデンティティや人種にまつわる現実を受け入れることを避けさせる、という教員による対応の根拠を与えてしまっている。しかし、文部省としては、「無差別平等」が人種差別の問題を扱う上では機能不全であることを認めることはしなかった。そのため、問題が実際にはあるにもかかわらず、「問題はなかった」と執拗に繰り返したのである。「無差別」という言葉は「人種的な差別はしない」という意味にとれるが、「混血児問題」の文脈では、「人種の問題自体を無いものとして捉える」「人種の現実は扱わない」と翻訳されてしまっていた。それによって、現実で起きている人種差別の問題は十分に対処されてこなかったのである。かつての封建社会における身分制度にもとづく差別を克服するために導入された「無差別平等」は、その内部に「日本人」化の作用を強力に持ちながら展開され、「混血児」をめぐる差別の実態、そしてかれらのその存在自体を無化するように機能した。しかし、民主化の理念と無差別平等の理想は日本社会全体に浸透していたわけではない。『記録二』に記されていた通り、封建制度が色濃く残る地域社会で「混血児」は、旧来の人種編成と民主化以降の人種編成の二重の構造のなかに置かれていた。

一方、当初は積極的ではなかった養子縁組についても、その後の対応で支援体制を推奨するようにその姿勢を変化させ、「混血児」の問題を外部化させることにつながった。このように、戦後展開された「日本人」と「外国人」という二分法のはざまにあった「混血児」は、厚生省と文部省の対策において「日本人」化もしくは「外国人」化され、また「混血児」に関する深刻な人種差別は無問題化された。このような政府の「混血児」対策のありようは、結果として戦後定立された「日本人」／「外国人」という法的・イデオロギー的な二分法の人種プロジェクトをさらに補強することとなった。

これらの資料や記録の中で語られる封建社会の身分制度に基づく旧来の人種編成は民主化と近代化の流れのなかで次第に姿を消していくこととなった。しかし、このような「日本人」化の人種プロジェクトを基盤とした教育上の「無差別平等」の理念は、戦後の日本社会に広く強く浸透し、一九八〇年代以降に増加した外国籍児童や国際結婚の児童をめぐる現在の教育方針にも引き継がれ、引き続き、かれらの差別を無問題化し、かれらの存在そのものを無化し続けている。このような学校という「制度」における人種編成の特徴と論点については、第7章で論じる。

5　市民社会の動向

次に、メゾレベルの市民社会に焦点を当てて、「混血児問題」への対応のあり方を検討し、それらがいかに国家レベルの人種プロジェクトと葛藤もしくは補完関係にあったのかについて明らかにする。ここではとくに、「混血児」の実質的な保護活動や教育活動ならびに養子縁組斡旋事業を展開した団体として、児童養護施設、国際社会事業団（ＩＳＳ）、当事者団体である「レミの会」などの活動を概観する。児童養護施設やＩＳＳは当時、政府と協働関係にあり、マクロレベルの人種プロジェクトと密接なつながりがあったため、政府の対策と民間セクターの対策がどのような点で一致・不一致していたのか比較検討することができる。また、「レミの会」を取り上げることで、当時の「混血児」の成人当事者が、位相Ⅰの「混血児問題」に対しどのような活動を展開していたのかを明らかにすることができる。

5－1　児童養護施設

サンダースホームや聖母愛児園などといった児童養護施設では、戦後、遺棄されることも多かった「混血児」の子どもたちを引き取り保護した。また、町長と町会議員の有志、米兵の将校の有志、婦人会の募金などによって横田市に結成された「福生ホーム」などがあった。[22]

特に沢田美喜によって一九四七年二月に設立されたエリザベス・サンダース・ホームでは、児童養護施設としての機能だけではなく、小学校、中学校施設、教会、職業訓練教室などが併設されていた。[23]

（22）一九五三年七月四日、現在の福生市の多摩川の河川近くに「福生ホーム」が建設される。福生市では混血児が増加しつつあり、当時の横田基地司令官フレッド・Ｄ・スティーバース大佐と福生町の森田幸造町長が中心となって計画され、日米双方の資金によって運営された。このホームは三年間で閉鎖されたが、延べ五〇名の子どもたちが預けられ、このうち三九名が養子となった（『毎日新聞』一九九五年四月二九日地方版／東京）。

（23）ジョセフィンベーカーが来日しエリザベスサンダースホームに資金援助を行うなどした（高崎 1954）。

沢田は偶然捨て子の「混血児」と出会うことがきっかけとなって、「混血児」の保護を目的としたサンダースホームを設立した。サンダースホームでは二〇〇〇名以上の「混血児」を保護したといわれており、ここからは職業訓練や斡旋を経て日本社会に出ていったもの、海外（特にアメリカ）に養子縁組によって移民したもの、ブラジルへ農業移民を果たしたものなどがいた。当時、遺棄や貧困、差別といった厳しい状況に立たされており、なおかつ国家による福祉的支援がなされていなかった「混血児」に対して保護の手を差し伸べ大きな役割を果たしたといえる。加納によると、ホームは当初沢田の私財と寄付によって運営されていたが、一九五〇年に児童福祉法によって神奈川県児童養護施設へと認定され、五一年から補助金が支給されることとなった。ホーム開設以降、次第に預けられる児童数も増加し、五二年三月一日の時点では一一八人となった（加納 2007:222）。その後の累計では二〇〇〇名以上の「混血児」の子どもがホームを巣立っていったという（『朝日新聞』一九七七年一〇月二三日朝刊）。

このような沢田による「混血児」の「保護」の取り組みは、「同化」を原則としていた当時の政府の方針とは葛藤関係にあった。差別を目の当たりにした沢田は、「混血児」の実態を明るみに出し、社会的な認知と保護を求めたため政府の「日本人」化のプロジェクトとは相克するものとなった（沢田の活動が、不可視化されていた「混血児」の可視化につながるとされたため）。そのため沢田の「混血児問題」への方針は政府や知識人から「隔離」であると批判され、沢田自身も暗に明に周囲からの批判にさらされるようになった。

その一方、後述するように沢田は海外養子縁組を積極的に推進していった人物でもある。沢田はアメリカやブラジルへ「混血児」を養子縁組・移民させる活動を展開するが、これは政府が展開する

「混血児」自身の外部化による「外国人」化と結果的に重なってしまう。すなわち、「混血児問題」を極力海外へと外部化するという政府の「外国人」化の人種プロジェクトと沢田の移住戦略は、結果として補完的な関係にあったことがわかる。

5-2 「一九五三年の会」と「レミの会」

一九五三年会

一九五三年一月二六日、「混血児を守る運動」をしようと、歌手の藤原義江[24]や佐藤美子[25]、俳優の江川宇礼雄[26]、フランス文学作家の平野威馬雄[27]ら十数人が港区赤坂に集まり「一九五三年会」を結成した。事務所は千葉県松戸市相模台に置かれる。この会は関東だけではなく、関西でも講演活動を行っていく。平野、江川、そして『混血児』の著者でもある高崎節子(「労働省東京婦人少年室課長」(当時))

(24) 藤原義江(一八九八〜一九七六年)。テノール歌手。
(25) 佐藤美子(一九〇三〜一九八二年)。ソプラノ歌手。日本初公演の「カルメン」では主演を演じ「カルメンお美(よし)」と呼ばれ人気を博したという。
(26) 江川宇礼雄(一九〇二〜一九七〇年)。映画やテレビドラマで活躍する俳優。
(27) 平野威馬雄(一九〇〇〜一九八六年)。上智大学ドイツ哲学科を卒業。仏文学者であり、翻訳書であるファーブルの「昆虫記」をはじめ著訳書は三〇〇冊以上である。父親はフランス系アメリカ人で、自身の体験から「混血児救済運動」に関わり、「一九五三年会」を経て「レミの会」を結成する。長女はシャンソン歌手で料理愛好家の平野レミ。二〇人以上の「混血児」の義父となる。一九八六年一一月一一日午前一〇時半、心筋梗塞による呼吸不全のため八六歳で逝去。

の三者は、大阪、京都、奈良、名古屋、福岡で「混血児」の現状視察と講演会を行い、会の支部を設立するなど積極的に活動を全国へと展開していった。かれらを動かしていたのは「全国の混血児たちの防波堤になろう」という意識だった。しかしメンバーはすでに多方面で活躍しており、多忙であったため「五三会」の活動は次第に減っていくこととなり、解散した。「一九五三年の会」が解散した理由は明確ではないが、高崎は戦前と戦後の混血児の生い立ちや出身階層の違いからくるものであると推測していた。高崎は以下のように述べている。「所詮は、明治大正に生を得た混血児とは、生まれが遠くちがうのである。父親が全くちがうのである。昭和初年日本に訪れた異国の高位高官が父親であり、名だたるぼうえき商が父親であり、母も又、ゆいしよある家柄の令嬢であつたのである。何処の馬の骨ともしれないGIやアフリカのぞうげ海岸から一とんいくらで米大陸に売られた黒人の子孫が父親であつてみれば、これはアバンの混血の人にはちよつと困ることである。まして母親がパンパンと呼ばれる名の人が多いにいたつては」(高崎 1954 続 :8)。そこで「五三会」の流れを汲んだまま、平野が単独で始めたのが「レミの会」であった。

レミの会

会員は一九六二年時点で全国に一二〇名おり、その多くは看護婦、美容師、基地のタイピストなどの職に就く「混血児」たちの母親である。平野の仕事は「混血児」を子どもにもつ母親たちの相談役であった。学校で子どもたちが「アイノコ」と言われ差別されると相談を受ければ教育委員会に直接掛け合いに行き、結婚を認めてもらえないという相談を受ければ米軍基地に出かけ、結婚承諾書のサインをとりつけたという。また、法律上の父を持たない子どもたちを自らの戸籍に入れ、延べ二〇人の「混血児」の父親となった。平野は日本社会に住む子どもたちに「居場所」を与えようと活動していたといえる。平野は子どもたちの厳しい進学や就職の現状を見つめながら以下のように語っている。「ただでさえ、合いの子、合いの子と特別扱いされるでしょう、それが、進学、就職となると片親しかいないでは、子どもの出来がよかろうと悪かろうと、頭からお断りなんですよ。おふくろさんが泣きこんでくる。先生、何とかしていただけないでしょうか。実に深刻なんですな。とくに、黒人との混血児をもつお母さんの悩みは、想像もできないくらいですよ。私が、親父代りで役に立つんなら、まだお安いご用ってわけで、いつの間にか、子どもがふえちゃったわけです」(『朝日新聞』一九六五年八月三日朝刊)。「レミの会」はその後、沖縄にまで活動の幅を広げ、児童の保護、混血児問題についての啓蒙活動や、若者のコミュニティづくりなどに奔走し、本会は八〇年代ごろまで活動を継続していくこととなった。平野は戦後から一九年後に雑誌『婦人生活』において以下のように語っている(平野 1964)。「敗戦の街の土の下から無数に生まれた赤い髪の子、黒い肌の子。その子たちも青春を迎えた。宿命に哭き、嘲笑に傷ついた悲しき歳月を超えて……。だが、僕は叫びたい。戦後はまだ終わっていない！　混血児は生きている！」(一七〇～一七一頁、小見出しには「あれから一九年！　日本の中の人種差別の悲劇」)。平野は、これまで見えなくされてきた「混血児」の存在の可視化を試みている。人種差別が無問題化されていく中で、これを未だ解決されていない戦後の問題として訴え続けた。

5−3　海外養子縁組

本節では、「混血児問題」に対する対策として、アメリカの家庭への海外養子縁組について中心的に活動を展開した国際社会事業団（ＩＳＳ）と、海外養子縁組への政府の関与を明らかにする。外務省では養子縁組に関する移民法の改正について受動的で消極的な態度を示していた。さらに、当初は文部省も養子縁組を奨励しないという旨の方針を出していた。しかしながら、国内の悲惨な差別の状況を目の当たりにした社会運動団体や活動家は、海外養子縁組にその打開策を見出そうとしていた。

では当時の日米間の移民法はどのようになっていただろうか。一九五二年四月のサンフランシスコ講和条約発効から約二ヶ月後、移民国籍法（Immigration and Nationality Act of 1952）、通称マッカラン＝ウォルター法（McCarran-Walter Act：ＭＷ法）が成立・施行されることとなった。[28] この移民法は国別割当の範囲内で日本からの新規移民を可能にしたが、その割り当て人数は一八五名であり、さらに共産主義とつながりを持つ移民を制限するなどの条項があった（南川 2015:148）。しかしながら、このような体制では一九二四年以降からの国別割当制度は維持されており、日本からの新規移民は一八五名に限られ、実際には割当外だった「戦争花嫁」以外の新規移民を望むことは難しかった。「混血児」の海外養子縁組の場合も、割当内の移民とみなされるため、一八五名の枠に食い込まなければ移民は困難な状況であった。そこで、「混血児」の海外養子縁組を求める社会運動が広がっていったという。

当時、アメリカにおける日系二世の団体であったアメリカ市民協会（Japanese American Citizens League: JACL）や在米日系メディアは、米国人と養子縁組した「混血孤児」の入国を認めない米国議会の「人種偏見」を批判していたという（南川 2015:150）。さらに、エリザベス・サンダース・ホーム園長の沢田美喜は一九五二年から約三ヶ月にわたってアメリカ講演を行い、サンダースホームの運営資金の調達と、「混血児」の海外養子縁組実現のための移民法の改正を訴えて様々な州をまわった。このような沢田の活動はアメリカ社会に大きな反響を呼んだ。市民団体の資金援助や草の根的運動が活性化されるなか、米国在郷軍人会の支部である「レッド・ウッド・シティ在郷軍人団支部」が活動を始める。同団体内で「混血孤児援助」の決議案が採択されると、さらにサンフランシスコ周辺の八郡の在郷軍人団連合理事会にも援助策が提案され満場一致で可決された。決議案は「占領の落とし児は偏見のために正常な教育と平等な社会的機会を拒否されている。効果的な援助が与えられれば、これらの子供は世界自由国家の理想を擁護するアジアのトリデとなるだろう。よってこれらの子供を育成、教育するに必要な手段を採ることを決議する」という主旨であったという（『朝日新聞』一九五二年一二月八日朝刊）。米国在郷軍人団体はのちに東京に「援助共同米国委員会」を設立することとなる。(29)

（28）南川によると、この移民法の中で、いわゆる「戦争花嫁」と呼ばれていた混血児の母親たちは「米国市民の配偶者」として、マッカラン・ウォルター法のなかで国別割当の枠外で認められる「非割当移民」として米国へ移民していったという。このように法的枠組みの確率と日米関係の安定のなかで移民は増加し、「日本出身の移民に関して言えば、一九五〇年代こそ、戦後期において日米間で最も活発に移住が行われた時代であった」（南川 2015:146）という。このように増加する日米間の移民の中で、「戦争花嫁」を含む日本人女性移民は、一九五〇年代の米国への新規移民の多数派を占めるに至った（南川 2015:149）。南川によれば、「外務省調査によると一九五一年から五九年の間の移民数の七八・二%を『国際結婚』による移民が占めていた」という（南川 2015:158）。南川は、このような日米間におけるポスト占領期の新たな人の移動の政治社会枠組みを「人の移動の「一九五二年体制」」と呼んでいる（南川 2015:146）。

（29）一九五三年一月三〇日の朝日新聞によると、「援助協同米国委員会が在日宗教団体や米国在郷軍人会など各団体の手で」東京に設立されたという。この委員会は「全部の混血児を対象」としており、委員会独自の人口調査も実施した。これによると、当時米領事において結婚した日米カップルの数は、一九四七年七〜八月に八二三人、一九五〇このような移民法の改正を求める動きの中で、一九五三年に難民救済法（Refugee Relief Act）が制定されることとなった。これはヨーロッパ東部・南部からの第二次世界大戦および戦後の社会主義体制のなかで生じた避難民の受け入れを想定して制定されたというが、一九五四年には国別割当外で、一〇歳以下の「孤児」の養子縁組移民を最大四〇〇〇名受け入れることができるようになった。同法は一九五六年末に失効したが、それまでに二五〇〇名の「混血孤児」が「難民」資格で米国への渡航許可を得ることができたという。これは日本からの「難民」全体数の約七割を占めていた（南川2015:150）。

また、一九五七年九月一一日に公布施行された「移民国籍法修正法」（第八五議会法律第三一六号）では、米国市民の養子となった、または養子となる一四才未満の資格のある孤児に対して、一九五九年六月末日までの期間に限り、その数に制限なく特別の非割り当て移民査証が与えられた。このような移民法の改正の動きのなかで、多くの「混血児」が米国へ養子縁組されていくこととなった。また、厚生省においても文部省においても、この移民法改正の発表を機に海外養子縁組を積極的に進めようと大きく方針を転換した。

5-4　国際社会事業団

『児童福祉十年の歩み』によると、「混血児」の養子斡旋を行っていたのは宗教関係者や篤志家たちであり、講和条約成立の前後からその活動が次第に組織化されていったという。また、「これらの海外団体のうち主なるものとしては、二九年頃発足した日米孤児救済合同委員会、三二年設立された国際社会事業団等がある」とされている（七五頁）。特に「日米孤児救済合同委員会」の活動を引き継ぐ形で一九五七年に開設された国際社会事業団東京支部（ＩＳＳ、本部はスイス）は、多くの「混血児」の海外養子縁組を実施した。一九五七年六月から一九五九年前期までにＩＳＳが発給した「混血児」ビザ数は八二九件に上っている（『混血児指導資料』、一五六頁）。さらに、厚生省児童局養護課の小川政浩によると「昭和三五年度予算において、新たに国際養子縁組促進費を計上して、従来より国際的な組織と密接な協力をもち、国際養子縁組みのあっせん、調査およびとりまとめ等についてじゅうぶんな経験を持っているところの日本国際社会事業団に対して、その事業に必要な経費を補助することとなった。これによって国際養子縁組がいっそう促進され、混血児の福祉がさらに高められることが期待されている」という（小川 1960:151）[30]。すなわちＩＳＳには昭和三五年度予算の中から「国際養子縁組促進費」が支給され、国家の資金的援助によって海外養子縁組を進めていったことがわかる。それまで行われてきた福祉の対策は、基本的に一般児童と同様のものであったが、「混血児」に対する特別な唯一の措置として、海外養子縁組にのみ資源が分配されたということである。移民法改正以前には、「混血児」を救援する社会運動として組織化された海外養子縁組であったが、移民法改正によって厚生省・文部省が海外養子縁組に舵を切り、資源を分配することで、結果としてＩＳＳは政府が「混血児」を外部化する人種プロジェクトを実質的に推進していく下請け団体としての立場に

年八月～五一年二月までに二八四二人、一九五一年三月～一九五二年五月までは五四七二人、一九五二年六月～一二月二四日までは二〇〇〇人で、一九五二年一二月時点で計一万一〇〇〇人以上のカップルが婚姻したことがわかる（『朝日新聞』一九五三年一月三〇日朝刊）。

（30）　小川政浩、一九六〇、「混血児の福祉について」『混血児指導資料』文部省。

立たされることとなった。

5－5　市民社会と国家の関係

このように、「混血児問題」の実態を詳しく把握し、その対策を率先して行なってきた市民社会では、保護・教育・啓蒙活動・養子縁組などの社会運動が独自に展開されてきた。これらの活動によって、「混血児」に関する社会問題がメディアに噴出することとなり、占領下において不可視化されてきた「混血児問題」を可視化する点で大きな成果を納めた。特に、エリザベス・サンダース・ホームのような児童福祉施設では、「混血児」のみを入学させる学校の設立をし、人種差別の深刻な日本社会から「保護」するという対策がとられた。このような「保護」論は、政府が「混血児」対策の原則としていた「日本人」化の人種プロジェクトとしての「同化」のロジックと真っ向から反対するものとみなされたため、「保護」論は「隔離」として多くの批判にさらされることとなった。すなわち、市民社会における保護や啓蒙活動の動きは、政府の「日本人」化の人種化プロジェクトとは葛藤関係にあることがわかる。

一方、日米間の移民法が改正されることを契機として、厚生省・文部省が海外養子縁組による「混血児」の「外国人」化の人種プロジェクトを推進するようになると、それまで市民社会のレベルで養子縁組を推進してきた福祉施設やＩＳＳは、政府の対策の下請け団体としての役割を割り当てられ、政府の方針を補完する実務活動を担った。

以上、政府の「混血児」対策と市民社会における「混血児」をめぐる社会運動の関係を整理すると、「日本人」化の人種プロジェクトに対しては国家と市民社会が葛藤関係にあったが、「外国人」化の人種プロジェクトに関しては補完関係にあったことがわかる。

6　小括――戦後日本における「日本人」化／「外国人」化の萌芽

敗戦以前、大日本帝国時代における人種編成では、混合民族というイデオロギーが統治の正当化として用いられていた。同時に、日本人の正統な「血」のつながりを想定する戸籍の社会的な機能によって、「日本臣民」というカテゴリーの内部に「内地人」と「外地人」という区分がつけられた。この日本帝国における人種編成は戦後、植民地を失うことで再構成の必要性に迫られていた。オミとウィナントは「人種編成」を「人種的なアイデンティティが生み出され、引き継がれ、変化し、破壊されることによる社会歴史的なプロセス」と説明しているが、戦後においてかつての「混合民族」としての「日本人」という言説は変化を迫られ、新たに「日本人」と「外国人」との境界線を法的・イデオロギー的に策定する社会歴史的なプロセスが看取される。

憲法改正や国籍法の制定、および内務省の通達などを通じ、植民地期にその力を存分に発揮した戸籍の法的な機能を引き継ぐ形で、あらたな「外国人」と「日本人」という二分法の人種カテゴリーが策定された。旧植民地出身者の場合、戸籍が「日本人」の正統なつながりを示すとされる「戸籍原理主義」のイデオロギー的な効果によって、婚姻関係によって夫の地位に付随するとされた妻やその「混血児」は、その曖昧な立ち位置にかかわらず、「日本人」化もしくは「外国人」化されることとなった。

そして、占領期を終えた一九五二年ごろ、「日本人」化と「外国人」化の人種プロジェクトに対し

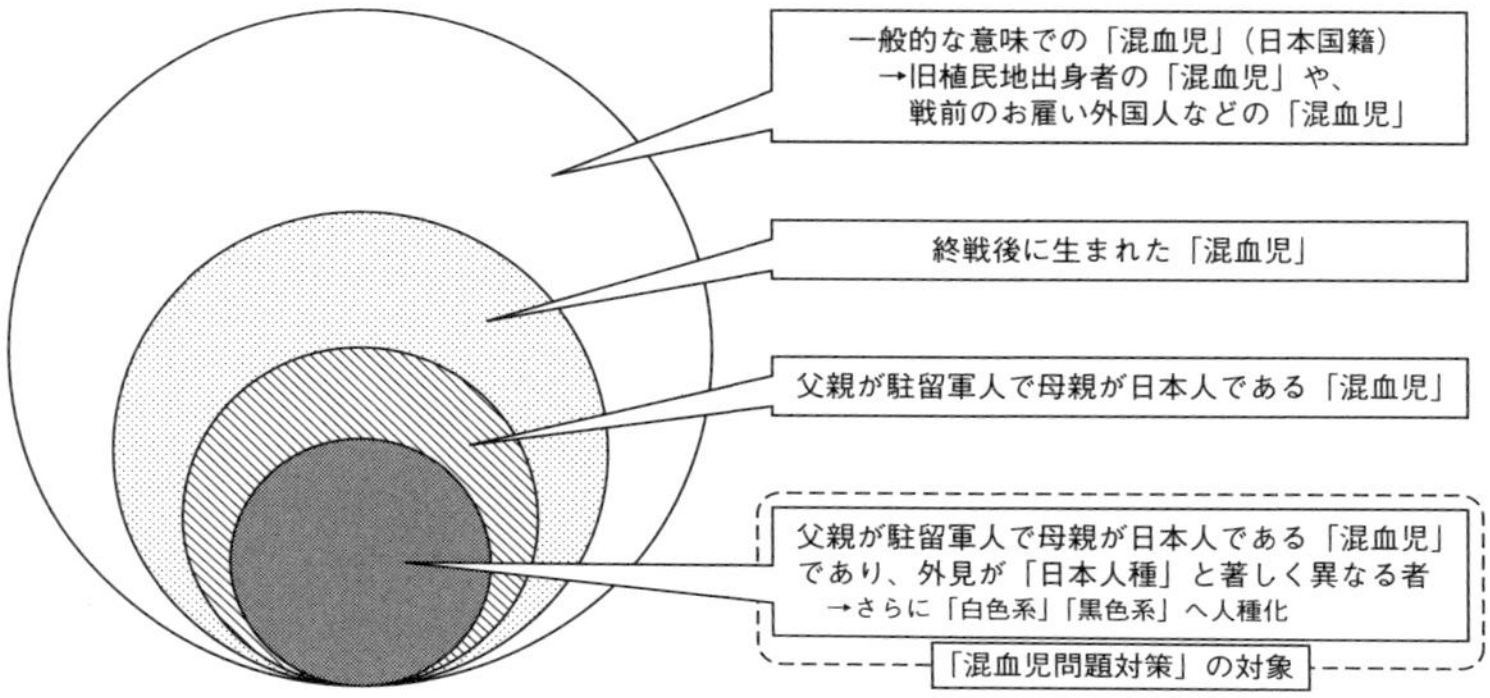

図1-5 「混血児問題対策」で対象とされた
「いわゆる混血児」と対象外であった「混血児」

て非常に問題とされたのが位相Ⅰの「混血児問題」であった。政府の省庁で「混血児対策」を展開した主要なアクターは厚生省と文部省であるが、どちらの省庁も、対策の基本方針は日本人との「同化」であった。しかし、政府による「日本人」化の人種プロジェクトの対象は、それまで一般に用いられた意味での「混血児」ではなく、親の人種やジェンダー、として当人の人種的な特徴という「人種の線 racial line」によって明確に対象が策定され、その福祉の範囲は最小化された（図１－５）。

さらに教育の対策の面でも、「混血児」にまつわる差別の問題は徹底的に不可視化され繰り返し無化される人種プロジェクトの網によって、「同化」という「日本人」化がうまく機能しているかのようにみせかける効果があった。

このような「同化」という国家レベルの「日本人」化の人種プロジェクトに対して、児童養護施設や社会運動団体という市民社会セクターの顕在化のプロジェクトは葛藤関係にあった。しかし、日米間の移民法が改正されたことを契機として、政府による「混血児」の「外国人」化の人種プロジェクトが積極的に展開されるようになることで、市民団体（特にＩＳＳ）へ資源が分配され、政府のプロジェクトに対して補完的な下請け団体としての立場に立たされることとなった。

このように戦後、人種編成の再構築を迫られていた日本社会が「日本人」と「外国人」の二分法の人種プロジェクトを徹底的に展開する上で、法的にもイデオロギー的にも非常に微妙な位置づけにあった「混血児」の処遇が、様々な「人種の線 racial line」に沿って策定されていった。そのため、実際には人種的・文化的にみても非常に混交的で多様性のある人々が、法的・イデオロギー的な「日本人」と「外国人」というカテゴリーにそれぞれ強制的・恣意的なプロセスをとおして区分けされ、反復される人種プロジェクトの展開によってこれらの混交性や多様性は徹底的に否定されていくこととなったのである。

第2章　豊かさと「ハーフ」の時代　一九七〇～一九八九年

1　「ハーフ」の誕生

本章では一九七〇～八〇年代（第二期）における「混血児」や「ハーフ」、そして「日本人」／「外国人」をめぐる人種編成に着目する。「混血児」に関わるさまざまな問題が無化されたことの社会的帰結として、この時期に入ると政府の対策はみられなくなる。また、第一期における「混血児問題」が子どもの問題として意味づけられていたため、成人したかれらを取り巻く人種差別は問題として認知されず、国家による不可視化という姿勢は貫かれた。

一方、第二期には「混血児」をめぐるプロジェクトは経済と市民社会の領域で起こっていった。それは、六〇年代の「混血ブーム」と七〇年代の「ハーフ・ブーム」による「混血」「ハーフ」言説の人種化、そして「日本人論」の興隆による「日本人」の人種化である。また八〇年代になると国家主導の「国際化」の議論においても「日本人」と「外国人」の区分が再生産されていく。これらの動きのなかで、「混血児」をめぐる差別問題の例外化と不可視化は加速し、「ハーフ」や「日本人」といった概念は繰り返される言説と表象において人種化されていく。オミとウィナントは人種化について、「以前には人種的に分類されていなかった関係性・社会的実践・集団に、人種の意味づけを拡張すること」（Omi and Winant 2015:111）と定義しているが、第二期において「ハーフ」「日本人」をめぐる人種化はいかに展開されていったのだろうか。また、このような人種化の過程のなかで、「混血児」をめぐる人種差別の問題はいかに捨象されていったのだろうか。まずは第二期に展開された、「日本人論」における人種化の特徴を描いた上で、ほぼ同時期に展開された「ハーフ」言説の人種化の過程を分析する。

2 「日本人論」における「混血児」の不在

2－1 興隆する「日本人論」

メディアにおける「ハーフ・ブーム」は一九七〇年代ごろから起きる。興味深いことに、それは日本社会において「日本人論」（もしくは、「日本文化論」）が流行した時期と重なっていた。吉野は、「日本人の文化、社会、行動・思考様式の独自性を体系化、強調する言説、すなわち日本人論」について、「出版界における日本人論の最盛期は一九七〇年代から八〇年代初頭にかけてであったが、その影響が広範囲で強く感じられたのは八〇年代以降である」という（吉野 1997:4）。またこの時期の日本人論は「学者・研究者を始めとして評論家、ジャーナリスト、作家、官僚、企業人など様々なカテゴリーの人々が参加し、日本人の独自性に関して盛んな議論が繰り広げられた」という。ハルミ・ベフも、これらの日本人論が「大衆消費財」として構成され、世界に冠たる経済先進国として誇れる自画像が「文化識者」によって描かれ大衆にもてはやされるようになったと説明している（ベフ 1997:55-67）。

「大衆消費財」として消費された多くの日本人論では、「日本人」の民族的特徴とそれを支える文化的・地理的条件、言語やコミュニケーションの特殊性などが活発に論じられた。特に、日本人論の語り口は、「日本人は……」という言葉によって始められるため本質化されやすいが、具体的に「日本人」を単一民族として表象する論者も多かった。例えば、『タテ社会の人間関係』を著した中根千枝は以下のように述べている。「現在、世界で一つの国（すなわち「社会」）として、これほど強い単一性をもっている例は、ちょっとないのではないかと思われる。とにかく、現在の学問の水準でさかのぼれる限り、日本列島は圧倒的多数の同一民族によって占められ、基本的な文化を共有してきたことが明白である」（中根 1967:187-188）。

敗戦後、日本政府によって「日本人」と「外国人」の法的な二分法が策定されるなかで日朝家庭の妻やその子どもである混血児も「日本人」に振り分けられ、さらに「混血児問題」として世間を賑わせた者のなかで国内に残った人々は「日本人」として扱われていた。中根が『タテ社会の人間関係』を発表したのは一九六七年であり、「混血児」が社会問題化した一九五二年頃からわずか一五年程度の間に、いかに「単一民族」がヘゲモニー化し、その存在さえも不可視化されていたかがわかるだろう。また、中根は自身の著書の中で「日本人」と「外国人」とを明確に区分する二分法のロジックの再生産を繰り返している。とくに「日本人」のもつ人間関係やネットワークなどを「ウチ」と「ソト」などの概念で説明する『適応の条件』では、同じ職場の人間関係などの親密な関係を「第一カテゴリー」、親類関係・近隣の村の人々・直接会ったことはなくとも「知り合い」レベルの人々とのつながりを「第二カテゴリー」と説明しているが、「外国人」はそれ以外の「第三カテゴリー」として、「他人」「ヨソのヒト」であると説明される。「日本人にとっては、この第二カテゴリーまでが自分と関係をもつ人々で、それ以外は他人（ヨソのヒト）である。（中略）この第三カテゴリーは無限の広がりをもち、そのカテゴリー自体の外廓はないといってよい。したがって外国人などもこの第三カテゴリーに入りうる」（中根 1972:114）。中根はここでいう「外国人」も、「日本人」が二〇代までにもつ「共有経験」（何を指すかは明確に定義されていない）をもてば、第一・第二のカテゴリーに入りうるというが、それは「きわめてまれにしかありえない」と説明されている（中根 1972:116）。ここには、「日本人」が「単一」であるという言説の節合があるのみならず、「外国人」が〈他者〉として強力に設定・位置づけられている。このような中根の見解には、戦後に社会問題化していた位相Ⅰや位相Ⅱのケースのような「日本人」と「外国人」という二分法に回収されない存在はもはやまったく想定されていない。中根のような日本人論における「日本人」と「外国人」の単純化された二分法は、その根拠を揺るがす「混血」の存在を無化・無視することで、あたかも説得的な言説として定立されるのである。

その後に登場する日本人論では、日本の特殊性として同様の単一民族社会観が頻出する。「民族＝国民の観念は、日本人のおかれた自然的・地理的環境や歴史的事情に加えて、水田耕作農耕を基盤にした文化の日本的特殊性によるものであるが、何よりも日本人総体が、異なった民族や国家の総体と接触する経験を、長い間もたずに経過してきたことによるといえよう」（坪井 1979:10）、「日本は島国であり、日本人は世界中の各種文化を吸収しながら他民族と国境を接しないまま単一民族国家として比較的平和に暮らしてきた。その結果、日本人には人間の考えには差がなく皆同じなのだ、という意識が強く刻み込まれている」(高橋 1977:150)。また、上記のように「日本人」は同質・単一民族から構成されるという言説の節合は、「人種差別」を無化する文脈のなかでも機能し、いかにも説得的な説明の論拠として効力を発揮した。

日本には挨拶で相手の国籍・人種を尋ねるという経験はまず無い。日本で日本語で話し合っている限り、お互いが日本人であることは自明のことだからである。日本語で相手の国籍を聞くい方は、日本人には全くなじまない。これはやはり民族的に均質社会である日本に育った我々日本人がもつ独特の意識から来ていると思われる。(中略)日本人は同質民族の中で育ったために人種問題の経験はなく、自分たちに人種偏見などあるはずがないと信じ込んでいる。もし日本に人種問題があったら、こうした自分の偏見にすぐ気が付くであろう。そして人種的な偏見はどの国でも誰にでもあるという前提の上で、他の民族の人々を理解しようと努力するだろう。しかし、不幸にして日本人にはそれがわからない(高橋 1977:152-155)。

第一章で多くの新聞記事や資料を通じて見てきたように、日本社会には明らかな人種差別の構造があり、「混血児」と呼ばれた子どもたちはその外見から周囲に「あいのこ」「くろんぼ」などと侮蔑の言葉を投げかけられた。そして、外見から「日本人?」「なにじん?」と問いかけられる。それが日本社会の現実であった。しかし、「混血児問題」はわずか二〇年たらずで日本人論のなかで見事なまでに忘却され、現在進行形の人種差別の問題は完全に不可視化されているのである。人種差別が「対岸の火事」と言われてきた要因の背景に、日本人論は大きな効果を発揮してきたといえる。戦後に厚生省や文部省によって強力に無化された「混血児」の存在と、そこにまつわる人種差別の不可視化という問題は、第二期の日本人論の展開によってさらに強化されていった。日本人論のなかで展開される、「日本人」＝「単一民族」「同質民族」＝「人種差別はない」という言説の節合は、戦後の「混血児問題」と人種差別の構造を完全にその視野から抹消させている。第二期で活況を呈したこれらの日本人論は、「日本人」の特殊性や単一性を強調するため、その論拠を揺るがす存在を不可視化する傾向を持つ。ここには「混血児」の存在のみならず、沖縄やアイヌ、日本列島の各地にある文化的・言語的多様性も捨象され、単一の「日本人」像が表象されていった。

2-2 「日本人」の自画像

第二期に大流行する日本人論における論拠の不明確さや、「日本人」とされる像のサンプルの偏りなどは多くの論文で指摘されている（べフ 1997; 杉本 1996）。そのため日本人論自体の本格的な批判は別論文に譲るが、ここでは日本人論によって展開された「日本人」像について少しだけふれておきたい。日本人論や日本文化論を批判的に捉える杉本良夫は、ここで展開される「日本人」像がジェンダー化・階層化・人種化された一部の人間像であることを指摘している。

ほとんどの日本文化論は「日本的」なものが何かという問題については、果てしない議論を続けながら、各命題がどういう人口的基礎の上に成り立っているのかについては、余り考慮を払ってこなかった。出版市場には「日本的」なるものとして、次から次に鍵概念が登場する。「集団主義」「タテ社会」「甘え」「縮み志向」「間人主義」「がんばり」「ぼかし」「あいまい性」等々、枚挙にいとまがない。しかし、このような特徴・傾向・志向が、どのようなサンプルの観察の上に導かれているかが不問のままになっている。もちろん、こうした属性は日本人全員に共通して観察され、外国人にはその傾向が薄いというのが、議論の骨子である。けれども、仮説提出者が全日本人を観察することは不可能である以上、彼らはある限られた数の人々を見て、自らの理論を提示する他はない。その観察対象となった人々は、全日本人人口の中でどのような階層的偏りをもっているか。（中略）日本文化全体の特性を論じる人たちは、ほとんどの場合、観察の対象を男性で大企業に勤めている大学卒に求めている。彼らは日本人人口の中ではごくひとにぎりの少数派にすぎないのに、日本文化の中身についての命題を引き出すための主要なサンプルの役割を果たしてきた。日本文化のステレオタイプを形成するための素地となった終身雇用、企業別組合、受験地獄などは、日本人全体から見れば、特殊なエリート階層の現象であって、大多数の日本人はこれらの現実の担い手ではない。特異な標本の観察を下に、日本人全体についての命題が引き出されてきたのである（杉本 1996:9-10）。

このように杉本は当時展開された「日本人論」における「日本人」のイメージが大企業に勤める男性像としてのみ描かれていることを指摘している。杉本はさらに、日本人論の生産者、流通経路、そしてその消費者など観点から批判を展開している。「（上記の日本人像について）これには理由がある。日本文化論の書き手も、読み手も、その両者を結ぶ編集者も、ほとんどが大学卒、大企業、男性の世界に生きている。このため、自分たちの環境が日本全体のなかでは特別な部分であることに気づきにくい。お互いが共通の属性を持っているために、その外側の世界に目線が届くことはあまりない。筆者、読者、編集者の暮らし向きがあたかも日本人全体のそれであるかのように見えても、それを修正する力学が働きにくいのである。この事態が、日本文化論の名において、日本社会の中の特殊な階層のイデオロギーが語られるという傾向を生む。この階層は社会の中の上層を形成しているため、そのイデオロギーの国内での伝播力は強い」(杉本 1996:10-11)。日本人論における男性化された「日本人」イメージは、男性中心の「筆者、読者、編集者」というネットワークでさらに強化され、これがあたかも日本人一般を指し示すイメージとして、疑問にさらされずに消費された。さらに杉本は、これらの日本人論が「日本人」というカテゴリーを強力に人種化している点を指摘した。

「日本人」の範囲を限定的に規定し、同化主義的な傾向を持つ日本文化論は、文化、民族、人種という三範疇をほぼ同一の次元でとらえる。人種とは肌の色などの生理的なレベルでの分類であり、民族というのは文化的に定義された区分だとよくいわれるが、日本文化論に関する限り、そうした区別が計られている形跡はない。日本民族について言及するに当たって、生理的な目安が使われがちだからである。「日本人の血が流れている」といった表現が使われ、日本人の脳の構造や腸の長さが話題になり、草食人種であることが強調されるなど、民族的というよりは人種的と見られる記述が多い。その上で、日本文化とは日本民族ないし日本人種が共有する志向であると考えられている。日本人種=日本民族=日本文化という方程式が、この種の日本文化論の底辺に組み込まれている(杉本 1996:17-18)。

杉本や他の批判的日本人論者はこのように、「日本人論」で展開される「日本人」がいかに人種化・ジェンダー化・階層化されているか明らかにしている。杉本が「日本人種＝日本民族＝日本文化」であり、「大学卒、大企業、男性」と述べるように、人種的・ジェンダー的・階層的な意味付けが「日本人」というカテゴリーに強力に節合されている状況を浮き彫りにしている。

2―3 「混血児」の例外化

さらに、日本人論を批判する吉野は、日本人論における日本人の人種化について、[1]「日本人の血」という想像の概念を通じて「日本人らしさ」や「不変的」もしくは「自然に備わっている」と想像される部分が表象されると説明している（吉野 1997:145）。この「日本人の血」は「社会的・文化的構築物」なシンボルであるものの、『我々』日本人は祖先からの系譜を永続的に維持してきた拡大家族・親族の成員であるという想像と強く結びついている」と説明している（吉野 1997:146）。さらに、これらの日本人論で活発に議論された文化的な表象が実際には人種的に「所有」されている点を指摘し以下のように述べている。「日本人には自らと他者の間の文化的および「人種的」差異を強く意識するのみならず、日本人のアイデンティティをめぐる感情の中で文化と「人種」を結びつける傾向がある。

（1） 吉野（1997）はさらに、「日本人論における民族的独自性の表現手法は「全体論的」（holistic）である」と説明し（124-125）、「文化に関する言説が日本人論の中で体系的な「理論」として引き出されているのに対して、「人種」的思考・感情は明確な言葉を持たずに潜在している」と述べ（140）、「客観的に見て「日本人種」が存在しないのは言うまでもないが、日本人は日本人らしさを「人種」的にとらえてきたということはできよう」と論じている（144）。

(中略)日本の事例が示すのは、特定の文化的特徴は特定の「人種」により独占的に所有されるとする考え方である」。吉野は上記の日本人論における人種化の特徴を「文化の人種的所有」(吉野1997:149)と定義している。このように日本人論では「文化の人種的所有」を通じてさまざまな形で「日本人らしさ」が人種化されていくが、典型的な手法としては「「翻訳不可能な」日本的表現や概念の例示を通して、日本語の中の「日本人」にしかわからない「我々だけの領域」の存在」を示唆するものである。ここに「日本人の血」のロジックが導入されることで特定の文化を日本人の独特の所有とするという。このように日本人論において「日本人」や「日本人らしさ」を規定する文化は、人種的なシンボルである「血」の概念へと密接に結びつけられている。この日本人論において「日本人」が人種化されるのと同時に、他者である「外国人」が構築されていくが、「我々」と「他者」の境界線上に位置する「混血児」の存在は日本人論においてどのように位置づけられていただろうか。当時、日本人論を論じた一人である國弘正雄は「日本人を日本人たらしむるものは、若干の帰化市民や混血児を例外として、なによりも〝血〟であると述べている(國弘 1974)。

第二期に興隆した日本人論では、日本人の同質性や特殊性が論じられてきたが、これらの議論では文化と人種が「血」の理論によって密接に結びつけられ、「日本人」が人種化されていったが、この議論の中で帰化した者や「混血児」は「例外」とされた。「日本人」の人種化と他者の人種化の臨界点にあるのが帰化者や「混血児」の存在であり、これを例外として扱うことで、かれらが不在のまま日本人論が構成されていくこととなった。第一期において非常に活発に議論されていた「混血児」の社会的な存在感も、第二期の日本人論の氾濫の波に飲まれて不可視化されていった。そして「血」の理論によって結びつけられた、想像上の拡大家族としての「日本人」がヘゲモニー化していくこととなる。
このように「日本人」を強力に人種化する日本人論の氾濫はその後も衰えをみせず展開された。一九八〇年代ごろから日本人論を批判したり日本内部の多様性を指摘する多くの研究が出てきているが（ベフ 1987; 網野 1990; 杉本 1996; 栗本 2016）、人種的な日本人論があまりにも流行したため、この「混血児」の存在をあらかじめ想定しない強力な二分法は深く人口に膾炙していくこととなった。杉本は日常生活の場面で再生産される日本人論による人種化の影響を以下のように説明している。

人種論的な日本文化論は、文化指導層によってばらまかれるだけではなく、草の根の大衆の中で積極的に生産され、支持されている。「白人は肉食人種だから、草食人種の日本人に比べて、精力が強く淫らだ」とか「日本人は清潔で勤勉だが、アジア人は不潔で怠惰である」といった単純な対比による自民族礼賛の日本文化叙述は、日本のあちこちで蓄積されており、その根は深い。このような日本人像は、読者や視聴者がマスメディアを受容して、受け身で消化されているだけではない。大衆自らが異者と見える存在と対面したとき、その不安を緩和するために、自己の優越を他者の劣等を手軽に説明する単純命題を必要とする。これらの命題は文化描写の形を取りながら、民族や人種を基準とした差別を正当化する擬似理論として使われる。「日本人と違って、アジアから来た人は汚いからアパートを貸さない」「日本人と違って外国人は乱暴なので、外国人が増えてから、日本の町は物騒になった」「混血児は外人の血が混じっているから、本当に日本のことは分からない」などの言説は、その例である。（杉本 1996:18-19）

このように日本人論は日常生活のなかに浸透し、人々の日々の発話を通して再生産された。ベフ（1997）は日本人論を「大衆消費財」と呼んだが、日本人論は単に大衆に消費されるのみならず、杉本が語るように「擬似理論」として「大衆の中で積極的に生産され、支持され」たのである。第二部で詳述するが、「ハーフ」と呼ばれる人々の日常生活の場面に視点を移す際、このような日本人論の再生産は顕著に露出する。日本人論のように、強制的に押し付けられた観念ではなく、「教育」と「同意」によって浸透し、あたかも「自然」で「常識」であるかのように社会的通念として機能する権力作用をグラムシは「ヘゲモニー」と説明した（グラムシ 1978）が、杉本はまさにヘゲモニー化した日本人論の影響を説明しているといえる。ヘゲモニーとして浸透した言説は、「自然」で「当たり前」のこととして捉えられるため、その真偽が問われなくとも日常的に再生産が繰り返される。このように、「混血」や「ハーフ」といった存在をあらかじめ排除し無化する日本人論は、日常的に展開される「日本人」化と「外国人」化の人種プロジェクトの鋳型もしくは根拠として機能しているのである。

3 「混血児問題」のその後

このように出版界において知識人や学識者の間で日本人論が再生産される一方、消費社会では欧米化の波のなかで「混血ブーム」が商品化の力学によって到来する。そこで展開される「混血」の表象・言説は第一期の「混血児問題」の時代といかなる連続性・非連続性をもっていたのだろうか。

位相Ⅰの「混血児」に関する新聞報道は一九六〇年代以降もしばしばみられたが、例えば一九五四年当時に「労働省東京婦人少年室長」であり「混血児」支援のための講演活動などを積極的に行っていた高崎（1954a）は、すでに一九五四年の段階で報道熱が冷めていたことを以下のように説明している。「〝混血児〟問題のブームの波は退いた。時に、ポツリと、ジャーナリズムに登場するのは、美談か、悪談か、ともかく、個々の混血児をめぐる問題がニュース・ストーリー式に、或は、GIを責め、或は母親をせめ、或は混血の子を養い育てる街の人の善行を、しらしめるといったものであった」（高崎 1954a:10）。その後、「混血児問題」は新聞などで時折ふれられるが、一九六〇年代後半に入る頃にはしだいに戦後のイメージとしてではなく、「混血」のタレントやスポーツ選手の活躍がメディアで取り上げられていくようになる。

『週刊平凡』（一九六五年六月一九日号）では、「特集グラフ　混血タレント」という特集が組まれ、「今年は終戦から二〇年目に当たるというわけで、新聞、雑誌、放送などで、さかんに混血児の問題がとりあげられた。しかしそうした議論はともかく、ハツラツとした戦後世代に生きるかれらは、美しくすこやかに育って芸能界への進出も目立つようになった」（一一七頁）。戦後の経済界における人種プロジェクトに特徴的な点は、欧米の白人のイメージを、テレビや雑誌、広告、CMなどで積極的に用いたことであった。そして第二期には、かつて高崎が述べたような「〝混血児〟問題のブーム」は消え、戦後の消費社会における白人優位と西欧化の人種プロジェクトが下支えとなるなかで「混血・ブーム」、「ハーフ・ブーム」が起こる。まずはこのブームを論じる前に、その流行の土台を築いた戦後の消費社会における西欧化の状況を概観し、その上で「混血」「ハーフ」ブームのありようと、そこでの「混血」「ハーフ」言説・表象を明らかにしていく。これによって、「〝混血児〟問題のブーム」から「混血ブーム」、そして「ハーフブーム」への歴史的な転換の推移をたどり、それぞれの言説・表象の特徴とその影響を論じる。

3－1　西欧化と白人イメージ

戦後の消費社会において、人種はいかなる役割を果たしただろうか。第一期の資本関係の人種編成においてとりわけ特徴的な点は、アメリカ文化の積極的受容である。一九五〇～六〇年代、テレビや博覧会、広告、映画、音楽、ファッションなどさまざまな媒体を通じて日本はアメリカ文化を積極的に輸入していったが、それが結果として肯定的な白人イメージを加速させ、白人に対する憧れや羨望のイメージを醸成していくこととなった。

例えば、ファッションにおいてはディオールによる「ニュールック」（一九四九年ごろ）、「ネッカチーフ」などのアメリカンファッション、「サブリナパンツ」などの服装が流行し、そこで白人女性がイメージ化された。また、六〇年代にはツイッギー来日によるミニスカートブーム、「パンタロン」と呼ばれたベルボトムズボン、男性においてはボールドルックのスーツ、六〇年代後半からのヒッピースタイルなど、その多くが西欧から輸入されたおもに白人をモチーフにしたスタイルである。また髪型も、一九四〇年代後半のエルビス・プレスリーの大流行とともに、ロカビリーやロックンロールのなかで流行したリーゼントスタイルや、一九五〇年代には駐留米軍をもじった「ＧＩ刈り」が流行した。また、ラジオ英会話の放送も開始され、「ＮＨＫ英会話」は通称「カムカム英語」と言われて流行した。

さらに一九五〇～六〇年代に放映された映画とテレビドラマは非常に大きな影響力を持ち、白人性を良しとするイメージを日本社会に浸透させた。[2] 映画『悲しみよこんにちは』で主演のセシル役をつとめたジーン・セバーグ、映画『ローマの休日』で主演を演じたオードリー・ヘップバーンはともに若者にとって憧れの存在であり、それぞれセシルカット、ヘップバーンカットといった髪型が流行した。また、アメリカンホームドラマ『パパ大好き』『パパは何でも知っている』『うちのママは世界一』『奥様は魔女』『アイ・ラブ・ルーシー』なども流行し、白人中産階級が当時の理想の家族像としてイメージされるようになった（柏木 1985:52-55）。

このように第一期の消費社会においては、白人に対する非常に肯定的なイメージづけという人種プロジェクトが蓄積された。さらにベビーブーム期に出生した団塊の世代の若者文化のなかで積極的にアメリカの文化と価値観が受容されたことも大きかった。[3]当時の日本社会における西欧化について我妻洋と米山俊直は以下のように語っている（我妻・米山 1967）。

アメリカ文化との接触の、規模の大きさと影響力の強さとは、明治の文明開化とか、大正の舶来尊重などの比ではなかった。それは、〝接触〟などという生やさしいものではなかった。アメリカ文化は、それこそ堤を切った水のように日本に流れ込み、日本を浸した。その水の上には、

(2) 特に池田内閣の「国民所得倍増計画」などを背景に、耐久消費財の購買率が急速に上昇するなかで各家庭内に導入されたテレビにはアメリカドラマが積極的に放送されたが、これが従来の否定的なアメリカのイメージが変更されていく大きな契機となったという（安田 2013:132-135）。

(3) ベビーブーム世代の人口比率の大きさと、地方から都市への集団就職がこの時期に増えたことなどが要因で、このような団塊世代の若者文化は日本社会において特に大きな影響力を持つこととなった。

児童憲章からチューインガムに至るまで、アメリカ文化のあらゆる要素が、雑然と浮流していた。(中略)菓子や薬品のテレビ、雑誌、新聞の広告や、デパートの服飾品売場に、カタカナがあふれかえっていることも、日本人の嗜好全般の欧米化を示し、これも、性的美意識の欧米化と無縁ではないといえるのではないか。プルトップ(菓子)、ハイドリーム(ミシン)、チャームなチョコ(菓子)、アイ・アム・タフ(薬)、ハイファッション、イージーオーダー、シャーベット・トーン、クールタッチ——数えだしたらきりがない。(中略)外国語の名前の商品を、吸ったり、たべたり、飲んだり、着たり、はいたり、使ったりしている日本人の心の中に、知らず知らずに、自分たちの生活が多分に、(カタカナ的→外国語的→)〝西欧的〟であるという気分、何かその方が素敵で高級なのだといった気分が、生まれているのではないだろうか。(我妻・米山 1967:35-40)

このように欧米化された商品を消費する行為そのものが身体化されることで、西欧や白人に対する肯定的な人種プロジェクトが繰り返され、社会と個人の内面へと埋め込まれていった。新聞やラジオといったメディアではなく、戦後のテレビの登場というより視覚効果の高いメディアによってこれらのイメージが拡散された点も、白人に対する視覚的なイメージがヘゲモニー化する上で非常に大きな影響をもたらしたことはいうまでもない。このような西欧・白人志向において、白人や外国人のイメージは常に他者化されていた。そして消費社会では、購買意欲をかきたてるような肯定的なイメージが作り出されるため、そこでは人種差別の問題は不可視化されていた。

3－2 「混血」ブームの到来

こうした戦後の欧米化のなかで、消費社会における「混血」ブームは起こった。例えば一九六一年の『週刊明星』（一九六一年一月号、四二頁）には、すでに「六一年の芸能界にも、混血タレントのブームはつづきそう」と書かれている。この「混血」ブームの状況を捉えるため、当時の「混血タレント」をまとめて特集した一九六六年の『週刊現代』（一九六六年一月号）を取り上げる。ここでは、「入江美樹ら混血美女二〇人の家系〝日陰の子〟が金の卵になるまで……」という見出しで、「混血」女性の親のルーツや身の上話をまとめた特集が組まれている。この記事の書き出しは次のようなものだった。「いま、芸能界、ファッション界は空前の混血娘ブームになっている。終戦直後にむすばれたカップルの〝愛の結晶〟が、いまや成長して混血の魅力をふりまいているわけだ。彼女たちの父母は、〝純血〟を好む日本の伝統破壊の先覚者だったのだが、入江美樹を頂点とする彼女たちの身上調書を特集してみると――」（五六頁）。この特集では、当時「混血ブーム」でもてはやされた多くの女性たちの生い立ちが取り上げられている。まずはじめに登場するのは、一九五三年にデビューし「混血モデルのはしり」と称されたヘレン・ヒギンスで、「いま〝混血ブーム〟といわれますが、たしかに私たちファッション界にも驚くほど混血モデルはふえましたね。もちろん、それは日本の経験という一つの現実がもたらしたものと思います。あのころ生まれた子供たち、とくに混血児たちもモデルになれる年齢になったといえますが……それだけに、かつて混血モデルとめずらしがられた私にとっては、そこに〝時代〟を感じるんですよ……」と語っている（五六頁）。また、「混血ブーム」の到来に驚嘆する写真家・奈良原一は以下のように述べている。「ヨーロッパに旅立つ三年前の日本ファッション界の混血児は若手でベラちゃん（入江美樹）ひとりだった。ところが今年帰国したら、第一線は混血モデルが八〇パーセントも占めている。驚いたねえ、まったく驚いた……もっとも、ヨーロッパでは独・仏・伊・ユダヤなど十カ国の血をもつ立派なモデルがいるからふしぎではないが、わずか三年ぐらいで、こうも台頭するものかと驚いたわけで……」（五六頁）。続けて記事では、「もちろん、これはファッション界だけではない。歌手、映画俳優、テレビ・タレントなどの間でも、混血児は目ざましい活躍をみせている」とし（五六頁）、当時の「混血娘のトップスター」として鰐淵晴子と入江美樹の来歴や活躍が取り上げられた。さらに記事では以下のような興味深い一文が書かれている。「この二人の混血娘にかぎっていえば、どちらも暖(ママ)かい家庭の愛情と、恵まれた財産によってスターへの道を歩いてきたといえる。だが、いまブームの渦中にある混血児たちが注目をあびるのは、いささか理由が違うのだ。つまり、その多くの混血児たちが〝戦争の落とし子〟であり、いわば日本の歴史の傷あとから誕生した履歴の持ち主といえるからである……（五七頁）」。ここでは「〝戦争の落とし子〟の成長」という小見出しが掲げられ、かつて「混血児問題」の際にメディア表象や対策の対象とされた位相Iのルーツを持つ人々が紹介される。キャサリン・ミネという芸名で歌手をしていた北山和子、ミュージカル・ダンサーとしてデビューした前田美波里、映画「キクとイサム」でキク役をつとめた高橋恵美子、ジャズ歌手の青山ミチらである。ここでは、兵士に「乱暴されて身ごも」った、米兵と日本人女性との結婚が禁止されていたため入籍に苦労した、結婚したのちに暴力を振るわれて離婚した、自分の肌の黒さがたまらず「シッカロール」を体に塗ったり、「オキシドール」で洗顔をした来歴が載せられた。特に「黒人系の混血児」として高橋恵美子と、青山ミチについては、以下のようなエピソードが語られた（五七〜五八頁）。

〔高橋恵美子〕あのころ、黒ン坊とよくいわれて、そいつの家まで追っかけてってサ、ぶんなぐってやったこともあったけど、もうこのごろでは、そんなこといわれないし幸福だわ。かりにいわれても、気にしない、気にしない……そう思うようになった（五九頁）

（青山ミチの母親、君子）私たちは愛しあって、二十四年二月七日、房子、つまりミチを生んだのですよ。二年後の二十六年、突然、ケリーは帰国。彼のいた部隊が解散になったからです。そのとき、私はよっぽどあとを追いかけようと思ったんだけどさ、向こうの〝日本人妻〟のみじめさを噂に聞いていたしね、思いなおして……それっきり彼とは別れてしまった……。そんなミチをおばあちゃん（君子さんの実母）が、なでるようにして育てましたよ。横浜市内の港小学校にはいるころから〝アイノコ〟とバカにされて泣いて帰ってくると、おばあちゃんは「泣くんじゃない。日本は戦争に負けたんじゃないか。アメリカが勝ったんだ。ミチのからだにはそのアメリカの血もはいってるんだから、もっと強くなるんだ、いばっていいんだ」と、よく慰めていました。ついこの間のように思いだされますが……（五九頁）

このように戦後の「混血ブーム」における華々しい活躍のなかでも位相Iのケース、すなわち米兵と日本の女性との間に生まれた人々の境遇について「不幸な経歴のもとに育った歌手やタレントは数えきれないほどいる」とまとめられている。一方、この時期にブームとなった中には、位相I以外のケースの「混血タレント」ももちろん登場していた。記事には「もっとも、すべての混血タレントが幸薄いわけではない。終戦後に生まれたからといってもその環境によって明暗はくっきりとわけられる（五九頁）」と記された。ここで「代表的なケース」として、貿易会社を営むインド人の父をもつ真理アンヌが紹介され、彼女は「ママがパパと結婚したのは終戦前、もちろん恋愛結婚でした。だから私が混血児といっても、ちょっとほかの方とは違うんじゃないかしら……」と語った（五九頁）。真理アンヌがこのように語る背景にも、当時の「混血児」という語句が、位相Ⅰのケースを強く想起させるものであったことがみてとれる。

当時のモデル業界においても「混血ブーム」は起きていた。

立川ユリ（二〇歳＝すみれ）、マリ（一七歳＝みゆき）の姉妹モデルは、父親がドイツ人。立花ユリ（一八歳＝SOS）は、父親が白系ロシア。また、丘ひろみ（一九歳＝すみれ）は、父親がアメリカとドイツの混血児……。そして山本リンダ（一六歳＝みゆき）の父もアメリカ人　青木エミ（一六歳＝三栄）の父もアメリカ人、山添のり子（一八歳＝ザ・エコー）も、内山グリ（一六歳＝ジャパン・ファッション）も父親がアメリカ人と共通している。そのうえ、彼女たちのほとんどが「うちのパパは、二十五年の朝鮮戦争で戦死したと聞いています」（山本リンダ）「十五歳のときから一人で暮らしてるんだけど、お父さんの顔は知らないわ」（立花ユリ）――というように、不幸なことには父親についての記憶がないのである。かりに父親があっても、それは戸籍上のことで、丘ひろみさんの場合はこうである。「私の本当の父親は戦争でやってきて、お母さんと知りあって結婚し、私が生まれると離婚して間もなく死んだそうです。その後、私がヨチヨチ歩きの二歳になったとき、母はいまのお父さんと結婚しました。だから、妹や弟は、ぜんぶ純粋の日

本人で私とは似てないの」(六〇頁)
このようにひと口に「混血ブーム」といっても多様なケースの「混血タレント」がおり、環境や来歴、肌の色、家族関係などによってさまざまなエピソードが語られた。また、位相Iのケースの「混血タレント」も多かったことがわかる。位相Iの母親については、「多かれ少なかれ、その背後に横たわっているのは、現代版蝶々夫人の悲劇である。それらの運命を背おった多くの母親たちの表情は暗い。戦後二十年たった今日でも、その出生の事情をひたかくしにするのである」(六一頁)と記されていた。

そしてこの記事の最後には、「こうして〝戦争の落とし子〟として育った彼女たちの将来性は、いかがのものであろうか」という問いかけがなされ、モデル関係者や評論家などからのコメントが寄せられている。そこには、「芸能界は非常に自由な世界であり、混血児にとって有利な職場です。混血児としてのコンプレックスも有名になることで洗い落とせます」「混血を売りものにするチャンスだと思うね」といったように、かれらをめぐる差別の問題を等閑視し、商品として扱う心無い意見が述べられた(六一頁)。

しかし、これらの意見とは正反対の見解として、レミの会を運営してきた平野威馬雄の声がこの記事を締めくくっている。彼は、「戦争混血児はわかっているだけでも一万六千余人。その六分の一が黒人系だ。そしてほとんどは、どこかの町の片隅でひっそりと、苦しみながら生活している。芸能界、モデル界に混血児が進出しても、それは何千人に一人だろう。もっと日本人はかくれた混血児に注目

図 2-1　雑誌『平凡』
1959 年 11 月号（pp.188-189）

して、暖かい声援を送ってやってほしい」（六一頁）と語った。

このように、当時の「混血ブーム」「混血タレント」に関する言説では、「混血」という、かつての「混血児問題」を連想させる語句が用いられていたこともあり、華々しい活躍を取り上げる一方で、位相Ⅰの生い立ちの過酷さや苦しみ、差別の問題なども取り上げられていたことがわかる。

また、一九五九年一一月号の雑誌『平凡』（一九五九年一一月号）では、「異色タレント座談会」としてミッキー・カーティスが司会となり、映画『キクとイサム』の高橋恵美子、鰐淵晴子、入江美樹の鼎談が掲載されたが、そのタイトルは「混血だって日本人よ…」であった（図２ー１）。ここで、位相Ⅰのケースである高橋は以下のように自身の経験談を語っている。

> 小ちゃかったとき、お菓子も一人で買いに行けなかったの。外へ出ればいじめられた。石ぶつけられたこともある。毛ひっぱられたこともあるんだ。だから、おばあちゃんがいつでも一緒にいてくれたの。（中略）よく、〝あんたどこの国の人〟ッて聞く人がいるのよね。他人のことなんだからそんなことどうでもいいのにね。（中略）あたい日本人だから、どこの国の人か知りません。（中略）ママとオスシ屋さんに行ったら「そちらの人、大丈夫ですか」っていうの（一九〇～一九二頁）。

「混血タレント」としての活躍が紹介される一方で、このように差別経験の語りもしばしば雑誌に取り上げられた。「混血だって日本人よ…」というタイトルからは、「日本人」カテゴリーの強力な人種化作用によって他者化されてしまう当事者たちの思いが垣間見える。

「混血ブーム」においては、「混血」のイメージが商品化され、大衆に消費されはじめる一方で、かれらをめぐる差別の問題も表象されてきた。特にこの時期には戦後の位相Ⅰのケースの人々が多く活躍したため、かれらの人種差別の経験や苦しい過去がしばしば取り上げられていたのである。

4 「ハーフ」言説の登場

岩渕功一や岡村兵衛らによると「ハーフ」という言説が現れ始めたのは一九七〇年代である。一九六九年の新聞記事にはまだ「混血タレント」という語句もみられていたが、[4]特に一九七〇年のアイドルグループ「ゴールデン・ハーフ」登場以降、新聞では「混血」に代わり「ハーフ」という語句[5]が頻繁に登場するようになった。この「ハーフ」表象では日本国籍の有無は不問であり、戦後か

（4）『読売新聞』（一九六九年六月二六日朝刊）（一九六九年九月一六日朝刊）（一九六九年九月五日朝刊）など。

（5）岡村は膨大な資料調査から、すでに一九三〇年代の小説には魅力的な女性を指す文脈において「ハーフ」が「混血児」のルビとして用いられていたことを発見している（岡村 2013:36）。また一九七〇年代の読売新聞（一九七〇年六月一七日朝刊）には、「色も白く、目もとのエキゾチックな点など〝ハーフ〟（混血児）とみられても無理のない」

図 2-2 『平凡』1972 年 9 月号で掲載された「ゴールデン・ハーフ」写真を一部抜粋

らこの時点ですでにヘゲモニー化し構築されてきた「日本人」と「外国人」との間に生まれたものに対して用いられていたため、このなかには日本生まれの「ハーフ」だけでなく海外生まれの「ハーフ」も含まれていた。特に「ゴールデン・ハーフ」はTBSの「クレージーの出発進行」や「日曜日だよドリフターズ」などといった人気番組に出演することで一躍人気を博した。

彼女たちをめぐるメディア言説が特徴的であったのは、「混血ブーム」でみられたような位相Ⅰの印象、すなわち敗戦や困難、差別などといったイメージが払拭されていたことである。

もてるハーフに目をつけて渡辺プロがかき集めた四人組。ヘアーモデルだったエバ・マリ、電気製品のCMモデルだった小林ユミ、フジテレビ〝ビート・ポップス〟のゴーゴーガールだった高村ルナとマリア・エリザベス。マスクはみんな可愛いし、カラダも上等。ロレツの回らないニホン語と、混血特有のお色気で、テレビ向けに申し分ない。(『週刊明星』一九七一年一二月号、二〇三頁)

片言の日本語をあやつり、ゼスチュアたっぷりのお色気を振りまく、カワイ子ちゃんの混血娘四人。いま、ナベ・プロ売り出し中の「ゴールデン・ハーフ」である。混血といえば白い目で見られたのは昔の話。いまや、ハーフなら実力はおかまいなしに(?)売れる時代。なら、まとめてハーフばかりと、そろえられた彼女たち(『週刊サンケイ』一九七一年六月号、一五〇頁)

このように「混血」が白眼視されたのは「昔の話」とされ、「ハーフ」という表現への変換がなされた。またここでは、片言の日本語や、容姿のセクシュアルな側面が過度に強調されるなどの、新たなイメージの転換もみられる。そしてこの「ハーフ」という表現と、そこに付随する新たなイメージは、苦労や差別といった「混血」の歴史性を無化するものであった。さらに、「ゴールデン・ハーフ」をめぐる新たな「ハーフ」表象が商品戦略の武器として大きな成功を収めることで、「混血」のイメージ転換に拍車がかかり、その後の「ハーフ」言説・表象の鋳型を形作ることとなった。

4-1 商品化

日本は高度経済成長期をむかえ、一九七〇年代には「3C」と呼ばれたカラーテレビ、クーラー、自動車などの家電が普及し消費文化が開花していったが、このような新しい商品のテレビコマーシャル広告などに多くのハーフタレントが出演している。[6]

という記事が載せられており、すでにこの時期から高美哿(2014)の述べる「ヘゲモニックなハーフ性」言説の源流がメディアに現れていたことがわかる。

(6) 例えば、ナガオカレコードCM(一九七六年)やナショナル掃除機「スタンバイ」CM(一九八〇年)ではキャまた化粧品広告は消費文化の象徴的存在であったが[7]、ここでも「ハーフ」のイメージが用いられた。水尾順一は「戦後、化粧品産業の発達とともに化粧品広告は活況を呈し、ファッション、生活文化などの側面から新しい提案、意識の啓蒙など宣伝業界でも牽引車的役割を果たすようになる」と述べている（水尾 1998:111）。特に資生堂の「太陽に愛されようキャンペーン」は、これまでの同社における広告宣伝史のなかで「エポックメーキング」であり、前田美波里がモデルに採用されることによって、「健康美溢れる小麦色に日焼けした肉体が、太陽の光にさん然と輝き、高度成長のレジャーブームを象徴するとともに、女性に対するそれまでの日本的な美しさの観念を大きく変化させた」という（水尾 1998:124）。また、高橋（1977）は当時の日本社会における「白人」もしくは「ハーフ」の商品化について以下のように述べている。

アメリカ人やフランス人と結婚した日本人の場合には、これらの人たちも本当の意味では日本社会に入れてもらえないが、それにしても少なくとも表面的には――その欧米人の婦人に英語やフランス語やお料理を教えてもらいたいとかいった形で――チヤホヤされる。混血についても同様で、日本のテレビでの司会者、タレント、コマーシャル・ガールなど、白人とならんで白人との混血が大いにモテている。かつての「合いの子」という呼称ではなく、いまでは「ハーフ」という名で呼ばれている彼らは、実社会で日本人に受け容れられているかどうかはともかく、眺める対象としては白人崇拝の日本人に大いにウケるのである（高橋 1977:153）。

「ハーフ」はあくまでも日本社会で「他者化」されながら、「白人崇拝」の対象として積極的に

「ハーフ」の表象は商品化された。このように消費の領域では商品化の論理によって「ハーフ」イメージは活発に再生産されたのである。こうした商品化において、つねに「ハーフ」は肯定的で購買意欲を駆り立てるための記号として用いられていたため、戦後の「混血児」を想起させるイメージは限りなく払拭されていた。戦後に社会問題化された「混血児問題」から、六〇年代の消費社会における「混血ブーム」、そして七〇年代の「ハーフブーム」という歴史的な推移に沿って、徐々にではあるが確実に、人種差別の問題は不可視化されていった。

4-2　ジェンダー化された「ハーフ」イメージ

また、このように第二期に台頭した「混血」「ハーフ」のイメージは、その多くが女性であった。例えば『週刊平凡』（一九六五年九月一六日号）で取り上げられた「混血タレント」特集では、掲載されたタレントすべてが女性だった。また、雑誌などのメディアでは外見の美しさや性的な奔放さ、国際性、英語能力、日本語のたどたどしさといった点が以下のように繰り返し表象された。

ロライン洋子が起用され、蟇目良は日産スカイラインCM（一九七二年）で人気を博した。

（7）資生堂はこの時期の広告戦略において「ハーフ」を多く起用した。一九七〇年に秋山リサが「オリーブデオドラント」の広告に採用され、和式の風呂に浸かりながら演歌調の曲に合わせて商品を扱うCMが放映される。一九七五年には草刈正雄と秋山リサが資生堂「バスボンシャンプー」の広告を務める。さらに、一九八〇年には岩本メアリーが資生堂キャンペンガールとして「ベネフィークグレイシィ（口紅）」（一九八〇年）、「ナッコビューティーパクト（化粧下地）」（一九八一年）の広告に起用された。

図 2-3 『JJ 創刊号』（1975 年 6 月）

図 2-4 『ViVi 創刊号』（1983 年 7 月）

いまや流行語になってしまった、この《○○は社会の迷惑です！》、ご存知〈ベンザエースD錠〉のCFである。流行性感冒ではないが、アッという間に社会に広がってしまった。その発生源ともいえるのがマリアン。ハーフ特有の愛くるしいマスクと舌っ足らずの日本語が魅力をいっそう際立たせて、マリアン自身の人気もこのところ急上昇、ファンレターが日に一五〜一六通といっきに増えた（『週刊 HEIBON』一九八四年一月一二日・一月一九日合併号、三八頁）。

第一期の「混血児対策」で対象化・問題化されたのは位相Ⅰの「白人系」「黒人系」の「混血児」であったが、第二期の「ハーフ・ブーム」において積極的に用いられたのは白人系の女性「ハーフ」であり、その一方でかつての「混血児」のイメージと人種差別の問題は矮小化された。消費社会において積極的に展開された白人女性の「ハーフ」イメージは非常に氾濫し、上記のようにあたかも「ハーフ特有」の性質があるかのように「ハーフ」言説が人種化・ジェンダー化されていった。

特にファッション界では、一九七〇年〜八〇年代にかけてファッションシーンの先駆けとなった女性雑誌が次々と発刊されるが[8]、これらの雑誌においてもハーフの女性イメージが非常に多く用いられている（図2-3、図2-4）。

高美皙はこのような「ハーフ」の表象や言説について、「欧米系・白人系のバックグラウンドを美しい外見、英語能力や外国生活経験などの文化資本、中流階級以上の階級イメージ（必ずしも実際に中流以上の階級とは限らないが、そのようなイメージを持つもの）がパッケージ化され、それが支配的なハーフのイメージ、つまり〈ヘゲモニックなハーフ性〉として広く流通しているようだ」と説明している（高 2014:80）。

ここに興味深い点がある。それは、このように女性化され商品化された「ハーフ」言説と、日本人論において男性化された「日本人」イメージがほぼ同時期に活発に消費されていた点である。前節で取り上げたように、当時の日本人論において、その「主要なサンプル」であったのは「男性で大企業に勤めている大学卒」であった（杉本 1996）。すなわち、「日本人論」で想定されていた「日本人」イメージはしばしば男性像として再生産され、男性化された日本人イメージが出版界や知識人のあいだ

（8）『an・an』（一九七〇年創刊）、『non-no』（一九七一年創刊）、『JJ』（一九七五年『女性自身』の別冊として創刊）、『25ans』（一九八〇年創刊）、『CanCam』（一九八一年創刊）、『ViVi』（一九八一年創刊）など。これらの雑誌で起用されるモデルは、白人女性もしくは白人系の「ハーフ」が多かった。

図 2-5　藤尾の挿絵
（『週刊明星』1961 年 1 月号、p.43）

図 2-6　伊藤の挿絵
（『週刊明星』1961 年 1 月号、p.44）

で牽引され、大衆文化と化していた。ジェンダーと人種の力関係からみた場合に、女性化された「ハーフ」イメージは、男性化された「日本人」イメージが揺らぐことのない位置で再生産されていたともいえる。そうであるからこそ、日本人論が勃興すると同時期であったにもかかわらず、これほどまでに商品化されていたともいえる。国際化が進みつつある日本で、不安定化するアイデンティティを補完し強化する装置として、日本人論の主体としての「日本人」イメージは消費された。その一方で、「ハーフ」の表象は女性化され、消費社会における商品化の論理によって「消費の対象」として客体化されつつ再生産された。あくまでも客体として位置づけられた「ハーフ」のイメージは、主体化された「日本人」のイメージを切り崩すものとしては展開されていなかった。この背景には、人種とジェンダーの力関係が作用しているといえるだろう。

4-3　隠れたもう一つの「日本人論」

つまりここでの「ハーフ」の人種化はあくまでも、ヘゲモニー化していた「日本人」と「外国人」の二分法の人種編成を揺さぶらない範囲内で構築されたといえる。さらに、「混血ブーム」や「ハーフブーム」の表象では、日本文化や日本人論的な特殊性が再生産されることも多かった。例えば『週刊明星』(一九六一年一月号)では「混血タレント座談会　おサケとタタミが好き」という特集が組まれ、ジェリー藤尾、入江美樹、ジェリー伊藤、ポール聖名子の談話が掲載された。この記事にある挿絵には着物を着た藤尾と伊藤のセリフがそれぞれ描かれている(藤尾「オレ、日本舞踊好きなんだ」、伊藤「タタミにキモノ……いいネ」図2-5、図2-6)。

先述のマリアンの記事でも、「ハーフ特有」の特徴が示された同じ書面に、以下のように記されている。

マリアン…CFで即興で〽カゼは社会の迷惑です……とうたっているが、これがなぜが演歌調なのだ。(中略)この日は横浜までショッピング。羽子板を見つけて「ワァ、キレイ、欲しいナァ」を連発。売場の座敷にチョコンと正座して「セイザは平気、でも一〇分間かナ」といいながら品定めする。日本人以上に日本人らしさを秘めたマリアン、八四年こそ大飛躍の年になりそうだ(『週刊HEIBON』一九八四年一月一二日・一月一九日合併号、三九頁)。

このように、「ハーフ」が他者として表象されると同時に、「演歌」や「羽子板」、「正座」などといった文化や慣習的行為によって「日本人らしさ」が強調されている。ここでは、「ハーフ」言説が、「日本人」のヘゲモニックな単一民族性を内破するものとしてではなく、あくまでも「日本人」/「外国人」の二分法を前提として表象された。「日本人以上に日本人らしさを秘めた」という表現は、「ハーフ」を他者化するものである。なおかつ「ハーフ」が「日本的な」あらゆる記号と結びつけられるこ

図 2-7　前掲『週刊 HEIBON』内の写真

とで「日本人性」がことさらに強調されるのである。先述のように吉野（1997）は、当時流行していた日本人論において「文化」があたかも人種的に捉えられてきたことを論じたが（「文化の人種的所有」）、「ハーフ」言説においても「日本人らしさ」という文化的特徴がこの言説構築の背景で同時に再生産されているため、「ハーフ」言説は隠されたもう一つの「日本人論」であったといえる。

4－4　表象されなかったもの

成人男性やアジア系の人々も一部では「ハーフ」として描かれていたが、[9]「ハーフ」表象の多くは白人系の女性として人種化・ジェンダー化され、肯定的な意味が付与されていた。これは、第一期において社会問題化した「混血児」の否定的な表象とは異なるものだった。すなわち、この時代を生きた当事者は「混血（児）」と「ハーフ」という様相の異なる二つの言説をその人生において投げかけられることとなったのである。新聞紙面では、当時の言説編成の変化に対する当事者の違和感と嫌悪感が以下のように語られている。

私は混血児として終戦後生まれました。「あいのこ」という言葉がいつも私の胸に突きささって、悲しい思いをしてきました。（中略）私が中学生のころ、芸能界やスポーツ界に混血の子が多く出てきました。すると、「あいのこ」はいつしか「ハーフ」と呼ばれ、いじめられていた私が、今度はうらやましがられるようになりました。でも、私はこの変化を決して喜べませんでした。人の心なんてあてにならないと、心に強く刻みました。高校生のとき、私にラブレターをよこした男の子がいました。その子は小学生のとき、私を「あいのこ」と言ってはやしたてた子です。相手は忘れていても、私は忘れていません。屈辱の記憶は心の奥深く、消えることはありません。（『朝日新聞』一九八九年九月二六日朝刊）

このようにメディアによって新たに展開された「ハーフ」言説は、次第に「あいのこ」や「混血児」といったかつての否定的なニュアンスの呼称にとって代わられるようになる。しかしながら、これは当事者の呼称をめぐるヘゲモニックな言説の変化にすぎず、当事者にとっては戸惑いや怒りとして認識される場合もあった。つまり第二期の消費社会の文脈においても、「混血」や「ハーフ」への人種差別や偏見の問題は言説の後景へと退けられ、さらに過去の差別や貧困などの種々の問題をも覆い隠すことにつながっていることがわかる。当事者の意向や継続する差別の問題にかかわらず、八〇年代にはメディアにおけるポピュラーな「ハーフ」イメージが定着していくことになった。

（9）男性では草刈正雄や団時朗、アジア系の女性ではジュディ・オングや真理恵（父親がインド人）なども「ハーフ」として表象された。

4-5　朝鮮系の不可視化

一方、位相Iに対する言説編成が主流メディアで展開されるなか、先述のように第一、二期を通じて韓国・朝鮮籍と日本籍との間の結婚は漸次増加していた（位相II）。

これまで朝鮮系の「混血」については終戦以前、人種改良論や「内鮮結婚」政策の中で活発に議論されてきたが（河合 2014:37）、第一期の位相Iにおける「混血児」の言説では、政府の「対策」の対象外とされ、なおかつメディアで活況を呈した「混血児問題」でもその射程外に置かれていた。さらに、第二期においては人種化・ジェンダー化され構成された「ハーフ」言説からも不可視化されている。このような状況の中で、位相IIのルーツをもつ人々はこれらの人種化された言説とどのように交渉してきたのだろうか。それを知る手がかりとして、「ハーフ」言説が興隆するさなかの一九七四年に書かれた、李定次の半生を綴った手記をみていく（李 1974）。

李は「朝鮮人」の父親と「日本人」の母親の間に生まれた。父親に対して反感を持ちつつも、大学生時代に在日コリアンの学生運動へ参加し、次第に「韓日闘争」すなわち出入国管理法糾弾やハンガーストライキ闘争などに身を投じていくこととなる。しかし、これら民族団体の活動のなかで頻繁に聞かれる「朝鮮の方ですか」という問いかけに対し、李は「果たして私は何者なのだろうか、私は何人なのだろうか」と思い悩むようになっていたという。その中で出会った言葉が「混血」であった。李は「混血」という語句に出会った当初、この表現は「タブー」で「とっつきにく」いもので、「「混血」を主張出来るのは、ヨーロッパとかアメリカ人と、日本人の場合にしかないのではないか」と思っていたという。敗戦以前、「混血」という語句は朝鮮系にも結び付けられており、とくに政府の同化政策のなかでは主要な関心ごととなっていた。しかし、第一期に米兵と日本の女性との間に生まれた子ども達に対して「混血児」が用いられ、政府でもこの対象のみを「混血児」と設定して調査したため、それから数十年経った第二期には人々の認識の中では朝鮮系を「混血」と呼ぶこと自体があまりなかったことを示している。李は「ハーフ、とか、混血とかは、今までヨーロッパ人とか、アメリカ人とかとの子供を指していたみたいだ。だから俺は、いつまでたっても日本人か、朝鮮人かのどちらかで呼ばれて来た。それに、朝鮮人からは、パンチョッパリと呼ばれ、日本人からは朝鮮人と呼ばれて、どちらからもつまはじきだ。それならば、いっそ自分はどちらでもない、混血と呼んでやれ」と主張している。

第一期の「混血児」言説によって、「混血」は「アメリカ人」「ヨーロッパ人」を指すものとして意味づけられ新たにヘゲモニー化されていったため、朝鮮のルーツをもつ李は「混血」と自らを名指しすることもできず、「日本人」と「朝鮮人」のどちらのカテゴリーからも「つまはじき」にされてしまうという。李は「日本人」カテゴリーから排除されるばかりではなく、「朝鮮人」カテゴリーからも排除されていたことがわかる。ここで李は、自らを「混血」と主張することによって「日本人」か「朝鮮人」のどちらか一方に偏らないアイデンティティのあり方と自らのポジショナリティを模索している。ここから第二期には、人種化された「混血」「ハーフ」の言説でもなく、主流の「日本人」「朝鮮人」という二分法の人種編成でもない、新たなアイデンティティ・ポリティクスが現れていたことがわかる。しかしながら、当時在日コリアンによる民族運動が高まりをみせていた一方で、李のように「混血」の意味づけを転換する運動は少数派であった。同様の動きは第三期に「ダブル」の運動として引き継がれていくこととなる。また、李が自らを「ハーフ」と名指すことができなかったことからは、当時の「ハーフ」言説がアジア系を除外するものとして人種化されていたことがわかる。

5 「国際化」のなかの日本人論

一九八〇年代半ば頃、日本政府は経済成長持続のため国内市場の開放性を高め、外国との交易や交流の促進を目指した。この流れの中で、諸外国との相互理解を目的として、積極的に「国際化」という言説が用いられるようになった。柏崎千佳子は、このような「国際化」の言説によって、「日本人」と「外国人」という二分法がさらに強化されたことを以下のように指摘している。

〈国際化〉の言説が、「日本人」の文化的同質性という前提を維持している点も重要である。「国際(international)」は、国と国との関係、すなわち「日本(人)」と「外国(人)」との相互関係を表している。「日本人」が、自文化とは異なる「外国の文化」を理解するよう促されるとき、「日本文化」と民族としての「日本人」は結びついたままである。在住外国人との共生をめざす「内なる国際化」という標語もまた、「日本人」あるいは「日本国民」の内部に民族的・文化的多様性を認めるものとはなりにくい。このようにして、〈国際化〉の言説は、日本社会の閉鎖性を打破して異文化に対する理解と寛容性を培う必要性を訴えながら、「日本人/外国人」の二分法を強化する働きをした(柏崎 2010:246)。

このように、政府主導の下で展開された「国際化」言説において、戦後再構築されていた「日本人」／「外国人」という二分法をイデオロギー的に強化する機能を果たしている。そして、この「国際化」言説のなかで、「日本人」の単一性がよりいっそう強められることで、その内部の多様性は限りなく無化されていく。そして、ここで語られる文法のなかには、二〇年ほど前に世間的に騒がれていた「混血児」問題の姿ははっきりと消え去り、「混血児」や成人した「混血」の存在は「国際化」言説のなかで完全に忘却させられている。また興味深いことに、第二期になってメディアを賑わせた「ハーフ」の存在もこの「国際化」の視点からはまったくと言っていいほど触れられていない。それは、消費社会における「ハーフ」言説が、先述の通り、「日本人」を切り崩す言説としてではなく、「日本人」と「外国人」という二分法を補填するかのように展開されていたためである。

国家主導の「国際化」を先導した中曽根康弘は、一九八五年の夏に開かれた「自民党軽井沢セミナー」において、「国際国家に進むのと同時に、大事なことは、日本としてのアイデンティティをもう一回見直し、確立すること。（中略）国際日本学文化研究センターをつくって、自己のアイデンティティを確立するときがきた」と発言している。

このように「国際化」を進める上で、中曽根が力点をおいたのが、「日本のアイデンティティー」の構築と、それを支えるための「文化」の公式化である。このように、中曽根が先導して設立された「国際日本文化研究センター」は、「日本のアイデンティティ」の立脚点となる「文化」を国家主導で再生産していくこととなった（文化的人種プロジェクト Cultural racial project）。ここで中曽根が目指す「日本のアイデンティティ」とは、やはり多様性や混交性を完全に抑圧した、単一民族に基づいていた。彼は自身の日本観について、「日本人にはよい素質がある。自然主義で、こせこせしないで、おおらかで、涙もろくて、純情で、愛国心に富んだ民族性がある。二千年間、一つの民族が同じ島に住みつき、一つの言語を使い、一つの国家をつくってやってきた。このようなワン・ステート、ワン・ランゲージ、ワン・ネイションというのは他に例がない」と語っている（中曽根 1978:192）。このように国家主導で推進された「国際化」であったが、これらの言説は多くの場合、「日本人」や「日本文化」がどのようなものであるかという議論をともないながら構築されていく。「国際化」言説と日本人論との関係性を論じた木村有伸（2009）は、「そこで言われている「国際化」とは結局欧米的価値観を基準にしているに過ぎず、導き出される日本的特殊性も欧米との比較、特に理念化された欧米との比較にもとづいたものにすぎない。その点で日本人論と同様の問題を有しており、まさに日本人論の言説がそこで「再生産」されている点を確認することができるのである」と指摘している（木村 2009:157-158）。木村によれば、「日本人の「国際化」に関する議論」が、一九七〇年代ごろから九〇年代初めにかけて盛んに行われたと説明しており、政治・経済の領域だけではなく、「日本人はどのように行動すべきか」といった文化面の議論も展開された。また、「議論には、日本人論と同じように、学者・研究者が参加し、他に、海外滞在経験を持つ評論家、ジャーナリスト、官僚出身者、企業人などが参加した」（木村 2009:142）。

戦後の「日本人論」を批判的に分析した青木保は、戦後の「日本人論」の展開について、否定的特殊性を主張するものから肯定的特殊性へと論調が変化していったことを論じているが、木村によると「国際化」における「日本人論」ではむしろ「日本人」がもつとされる特殊性が国際社会に進出する際に打破・改善されるべきものとして否定的に捉えられていたという。そこでの議論は、「日本人」は国内においては単一民族として同質な生活をしていたため、いざ国外にでると困難に直面してしまうという説明である。そして、これらの言説において「日本人」は強く人種化されている。その例を以下に二つ示したい。

国際化という概念を個々の「ヒト」に当てはめて考えてみた場合の国際化は、知的・心理的・情熱的にコスモポリタンな態度とメンタリティーを個々人の中に作り上げていくこと、すなわち己を知り、自国を知り、そして世界を知り、しかも必ずしもすべての点で他者に同意することなしに互いに違和感を感じない精神構造・態度を確立することにあるといえよう。地理的、歴史的、人的に孤立してきた日本人が、このような精神構造・態度を確立するのは容易な業ではない。日本は、考え方や態度、体型や容貌においてお互いにほぼ完全に日本的であると感じている人びとだけによって形成されている社会である（加藤 1989:424）。

日本がほとんど単一民族で成り立っていることである。しかも、ただ単一民族というだけではなく、単一言語を喋り、ほぼ単一風俗であり、また単一に近い宗教を持っている。そうした中にどっぷりとつかり、お互いになれあって生活している。家族や親族ばかりではなく、学校でも、職場でも、また地域でも、そして日本中がそうである。そのために、何事につけても、いわず語らずのうちにツーカーと通じ合い、みんながほとんど画一的といえるような考えや感じ方をしている。しかも、その程度はきわめて著しいうえ、当然だとみなされている。小さな部族社会ならいざ知らず、一億人もいる一国内がほとんどそれで満たされているというのはほとんど世界に例がないといえよう。ところで、国内にばかりいればこれでも別に不思議はなく、問題もないのだけれども、一歩国外に出ればたちまち矛盾に突き当たってしまう。単一民族などというのは世界中ほとんどないし、あってもこんなになれあって、ツーカーと何でも通じ合っているところは少ない。外国に出た日本人がその現実に直面し、混乱に陥ってしまうのである（稲村 1980:212-213）。

これは文部省の特定研究「文化摩擦」による科学研究助成金が一部資金となって研究・出版された『日本人の海外不適応』という著作であるが、このなかには「単一民族」のロジックを支える地理的・歴史的要件が以下のように記されている。

（諸外国との交流について）開国に踏み切った後も、国家レベルでの交流は急速に強まったものの、個人レベルでの交流は例外的にすぎなかった。とくに庶民の交流は、第二次世界大戦時の不自然な形のものを除くと、ほんのここ二十年足らずにしかすぎなかった。したがって、鎖国によって強化されたものは、その後も本質的には同じように持続したのである（稲村 1980:229）。

本当の意味で日本人が海外と庶民レベルで接するようになったのは、第二次大戦中の数年間と、それからほんのここ二十年足らずのことである。そのうち、前者は戦争という特殊状況下での交流であったから、平和な状況においてのものは、後者の、ここ二十年足らずのことにすぎない。その交流は、二つの形態において行われてきた。一つは海外駐在であり、他は海外旅行を通してである（稲村 1980:245）。

ここでおしなべて「例外的」で「不自然な」「特殊状況下」の交流とされたのは、大日本帝国の植民地期における内鮮一体政策とそれに付随する内鮮結婚による「個人レベルでの交流」である。さらに、ここには敗戦後に世間を賑わせた「混血児」の存在まったく触れられておらず、戦後の交流は「海外駐在」と「海外旅行」のみであったと述べている。このように、旧植民地出身者との個人レベルの交流は例外化され、戦後の「混血児問題」は無化された土台の上で初めて、「単一民族」としての「日本人論」はあたかも矛盾がないかのように定立することができたのである。このように、「国際化」のなかで「日本人論」を再生産することで、結果的に「日本人」の人種化を再強化する機能を果たすこととなった。

6 国籍法改正運動が焦点化しなかったもの

第二期の「ハーフ」言説と「日本人論」の興隆において「混血児」の社会的位置づけが再編成されていく中、かれらの法的地位はどのような立場に置かれていたのだろうか。日本の国籍法では一九八五年まで父系血統主義を採用しており、「国際結婚」をした「日本人」女性にはそれまで、子どもへの日本国籍継承が認められていなかった。そのため、「混血児」の国籍は親の戸籍上の性別と国籍によって左右され[10]、父親が日本国籍者の場合には日本国籍、母親が日本国籍者の場合には父親の国籍とされた。すなわち、一九八五年までの家父長的な国籍法はジェンダー化・人種化されており、

(10) Parreñas (2008) は、親の地位によって子どもの地位が左右されることを「派生的な地位」(derivative status) と説明している。

父が「日本国籍者」である場合にはその子どもは建前上は「日本人」としてその拡大家族の一員に組み込まれる一方、母が「日本国籍者」である場合には「血」のロジックが消え拡大家族に組み込まれることはなく法的に「外国人」としてみなされることになっていた。[11]

この国籍法に対して活動を展開したのは、「アジアの女たちの会」の「国籍相談センター」や当事者によって発足された「国際結婚を考える会」である。これらの運動では当時の家父長的な国籍法改正を積極的に訴え、女性差別の問題であるとともに子どもの権利問題とした（『アジアと女性解放』一九七九年一〇月号、小林 2009）。運動の成果として、一九八二年には入管法が改定され外国人夫の「配偶者」在留資格が新設され、一九八五年には国籍法が改定された。[12]これによって子どもに父と母の両方の国籍を取得させることができるようになり、家父長的な国籍法が解消されることとなった。

このように、「混血児」の法的地位をめぐる問題は国籍法の改定によって変化したが、これらの運動においても成人の「混血児」の人種差別の問題は積極的に扱われておらず、問題はあくまでも「子ども」への国籍付与に焦点化されていた。ここには「国際結婚を考える会」のメンバーの経済的な社会的地位が関連していると考えることができる。団体の主要なメンバーは「外国人」夫を持つ「日本人」女性によって構成されており、「外国人」夫のルーツは欧米が非常に多く、在日コリアンやアジア系、中東系のメンバーもいた。しかしながら、本会が発行した書籍をみると、かつて第一期の「混血児問題」において問題化された駐留軍兵士の夫をもつメンバーはほとんどいないことがわかる。[13]そのため、第二期にはすでに成人し多くの人種差別の問題を日常生活において経験していた位相Ⅰのケースは「国際結婚を考える会」の活動のなかでも問題化されていなかった。このように「国際結婚を考える会」の女性と、駐留軍人を相手にした女性との間の分断線は、階層的差異や位相Ⅰの親や子どもに対するスティグマ化が影響していると考えられる。

7 小括――「ハーフ」登場のなかで

敗戦を機に、日本社会における人種編成は大きく再編され、帝国時代の「戸籍」の機能を引き継ぐ形で戦後の「日本人」と「外国人」という二分法は法的・イデオロギー的に定立されることとなった。一方、第二期における人種編成は、第一期において新たに作り直された「日本人」／「外国人」の二分法を再強化する人種プロジェクトが非常に活況を呈することとなった。特に、第二期において重要な人種プロジェクトは、①知識人らによる日本人論の展開、②消費社会における「混血ブーム」「ハーフブーム」の興隆、③政府やメディアにおける「国際化」言説の活況、④社会運動における成

(11) 吉野（1997）は指摘していないが、「日本人の血」のロジックは男性中心に継承されるものとしてジェンダー化されており、これには戸籍や国籍の家父長的編成が表れているといえる。
(12) 小林（2008）を参照。国籍法改正では国籍取得の遡及期間が一九六五年までと定められたため子どもたちの間で二〇歳以上のものは国籍継承が不可能であった。
(13) 「国際結婚を考える会」のメンバーの体験記をまとめた書籍、『素顔の国際結婚』（1986）と『楽しくやろう国際結婚』（1990）に収録されたのは全部で六二ケースである。このうち、夫のルーツは欧米が多数で、在日コリアンと結婚したケースや外国籍の日系人、マレーシアやスリランカといった東南アジア、イランなどの中東各国があったが、元米兵としてベトナム戦争への参加経験があると思われるケースは一件のみである。それゆえ位相Ⅰのケースの成人世代の抱えた深刻な人種差別の経験はこの運動でも焦点化されていなかった。

人「混血児」「ハーフ」の不可視化などである。

特に、かつての「混血児問題」から、商品化の力学によって牽引された「混血ブーム」、そして「ハーフブーム」への転換では、かれらをめぐる人種差別の無問題化が、言説と表象の漸次的な変化のなかで、徐々にではあるが確実に進行していく状況を明らかにした。ここで位相Iのケースに着目した場合には、同じ対象であっても時代背景やさまざまな力学によって、「混血児」「混血」「ハーフ」という個別のカテゴリーが充てられ、ある種の連続性をもちながらもそれぞれ微妙に異なる意味づけがなされていった。

一九七〇年代以降に活発化した「ハーフ」言説は、メディアで盛んに「ハーフ」表象が取り上げられることにより、その特徴がジェンダー化・人種化されることとなった。ここで構築された「ハーフ」は、第二期でヘゲモニー化していた「日本人」／「外国人」の二分法を揺るがすものではなく、あくまでもその二分法を前提として定立していた。そこでの「ハーフ」像は、しばしば「日本人性」が強調され、また同時に他者化された存在として描かれ続けた。

この「ハーフ」言説とほぼ同時期に、消費社会や知識人・研究者らによって議論されていたのが日本人論である。メディアにおいて「ハーフ」が活発に取り沙汰されていたのと同じくして、この日本人論では「日本人の血」のつながりが強調された。「人種の文化的所有」といわれるように、「日本人」にしか理解することのできない文化的な特徴が取り上げられるとともに、「日本人」の同質性が強調され、戦後の「日本人」／「外国人」の二分法のイデオロギーを強化していくことにつながった。

そして、政府主導の下に知識人や研究者らによっても展開された「国際化」言説では、このような日本人論が繰り返し再生産・強化されるなかで、旧植民地出身者との「交流」は「不自然なもの」とされ、「混血児問題」はまったくといってよいほど触れられていない。すなわち、日本人論のなかで繰り返される「単一民族」としての「日本人」は、旧植民地出身者とのつながりを例外化し、「混血児」の存在を無化することによって、定立されたのである。

このように「日本人」と「外国人」の二分法という人種プロジェクトは、第二期においてさまざまな機会や場面において、非常に多様なアクターによって繰り返し再生産されることによって、わずか二〇年のうちに「混血児」の存在を無化してもなんら不自然ではない状況を作り出していた。かつての「混血児」の存在は、「ハーフ」という呼び名で表象されるようになったが、この「ハーフ」言説も「日本人」／「外国人」二分法の人種編成を打ち崩すものではなく、あくまでこの二分法を再生産するものとして展開されていた。

柏崎や木村は、「国際化」言説に含まれる日本人論と「日本人」／「外国人」の二分法のロジックが、後の国家による「多文化共生」政策や「多文化共生」を推進する社会運動にも引き継がれていることを指摘している。そこで、第三期において、この人種編成がさらに強化・再生産されると同時に、「ハーフ」や「混血児」の存在が無化されるさまをたどり、どうして人種差別の問題が取り扱われぬまま不可視化されていったのか次章で明らかにする。

第3章　「多文化共生」と「ダブル」の時代　一九九〇～二〇〇〇年

1　グローバル化のなかで何が起こったのか

本章では続く第三期を、九〇年代～二〇〇〇年代前半と設定した。この期間は、バブル崩壊によって経済が低成長期へさしかかるとともに、グローバル化がさらに加速した。また、労働移民が増加し[1]、国際結婚も増えていく。同時に、日本に在住する「外国人」の諸権利も見直されるようになり、一九九一

(1)　町村敬志によれば「バブル期末期の一九九一年に年間増加数約一四万人を記録した日本の外国人登録者人口は、バブル崩壊とそれに続く雇用情勢悪化により一九九五年にはいったん伸びが止まるかに見えた。しかしその後、有効求人倍率が一段と下がり、また失業率が上昇していったにもかかわらず、外国人登録者人口は、再び増加基調に転じ」、「外国人人口の増加は質的に新しい段階に入りつつあ」った（町村 2002:104）。またそのことによって、「日本が国際労働力移動の波に確実に組み込まれてきた」という（町村 2002:105）。

年には旧植民地出身者とその子孫に対して特別永住資格が認められ、一九九三年には永住者の指紋押捺義務が廃止された（二〇〇〇年にはすべての外国人について指紋押捺が廃止された）。

本章では、政府によって展開された入管法改定と多文化共生関連施策における二重の人種プロジェクトの構成と、「混血児」や「ハーフ」を問題として扱った市民運動において何が焦点化され、そこから何が溢れていたのかを整理することで第三期における「混血」「ハーフ」をめぐる人種編成を明らかにする。

2　開国・鎖国論争から入管法改定へ

第三期の国家による人種プロジェクトを分析する上でとりわけ重要なのは、一九九〇年に施行された出入国管理及び難民認定法改定（以降、九〇年入管法改定）による国家の成員選別である。ここではまず、九〇年入管法を詳しく見る前に一九八〇年代ごろから活発化した日本社会における移住をめぐる議論の展開を概観し、九〇年の入管法改定とそのなかにおける「混血」「ハーフ」の扱いに着目する。

2－1　開国・鎖国論争

山脇啓造（2003）によれば日本の外国人政策の「転機」としているのは、一九八〇年前後の時期である。一九七九年に国際人権規約の批准がなされ、難民条約への加入および入管法の改定（一九八一年）が行われた。インドシナ難民の受け入れは一九七八年に始まり、中国帰国者の受け入れも一九八〇年代に本格化した。「在日韓国・朝鮮人」に関しても、この入管法の改定によって永住資格が認められ、国民年金や児童手当などの社会保障制度の国籍要件も撤廃された（山脇 2003:61）。一方、一九八〇年代になると、海外における日本企業のプレゼンスの向上や円高などの経済的な要因を背景として、アジア諸国からの出稼ぎ労働者が急速に増加することとなった。また増加する東南アジア出身の女性出稼ぎ労働者を「ジャパゆきさん」と呼ぶ書籍の反響で（山谷 1985）、いわゆる「じゃぱゆきさん」問題が社会問題化した（清水 2008:35）。さらに、一九八〇年代後半には、中国、韓国、フィリピン、バングラデシュ、パキスタン、イランなどの国々からの「外国人労働者」が増加し（梶田・宮島 2002:2-3）、次第に建築現場や工場などで就労する男性が増え、工場や飲食業などに就労する女性も増えていった（山脇 2003:61）。そして、「好景気で深刻な人手不足が生じた一九八〇年代末になると、「外国人労働問題」が社会の関心を集め、外国人受入れをめぐる「開国派」と「鎖国派」の論争が起こった」という（山脇 2003:61）。

一方、「国際結婚」も一貫して増加している。戦後は妻が日本籍、夫が外国籍である人数が多かったが、一九七五年ごろを前後して妻が外国籍、夫が日本籍という組み合わせが増加した。そして、一九八五年頃から九〇年にかけてその数は急増し、九〇年には二万件を超えている。バブル崩壊以降も国際結婚数は停滞するものの激減はせず、九八年ごろから再び上昇に転じている（嘉本 2008:3-6）。さらに、政府が一九八三年に留学生一〇万人計画を打ち出して以降、中国などの近隣アジア諸国からの留学生数は飛躍的に増加した。山脇はかれらについて、「卒業後、日本社会で就職するものも多く、さらに起業家として独立する者も増えており、近年では永住資格を取るなど定住化が進んでいる」と説明している（山脇 2003:62）。

このように移住者が増加するなかで、外国籍者をめぐる議論や研究も増加した。森廣正は、一九八〇年代末の論争について以下のように説明している。

一九八〇年代末には、マスコミをはじめ、様々な情報を通じて外国人労働者問題が社会的にクローズアップされた。新聞社は、アジア各国へ特派員を派遣し、各国の実態や日本への入国と就労を斡旋するブローカーの実態、国内で就労するアジア系外国人労働者の現状などの特集や連載記事を掲載した。（中略）日本が外国人労働者問題にはじめて接したかのように意識する社会状況のもとで、外国人労働者の受入れ是非をはじめとして、多くの論点が取り上げられた。そのひとつが、「ヒト」の開国か「ヒト」の鎖国かを巡る論争であり、開国派の石川好（1985.11.）、（1987.7.）と鎖国派の西尾幹二（1988.7.）、（1989.9.）に代表される（森 2002:4）。

例えば、毎日新聞東京本社より刊行された『じぱんぐ――日本を目指す外国人労働者』には、本の目的として「外国人労働者の受け入れをどうするかは、閉鎖性の強かった日本社会にとって極めて大きなテーマである。本シリーズはその指針を得るための基本的な材料を読者に提供することを目的としたものであり、本書が外国人労働者問題を考えていく上での一助になれば幸いである」と書かれており、議論の対象となっているのが「外国人労働者」の受け入れであることが明確に述べられている。また、外国人労働者について、いわゆる「鎖国派」の論者である西尾は著書のなかで、以下のように述べている。

「国際化」がいよいよ実行の段階に入れば、「鎖国」政策をも戦略として堅持する自由を保持しなくては、日本が日本として成り立って行かない局面を迎えよう。労働者受け入れ問題は、ほんのその一例である。資源もなく、国際情報網の中心にも位置しない、先進国中の「少数民族」であるわが日本に、民族的統一と教育水準の高さ以外に一体どんな武器があるというのか。われわれはいつかは下降する運命をも予想される日本の将来を、戦略的に先読みして歩まなくてはならない（西尾 1988:144）。

このように、一九八〇年代末の議論に特徴的なのは、その対象が主に「外国人労働者」を想定した「開国」「鎖国」についてであったという点である。この「鎖国」「開国」の中心的な論者として、「鎖国派」は西尾、「開国派」は石川という二者が対立軸として取り上げられる場合が多いが、実際には石川は「外国人労働者」を念頭に置いた「開国派」とも異なる立場を表明している。石川は「開国派」の経済人と研究者に対して、次のような指摘をしている。

人の開国を主張するとき、それぞれがそれぞれの立場で、つまり、経済人は、外国人労働者の、知識人は、外国人研究者や技術者の開放を唱えていることになる。これが現在進行中の「人の自由化」論の中心点であろう。おそろしく短絡した考え方の持ち主ばかりだ、と言わなければならない。どうして、外国の人間ではなくて、外国の労働者、外国の研究者、外国の芸術家というふうになるのだろうか。この言葉遣いはまるで、日本の社会や生産工程に不足している人間部品を外国からあたかも輸入して来るような印象を与えるではないか。いいかい、言っておくぞ。人が入って来るというのは、外国人労働者やハーバード大学のＭＢＡ（経営管理修士）をもった研究者が入って来ることじゃあない。バングラデシュの八人家族の長男が、あるいはその父親が、その残る家族にメシを食わせるために働きに来るんだ。いいかい。労働者といえば、八時になればおとなしく出勤すると日本人は思っているだろうけど（それはそうだよな。日本人は働きロボットになったんだから）、人間が入って来るんだぜ。（中略）ところが、われわれ日本人ときたら、彼らを人間ではなく、労働者としてしか見れないんだ。だから、新宿だのどこだので、そうした外国人がトラブルを起こすと、やっぱり外国人労働者を受け入れるのは間違いだった、と反応するのだ（石川 1988：18-19、傍点は石川）。

ここで、石川は、開国・鎖国論者の議論の対象がそもそも「外国人労働者」であることを指摘し、移住者はあくまでも「労働者」である以前に、「人間」であるという主張を展開している。この時期の多くの論者が「外国人労働者」を対象としていたなかで、石川の立場は、住民として暮らす「人としての外国人」という存在を照らし出している。

このように、外国人労働者の開国鎖国論者や、石川のように開国を訴えた論者が一九八〇年代後半に活発な議論を展開した。しかしながら、いずれの議論においても前提とされているのが、「日本人」と「外国人」の二分法である。これらの議論に登場する「日本人」は、その内部の多様性が不可視化され、その境界がゆるがされることはない。あくまでも受け入れ側としての「われわれ日本人」が想定されているのである。「日本人」は受け入れる主体として、「外国人」は受け入れられる側として固定的に論じられる。ゆらぐことのない非対称的な関係性が、議論の深部に内包されているのである。

戦後、「日本人」の内部にあったはずの多様性がそれまでの歴史過程において不可視化されてきたため、森が述べたように、当時の「外国人問題」はあたかも「はじめて」直面するものであるかのように語られている。これは、第一期、第二期を通して、「混血児問題」やかれらをめぐる人種差別の問題が無化され、その一方で「日本人」と「外国人」の二分法が社会に定着したことの証左とも言える。

2-2 九〇年入管法改定

一九九一年にはバブルが崩壊し、日本経済は不況期へと移行した。一九九七年には一時的な景気上昇傾向がみられたが、その後は再び低迷し、「失われた一〇年」と呼ばれた長期的な不況が続いた。その一方、日本の外国籍労働者数は一貫して増加傾向にあった。その要因は、一九九〇年六月に改定された九〇年入管法が大きく影響している。

梶田孝道はこの入管法改定について、「その基本的な骨子は、よく知られているように知識・技術者の受け入れと「単純労働者」の締め出しである」と説明している。就労資格をもたない外国人を雇った雇用者に対する罰則規定などが新設される一方で、「定住者」という新たなカテゴリーが創出された。[2] 政府やメディア、研究においては「日系人」が増加したと一般的に語られることが多いが、

(2) 梶田は改定入管法について「日本政府は、外国人労働者の受け入れという問題への正面からの対応を回避したまま意思決定を先延ばし」し、「「単純労働者」の受け入れを法的にはあくまでも認めないまま、別の回路にその打開策を求めていく」ものだったと指摘している（梶田 2002:20）。

その内実は日本国籍をもって海外で暮らす日系人、「日本人の配偶者等」の資格によって入国した「日本人の子」や外国籍の配偶者、「定住者」の資格によって入国した「日本人の子の子」やその外国籍の配偶者（「定住者」の資格）などである。[3] 吉野はこの入管法改定を国家の人種ナショナリズムが推進される例であると指摘している。

外国人労働者に関しては、中東や東南アジア諸国からの外国人を排除する一方で、系譜的に「日本人の血」を持つとされる日系ブラジル人や日系ペルー人を受け入れる政策判断が出された。日系南米人の急増に伴い、日本のメディアは彼らをめぐる受け皿の問題や適応問題こそ取り上げたが、その背景にある受け入れの基準としての「人種」は問題視されていない。これなどは、「国際化」の中で「人種ナショナリズム」が促進される例である（吉野 1997:161）。

このように改定入管法は、「系譜的に「日本人の血」を持つ」人々を優遇する一方で、それ以外の外国人労働移住を厳格化するという国家による人種プロジェクトとしての機能をもっていた。[4] ここで吉野が「系譜的に「日本人の血」を持つ」とする根拠は「定住者」に関する法務省告示の内容から読み取ることができる。告示には、「三　日本人の子として出生した者の実子（前二号に該当する者を除く。）に係るもの」「四　日本人の子として出生した者でかつて日本国民として本邦に本籍を有したことがあるものの実子の実子（前三号に該当する者を除く。）に係るもの」と記されている。このような規定から父母または祖父母の代に「日本人」であった（すなわち「日本」の戸籍を有していた）ことが証明できるものに「定住者」という在留資格が付与されることとなった。また、さらに重要な点は、

「日本人の子の子」であるものの配偶者にも同様の「定住者」の在留資格が付与されたことである。

第一期の旧植民地出身者に対する法的なカテゴリー再編成のプロジェクトでは、内地戸籍に入った元外地籍の妻は「日本国民」へ、外地戸籍にはいった元内地籍の妻は「外国人」へ、さらに子どもは親の戸籍上の性別に基づいて「日本人」／「外国人」の境界線が策定された。一方、この「定住者」策定の人種プロジェクトでも、「日本人の血」の正統性によってそのロジックが支えられていたが、ここでも実際上の血統によって明確な区分けがされたのではなく、「日本人の子の子」の配偶者であれば男女問わず、「定住者」の資格を得ることができた。このように、婚姻によって「日本人の子」または「日本人の子の子」の配偶者となっていた外国籍の人々は、この改定入管法によって他の外国人よりも入国の資格が優遇されることとなった。(5)

(3) この時期を前後して増加したのは「南米日系人」だけではない。東アジアの冷戦体制がデタントを迎えていくなかで一九七二年に日中国交正常化が発表されるが、その流れで中国残留日本人の帰国が次第に起こり、一九八一年に残留孤児の親族訪問によって帰国が本格化していった。この「中国帰国者」の二世・三世のなかには親のどちらか、もしくは祖父母のどちらかが日本人であるものも含まれており、結果として中国のルーツをもつ「ハーフ」や「クォーター」も増加することとなった。

(4) 「出入国管理及び難民認定法第七条第一項第二号の規定に基づき同法別表第二の定住者の項の下欄に掲げる地位を定める件」(平成二年五月二四日法務省告示第一三二号)。

(5) 梶田・丹野・樋口 (2005) は「政府が日系人を「外国人労働者」として導入したという事実を証拠立てる明白な資料は存在しない」としつつ、「意図せざる結果」として「日系人」が増加したと説明している(梶田・丹野・樋口 2005:112-113)。とくにかれらは政府関係者へのインタビューから、政府は積極的な意味づけから労働力不足を解消す福田友子（2002）はこうした「日系人」カテゴリーの選別プロセスを「国家による成員選別」とし、「国家の経済成長」と「望ましい成員選別」という二つの側面から言説構築がなされる過程を詳細に分析している。福田は官公庁（おもに外務省や労働省など）や自民党議員などの言説分析から、国家レベルの議論の全貌を、「①国家の経済成長を支える非熟練労働者導入の対象として、アジア系移民への抵抗感が強いことから、②日系人が望ましい成員として政治的に選別された。しかしながら、③立法上は血統主義ではない別の根拠が必要なため、他の移民集団との整合性をも考慮し、過去における国家の成員という点を利用して、新たな「日系人」カテゴリーが作り出された。④さらに成員選別の根拠として国際貢献も主張されるが、⑤現実的には国家は移民のエスニシティを意図的に無視することによって、国家の利益にのっとった形で移民エスニック集団規定を行う」ものと説明している（福田 2002:53）。国家は血統主義や人種差別という批判を避けるため条文上では「日系人」という文言を一切使わず[6]、さらに「移民のエスニシティを意図的に無視」することで国家の利益に則す集団規定のプロジェクトを展開したのである。さらに福田は、「国家によって規定された概念はその日常的な運用を通じて固定化され、研究者だけではなく当事者もまたその概念をしばしば無自覚に受容してしまう」と指摘している（福田 2002:53）。

また関口知子（2003）よれば、「一般の論調において、「日系人」といえば、「日本人と同じ顔をしていて区別がつかない」という通説がいまだに優勢である」という。しかし入国した「日系人」カテゴリーには、日系人同士の婚姻の子孫だけではなく、日系人と現地の人々との間に生まれた子どもや孫が含まれており、関口も「日系ブラジル人構成体の中でも、「若い混血世代」はすでに過半数を超える大きな割合を占めるに至っている」と説明している（関口 2003:31）[7]。第三期における一九九〇年の改定入管法は、それまで増加していたアジア系の労働移民を排除する一方で、「日系人」を優先的に選別する人種プロジェクトとしてのみならず、「純血」の日系人と「混血」の日系人とをともに「日本人の子」につながりがある「定住者」として三世代にわたって入国を推進する国家的な人種プロジェクトでもあった（図3―1）。

るために「定住者」カテゴリーを新設したわけではなく、入管法の改定の結果「定住者」が増加したと説明している。かれらはあくまでも「蓋然性の予測」であるとしながら、「定住者」カテゴリーの新設が、在日韓国人三世をはじめとする在日外国人の法的地位の改定とバランスを取る形で進められたとしている（梶田・丹野・樋口 2005:118）。しかし、福田は関係各省庁や政党関係者などの当時の言説を収集し、それらの分析から、梶田らの行ったインタビューにおける政府関係者の回答について、「額面どおり受け取るわけにはいかない公式的な回答と考えるべきであろう」と真っ向から批判している（福田 2002:47）。

（6） 石田によるとこの法文には「日系人」という語は用いられていないものの、「現に法改正の結果「日系人」が法的地位を指す語として機能している」と説明している。石田は「日系人」と「定住者」が等式で結ばれている状況を以下のように説明している。「法改正後の「日系人」研究において議論の対象となる「日系人」は、「定住者」（もしくは「日本人の配偶者等」）という在留資格を持つ存在として現れる。法を操作する側とそれを解釈する側との間で日系人像が共有されていたために、法的カテゴリーとしての「日系人」は「定住者」の中の日本人の子・孫を「日系人」と読み替える人々の認識の中から立ち現れたことになる。日系人の日本出稼ぎを論じる先行研究は、日系人が法的に優遇されていることを説明するために「定住者」と「日系人」を重ねた叙述を避けられず、その積み重ねは「日系人」の境界を「定住者」のそれと一致させることになった」（石田 2009:3）。

（7） 関口によると、「日系ブラジル人の外婚率」は二世が六・〇三％、三世が四二・〇〇％、四世では六一・六二％と世代ごとに高まっており、「「混血」の子どもたちの方が主流になってきている」という（関口 2003:97）。

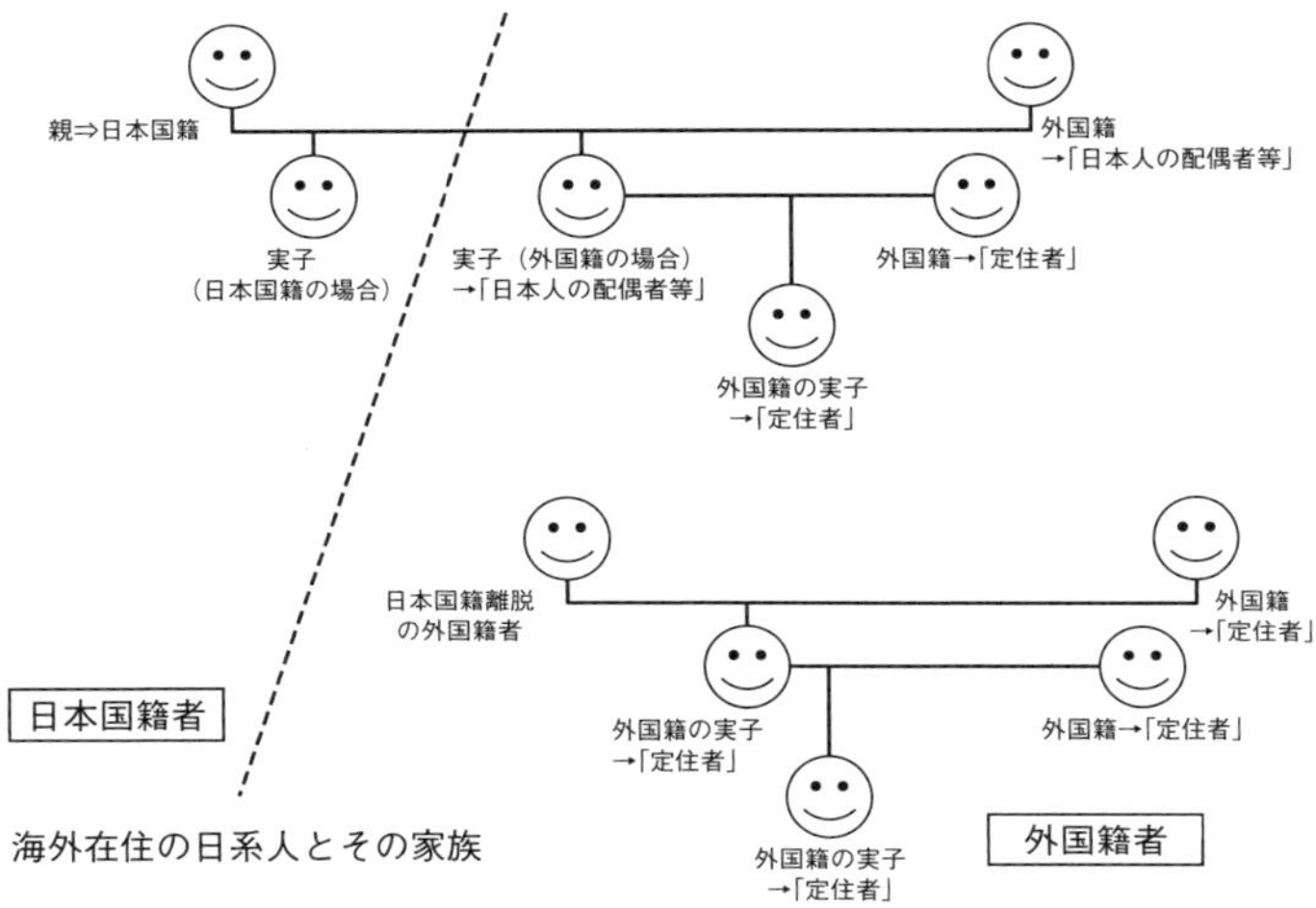

図 3-1　改正入管法における法的な「日本人の配偶者等」および「定住者」カテゴリー

この時期に入国した人々は、日本国籍を保持していた人々や、外国籍であり「日本人の配偶者等」もしくは「定住者」資格で入国した人々、さらに親のどちらかが日本国籍（「日本人の配偶者等」の資格）もしくは祖父母のどちらかが日本国籍（「定住者」の資格）で入国した人々である。ここには関口の指摘するように「混血」が多く含まれている。

このような国家と消費社会による人種プロジェクトの結果として、南米のルーツをもつ「混血」の若者が日本に急増することとなった。日系ブラジル人の「ハーフ」モデルについて分析を行った渡会環は、「混血」である女性たちがブラジル社会の日系コミュニティで「メスティサ」とされる一方で、日本社会への移住を契機に「ハーフ」として人種化された（あるいは自らをアイデンティファイした）と指摘している（渡会 2012）。さらに改定入管法が「三世」までを「定住者」の範囲に含めていることを鑑みれば、いわゆる「ハーフ」

だけではなく、祖父母の代のルーツによって「四分の一」という意味合いで「クォーター」と名指される人々の数も増加した。このように、改定移民法は結果的に日本社会における「ハーフ」「クォーター」と呼ばれる人々の多様性をさらに拡張することとなった。(8)

3 その後の「ハーフ」言説

一九七〇年ごろに消費社会で展開された「ハーフ」言説は一九八〇年代にかけて定着していった。一九九〇年代においても、「ハーフ」のモデルや、芸能人、俳優、スポーツ選手の活躍は続き、かれらのイメージはテレビや雑誌などを通して拡散され続けていた。雑誌においては、いわゆる「女性誌」のなかで、ハーフのモデルたちが活躍していた。特に『Vivi』には多くの「ハーフ」モデルが登場し、第二期において登場した「ハーフ」のヘゲモニックなイメージ、すなわち白人系の女性の見た目の美しさというイメージを再生産する役割を果たした。九〇年代には、外国のルーツがある多くのモデルが雑誌に登場する。しかし、ファッション雑誌であるこれらの雑誌では、「ハーフ」モデルが登場していても、その誌面には当事者のルーツや経験が取り上げられるケースは少なく、彼女たちが着用している衣類やアクセサリーのブランド名や値段のみが記されているだけであることが多い。そこには、七〇年、八〇年代にみられた「ハーフ」の特徴を商品化するような露骨な言説は減少してい

---

(8) 二〇〇〇年代になると「定住者」の在留資格による日系フィリピン人の来日も増加。そのなかには「混血」が多く含まれているという(飯島・大野 2010)。

るようにみえる。このことはすなわち、「ハーフ」の特徴やイメージを戦略的に言葉にして説明する必要がもはやないほどに、ヘゲモニックな「ハーフ」言説が浸透していることの証左といえる。購買意欲をかき立てるためにあえて「ハーフ」性を強調する必要もなく、読者はヘゲモニックな「ハーフ」表象のイメージを消費していく。

この一方で、白人の女性の美しさというヘゲモニックな「ハーフ性」とは異なる表象も、一部のサブカルチャーのなかで形成されていた。第三期における「ハーフ」言説は第二期を引き継ぐ形で再生産され続けていたが、九〇年代には黒人文化が流行し、「ガングロ」といった黒い肌のイメージやヒップホップカルチャー、黒人ファッションもしだいに消費されるようになった。特に黒人文化を中心に扱った音楽・ファッション雑誌『Luire』[9]は、一九九九年から二〇〇九年まで発行され、日本国内における黒人文化の流行の火付け役となっていた。表紙、紙面でのファッション、音楽、クラブ情報、コラムなど書面に掲載されているコンテンツのほぼすべてがブラック・カルチャーで構成されており、それまでの女性誌にみられるような白人性とはかけ離れた存在感をもつ雑誌として展開された。

そして、ここで起用されたのが「ブラックハーフモデル」たちであった。『Luire』二〇〇九年五月号には、「ブラックハーフモデルが大集合　スポーツミックスで着るネオヒップホップスタイル」という特集も組まれている。ここでは第二期で登場した白人女性のイメージを中心とした「ハーフ」性とは異なる表象がみられる。一方、ファッション雑誌としての意味合いが強い『Luire』も、「ハーフ」当事者の経験を伝える記事はなく、あくまでも本人たちが着こなす服や装飾品に関する情報が掲載されているのみである。購買意欲を駆り立てるという消費社会の側面からみれば、他の女性誌と同様に消費の対象として掲載された。また、ここで注意しなければならないのは、ここで「ハーフ」の前に、

「ブラック」が冠してあることである。すなわち、「ハーフ」イコール白人というイメージが固定化されていたため、黒人系のルーツをもつモデルは、単なる「ハーフ」としてではなく、あくまでも形容詞付きの「ブラックハーフ」として言説化されていたのである。

4　「混血児」の使用禁止運動と「ダブル」言説の登場

この期間には、戦前から戦後にかけての文脈で主に位相Iに対して用いられてきた「混血児」という表現が、新たに、位相Ⅲである日本とフィリピン系のルーツをもつ子どもたちに対してメディアなどで盛んに用いられるようになった。

これに対し日比国際結婚を支援する権利団体から「混血児」という語句自体が差別用語であるとの批判がなされ、その使用を避け、代わりに「国際児」を用いていこうとする動きが社会運動化する。この背景には、日本ではすでに六〇年代末の学生運動から、女性運動や在日コリアンの民族運動、反戦運動などの「新しい社会運動」が展開されており、「アジアの女たちの会」によっていち早くアジアからの移民女性への支援の必要性が叫ばれていたことがあった。特にNGO「コムスタカ――外国人と共に生きる会」[10]は、「混血児」にまとわりついていた否定的なイメージや、「混血」が「純血」に

（9）リットーミュージックより一九九九年に発刊されたブラック・カルチャー（ファッション、音楽、メイク、アクセサリーなど）の雑誌。二〇〇九年に休刊。
（10）一九八五年に「滞日アジア女性問題を考える会」として設立され、一九九三年に「コムスタカ」へと改称する。

対置される表現であることを理由に、この言葉自体が「差別表現」であるとし、テレビ局や新聞社に使用の禁止を訴える活動を展開した。一九九〇年代後半から開始された一連の申し立ては、他のNGO団体も巻き込みながら進展していき、これらの団体の訴えによって各種メディアは「混血児」を「差別表現」と認定してその使用を避ける方針を決定している[11]。

メディアにおける「ハーフ」のイメージは拡散され続けていたが、一九九〇年代になるとしだいに、当事者の親世代によって「半分」であり「不純」であるという、「差別用語」としての負の側面のイメージが強調された。そこで、二つの文化・言語をあわせもつ、という肯定的な意味を付与された「ダブル」という呼称が生まれ、権利主張の文脈で積極的に用いられるようになった。岩渕は呼称の変更を唱える一連の社会運動について、「それらが目指すのは〈混血〉や〈ハーフ〉に代わる「正しい」名称の模索ではない。カテゴリー化による差別に抗い、市民としての自らの存在を主体的に社会に示す平等な扱いを求める運動であり、そのような問題への取り組みを阻む〈混血〉と〈ハーフ〉という人種混淆言説への異議申し立てがなされてきたのである」と説明している（岩渕 2014:18）。先述の「国際児」という呼称は特にフィリピン系と国際結婚をした事例に用いられたが、第三期において社会運動を経て全国的に広まった呼称が「ダブル」であった。

当時の朝日新聞には、「ダブル」という名称を「ハーフ」の代わりに用いていくべきとする次のような投稿が以下のように寄せられている。

「ハーフでなくダブルの誇り」（東京都　主婦　二九歳）

「あら、ハーフちゃん?」。米国人の夫に似た娘を連れているとよくこう聞かれるが、最近この

「ハーフ」という言葉について考えさせられている。想像するに「ハーフ」はハーフジャパニーズ、ハーフ○○という英語の表現が省略され、定着したのだろう。しかし、この言葉、英語圏の人々にとっては、「完全でない」とか「半分の」というマイナスのイメージが強い。さらには「日本人の血が半分だけの不完全な人間」といった意識に基づくとの誤解を生みかねない。外国語が外来語として日本語になると、本来の意味が失われることはしばしばだし、考え過ぎといわれればそれまでだが、このいわゆる差別用語が無意識にしかも無邪気に使われていることに恐ろしさを感じる。本欄でも混血児への差別に関する投書が続いたが、半分の「ハーフ」でなく二つの文化を「ダブル」に受け継いだ結晶なのだという誇りを持ちたい。そして、このような無意識な差別用語をなくすことが、増えゆく「ダブルちゃん」たちの住みやすい真の国際社会としての成長の第一歩になるのでは、とわが娘の寝顔を眺めながら感じている（『朝日新聞』一九九四年六月一五日朝刊）。

ここで「ハーフ」言説は、「無意識な差別用語」とされており、その代わりに「ダブル」を用いていくことが「真の国際社会」にとって必要であると主張される。「ダブル」言説が全国に広がった背

九州を拠点に活動を展開している。

（11）中島真一郎、二〇〇二、「マスコミ等に「混血児」を差別表現として認めさせ、替わりに国際児などを使用すること求める行動の経過報告」、コムスタカホームページ（二〇一六年二月三日取得。http://www.geocities.jp/kumustaka85/jp.kokusaiji.html）。

景には、一九九五年に制作された「DOUBLES」というドキュメンタリーがNHKで放映されたことが一つの要因として考えられている。この映像を作成したアフリカ系アメリカ人映画監督のレジー・ライフは一九九〇年に文化庁の「芸術家交換プログラム」でクリエイティブアーティスト研究生として来日した際に、日本に暮らすアフリカ系米国人をテーマにしたドキュメンタリー「奮闘と成功――アフリカンアメリカンの日本体験」[12]を九二年に製作するが、その取材のために日本国内を周っていたとき「ダブル」という言葉と出会ったという。ライフは「文化が混じりあうことをポジティブにとらえた響きがある。とてもいい言葉だと思った」と語っている（『朝日新聞』一九九六年一月一一日夕刊）。本作品は、全編にわたってインタビューシーンで構成されている。本作品について論じた野入直美（2013）は、本作品の一つの大きなテーマとして「第二次世界大戦直後に生まれた「ダブル」と現代に生きる若い世代との、体験と意識の相違である」と述べ、「大枠では、「終戦直後の貧困と差別の時代は過去のものになり、現代のダブルズはダブルであることを謳歌している」という構図が展開される」と論じている（野入 2013:59）。さらに、作品中には沖縄在住の二人の女性が登場するが、ここでも「否定的な体験もあったが、それを乗り越え、私はふっきれている」というある種の「語りの型」がみられ、「彼らのようなダブルズの成功、前向きな姿勢は、ふたつの文化に生きる子どもたちの誇りなのです」という監督自らの言葉でこのシーンが締めくくられるという（野入 2013:61）[13]。

「ダブル」言説は特に、当事者の親や社会運動を中心として広まっていたが、二つの文化や言語を有する環境の下で育ったものたちの間からも「ダブル」への提言は出された。かつて関西に「ダブルの会」をつくる動きを始めた奈良市の青年（父親にインドネシアのルーツがある）は、「生まれながらに二つの文化に接した私たちは、ハーフ（半分）じゃなくて、ダブル（倍）なんだ。その豊かさを分かち合いたい」と述べている（『朝日新聞』一九九五年一〇月二六日朝刊）。

このように「ダブル」とは、単に日本とそれ以外の外国のルーツを指す呼称ではなく、二つの文化・二つの言語をもつものとして意味づけられた。

「ダブル」言説はその後、九〇年代後半になると沖縄におけるアメラジアンスクール（位相Ｉ）や在日コリアンの運動でも用いられるようになり、次第に社会運動の用語となっていった。「アメラジアン・スクール・イン・オキナワ」（ＡＡＳＯ）とは一九九八年六月一日にその母親らによって沖縄に開校されたもので、位相Ｉのケースの「教育権保障」を目標に掲げて設立された。[14] ＡＡＳＯの教

(12)『朝日新聞』（一九九六年一月一一日夕刊）の記事では「在日黒人の成功と奮闘」と表記されている。
(13) 野入は「ダブル」を肯定的に取り上げようとするレジー・ライフの作品の意図が、ある意味でドキュメンタリーという自らがとった編集手法自体によって裏切られていると述べている。作品のなかには肯定的なライフストーリーだけではなく、深刻な差別やいじめの実体験が語られるが、そのような内容の語りでさえも「語り手がまっすぐにカメラを見つめ、ときには微笑みを浮かべているという表情もまた、他の多くの語りに共通している」という。そして、少なからず、このようにポジティブで前向きな姿勢で語ることができない当事者は「そもそもカメラの前に座りはしないのではないか」と指摘している（野入 2013:61）。
(14) 設立開校当時は専任講師一名、ボランティア講師五名、生徒一三名、運営を担当した母親五名の小規模なフリースクールであったが、しだいに拡大し一〇年後には生徒受入数が二〇〇名以上にものぼっている。メディアやＡＡＳＯ関係者らの尽力により沖縄サミットの際には小渕恵三首相（当時）にも面談し公的支援（施設の家賃免除、日本語教師の派遣）も始まった。さらに、教育施設というだけではなく、「アメラジアン」家庭の抱える諸問題に対する相談や社会貢献を行ってきた。ＡＡＳＯの取り組みは、沖縄県内外の新聞やテレビの報道、スティーヴン・マーフィ重

育の特徴は「ダブルの教育」であり、日本と英語圏（主に米国）の言語・文化の両方を習得することによって子どもたちの自尊心を高めるのを目標に、現在までその活動は継続している。

また、在日コリアン内部においては、これまで不可視化されやすかった「日本籍者」や「ダブル」に注目が集まるなか、当事者によって「パラムの会」が立ち上がった。この会は、「日本人」か「在日コリアン」かという従来の戦略的本質主義の立場ではなく、「日本籍者」や「ダブル」のアイデンティティを主張することで多様化をはかる立場をとった（柏崎 2007:212-220）。パラムの会は当事者である安田直人によって一九九五年に発足された。安田は会の名称について、「この「パラム（風）」という名前は、聖書の「風は思いのままに吹く」という言葉からとられたもので、自らの内にある日本と朝鮮を積極的にとらえたい（どちらかに強制的に所属させられたくない）という、参加者の思いをよくあらわしているだろう」と述べている。また安田は活動の意義について、「わたしたちは、日本人、在日朝鮮人の双方に自己をアイデンティファイさせることのできない存在として、考え続け、活動し続けていかなければならないのだと思うのである。それは、裏を返せば、在日朝鮮人社会と日本人社会の双方に、多様化の現実という課題を突きつけることになるだろう」と語っている。その活動は、月に一度、京都の東九条に集まり参加者の生い立ちや問題関心について話し合い、課題の共有や多様性の把握に務めるというものであった。参加者は当時二〇～三〇歳代が中心であり、その構成員は、「親とともに帰化をした者、朝鮮人と日本人の間に生まれた者、帰化した朝鮮人と日本人の間に生まれた者、日本籍だが民族名を取り戻した者、民族名を取り戻した者の子、民族名を名のり朝鮮人とし松や野入直美、照本祥敬などの研究者の活躍、ＮＰＯ関係者、「アメラジアン」自身たちなどから支えられ注目を集めた。かつて「基地の落とし子」と呼ばれ決して注目されることのなかった「アメラジアン」たち、九七年以降ＡＡＳＯ関係者を中心とした、「アメラジアン」に光を当てるこれらの運動は「アメラジアン・ムーブメント」と言われている。アメラジアンはパールバックが造語した語句とも言われるが、九八年のアメラジアンスクールの活動によって日本社会（とくに沖縄社会）に定着したといえる。特に、「アメラジアン」という語句が全国的に知られるようになったのは、一九九八年八月一六日に放映された『筑紫哲也ＮＥＷＳ23』（ＴＢＳテレビ）の特集「もうひとつの沖縄の現実――アメラジアン」が大きな要因となっているという（野入 2013:54）。この一五分間の報道には、「アメラジアン」の語句の解説、アメラジアンスクールの活動の紹介、そして基地問題についての議論が収められている。このなかでとくに興味深い点が、「ハーフ」と「アメラジアン」の組み替えである。野入（2013）によると、報道の中で当事者がクリントン大統領に出した手紙が紹介されるが、その一節の「half-Japanese half-American kids」という表現が「アメラジアンの子供たち」と翻訳されている。また、当事者へのインタビューでも、かれらが「基地があるから私たちが生まれた。基地は私たちハーフの故郷なんです」と自らを「ハーフ」と述べている一方で、これらは「アメラジアンの子ども達」という文脈で紹介されていたという（野入 2013:56-57）。この報道は「「アメラジアン」という言葉の社会的な認知を広め、揺籃期のアメラジアンスクールに支援者が集うきっかけをもたらした」ため大きな社会的帰結をもたらした（野入 2013:54）。しかしながら同時に、「アメラジアン」の子ども達を「基地の落とし子」としてスティグマ化するという側面を有していた」という（野入 2013:54）。基地や戦闘機などの映像が放映されることで、「基地の落とし子」としての「アメラジアン」というイメージが流布し、「〝負〟の表象を押しつけるスティグマという性質をも有していた」という（野入 2013:58）。このような報道の姿勢は、その後のスクールに対する取材にも引き継がれ、悲惨な経験をした当事者のインタビューを要求したり、基地のフェンスの前で子ども達を歩かせるという演出を求めたケースなどがあったという。スクールの理事からは基地問題としてではなく、子どもの教育や成長の側面での報道を求め、「かわいそうな子ら」という報道を避けようとする努力がなされた。現在では設立時のようなメディアでの活発な報道は大幅に減少するようになった（野入 2013:58）。

て生きてきた者、日系アメリカ人、日本人、など」と非常に多様であった。[15]

「パラムの会」は二〇〇〇年にはその活動を終えるも、その後多くの研究者によって取り上げられ、言語や文化よりもむしろ二つのアイデンティティという意味合いで、在日内部における「ダブル」「ハーフ」の新たなアイデンティティ・ポリティクスの形が模索される端緒となった活動といえる。

このように第三期には、特に社会運動団体や研究者、当事者の親世代から、「混血児」と「ハーフ」のどちらもが差別用語として節合され、かつて第一期に否定的な意味づけを付与され、メディアや公文書でも使用されてきた「混血児」という言葉はほとんど使用されなくなっていった。その一方で、第二期を通じて肯定的な意味づけをされてきた「ハーフ」言説が当事者たちにとって必ずしも差別表現として定着していたわけではなかったこと、そして当事者は必ずしも二つの文化・言語を体得する環境で育つわけではないという理由によって、「ダブル」の使用に対して批判的な意見も当事者からは出されている。マーフィ重松は「実際、ダブルという言葉は国際結婚をした英語を話す両親が主に支持する表現である。そしてその子供たちはむしろハーフという言葉を使い続けているのだ」と述べており（マーフィ重松 2002:114）、しだいに主要なメディアや当事者間での使用は少なくなっていった。筆者が行ったインタビュー調査や参与観察においても、若者のなかで「ダブル」という言葉に対する反応はさまざまであった。

――ちなみに、ちょっと前だけど、「ダブル」っていう言葉が流行った時期があって、

亨：ダブル？

――うん。聞いたことはある？

亨：いや、ない。「ダブル」は聞いたことないね。

このようにインタビュー対象者のなかでは「ダブル」という言葉自体を知らないものもいた。しかしその一方で、親から「ダブル」と言われたことによって勇気づけられたというケースも聞かれた。

イーサン：あと、うちの母がちっちゃい頃からずっと言ってたのは、「あなたは、ハーフじゃなくて、ダブル」。この話は、すごい嬉しかった。「ハーフって、何かを五〇パーセント、何かを五〇パーセントとってきたていう意味やけど、何で五〇パーセントと?」っていう話。「一〇〇パーセントと一〇〇パーセントとってきたものやろ」って。ほんとそうだなーと思ったから、あの、「いいえ、あなたはハーフじゃなくて、ダブルです」って。だから得しとんねーっていつも思う。そういうふうに言うことで、ちっちゃいときから。なんか嫌なことがあっても、多分どっかで救われるというか、いやほんとに救われた。それがあるだけで。そういう前向きな、うち本当に周りに流されない一家だったから、あの、周りがなんと言おうと。

このように当事者によっては、「ダブル」という語句そのものを知らないケース、「ダブル」であることがアイデンティティとなるようなケースもあった。「ダブル」言説の捉え方は、経験や生い立ち、

(15) 安田直人、一九九六、「日本籍朝鮮人とダブルの課題と現状」全国在日朝鮮人教育研究協議会ホームページ(二〇一六年一二月四日取得。http://www.geocities.jp/yonamugun/96zencho.htm)。

親の教育方針などによってある程度規定されており、それぞれで異なる受け止め方をしている。また、「ダブル」言説はあまり社会に浸透しておらず、全体を包含する概念とはならならず、「ハーフ」言説にとって代わるまでにはいたらなかった。

以上から第三期では、教育権保障運動などを背景に、社会運動団体や当事者の親などの主体によって「国際児」や「ダブル」といった語句を普及する運動が、I~IIIのすべての位相に対して展開され、これらの運動は教育機会の確保や父母両系国籍法への改正など、大きな社会的帰結をもたらしてきた。しかしながら二つの文化・言語の保有を過度に強調する「ダブル」言説は当事者のリアリティと乖離する場合もあり、かれらをめぐる人種差別の構造の議論を活発化させるほどのものにはならなかった。

5 「多文化共生」で繰り返される「日本人」対「外国人」

第三期は一九九〇年の改定入管法の施行および一九九三年の技能実習制度開始により地域住民として暮らす外国籍住民の数が増加していき、地域レベルにおける支援・対策の必要に迫られていた。このような人々に対する支援は市民運動によって草の根的に開始され、特に一九九五年の阪神・淡路大震災以降は「多文化共生センター」や「たかとりコミュニティセンター」など多くの市民団体が誕生した(山脇 2011:28)。

また国家レベルの動きについて、山脇啓造によると、一九八〇年代後半から始まった自治省の「地域の国際化」政策は、一九九〇年代にも引き継がれ、一九九二年には国際交流推進型と在住外国人対応型の「国際交流のまち推進プロジェクト」が発足。さらに一九九三年には地方財政計画上に国際化推進対策経費が初めて認められるとともに、自治省に国際室が設置され、市町村職員のための「全国市町村国際文化研修所」も開設された。さらに一九九五年には自治省より全国へ「国際協力大綱の指針」が配布され、一九九八年には「地域国際化協会等先導的施策支援事業」が始まった（山脇2011:29）。このような動きは二〇〇〇年代に入ってさらに加速し、二〇〇六年三月二七日には総務省において「地域における多文化共生推進プラン」が策定される。ここでは、同プランに書かれた事例や直近で公表された「多文化共生の推進に関する研究会報告書」などを参考にしつつ、自治体が取り組むべき課題として①コミュニケーション支援、②生活支援、③多文化共生の地域づくり、④多文化共生の推進体制の整備の四点が記されている。ただしここに示されたものはあくまでも「地域における多文化共生施策の基本的考え」とされており、自治体が各自で多文化共生に関わる基本的な指針を策定する際には「地域の特性、住民の理解、外国人住民の実情・ニーズ等を踏まえ」るようにと記されている。さらに、このプランを推進する「主体」として設定されたのは「市区町村」であり、「都道府県」はあくまでも市区町村レベルの対応を「促進する」役割として位置づけられた。また市区町村と国際交流協会が「中心的な役割」を担い、関係するNGO・NPOと連携を図る場を設置するように記された。ここで、設定された市区町村の役割は以下である。「市区町村の役割　市区町村においては、地域の実情を踏まえつつ、また、都道府県との役割分担を明確にしながら、区域内における多文化共生の推進に関する指針・計画を策定した上で、外国人住民を直接支援する主体としての取組を行うこと」。つまり、同プランを推進する主体は「市区町村」であり、支援の対象は「外国人住民」とされている。

また二〇〇六年には外国人労働者問題関係省庁連絡会議によって「『生活者としての外国人』に関

する総合的対応策」が策定された。ここでは、「外国人が暮らしやすい地域社会づくり、外国人の子どもの教育の充実、外国人の労働環境の改善と社会保険の加入促進、外国人の在留管理制度の見直し」の四つの柱が提示されている（山脇 2011:35）。このような二〇〇六年以降の多文化共生関連施策や会議、研究会などの広がりにおける大きな特徴は、それまで「労働者」としてみなされていた「外国人」を、「生活者」もしくは「地域住民」として、対策を講じる必要性が訴えられた点であり、これまでの外国籍者に対する政策における大きな転機といえるだろう。例えば先ほどの「多文化共生の推進に関する研究会報告書」にも次のように記されている。

地域における多文化共生の推進については、これまでは外国人住民が集住する地域の地方自治体が必要に迫られて先進的な取組を行い、国に対して制度改正要望を行ってきたが、国の各省庁の対応は必ずしも十分なものとは言い難く、また、総合的・横断的対応に欠けていた側面は否定できない。国レベルの検討は、これまで主に外国人労働者政策あるいは在留管理の観点から行われてきたが、そうした観点からのみ捉えることは適当ではない。外国人住民もまた生活者であり、地域住民であることを認識し、地域社会の構成員として共に生きていくことができるようにするための条件整備を、国レベルでも本格的に検討すべき時期が来ていると言えよう（二頁）。

このように「多文化共生」をめぐる施策は外国籍者をめぐる指針や対応を策定するにあたって大きな役割を果たしたといえる。しかしながら、この政策における「対象」の設定をみていくとき、そこに人種プロジェクトを発見することができる。ポーリン・ケント（2014）が以下に指摘するように、これらの多文化共生関連施策ではその支援の対象が「外国人」として陰に陽に設定されていた。[16]

「多文化共生」は新移住者（ニューカマー）を念頭においていることが多い。（中略）多文化の多様性あるいは多文化の多重層があまり視野に入っておらず、「日本人」対「外国人」の二分法が支配的なために、「外国人」の多様性と、「日本人」および「日本文化」の多様性が念頭におかれていない（ケント 2014:57）。

そこには「日本人」と「外国人」という二分法が繰り返し表現されている。先ほどの「報告書」でも、例えば冒頭の「総論」で「外国人住民の現状」という小見出しがあるが、本文には「外国人登録者」として登録者数の統計が記されている。ここで根拠として取り上げられるものが「外国人登録者」であるが、ここで記す「外国人」が具体的に何なのか、という問題設定は実は明確な定義のない

（16）　さらに、ここでの「外国人」カテゴリーについても新自由主義的な国家による意味づけが含意されている。原知章は、「多文化共生推進プランは日本政府によって、グローバル化が深化する世界で日本の国際競争力を強化するための「グローバル戦略」の一環として位置付けられている」とし、この「グローバル戦略には外国人人材の受け入れ拡大と並んで、外国人の出入国・在留管理の強化という論点が盛り込まれている」と述べ、「それは、「好ましい外国人」と「好ましくない外国人」の線引きの変更とその明確化・厳格化を意味する。つまり現在、国が推進している多文化共生施策は、来日外国人の選別＝排除の強化と不可分の関係にあるといえるだろう」と指摘している（原 2010:38）。

まま曖昧化され、あたかも「外国人」＝「外国籍者」として議論が展開されていくようにみえる。また、帰化者についても、「外国籍から帰化した日本人」とは記されず、あくまでも「日本国籍を取得する外国人」と表現され、「日本人」のカテゴリーとの関係が曖昧なまま位置づけられるのである。そして、あくまでも「日本人」は「外国人」と接するものとして固定的に設定されている。

　また、原知章も同様に、「多文化共生推進プランとその土台となった総務省報告書では、ニューカマーが急増し定住化が進んでいるからこそ、互いの文化的違いを認め合い、対等な関係を築くことが必要だとされる。そこでは、例えば在日コリアンや外国にルーツを有する日本国籍者、あるいは無国籍者といった人々の存在はほとんど視野の外に置かれていて、「日本人」や「日本文化」の内的多様性や境界の流動性についても言及されることがない。換言すれば、現在日本で進められつつある多文化共生政策では、「日本人」や「日本文化」の同質性・固定性・自明性を前提としたうえで、「私たち日本人」が「彼ら外国人＝ニューカマー」をどのように受け入れるのかという問いによって、多文化共生の理念が枠づけられているのである」と指摘している（原 2010:38-39）。このように多文化共生関連施策略のなかで貫かれているのは「日本人」対「外国人」という二分法であり、ここから導き出される問題点は雇用問題や社会保険未加入問題、教育問題（未就学や言語教育の問題）である（移民研究やエスニシティ研究の多くがこのような問題関心をもっている）[17]。しかし、ここではこれまでの「混血」「ハーフ」の存在は不在であり、なおかつ人種差別の問題は政策が対象とする「外国人問題」のなかで不可視化されている。政府の「多文化共生」という問題設定では、対象が「外国人」に限定されること自体がその特殊性を示している。そこでは、あくまでも「日本人」と「外国人」の構図を単純化させるため、実際には文化的に多様である沖縄やアイヌといった存在も前提とされていない。また、

「帰化」によって日本国籍を取得した者に対しての配慮も十分ではない。そして、単純化された「日本人」「外国人」の二分法では捉えられない「ハーフ」や「混血」もこの施策の対象とされていない。

6 小括――恣意的に使い分けられる人種のロジック

第一期において一時は社会問題化した「混血児」の存在は、政府の「対策」のなかであくまでも「日本人」化され、かれらをめぐる人種差別の現実世界は不可視化されていった。さらに第二期には「日本人論」が量産されたが、戦後の「混血児」をめぐる問題は単一民族がヘゲモニーとして定着するなかで「日本人」という枠組みからも消されていった。そして第三期には労働力不足の解消と、アジア系の労働移民を排除する目的から入管法が改定され「日系人優先受入政策」がとられたが、これは国家の利益を目的として「日本人の血」のロジックを拡大させた人種プロジェクトとして機能した。このプロジェクトは「単一民族」性の保持を支持して外国人受け入れに反対する「鎖国派」と呼ばれ

(17) 例えば梶田・宮島 (2002) は「日本社会の構造変化とそこに生きる外国人アクターの生活世界に光をあてる」という問題関心から「外国人」に焦点を当てる。ここでは「外国人」として「在日コリアンに代表される「オールドタイマー」」と「一九八〇年代以降に日本に入国した「ニューカマー」」の二つに大別し、さらに「ニューカマー」として「アジア諸国からの労働者」と「日系人」を提示する。このような「日本人」対「外国人」という図式設定と問題関心は結果として国家の提示する図式を相対化することができず、戦後からの「混血児問題」や「混血」「ハーフ」をめぐる深刻な人種差別問題といったテーマは視野の外に置かれている。

た保守派を納得させる一方で、当時の自民党議員の関心であった経済的な労働者の補充としても機能を満たした。これにより、日本の「血」を持っているが同時に「外国人」であるという二重の意味を持った「日系人」カテゴリーを定式化させた。この「定住者」は、「純血」／「混血」の違い（関口2003）にかかわらず「日本人」の戸籍をもつ者の子や孫とされたため、結果として日本社会における「ハーフ」や「クォーター」というカテゴリーを拡張させることとなった。すなわち、日系人のなかで「混血」であった者は、「日系人」というカテゴリーで眼差されると同時に、第二期において消費社会のなかで定着した「ハーフ」言説にもとづく人種プロジェクトを投げかけられることとなった。

第三期には国家が主導となって、戸籍によって「日本人の血」のロジックを拡張させる「成員選別」の人種プロジェクトを展開することで、多くの「日系人」の労働移住を促進することとなった。しかしその一方で、第三期において活発化した「多文化共生」関連施策においては、その支援と再配分の対象を国籍に基づいた「外国人」に設定し、「外国人問題」のみに焦点を合わせるプロジェクトを展開した。例えば平成一八年に多文化共生関連の施策に携わる関係省庁でとりまとめられた『「生活者としての外国人」に関する総合的対応策』には「我が国としても、日本で働き、また、生活する外国人について、その処遇、生活環境等について一定の責任を負うべきものであり、社会の一員として日本人と同様の公共サービスを享受し生活できるような環境を整備しなければならない」と問題設定がなされている。すなわち、多文化共生施策の対象はあくまでも「外国籍者」であり「ハーフ」は不可視化された。「外国人問題」として意味づけられたのは国籍に起因する制度的差別の問題であった。[18]これらの施策ではほとんどすべてに「日本人」対「外国人」という二項対立的な軸が設定されている。ここで国籍上は「日本人」とされる人々の内実における多様性や差別の問題が不問とされるのは、これまで構築された「日本人」論における「混血」の不可視化が強く作用している。戦後の「混血児問題」、在日コリアンと日本人との婚姻の増加、国交回復後の中国帰国者の増加、帰化者の増加、そして「日系人優先受入施策」によって、国籍上「日本人」とみなされる人々のなかにみられる多様性が浮き彫りになったが、これまで不可視化されてきた「混血」や帰化者の存在は多文化共生の対象から意図的もしくは無意識的に排除されていた。すなわち、第三期において国家レベルで展開された入管法改定と多文化共生施策では、国家の利益に即するように血のロジックが拡張されることで労働力不足の解消をめざしつつ、支援の再配分の文脈では「日本人」対「外国人」の二項対立を貫くことで問題設定の範囲を可能な限り狭め、支出を抑える二重の人種プロジェクトが展開された。さらに「日本人」対「外国人」の二項対立的な問題設定のあり方は、入管法に基づく外国人問題や多文化共生関連施策を研究対象としてきた日本社会の一部の移民研究やエスニシティ研究において図式化され、再生産されることとなった。

国家はその都度「日本人」概念の範囲を恣意的に拡大したが、「日本人」とされる人々の内的な多様性は不可視化された。このような「日本人」の人種化のプロジェクトは、第一期において在日コリ

---

(18) 文部科学省では国籍の上で「日本人」とされる児童の中でも実態として問題を抱えていることを認識しており、「日本語指導が必要な外国人児童生徒」の統計では外国籍児童だけではなく日本国籍で日本語指導が必要な児童の統計も調査している。しかし、ここでは児童に必要な対策が「日本語指導」として狭く設定されている（当調査は、平成三年から開始され、平成一一年度までは隔年、同年度から平成二〇年までは毎年実施されてきた。平成二〇年から現在までは再び隔年度に実施されている）。

アンを外地戸籍に基づいて日本人から外部化すると同時に、「混血児」を「日本人」として扱ったのと同様の手法である。

一方、第三期には、このような「日本人」と「外国人」の人種化のなかで、「混血」や「ハーフ」というテーマを対象とした市民運動も広がりをみせていた。しかし、これらの運動は「日本人」や「外国人」概念の人種化や、人種差別それ自体を問題とするというよりは、「ハーフ」や「混血児」といった用語を差別表現と捉え、その使用禁止を求めるものだった。そのため、このような運動の対象はあくまでも、人種プロジェクトの主要なアクターである国家ではなく、メディアに向けられていた。「国際児」「ジャパニーズ・フィリピーノ・チルドレン」といった表現への言い換えは、人種が想起される「混血」を、「国際結婚」などを念頭においた「国籍」や「国」の問題として分節化するものであった。さらに「児」や「チルドレン」といった表現からは、これらの問題が児童の問題として設定されていたことがわかる。このような問題設定によって、成人世代の人種問題は視界の外に置かれてしまい、なおかつ人種問題を避けることで、結果的には戦後の「混血児問題」それ自体の不可視化につながる危険性をはらんでいた。当事者によって展開されるメディア戦略において人種差別の問題が可視化される第四期まで、「混血」や「ハーフ」をめぐる人種差別問題は繰り返される人種プロジェクトの蓄積のなかで不可視化され続けていたのである。

第4章　「ハーフ」の多様化の時代　二〇一〇年代〜

1　「日本人／外国人」二分法の現在

日本政府は「日本人の血」のロジックに従って、他のアジア系労働移民を排除すると同時に、戸籍上の「日本人」につながる「日系人」を入国させてきた。これによって「ハーフ」や「クォーター」と呼ばれる語句の指し示す人々の範囲も多様化し、国籍上「日本人」「外国人」とされる人々の内実（言語・文化・外見・アイデンティティなど）は多様なものとなっている。しかし、二〇〇六年度以降に国家レベルで展開された多文化共生にかかわる施策において問題として焦点化された対象は、あくまでも国籍を基準に選別された「外国人」であった。ここでの「外国人」を対象とするプロジェクトは、自治体レベルで進められ大きな成果をもたらしてきたが、これらのプログラムに対しては多くの批判もなされている。[1]

日本政府はこれまで「移民政策はとらない」という姿勢を貫いてきた。岩渕によれば「文化差異の承認の問題や多文化社会としての構想が社会全体の問題として十分に議論される段階を経ないまま、多文化共生という政策言説だけが語られるようになっている」（岩渕 2010:13）。また、日本の多文化共生施策は他国の新自由主義的政策や移民に対する管理強化と排外主義的政策の影響を受けつつ展開されており、「社会のあり方や「国民」の境界自体を、多文化状況を反映した、より包括的なものに変革するという取り組みではなく、国境を越える外国人＝他者を選別し管理することで、排外的な国民統合を推し進めようとする傾向が日本でも強く見られる」という（岩渕 2010:12）。

このような移民に対する規制の高まりは、同時に「日本人」というナショナルアイデンティティとその再生産・強化につながっており（岩渕 2010:12）、多文化共生関連施策の推進のなかで「日本人」／「外国人」という二分法はよりいっそう強固なものとしてその境界が強化されていく。柏崎は、日本政府や自治体が設定する多文化共生に関する「課題」にみられる「日本人／外国人」の二分法について、「人権擁護」、「国籍による差別的扱いの撤廃」、「文化的多様性の承認」の文脈から論じている。[2]例えば「人権擁護」の文脈では、課題は一般的に「外国人」（すなわち日本国籍を持たない人々）の問題に焦点化されるため、実際には国籍にかかわらず民族的偏見や外見に基づく差別は十分に取り上げられず、「民族差別」や「人種差別」は「外国人差別」の問題として分節化される。また、「文化的多様性の承認」の文脈でも、「本来、文化的多様性は「日本人／外国人」という二分法と直接に結びつくものではない」が、「「日本人」の文化的同質性が自明とされる文脈にあっては、民族・文化のちがいが「外国人」の文化の尊重、また「日本人と外国人との共生」という問題」（柏崎 2010:248）に分節化される。

こうした分節化のロジックが社会に受け入れられたのは、まさに第一期〜第三期を通して展開された「日本人」の人種化のプロジェクトがヘゲモニー化したことで、「日本人」の同質性が自明なものとなっていたからである。そしてまた、多様な文化的背景をもつ人々や、異なる「民族」的背景をもつマイノリティ(アイヌなど)、そして「混血」の人々の存在を不可視化し「日本人」を同質なものとするプロジェクトが十分に展開されてきた歴史的背景があった。戦後、「日本人」と「他者」の境界線は絶えず引き直され、多文化共生関連施策はすでに自明化された「日本人/外国人」の二分法の下で進められた。ここでは問題の焦点を「国籍」に還元し、問題を「外国人」に限定するよう分節化されたため[3]、この二分法に沿って資源の再分配がなされ、「外国人」のカテゴリーからこぼれ落

(1) 例えば栗本英世(2016)は次のように批判している。「自民党の内部には「人材開国」に対する慎重論も根強いため移民政策の改定は二〇一五年の時点でも実現していない。しかし、多文化共生論の背景には、高齢化と人口減少に対応するための移民の受け入れという、政治・経済的要因があることをおさえておかねばならない。財界と政界が主導する多文化共生は、調和的で和を尊ぶとされる日本社会をかく乱しない、彼らにとって「役に立つ」とみなされる移民だけを受け入れるという条件のもとで成立するものである。国家の経済発展に貢献するか否かという尺度で人間を評価する考え方は、言葉の真の意味での共生の対極に位置づけられるべきものだ」(栗本 2016:76)。

(2) 柏崎は、八〇年代の「国際化」のロジックからの連続性も指摘している。

(3) 栗本は多文化共生において文化が焦点化されていることを指摘し、次のように述べている。「第一に、共生の問題を文化の問題に還元することは、集団間の権力関係と、マイノリティであるエスニック集団の人びとの権利の問題を見えにくくする。これは、権力の側にとって好都合であると考えられる。第二に、多民族共生という用語を公式に

ちた「混血」や「ハーフ」を含む多くの人々の存在は多文化共生の議論でも十分に捉えられず、不可視化され続けることとなったのである。[4]

この「日本人」と「外国人」という強固な二分法は、移民政策を提言するいわゆる「開国派」のロジックにも通底している。自民党の外国人材交流推進議員連盟は二〇〇八年六月の中間報告「人材開国！　日本型移民政策の提言」で、今後五〇年のうちに一〇〇〇万人程度の移民の受け入れや、「移民庁」の設置、「多文化共生条例」の制定、「多民族共生教育」の導入などを提言している。しかし、この提言は移民の受け入れを想定して出されたものであるにもかかわらず、そのなかで「日本人」の「文化」や「精神」が繰り返し強調される。ここには「多様な価値観や存在を受け入れる「寛容」の遺伝子を脈々と受け継いできた日本人は、世界のどの民族も成功していない「多様な民族との共生社会」を実現する潜在能力を持っている」などと記された（自由民主党外国人材交流推進議員連盟　2008）。

栗本英世はこの提言について、「いつだれがこの「遺伝子」を発見したのかは知らないが、日本人は「寛容の遺伝子を脈々と受け継いで」おり、多数の移民を受け入れても「日本人の根本精神」はみじんも揺らぐことはないという珍妙な説は理論的に破綻」しており、「この「提言」で表現されている「日本人」観は、本質主義的ナショナリズムの典型である」と指摘している（栗本 2016:75）。以上のように、第四期において推進される「多文化共生」は、あくまでも「日本人／外国人」の二分法が前提とされ、「日本人」内部の多様性を不可視化することで正当化されている。

2　日系定住外国人政策

政府は二〇〇九年七月に住民基本台帳法、入管法、入管特例法を改定した。外国人登録制度は廃止され、在留カードを通じて国家が在留管理を行うようになり、市町村は住民基本台帳に外国人住民をも含める体制が確立された。また、日本政府による外国人政策は第四期において新たな動きをみせている。この背景には「外国人」が集住する自治体から構成された「多文化共生推進協議会」（愛知、岐阜、三重など七県一市）や「外国人集住都市会議」（太田、浜松、豊田、美濃加茂、鈴鹿など二八市町）からの政府に対する要望や提言が出されてきた経緯がある。

そして、二〇〇八年のリーマンショック以降の不況のなかで、失業する外国人労働者やその子どもたちへの支援を目的として二〇〇九年一月に「定住外国人施策推進室」が内閣府に設置されることとなった。同室は二〇〇九年に「定住外国人支援に関する当面の対策」（以下、当面の対策）を、同年四

採用することは、日本が多民族社会であることを認めることになり、「単一民族国家」の理念に反するので、それを回避するためによりソフトな多文化共生が採用された可能性がある」（栗本 2016:77）。

（4）　第1章でも論じてきたが、「日本人／外国人」の二分法はすでに国勢調査という国家による統計を通じて強化されてきた。支援や資源の再分配をめぐる政策の課題設定において、国家の人口統計は非常に重要な役割を果たすため、この「日本人／外国人」という二分法の規定が強く働く。柏崎も、「公式統計において、外国生まれの人口もしくは日本籍であっても外国にルーツをもつ人びとを把握していないために、国籍とは結びつかない文化的背景の多様化がいっそうみえにくくなっている」と指摘している（柏崎 2010:250）。

月には「定住外国人支援に関する対策の推進について」(以下、対策の推進)をとりまとめた。「当面の対策」の冒頭には「一〇〇年に一度と言われる世界の金融資本市場の危機に伴う世界的な景気後退は、日系人をはじめ日本語で生活することが困難な定住外国人に対し、教育、雇用などさまざまな面で深刻な影響を与えている。こうした状況にかんがみ、政府は本年一月九日に内閣府に「定住外国人施策推進室」を設け、関係省庁連携の下、必要な対策を速やかに講じ、地域における支援を進めるべく検討を行ってきているが、このたび当面の対策をとりまとめた」と記されている。

ここで「日系人」に焦点が当てられていること、また日本語の問題に焦点が当てられていることがわかる。そして「当面の対策」には、「教育対策」、「雇用対策」、「住宅対策」、「帰国支援」、「国内外における情報提供」の五本の柱の対策が打ち出された。また「対策の推進」ではさらに対策の内容が拡充され、上記の対策とともに、「防災・防犯対策」と「推進体制の整備」が追加された。この「推進体制の整備」には、「内閣府特命担当大臣及び関係府省庁局長等から構成される定住外国人施策推進会議を立ち上げ、各府省庁の連携を強化しながら、定住外国人施策の一層の推進を図る」と記され、その後毎年「日系定住外国人施策推進会議」が一~三回程度開催されている。ここで注目すべき点は、当初「対策の推進」で策定されていた「定住外国人施策推進会議」の頭に「日系」という文字が付されることで、その対象が巧妙に絞られていたことである。

こうして二〇一〇年八月、「日系定住外国人施策推進会議」の第一回が開催され、内閣府特命担当大臣、文部科学副大臣、労働副大臣、農林水産副大臣、経済産業副大臣、法務大臣政務官らが参加し、今後の対策のあり方をまとめた「日系定住外国人施策に関する基本指針」についての会議がもたれた。議事録は以下のように始まっている。(5)

荒井内閣府特命担当大臣：今般の厳しい経済情勢の下で、日本語能力が不十分な日系定住外国人は困難な状況に置かれており、内閣府でも、関係省庁連携の下、対策を推進してきたが、このたび、地方自治体からの要望なども踏まえ、日系定住外国人を日本社会の一員として受け入れ、社会から排除されないようにするための国としての基本方針を策定することとした。このような基本指針は初めて策定するものであり、政務三役もかかわった枠組みで議論できるよう、今回、会議の構成員を副大臣級に格上げしたところである。今日策定する基本指針に沿って、各省庁でも日系定住外国人施策を引き続き積極的に進めていただくことをお願いする。

この冒頭の挨拶ののち、事務局側から「日系定住外国人施策に関する基本指針の策定について」（以下、策定について）と「日系定住外国人施策に関する基本指針案」（以下、基本指針案）について説明があり、続いて質疑応答が行われた。この会議には関係各省庁の副大臣らが参加し、基本指針を「初めて策定する」もので、政府としての重要度の高さがうかがえる。また、政府が外国籍の人々を単なる「労働者」ではなく、「日本社会の一員」として認識を示したことは非常に重要な指針であるといえるだろう。しかし、まず特筆すべきは、「基本指針案」の対象が前年の「日系人をはじめ」とした「定住外国人」のように日本に定住する外国人全般を指すのではなく、あくまでも「日系定住外

（5）日系定住外国人施策に関する資料は内閣府ホームページを参照（内閣府「日系定住外国人施策」、内閣府ホームページ、二〇一六年三月二四日取得。http://www8.cao.go.jp/teiju/）。

国人」に限定されていた点である。また、非常に重要な基本方針策定のための会議であるにもかかわらず、議事録によるとその会議の開催時間は八時五〇分〜九時一三分までのわずか二三分足らずであった。ここで政府が「日系定住外国人」とした人々は、「基本指針案」の資料では、「日本人の子孫として我が国と特別な関係にあることに着目してその受入が認められ、我が国に在留する、ブラジル人、ペルー人を中心とする日系人及びその家族（以下、これらの人々を「日系定住外国人」という）」とされている。また追記として「国籍はブラジル、ペルーの国籍を有する者に限られず、日系人であることにより、「定住者」、「日本人の配偶者等」などの在留資格で在留する外国人をいう」と説明されている。この「日系定住外国人」の範囲には、第三期で確認してきたような「日本人の子」もしくは「子の子」にあたる外国籍の人々と、その家族（外国籍者）が含まれており、あくまでも「外国人」に限定されたため、「日系」とされる人々のうち日本国籍を保持していたものや帰化したものなどは対象から外されている。

そして「基本指針案」では、「国として今後取り組む又は検討する施策」として、「日本語で生活できるために必要な施策」、「子どもを大切に育てていくために必要な施策」、「安定して働くために必要な施策」、「社会の中で困ったときのために必要な施策」「お互いの文化を尊重するために必要な施策」の五つの施策案が示された。これは、それぞれ言語、子育て・子どもの教育、雇用、福祉、共生に対応する施策案とみることができる。なお、「日系定住外国人施策の基本的な考え方」という項目には、「日本に居住する他の外国人」についても「可能な限り」この施策の対象とすることが望ましいと記されている。しかし、後述するように、この「基本指針案」はあくまでも「日系定住外国人」を対象として策定されたものである。

さて、議事録に戻ろう。「基本指針案」が事務局から報告されたのち、質疑応答として、文部科学副大臣と農林水産大臣から、施策の対象が「日系」に限られている点について意見・質問が述べられ、次のように事務局と法務大臣側からそれぞれ次のような応答がなされている。「日系という限られた施策にする必要はないと思う」（中川文部科学副大臣）、「今回、「日系」と限定する形で定住外国人施策を講ずることとしているが、どういう議論があったのか教えてほしい」（郡司農林水産副大臣）、「長期にわたって居住していながら、日本語能力が不十分な方が多いということがあり、日本にいらっしゃる外国人の中で、特に大きな困難を抱えている方が日系定住外国人ではないかと思う」（事務局）。
そして法務大臣政務官の中村と事務局側は以下のように語った。

中村法務大臣政務官：バブルの頃の経済情勢等の背景があって、外国人を積極的に受け入れようという考え方もあったが、やはり無限定に受け入れるわけにはいけないだろうということもあり、日本にルーツを持つ人であれば、三世まで広げていこうということで、定住者告示が整備された経緯がある。リーマンショックのときに改めて問題になったのは、ブローカーがペルーやブラジルにいって囲い込んで日本に連れて帰ってくる実態があり、行政も把握できておらず、派遣切りのような形で職を追われたということだった。そういう在留資格の趣旨と実際とのずれみたいなものが背景にあったということは、法務省の枠を超えてだけれども言えるのではないか。

事務局：いろんな経緯がある中でとりまとめられてきており、移民政策や外国人全般にかかる施策は、我が国のあるべき将来像と併せて、幅広い視点からの検討、議論が今後とも必要だと考えるが、日系定住外国人の問題を超えたものについては、別の枠組み、体制で取り扱うことかと考えている。

このように、日本社会に暮らすさまざまな「外国人」に対して「別の枠組み、体制」で扱うとだけ述べられ、対象を「日系」に限定した理由について明確な要因は示されなかった。しかし、二三分という非常に短い会議時間のなかで、これ以上の議論はされることがなく、結果として「基本指針」の原案がそのまま策定されることとなった。そのため、総務省による「多文化共生推進プラン」からさらに対象範囲を狭めた政府の対策のあり方となっていることがわかる。

この会議は現在に至るまで毎年開催されており(本書執筆時点での最新の会議は二〇一八年六月)、二〇一一年三月には「日系定住外国人施策に関する行動計画」(以下、行動計画)をまとめた。また先ほどの「基本指針」と「行動計画」を一本化する「日系定住外国人施策の推進について」を二〇一四年三月に策定する。ここでは具体的な対策として、「日本語で生活できるために必要な施策」、「子供を大切に育てていくために必要な施策」、「安定して働くために必要な施策」、「安全・安心に暮らしていくために必要な施策」、「地域社会の一員となるために必要な施策」、「お互いの文化を尊重するために必要な施策」が策定され、それぞれの項目について、毎回の会議で施策の進捗報告がなされている。

二〇一六年五月の会議における同施策の実施状況をみると、文部科学省は「日本語教育推進会議」、「生活者としての外国人」のための日本語教育事業」、「地域日本語教育コーディネーターの研修」、日本語教育コンテンツ共有システム「ＮＥＷＳ」の公開などの実施、二〇一四年には学校教育法施行規則の一部を改正し日本語指導が必要な児童生徒を対象とした「特別の教育課程」の編成・実施などが報告されている。また、二〇一六年度からは「公立学校における帰国・外国人児童生徒に対するきめ細かな支援事業」や「定住外国人の子供の就学促事業」が開始されている。外務省は『日本で生活を始めることを予定している皆様へ』、『日本での生活手引き』といった資料を公開しており、厚生労働省では、社会保険・国民健康保険の加入推進を進めるとともに、雇用管理改善のため「外国人労働者の雇用管理の改善等に関して事業主が適切に対処するための指針」を告示し事業指導を実施した。また、内閣府としては「定住外国人施策ポータルサイト」を運営し、震災などの災害に関する情報や、日本語教育に関する情報などを公開している。このような取り組みを概観すると、「日系定住外国人」の受け入れを強化しようとしつつある政府の取り組みをうかがうことができ、とりわけ文部科学省の学校における日本語教育事業の拡大はめざましいといえる。

しかしながら、ここで強調しておかなければならない点は、「生活者」としての受け入れを拡充する対策であるにもかかわらず、人種差別や偏見に関する対策がまったくとられていないという点である。政府における人種差別対策が貧弱であるのは、第一期の「混血児問題」対策から変わらないといえる。また、先述の通り、基本的な政策の路線として「日系定住外国人」が施策の対象とされるため、ここでも資源の再配分は最小限となる。それ以外の定住外国人や帰化して日本国籍をもつ多様なルーツの人々がこの施策からは対象の外におかれてしまうのである。

そして、二〇一六年に出された『日本再興戦略２０１６』（初回の発表は二〇一三年度）には「外国人材受入れの在り方検討」として、「経済・社会基盤の持続可能性を確保していくため、真に必要な分野に着目しつつ、外国人材受入れの在り方について、総合的かつ具体的な検討を進める。このため、移民政策と誤解されないような仕組みや国民的なコンセンサス形成の在り方などを含めた必要な事項の調査・検討を政府横断的に進めていく」ことが記される。

政府としては労働力不足を解消し経済と社会の基盤の持続可能性を確保するために「外国人」の受け入れの拡充を目指すものの、あくまでも「移民政策」はとらないという姿勢を貫いている。「外国人」を社会に定住し共に働く市民とみなすのではなく、いつか帰国する単なる労働力としてしかみなさないという政府の発想が見え隠れする。そのため、日本社会における「外国人」をめぐる支援体制は貧弱なものとなっている。また、すでに第一期から第三期までを通じて、「日本人」と「外国人」とを強力に二分化する人種プロジェクトがすでにヘゲモニー化しており、それは「自然」で「当たり前」のものとなっていたため、かつて政府による国際化推進の中でしばしば繰り返された「日本人」のアイデンティティや文化といった表現が、「日本再興戦略」の中ではほとんどふれられていないこともわかるだろう。このように歴史過程を通じて繰り返され沈殿した、「日本人」／「外国人」二分法という国家レベルの人種プロジェクトによって、定住外国人の対策が設定されると同時に、日本国籍を保有する多様なルーツの人々はそもそも不可視化されており、議論の対象にされなかった。

戦後以降取り残された人種差別は日本社会に深く根差しており、外国籍住民や「ハーフ」などと呼ばれる人々の日常生活においてそれらは頻繁に経験される。一九九七年一〇月のエルクラノ君の集団リンチ事件(6)や桐生市のいじめ自殺事件などは、日本社会における人種差別が表面化した事件であり、これらの問題の対策は急務である。しかし、人種差別撤廃委員会による勧告にも関わらず、政府はこれらの問題を無化し続けている。

3 「ハーフ」表象の新たな展開

多文化共生や移民に関する議論では「日本人」／「外国人」の二分法がマクロレベルの強力な人種プロジェクトとして機能しているが、メディアでは「ハーフ」言説が消費の対象として再生産され続けている。メディアでは「外国人」と「日本人との間に」生まれた人は「ハーフ」として一括りにされる場合が多いが、親世代の移住の経緯やその歴史的背景などは異なるため、現代のかれらのルーツや経験は多様であり複雑である。さらに、「混血児問題」や「ハーフブーム」などといった過去のイメージも、現在の「ハーフ」という語の背景に折り重なっている。そのため、現代の「ハーフ」という語句は非常に流動的で多層的に構成され意味づけられている。

現在の「ハーフ」言説には第二期で位相Ⅰに対して節合されたポジティブなイメージの側面もあり、英語能力やアメリカのルーツ、白人性、容姿の美しさなどのイメージといまだに結びつけられている。しかも第四期では様々なニューカマーのルーツをもつ世代の登場によって「ハーフ」のメディアイメージも多様化し、「ハーフ」が必ずしも上記の条件を満たすわけではないという認識が同時に広まっている。さらに、ミックス・レイスの肯定的イメージはグローバルに拡散する新自由主義的な市場において「都合のよい商品」として扱われる。ウォント盛は、アメリカの市場におけるミックス・レイスの人々の商品化について論じたJ・サンタ・アナ（2008）とK・M・ダコスタ（2007）をそれ

（6） 一九九七年一〇月六日、日系ブラジル人とトラブルになった日本人の少年ら約二〇名が、そのトラブルとは全く無関係のエルクラノくんをナイフで刺すなどし、三日後に亡くなった（『朝日新聞』二〇〇七年一〇月一〇日朝刊）。

ぞれ引用し、「グローバリゼーション時代の資本主義において、国境を超えた存在であるハパは人種や民族という過去の遺物にとらわれない、新たな資本主義を表現する存在として、多くの多国籍企業にとって都合のよい商品」であり、「企業がハパスターやモデルを広告に使うことは、ハパが持つ「文化の橋渡し、既成概念への挑戦、未来」といったステレオタイプを強固にするだけで、企業にとって都合がいいだけ」と説明している（ウォント盛 2013:139)。日本においてもこのような新自由主義的な「ハーフ」の商品化によって「ハーフ」についての肯定的なイメージがさらに拡散されている。

しかしながらその一方で、近年「ハーフ」が事件や犯罪などのスティグマと結びつけられる状況もみられる。第四期ではかつての侮蔑的な意味合いであった「あいのこ」や、差別語としてその使用が忌避された「混血」という表現がみられなくなる一方で、これまで比較的肯定的に流布してきた「ハーフ」という表現が否定的なニュアンスとして用いられるケースも増えてきているのである。山本も指摘するように「ハーフ」言説は、「消費領域において魅惑的な商品となる一方で、ひとたび犯罪化や暴力性という枠づけによって語られてしまうと脅威の対象に転ずるという危うい表象を形作る」（山本 2014:139)。

例えば、二〇一五年に神奈川県川崎市の河川敷で中学一年生が当時一八歳の少年に殺害された「川崎事件」では、一八歳少年とかれが率いた少年グループに「ハーフ」が多かった。そのため、ネット上では「ハーフ軍団」「弱い子の集まり」などのような書き込みがなされた。ある記事では、「ハーフ」は移民社会が抱える社会問題とされ、「日本も移民政策への対応を誤ると、欧米の二の舞になる危険性は十分ある」と記された(7)。

バブル崩壊以降の所得格差や若年貧困層の拡大などの社会不安が外国人排斥へと転換される傾向が

あるが、「混血」「ハーフ」にもその矛先が向けられている。さらに、このような報道に対して、特に犯人の母親がフィリピン人であったことから、フィリピン系の「ハーフ」に対する嫌悪が助長されてしまうのではという懸念の声も広がった。[8]

また、「混血」や「ハーフ」という言説は、常にナショナリズムとの関わりにおいてもその存在の意味づけが問われている。この点を如実に示していたのが、ミス・ユニバース・ジャパン二〇一五においての初の「ハーフ」の日本代表となる宮本エリアナの選出とそれをめぐるメディアの一連の報道、そしてインターネットにおける反応である。二〇一五年三月一二日、代表に選出された直後から彼女に対する批判の声が噴出し、ネット上には「日本人らしくない」「何でブラックが日本代表なんだ」といった書き込みもなされたが、その一方で、「CNN、ニューヨーク・タイムズ、BBCなど多くの海外メディアから取材され、存在は世界に知れた。国内外から「頑張って。応援している」[10]の声が上が」ったという。[9]ミス・ユニバースの大会目的は女性のエンパワメントとされているが、宮本の場

（7）浅間三蔵、二〇一六、「【川崎中一殺害】一八歳少年Aが率いた〝ハーフ軍団〟の実像」、DailyNewsOnline（二〇一六年一月七日取得、http://dailynewsonline.jp/article/922919/）。

（8）酒井まど、二〇一六、「中1殺害事件で露呈したフィリピン人ハーフへの差別意識」、LivedoorNews（二〇一六年一月七日取得、http://news.livedoor.com/article/detail/9897745/）。

（9）柳田通斉、二〇一五、「宮本エリアナ「次は私も」似た境遇オコエらから勇気」、日刊スポーツ二〇一五年八月二八日（二〇一六年一月七日取得、http://www.nikkansports.com/entertainment/news/1529421.html）。

（10）ミスユニバース・ジャパンを企画する株式会社HDRは大会の趣旨を「日本女性の素晴らしさを世にアピールすべく活動しています。また、乳がん早期発見・予防促進活動、エイズストップ基金などを通じて、社会奉仕活動へ参

合には国際性や多様化のイメージ以上に、「日本人らしさ」がより強調される。[11] 国益に資するとみなされたり市場の利益と合致する場合には、ナショナルな言説によって「ハーフ」は賞揚されるが、同時に国家の代表選出でもあり、「日本人らしさ」が求められる場面であるためナショナリストからの反発を受けやすい。そのため、アフリカ系アメリカ人で元米兵であった父親をもつ宮本はその容姿や生い立ちから、ネットでは日本代表には「ふさわしくない」として激しい差別発言が繰り返された。このなかには肌の色や容姿に関する人種差別だけではなく、母親に対して「水商売」という語句を無理やり結びつける書き込みもあった。[12] ここには、「混血」に対する第一期の言説編成のイメージが重ねられている（位相Iのケースの母親に対するステレオタイプ化については第六章でインタビュー・データからさらに詳しく論じる）。

「混血」「ハーフ」にまつわる他者化・人種化されたイメージは戦後日本社会で蓄積されてきたが、特に国家に関わる事柄や、事件・犯罪といった特定の文脈において、これらのイメージが嫌悪や恐怖へと転換されていく構造は現代も継続している。

これまで論じてきたように、現在の「ハーフ」という語句は、過去の「混血児問題」や「ハーフブーム」などの複数の歴史性が重なり合い、名指される対象のルーツも多様化・複雑化しており、さらに特定の文脈では嫌悪や恐怖の対象にもなってしまう。複数の歴史性と多層的な社会的文脈がコラージュ（ばらばらの素材を糊付けして一つの作品にする絵画の技法）のように組み合わさった総体が「ハーフ」という語句なのである。そして、このように「ハーフ」という語句そのものの意味づけが不安定かつ複雑であるがゆえに、かれらに対する差別構造は十分にとらえられてこないまま現代社会に引き継がれている。

岩渕（2014）や河合（2014）は、「ハーフ」という言説によって過去の歴史性や政治性が不明瞭になると指摘し、「ハーフ」言説のもつカテゴリー化の力学に抗うことの重要性を述べている。[13] このような姿勢は第三期の社会運動や当事者の親世代の意識と通底するものがあると思われる。しかし以上で述べたような第四期のメディア状況を鑑みると、「ハーフ」言説はむしろ、戦後日本社会の歴史性や政治性を如実に表す言説であるといえるだろう。

4　消費の対象から発信する主体へ

第二期から第三期にかけて、「ハーフ」と呼ばれる芸能人や歌手、アイドルたちが、購買意欲をか

加するなど、外面的な美しさだけでなく、知性、感性、誠実さ、人間性といった内面の輝き、社会に積極的に貢献したいという社会性を兼ね備えた〝オピニオンリーダー〟の創造・サポートをコンセプトにしています。いわば、日本の若い女性達の人生に於けるプラットホーム（＝きっかけ）を与えることを一つの目的としています」としている。ミスユニバース・ジャパン、二〇一六、「ABOUT US」、ミスユニバース・ジャパン公式サイト（二〇一六年一月七日取得、http://missuniversejapan.com/x/about-us/）。

（11）毎日新聞、二〇一六、「『私が日本人でないなら何人？』ミス・ユニバース日本代表の宮本エリアナさん」毎日新聞ホームページ、（二〇一六年一月九日取得、http://mainichi.jp/articles/20151026/mog/00m/040/008000c）

（12）ＩＤ非公開さん、二〇一六、Yahoo 知恵袋（二〇一六年一月九日取得、http://detail.chiebukuro.yahoo.co.jp/qa/question_detail/q14143067234）。

（13）また、すでに第2章で述べてきたように、「ハーフ」それ自体も、政治性・歴史性のある言説である。

きたてる企業の目的に合致するようなかたちで各種メディア（テレビ、雑誌、ラジオなど）で取り上げられ、人種化されてきた。しかし第四期にあたる近年、「ハーフ」とされるタレントは単なる消費の対象なのではなく、自らの経験を積極的に発信する主体へとその存在を変化させつつある。

例えば、フィリピンにルーツをもつタレント、ラブリや秋元才加は、自身のブログや自伝において、日本社会にあるフィリピンへの偏見を変える必要性を訴えている。[14] また、父親がスウェーデンのルーツをもつＬｉｌｉｃｏはテレビ番組において「ハーフ＝美人」であるというイメージを批判している。また、ミスユニバースに選出された宮本エリアナや、「ハーフ芸人」で知られる堀田・世紀・アントニーらも、「ハーフ」に対する人種差別や偏見をテレビなどで告発している。アントニーは自身の自伝『アイ　アム　ジャパニーズ』に記している。

みなさんはハーフと聞いて何をイメージしますか？「バイリンガルで英語はペラペラ」「見ための超かわいい」「なんかお金持ちそう」「運動神経、めっちゃよさそう」

みなさんはハーフと言えば、誰を思い浮かべますか？　ベッキーさん、ダルビッシュ有さん、ウエンツ瑛士さん、ローラさん、ＪＯＹくん、関口メンディーさん、滝川クリステルさん……。

芸能界（そしてスポーツ界）では、たくさんのハーフの方々が活躍している。どなたも、みなさんが思う「ハーフ」の華々しいイメージに当てはまる方ばかりだ。かくいう僕も、アフリカ系アメリカ人の父と、日本人の母に生まれたハーフ。でも、みなさんが思うハーフのイメージに何ひとつ当てはまっていない！　いわゆる「ニュータイプのハーフ像」がこの僕なのだ。ハーフって言えば、誰もがそういう華々しい人だと思わないでほしい。僕みたいに英語もしゃべれず、見ためも残念で、お世辞にも金持ちではないハーフもいるのだから。（中略）僕は今、二十五歳。四半世紀生きてきて、見ための違いから、こんなふうにエピソードに事欠かない人生を送ってきたけれど、これだけは言いたい。

僕は日本人だ。日本で生まれて、日本で育ってきた。友だちと遊んで、両親とケンカして、勉強をさぼって、スポーツに夢中になって、芸人になることを決めてコンビを組んだ。僕と同じぐらいの年齢の普通の日本人が育ってきたのと何ら変わりなく、僕も日本で育ってきた。ハーフと言えども、日本で生まれ育って、英語もしゃべれない僕みたいなハーフがいたっていいと思うのだ。いろんなタイプの人がいたほうが世界は面白くなるはずだから（堀田 2015:5-8）。

アントニーはここで、第二期において人種化されヘゲモニー化してきたこれまでの「ハーフ」のイメージを揺さぶっている。また、「僕は日本人だ」と宣言することで、「日本人」／「外国人」という人種的な二分法に還元されえない人々のアイデンティティの拠りどころを構築している。このような当事者による発信は、これまで描かれてきた悲惨な存在でも羨望の眼差しを浴びる存在としての他者化されたイメージでもなく、当事者による力強いメッセージとなっており、「日本人」や「ハーフ」のもつ従前の人種化されたイメージに直接的に変更を迫るものである。

以上のように第四期では、当事者は単に消費の対象とされるだけではなく、みずからが発信する主

（14） ラブリ、二〇一六、「フィリピンに行って感じた事」、ラブリ公式ブログ（二〇一七年六月二〇日取得。http://ameblo.jp/lovelizm/entry-12115681943.html）など。

体としてその存在感を増すようになってきた。かつて第二期において消費の対象として「ハーフ」言説が結びつけられていた「ハーフ」の女性も、第四期において積極的に自身の経験や社会の偏見やイメージを変更していく主体として立ち現れている。当事者による「ハーフ」の意味づけの再分節化は多様であり、これまでヘゲモニックに再生産されていた「ハーフ」言説を揺るがし、流動化させている。そして、当事者による新たな意味付けや発信は、日本社会においてこれまで無化され続けてきた人種差別や偏見といった問題群を可視化させる非常に重要な契機となっている。

5 コミュニティ形成とアイデンティティ・ポリティクス

第四期において、当事者をめぐる最も大きな変化といえるのが、「ハーフ」コミュニティの急激な増加と成長である。これまで、位相Ⅰでは基地周辺地域のコミュニティや児童養護施設出身同士のコミュニティが、位相Ⅱでは第二章、第三章で取り上げた李や安田によるコミュニティ、位相Ⅲではフィリピン系や南米系の「ハーフ」にみられるようなエスニック・ネットワークと重なるコミュニティなどがそれぞれ個別に形成されてきた。しかし、第四期には、このような位相やルーツの違いにかかわらず、より多様なルーツの「ハーフ」同士が出会うコミュニティが急増していく。

この当事者コミュニティが形成される大きな背景的要因は、情報技術の進歩による。第四期にあたる近年、特にインターネットを介した情報技術が非常に発達し、デバイスやアプリケーションの機能は常に更新され続けている。「インターネットに関する技術は、働き方や情報交換、買い物、人との出会い、社会的紐帯の組織化と維持といった日常生活のパターンを直接的に変化」させており（Gane

2005:475）とくに、SNS（Social Networking Service）は人々の暮らしやコミュニケーションのあり方を大きく変えた。E．エバノフはSNSについて、「オンラインコミュニティを構築し、友人・知人・共通の趣味をもつ人などとのコミュニケーションを促進するためにデザインされたWebサービスである。SNSはその性質上、トランスナショナルであり、世界中からのユーザーが含まれている」と説明している。ICT総研の「SNS利用動向に関する調査」（二〇一六年度）によると二〇一五年末の時点でインターネットを利用する人口の六五・三％はSNSを利用しており、この割合は年々増加しているため二〇一八年度末には七四・七％に達すると予測されている。[15]

初期のSNSはClassmates.com（1995）、SixDegrees.com（1997）、MySpace（2003）、Facebook（2004）が続々とローンチされ、欧米で多くのユーザーを獲得した。日本国内でいち早く主流のSNSとなったのは、二〇〇四年に登場したmixiである。SNSの利用が開始される以前、「ハーフ」に関するコミュニティは形成されていなかったため、[16]当事者がお互いについて知ったりであったりする機会は

（15）　株式会社ICT総研の『二〇一六年度SNS利用動向に関する調査』より引用。（二〇一七年六月二〇日取得、http://ictr.co.jp/report/20160816.html）。

（16）　基地周辺地域や基地内のコミュニティや、インターナショナルスクール、在日コリアンにおける「ダブル」当事者のコミュニティ、児童養護施設のOB会など歴史的背景や地域的な偏りがあるコミュニティが一部存在していたが、それ以外の多様なルーツをもつ「ハーフ」を包含するコミュニティは存在していなかった。エバノフの自身の経験をもとに、「日本における外国籍人口は一～二％であり、インターナショナルスクールに通うか親の外国につながるネットワークに属さない限り、「ハーフ」が他の「ハーフ」に出会うことは非常に稀である」と説明している（Evanoff 2010:18）。

非常に限られていたが、日本の「ハーフ」コミュニティについて研究したエバノフによると、ＳＮＳサイトの登場と並行して「ハーフ」に関連するコミュニティが次々に出現したという（Evanoff 2010:14）。エバノフの調査は二〇〇八年まで継続されたが、私自身の二〇一二年からの「ハーフ」コミュニティのフィールド調査によるデータを合わせると、インターネットを介した「ハーフ」コミュニティの展開は新たなＳＮＳの登場とアプリケーション内の機能の拡充にパラレルに変化しているといえる。「ハーフ」コミュニティの基盤となるＳＮＳのアプリケーションもmixi（二〇〇四年頃から）、Facebook（二〇一〇年頃から）、Lineグループ[17]（二〇一三年頃から）と変化しつつある。

ＳＮＳにおける「ハーフ」コミュニティの誕生と発展の軌跡を長期的なフィールド調査によって分析したエバノフによると、mixiがサービスを開始した二〇〇四年にはすでに「Hapa Japan」が当事者コミュニティとして早くも登場し、二〇〇八年の時点で「ハーフ」に関連するコミュニティは一〇〇を超え、「Hapa Japan」の参加人数は五〇〇〇名を上回るほど成長した。それぞれのコミュニティはユニークで、異なる目的のために作られている。最も大きいものは参加者が五〇〇〇人を超えている。[18]これらのコミュニティ活動は、期間に応じて活発になったり停滞したりと変動し、新しいコミュニティは継続的に作り続けられ、コミュニティにおける文化活動も流動的であるため、結果としてメンバーの入れ替わりも多いという（Evanoff 2010:14）。これはmixiに限らず、その後のFacebookにおけるコミュニティの特徴にも通底している。Facebook上では「「ハーフ」コミュニティ交流会」や「Hapa Japan」、「ハーフあるある」などのような登録数五〇〇〇名前後のコミュニティが複数存在し、それらはオンラインの掲示板の役割だけではなく実際に当事者が出会う場としてイベントや交流会を頻繁に開催している。[19]エバノフは、当事者がＳＮＳを通してリアルなコミュニティに参加する動機は「他のハーフと会うことに興味を持っていること」であり、「多くの「ハーフ」（特にインターナショナルスクールに通っていない場合）にとって、「ハーフ」コミュニティによるオフライン活動は、他のハーフと出会うことで社会化されていく初めての機会を提供している」と論じている。さらに「その参加者が（日本以外の）エスニックなバックグラウンドを共有していないにもかかわらず、自らを「ハーフ」とみなすことこそが、「ハーフ」コミュニティ形成の土台を提供している」と指摘している（Evanoff 2010:150）。これらのグループでは、位相Ⅲのような様々なルーツをもつニューカマーの子ども世

（17）　Twitter や Facebook から呼びかけて招待する形でグループ化する。またこれらのアプリと通した「ハーフ」コミュニティの推移の年数は、筆者による参与観察のデータを元にしたおおよその年数である。

（18）　エバノフはハーフに関連する当時のSNSコミュニティを以下のようなカテゴリーで整理している（鉤括弧内がカテゴリー名、括弧内が該当グループ数）。「一般」（一三）、「社会化」（九）、「アート」（一一）、「イメージ」（一七）、「ルーツ」（二八）、「地域的」（一三）、「見た目／言語」（一一）、「その他」（一九）。

（19）　二〇一七年の時点でハーフに関連するグループは公開／非公開を合わせて九〇以上存在し、参加人数の最も多い「「ハーフ」コミュニティ交流会」は七〇〇〇名以上である。参加人数が一〇〇を超えるグループも数十団体、多様な目的や背景・地域性・ルーツを持ったグループが形成されている。これらのコミュニティでは定期的にイベントを行っており、SNSを通して参加を呼びかけるためそれぞれでメンバーは重複する場合もある。交流会として開催されるイベントは、野外でのバーベキューやピクニック、ハロウィン、飲み会、花見、カラオケ、誕生会、クラブイベントなどであり、イベント企画者によって場所や費用などが異なる。筆者が行った参与観察によると、二〇〇八年ごろまでは当事者の交流がメインであったが、近年クラブイベントが中心となり、メンバーも流動的である。また年齢層、友達関係、居住地域、ルーツにあわせてそれぞれ非公開の様々な交流コミュニティが存在する。

代や位相Ⅰ、Ⅱの第二、第三世代が参加しており、「ハーフ」「クォーター」「ミックス」「ハパ」などのような複数の語句によって自らを語り、そのコミュニティ活動を展開しているのである。

「ハーフ」コミュニティの「居場所」機能

堀口・井本はこのような新たなコミュニティ活動の展開について「彼らの活動は、権利主張のための社会運動や問題に対する異議申し立てというよりも、ミックス・アイデンティティーを表現する手段や個々人の経験を緩やかなコミュニティーとして共有する「居場所探し」と捉えるべきだろう」と述べている（堀口・井本 2014:71）[20]。このようにSNSを介したコミュニティはこれまで存在しなかった「居場所」として重要な機能を果たした。「ハーフ」の当事者がオフラインで実際に出会うという居場所づくりを開始したのは「Hapa Japan」である。

「Hapa Japan は日本において最も大きく、最も古い「ハーフ」コミュニティの一つであり、「ハーフ」がお互いに「リアル」な友達を作れるようにするためにつくられたコミュニティ」（Evanoff 2010）である。「Hapa Japan」は二〇〇四年の一〇月に mixi において結成された。このグループはオンライン上でのつながりだけでなく、「リアル」な社会イベントの組織化を重視した（Evanoff 2010:53）。イベントは、忘年会、新年会、花見、BBQなどで、毎月のように何かしらのイベントが開催されている。エバノフがフィールド調査を行なった時点ではインターナショナルスクールに近い雰囲気のコミュニティであり、西洋のルーツの人が多かったというが、その後の本研究のフィールド調査ではアジア系のルーツも増えている。このグループが冠する「Hapa」とはハワイ語で「混血」を指し示すものであるが、このグループは積極的に「Hapa」の語句やロゴ（HJの文字によるロゴ）を用いてイベントを企画し、新たな語句の言い換え表現を用いている（花見→「ハパ見」、忘年会→「ハパ忘年会」、女子会→「ハパ女子会」など）。メンバーの参加動機はさまざまであるが、そのほとんどが自分以外の「ハーフ」の他者に興味を示していた（Evanoff 2010:121）。エバノフは参加動機とコミュニティの機能を以下のように説明している。

差別や偏見に関する問題に直面し、逃げ場所や居心地の良い場所を探したいと説明するメンバーもいる。かれらはまた、自分自身の経験・考え・意見をお互いに共有し合いたいと思う。また、インタビューを通してはっきりとしたことは、「ハーフ」コミュニティによって開催されるイベントは社会化や楽しみのための機会を提供するだけではなく、「ハーフ」がエスニシティやアイデンティティに関わる深い社会的問題に対処することを助ける役割を果たしている。[21]「ハーフ」コミュニティの主催するイベントについてどんな反応や意見を持とうとも、「ハーフ」が自

(20) 堀口・井本はさらに、「このような本人たちによる発信は、旧来の政治的運動という意味合いを持たないかもしないが、メディアには表れないような物語を草の根レベルで蓄積し共有することによって、「ハーフ」の意味をより多様なものにするとともに、既存の「日本人」という定義を見直す必要を社会に発信しているといえるだろう」と述べている（堀口・井本 2014:71）。

(21) もちろん実際に「ハーフ」が抱く「ハーフ」コミュニティに対する反応は様々で、肯定的な感情をもつ者もいれば否定的な意見も見られるという。また、最初はグループのイベントに参加していても、そのなかで仲の良い友達を作ってグループ外で遊ぶことも多いという（Evanoff 2010:122）。

分自身をよりよく理解する試みとして他の「ハーフ」をロール・モデルとして見たり、自分自身と比較することにおいて、これらのイベントが「再帰的なプロジェクト」(Giddens 1991)としての機能を果たしうる(Evanoff 2010:122)。

本研究のフィールド調査でも、イベントに参加することがアイデンティティの変化につながった経験や、コミュニティの中での出会いが重要な経験として語られていた。[22] 例えば亨さんの場合、「ハーフ」同士のつながりを持ちたいと考えFacebook上で「ハーフ」のコミュニティを探し、「面白そうだなと思って」参加したという。かれは、当時イベントを定期的に開催していたコミュニティで花火や海水浴、花見などに参加し、あらたな「ハーフ」の友達関係を築いていった。かれは幼い頃、親のつながりで「ハーフ」の友達がいた経験を持っていたが、このSNSを通した「ハーフ」コミュニティがかれにとっては久しぶりにほかの「ハーフ」や「ミックス」に出会う貴重な機会であった。彼は次のように語っている。

亨:長い学生生活もあったから、久しぶりにハーフの人と遊べたっていうので感動した。とくに○○会のときとか、あのときは結構嬉しかったかな。最初はまあ顔だけ出してみようかなって感じではあったんだけど、結局最後までいたっていう感じで。あの日ほど嬉しい日はなかったかな。マジでほんと嬉しかったわ。(…)やっと自分の居場所がみつかったみたいな。

このように、かれは「ハーフ」コミュニティについて、「やっと自分の居場所がみつかった」と語り、かれのライフコースにおいて重要な経験であったことがうかがえる。ほかにも、ＳＮＳの既存のグループに参加するのみならず、自らＳＮＳのネットワークを駆使して「ハーフ」同士のコミュニティを形成したものもいた。

ニコラス：〔大学の友達から「ハーフ」の友達を紹介してもらい、飲食店で会った際に〕色々話して、お父さんのこととか、家族のこととか。そのときに、面白いなあと思って。で、そのときに初めてハーフ会ってつくって〔LINEのグループを作った〕。初めはその二人だけだったんだけど、まあ月日は流れて、一年後ぐらいかな、人数はまだ二人やったんやけど「全然人集まらんなー」って。まあ、「そらそうか、たしかに自分が普通に生活してたらハーフの子ってあんまり会わへんもんな。まあ会わへんけど、どうしようって思って。そしたら、ちょうどテレビ見てて、ローラとかウエンツとかの、芸能人のハーフ会がテレビでやってて、「あっ」って思って。それでTwitterを使って片っ端から人呼んで、〔LINEのグループに〕入れて。それの繰り返し。（…）それまで人生で考えてこなかったから、ハーフについて。お父さんが、常に言ってるっていうか、たまに言ってるんだけど、自分のハーフっていうことを「活かすも活かさないのもお前次第だよ」って

（22）Facebookにおけるコミュニティの大きな機能は四点にまとめられる。一点目はイベント紹介、二点目は自己紹介、三点目は自身の経験の共有、四点目としてハーフ関連情報の告知である。特に二、三点目は当事者のアイデンティティ形成や他の当事者との共有の場をもたらす重要な場となっている。しかし、メンバー同士の仲違いも一部には存在する。さらにＳＮＳコミュニティに参加しない／したくないという当事者もいる。

よく言われて。そうやなと思って。やっぱまあこういうふうに生まれたから、活かしていこうって思って、ハーフ会始めたかな。(…) 夢というか目標は、ずっと残るグループにしたい。

ニコラスさんはこのようにSNSを用いて、実際に交流するコミュニティを組織した。それまでほかの「ハーフ」に会う機会が少なかった彼にとって、初めての「ハーフ」との出会いであり、そしてこれは父親の一言が動機となっていた。

次にアメリアさんと麻美さんの語りをみてみたい。

アメリア:〔「ハーフ」のコミュニティに入ったきっかけは覚えていない〕いつのまにかSNSでアメリカのハーフのひとたちと繋がってた。コミュニティがあって、そこに入って仲良くなったんだけど。〔mixiでできた友達に誘われてFacebookのコミュニティに参加するようになった〕最初に行った会はすっごい覚えてる、そういうのいくの初めてだし、だれも会ったことない人たちだし、めっちゃ怖くて最初は(笑)。すごい、懐かしい、めっちゃ覚えてる。すごく楽しかった、最初はめっちゃ緊張してて、けどすごい、仲間、じゃないけど、そういう同じ環境の人たちと喋るの初めてだったから。なんかいろいろ自分の境遇の話とか。話し通じるのがまず早いじゃん、そういうのがあって、だからすごい楽しかった。そっからあと、ずーっと行ってる。(…) 一回コミュニティから離れてたり、なんか世代が若くなってきちゃったし、もういいかなと思っていかなくなった。(…) みんな、ノリがいいよね。日本人のなかにいるとすっごく壁を感じちゃうときがあるんだけど、それがなかったから。

麻美：〔友人の投稿がきっかけで「ハーフ」のコミュニティの存在を知る。そのページを〕みたら、あ、ハーフだ！　あるんだー！って、びっくりして。（…）数日後には申請出して。申請されて承認されてもすぐには自己紹介しなかったんだけど、けっこう様子見。で、自己紹介してみたらけっこう、「いいね」がついたりとか。あと、〔今まで〕ハーフの人と会いたいって思ってたんだけど、その頃はイベントなくて。そしたら、年末年始の時に、○○が、「初詣行きませんか？」って投稿してて、それに、勇気出して、「行きたいです」って〔コメントした〕。（…）驚きはあった。〔「ハーフ」のグループが〕あることにびっくりしたし、「ハーフ」が二六○○人とかいて、へー！みたいな。

――で、会ってみたいっていうのがあったの？

麻美：うん、めちゃくちゃ会いたくて。で、集まり行ったら、イケイケが多いじゃん。「いいなー」みたいなのがけっこう強くて。だけど、あんまり馴染まなかったね。あー、違うんだなと思って。わたしはハーフだけど、違うんだなーと思って、アイデンティティが確立されてった。（…）ほんと、（ハーフの集まりに行って）マイナスはないよね、変に引きずり込まれていったとかもないし。だからいい勉強できたっていうのしかないっていうか。（…）「ハーフ」のコミュニティとかっていうのに、あんまり深く関わらなくなったのは、一年半ぐらい経った頃かな。（…）〔イベントで主催者がゴミを捨てずに放置しようとしたのを見て〕それで嫌になって、こんなイベント、わたし参加したくないと思って。そこからかな。人として、嫌いなわけじゃないけど、こういう場所で会うのは、そんなに、ってなった。だから、○○とかみたいに、個人でね、会っていい人たちはいっぱいいるんだけど。

アメリアさんも麻美さんも次第にコミュニティ全体のイベントに行くよりも、かつてのイベントで出会った人との個人的な交流が増えていったという。一方、ハーフ関連のコミュニティへ参加していない人も多い。

——ちなみに、Facebookの「ハーフ」とかのコミュニティって行ってないの？

知絵：ないない。

——あ、全然してないんだ。

知絵：うん、してない。なんか、そういう集まりがあるの？

——うん。そういうの入りたいとか、興味はあった？

知絵：うん、ちょっとはあるけど、うーん、なんだろう。なんか、どういうものなのかなって見てみたいけど。それで、ちょっと集まって、なんか日本の悪口とかは別に言いたくない。

「ハーフ」がつくるコミュニティに居場所を感じたり、コミュニティに夢を抱くものがいる一方、「ハーフ」会に参加後にそこから次第に距離をとるようになったという語りや、ハーフ同士が集まることで日本の悪口を言い合うのではないかと感じ、参加していない語りなども聞かれた。また、イベントの企画代表者の代替わりや、イベントの内容（場所、参加者、参加費など）によって参加するかどうかが左右される場合もある。このように「ハーフ」の当事者たちは、「ハーフ」のコミュニティに対してそれぞれが独自の距離感を保ちながら参加している。コミュニティでの経験やその距離のとり方の度合いも当人のアイデンティティ形成に影響を与えている。
SNSを介して広がる「ハーフ」コミュニティと、当事者との距離のとり方は複雑な側面を見せている。これまで「ハーフ」コミュニティについて言及してきた先行研究はしばしば、このコミュニティの肯定的な側面にのみ焦点を当ててきた（岩渕 2014; 堀口・井本 2014; 田口 2017）。しかし、「ハーフ」コミュニティに対するフィールド調査を重ねてきたケイン樹里安（2017, 2018）は、肯定的側面ばかりを強調しがちなこれらの先行研究に対して的確な指摘をしている。

ソーシャルメディアを介した対面的・非対面的な「ハーフ」たちのコミュニティに注目が集まる一方で、具体的な様態にアプローチする研究は圧倒的に少ない。しかし、その蓄積は急務である。なぜなら、研究者が現に生起している問題状況と対置させるかたちで、「ハーフ」コミュニティをあくまでも「肯定的なもの」としてのみ描き出すばかりでは、その内部においても働く社会的緒力の影響関係を捨象したままに、バイアスのかかった形で称揚するにとどまる可能性があるためである。何らかの問題状況が生じていた場合、研究者のバイアスによってそれが隠蔽され、結果として問題状況を克服する創造的な契機を看過することにもつながりかねない（ケイン 2018:21）。

ケインは関西で展開される「ハーフ」コミュニティの参与観察を通じて、成員資格をめぐる「技芸」の存在を描き出した。コミュニティのメンバーが集う空間では、これまでの自らの人生経験について話す、ある種の「ハーフあるある」の語らいの場が現出する。ここでは、これまで経験してきた問題状況を「ハーフあるある」として「ネタ」の形に昇華させた上で笑いあう。またその一方で、各自の問題状況を「しのげるもの」にする話法を駆使できないものは「ネクラ」としてコミュニティから排除される（ケイン 2017）。

さらに、「ハーフ」コミュニティはさまざまな栄枯盛衰の様態をみせ、しばしばより個別のコミュニティへと枝分かれしていく。ケインはさらに、大規模なコミュニティから分化した「グループZ」と、それと平行して形成された「女子会」の動向にも着目している。ここでは、コミュニティの成員資格の構造をゴフマンの「膜」の概念を援用することで的確に捉え、「グループZ」では「ハーフ」当事者と親密な関係をもつ「理解してくれる人」である「日本人」にまでコミュニティの「膜」が開放され、「女子会」ではより大きなコミュニティにおけるジェンダー秩序が持ち込まれない形でコミュニティの「膜」が形成されていたことを明らかにした（ケイン 2018:33）。

ケインは「ハーフ」コミュニティを内部から観察することで、そこにおけるある種の「膜」としての成員資格の機能と排除を明らかにしてきたといえるだろう。ケインの指摘するとおり、「ハーフ」コミュニティの動態をとらえるためには、肯定的または否定的なものとして一元的に捉えるのではなく、そこにおける成員資格の受容と排除の動態を詳らかにしていくことが肝要である。さらに本章では、「ハーフ」同士の交流によってアイデンティティが確立されるという語りや、世代間交代の話題、活動の運営に対して問題意識を持ったというコミュニティ内部での経験が聞かれた。コミュニティを自ら形成する者や、コミュニティ活動に一度も関わらない者など、「ハーフ」当事者個人にとってのコミュニティのあり方と、それに対する個々の距離のとり方が多様であることがわかるだろう。

「ハーフ」コミュニティのアイデンティティ・ポリティクス

エバノフは、SNSの発展以前は「メディアにおけるハーフの表象は圧倒的に視覚的なものであるため、「ハーフ」は聞かれたり理解される人々よりも、見られる対象」であったが、「インターネット（特にSNS）の登場により、「ハーフ」がどのように表象されるのかは劇的に変化しつつある」と述べ（Evanoff 2010:14）、「HArts」と「Mix Roots Kansai」という二つの団体の活動を「ハーフ」の表象のポリティクスという観点から論じた。「ハーフ」の芸術集団である「HArts」は芸術品の展覧会や文化的イベントを活発に展開するが、かれらが作り出す芸術や文化は、アイデンティティ・所属・日本社会におけるポジショナリティが活動に強く関連している。また「Mix Roots Kansai」は「ミックスルーツ」という概念の定立によって、「ハーフ」や他のルーツを包含するより広い意味づけによる活動を展開していった。[23]

（23）・「HArts」は、絵画・音楽・詩・彫刻・建築・映画・デザイン・その他のアートに興味がある「ハーフ」のためのアーティストグループである。このグループは二〇〇六年四月に結成され、今は二五〇名以上のメンバーがいる。二〇〇八年から二〇〇九年にかけて「Hartism」というイベントを開催し、芸術に関連する展示やライブ、パフォーマンスなどが催された。五〇〇人が参加したイベントは新聞などにも取り上げられた。（Evanoff 2010:56-57）
・「Mix Roots Kansai」は二〇〇八年の時点で二八〇人のメンバーであり、Hapa Japan と比べて小規模であるが、広範囲の活動を組織している（Evanoff 2010:57）。エバノフはこの会の代表者にインタビューしているが、それによると当会は「HAPAジャパン」の関西版として二〇〇六年にできたが、その後名前を変え、メンバーも多様なルーツである。また、イベントを開催するだけではなく社会的対話や教育に着目し、学術的なシンポジウムも開催している。

「ハーフ」という語句は、肯定的もしくは否定的なものへと流動化し、多様な歴史性を内包する複雑な言説となっている。その中で、当事者自身によるSNSを通じた発信も徐々に増加してきた。人種化や差別に関する批判も次第に展開されつつあり、日本社会でこれまで不可視化されてきた人種差別や他者化の構造が問われ始めている。

6 メディア・アクティビズム

堀口と井本（2014）によると、二〇〇〇年代後半ごろからは、当事者の親や運動家ではなく、当事者自身によるメディアを通じた発信が増えているという（堀口・井本 2014:70）。特に日本や海外各地で写真展やイベントを展開している「Hafu Project」という団体の活動や、近年公開された映画「Hafu——a film about the experiences of mixed-Japanese people」などでは、第三期において〈差別用語〉とされた「ハーフ」言説を当事者の立場から積極的に用いていく試みがみられる。また、個人名のブログを運営することで、「ハーフ」関連のアイデンティティ・アクティビズムを個人レベルで展開する運動も近年非常に活発である。

また「Twitter」や「Vine」では「ハッシュタグ」（記号では「#」）を用いたアイデンティティ表象と差別問題告発のアクティビズムが近年非常に活発である。ハッシュタグを用いた社会運動として、国外の事例の分析でY・ボニラとJ・ロサは路上で警察官に射殺された黒人少年をめぐるハッシュタグ・アクティビズムについて（Bonilla and Rosa 2015）、K・ディクソンはフェミニズムにおけるハッシュタグを用いたアイデンティティ・ポリティクスの展開を「Hashtag feminism」として論じている（Dixon 2014）[24]。ボニラらによると、ハッシュタグの機能は特定のトピックについての素早い情報検索を可能にするため、「#」を用いることで議論を活発化させるプラットフォームを築くことができるという。ハッシュタグ・アクティビズムで用いられる特定のハッシュタグを使うと、その問題群について抵抗者がどのような主張の投稿をしているか、ジャーナリストがどのような報告をしているか、警察がどのような声明を発表しているか、識者がこの問題をどのように解釈しているのかなどさまざまな反応がわかる。そのため、ハッシュタグはある一群のメッセージを形成し、社会運動を進める上で大きな効果をもたらす（Bonilla and Rosa 2015）。

「ハーフ」当事者が自身のアイデンティティ・ポリティクスや何気ない日常的経験、差別的体験などを表明する際に用いるハッシュタグは「#ハーフあるある」である。このタグを用いることで、当事者同士で通じる家族や言語・外見などにまつわる共通の話題を共有しあっている。また、このタグによって当事者は日常生活で感じる苛立ちや嫌悪感、違和感、周囲からのスティグマ化などを告発している。このような当事者のメディア・アクティビズムが、情報技術の進展とともに非常に活発となり、これまで不可視化されてきた差別的体験がSNSのコンテンツ上に可視化されつつある。

このように第四期では、グローバル化や新自由主義、位相Ⅲの南米系・フィリピン系などのニューカマーの増加を背景に「ハーフ」言説の意味付けも多様化している。情報技術やメディアの発展に

（24）黒人少年の警察官による射殺事件では「#Ferguson」や「#MichaelBrown」「#HandsUp」、「#HandsUpDontShoot」などが用いられ、フェミニズム運動のハッシュタグは、「#bringbackourgirls」「#YesAllWomen」「#NotYourAsianSidekick」「#SolidarityIsForWhiteWomen」「#me too」などがアイデンティティ・ポリティクスとして用いられた。また近年では例えば、トランプの大統領就任に反対する運動の中で「#NoBanNoWall」などといったタッシュタグが動員されている。

よって、様々なルーツをもつ人々が、「ハーフ」という語句の言説編成に参入する機会を持てるようになった。エバノフは、このように情報技術の進展によって個人がより活発にアイデンティティ・ポリティクスを展開できる状況になったと述べ、「ハーフ」をめぐる言説の節合についても「誰もその所有権を持たない公的な資源であり誰も排他的にその意味づけを自分のものにすることはできないが、その意味づけを自分が願うように書いたり書き直したりできる権利は誰しもが持っている。そこには著者と編集者と読み手の間のヒエラルキーは存在しない」と指摘している（Evanoff 2010:161）。このようにメディアを通じて当事者による新たな「ハーフ」表象がなされるようになった。

7 小括――「あたりまえ」が問い直されるとき

本章の冒頭で論じてきたように、現代日本社会で「自然」で「当たり前」なこととして社会に浸透・偏在している人種プロジェクトは「日本人／外国人」という強固な二分法に基づくものであり、そこからは多様なアイデンティティは排除される。そのため、多文化推進をうたう政策の支援対象はあくまでも外国籍住民に絞られ、「日本人」対「外国人」という二項対立の図式は再生産され、「ハーフ」への差別は温存され続けていた。そして、二〇一〇年から開始された「日系定住外国人施策」ではさらにその支援の対象が「日系人」へと範囲が狭められていった。このように政府を中心とした「日本人」／「外国人」の人種化された二分法はあらゆる機会において再生産され続けている。

しかしながら、「ハーフ」と呼ばれる人々は単に日本社会の人種プロジェクトの受け身であり続けるわけではない。位相Ⅲのさまざまなルーツを持つ「ハーフ」の若い世代が増加したこと、そして情報技術の進展によりSNSを通じたネットワーキングと情報発信の機会が急増したことを背景として、当事者によるメディア・アクティビズムとコミュニティ活動が活性化する。メディアにおけるかれらの主張は、これまで日本社会に浸透しあたかも「自然」とされてきた「日本人」と「外国人」という強力な二分法に異議を唱え、疑問を投げかけている。それだけではなく、かれらは自らの立ち位置から「ハーフ」についてさまざまに語ることで、「ハーフ」カテゴリーの内実は単一ではないという強力なメッセージを打ち出している。さらに、これまでコミュニティを形成する機会が限られていたが、SNSの機能が拡充されたことで、当事者は同じルーツや「ハーフ」同士で交流する機会を急増させた。これらの交流やコミュニティ形成はネットワーク上のみならず、対面で会うことにより持続的な相互交流の機能を果たすこととなった。複数の個人が、さまざまな媒介を通じて、いくつもの「ハーフ」という語句を構成していく。それによって、複雑で多層的な意味の総体として、「ハーフ」の実像が浮かび上がってくるのである。メディアを通じて個人の水準で発信される新たなアイデンティティ・ポリティクスは、戦略的本質主義とも異なり、「ハーフ」像が決して固定化されることはない。いくつもの「ハーフ」像が共に描き出されることで、複雑で多様な歴史性と社会的現実が明らかになると同時に、「日本人」と「外国人」という二分化の認識が直接的な変更を迫られている。

第Ⅰ部まとめ――「混血」の戦後史が映し出すもの

マスメディアやウェブ上では、「ハーフ」に対する幻想的なイメージがいまだ根深いといえる。例えば、「ハーフであれば、見た目・言語や話し方・文化・性格にはこのような特徴がある」といった具合に、そのカテゴリーを本質化するような言説が溢れている。こうした幻想的な「ハーフ」イメージは、現実世界でのかれらに対する眼差しを曇らせ、歪ませてしまう大きな要因となっている。また、「ハーフ」という語句の意味が変化してきたことや、そもそもこの表現が世俗的に用いられてきたこともあり、社会学や歴史研究においても長い間「ハーフ」は研究対象とされてこなかった。

いま私は「幻想」という言葉を用いた。しかし「ハーフ」や「混血」に関するイメージや言説は、決して何もないところに突然現れたものではない。第Ⅰ部を通じて明らかにしてきたことは、この「幻想」が歴史過程のなかで特定のアクターによって作られ、書き換えられ、繰り返されてきた、という事実である。オミとウィナントは社会における人種の意味づけの歴史的過程（人種編成）を「人種的なアイデンティティが生み出され、引き継がれ、変化し、破壊されることによる社会歴史的なプロセス」だと論じている（Omi and Winant 2015:109）。では、戦後日本社会における「混血」「ハーフ」

の言説やそのイメージは、いかに作られてきたのだろうか。

まず第一期（一九四五〜六〇年代）では、メディアで多く用いられたのは「混血児」という呼称であり、その対象はおもに米軍や英連邦占領軍などの駐留兵士と日本の女性との間に生まれた子どもたちであった。一九五二年にGHQによる占領が終わるのと同時に、「混血児」をめぐる議論が「社会問題」としてメディアで頻繁に取り上げられるようになった。その結果、「混血児」はより狭義に捉えられるようになり、「「混血児」であればアメリカやヨーロッパのルーツをもつ（そしてその多くは、父が米兵で母親が「パンパン」の子ども）」というイメージが流布した。「混血児」の意味が変わっていくことで、朝鮮半島や台湾などのルーツをもつ子どもたちはそのイメージの外へ置かれるようになった。一九四五年以前には「混血」言説の中心にいた旧植民地にルーツをもつケースは、戦後日本社会に政府やメディアが構築した新たな「混血」言説に置き換わったのである。そして、「いわゆる混血児童実態調査」の対象選定プロセスなどからも明らかなように、これは意図的に不可視化されていったものである。

さらに厚生省や文部省の「混血児対策」では、親の人種やジェンダー、そして調査員によって観察された当人の人種的な特徴など複数の「人種の線 racial line」によって、その対象となる「混血児」の範囲が策定された。この線引きにもとづき、福祉の対象は矮小化され、「混血児」をめぐる深刻な差別問題も不可視化された。そうしたなか山積する問題は、「とるに足らないもの」とされ、あたかも問題など存在しないかのようにみなされた。あるいは目の前にある問題を「子どもの問題」や「将来の課題」と呼ぶことで、対策が先延ばしされることもあった。

続く第二期（一九七〇〜八〇年代）にかけて、「混血」の意味づけは大きく変わっていくことになる。

「混血児問題」から、メディアにおいて繰り広げられた「混血ブーム」、そして「ハーフブーム」への転換である。この変化にともない、メディアで多用される語句は「混血児」から「ハーフ」へと変わっていった。この変化を牽引したのは政府ではなく、消費社会の担い手となる企業や、広告業界、マスメディアである。「混血児問題」言説にみられる、「混血児」の差別や困難への言及は、「混血タレント」表象においてもしばしば見られた。ただし、「ハーフブーム」が到来してまもなく、「混血児」の「影」の側面は、メディアから姿を消した。いや、姿を消したというよりもむしろ、読者、視聴者の購買意欲をいっそうかきたてるための商品戦略のなかで、差別に関する言及はメディアの発信者によって意図的に不可視化されたといえる。そして、このような人種差別の無問題化が徐々にではあるが確実に進行していくのと同時に、現代の「ハーフ」イメージの鋳型ともいえる、ヘゲモニックな「ハーフ」言説が作り出された。人種、ジェンダー、階級的な要素から構成された「ハーフ」のイメージ（白人系・女性・中流以上）は、高度経済成長や、急速な欧米化、そして始まりつつあったグローバル化のなかで、メディアを通じて流布されることで、それまでの「混血児」イメージを塗り替え、新たなイメージを定着させていった。こうしたカテゴリーの大きな変化は、その語句を投げかけられる者にとってしばしば違和感を覚えるものであったが、すでに第一期において無問題化されてきた「混血児」言説は、瞬く間にヘゲモニックな「ハーフ」イメージへと塗り替えられていったのである。

そして第三期（一九九〇～二〇〇〇年代）には労働力不足の解消のため、「日本人の血」のロジックを拡大させた九〇年入管法改定が行われ、結果として南米系のルーツの「ハーフ」や「クォーター」の人口が増加することとなった。そのため、「ハーフ」と呼ばれる人々の内実は多様化したものの、すでに定着していた人種・ジェンダー・階級的なイメージは繰り返し再生産されていった。一方、二〇〇六年の「多文化共生」関連施策においては、その支援と再配分の対象が国籍に基づいた「外国人」として矮小化され、「ハーフ」の存在はその対象範囲から意図的に捨象されていた。また、社会運動の働きかけもあって、過去の否定的なニュアンスの「混血児」という表現はほとんどみられなくなっていくが、そのかわりに用いられた「国際児」や「ジャパニーズ・フィリピーノ・チルドレン」などの呼称では、「子どもの問題」として設定された既存の枠組みを超えることができなかった。そのため成人した当事者の経験や、かれらをめぐる人種差別の問題は十分に議論されてこなかった。また、ポジティブな意味合いをこめて用いられるようになった「ダブル」という表現も、「ハーフ」のヘゲモニックなイメージを変革させるまでにはいたらなかった。

このような歴史的な変化のなか、第四期には多様なルーツをもつ「ハーフ」の若い世代が増加し、情報技術の進展の後押しもありＳＮＳを通じたネットワーキングと情報発信の機会が急増した。これを背景として、当事者によるメディア・アクティビズムとコミュニティ活動が活性化していった。しかしながら、いまだ強く作用する「ハーフ」言説のヘゲモニックで本質化された特徴によって、かれらの日常生活に対する想像力は歪められ、かれらが生活で直面する人種差別の問題はいまだに不可視化され続けている。戦後史を通じて意図的に生み出され、反復されていった「混血」や「ハーフ」言説のなかで、かれらの存在そのものが不可視化され、人種差別は無視され、その解決も先延ばしにされ続けてきた。

では、「混血」や「ハーフ」の意味づけの変化をたどることから照らし出されるものとはいったい何だろうか。第Ⅰ部を通じて明らかにしてきたことは、「混血」や「ハーフ」に関わる言説、表象が構築され、生み出されるときには、つねに「日本人」と「外国人」とを区分する境界線の問題が直接的に問われてきたということである。ここまで論じてきたとおり、「混血」や「ハーフ」の意味づけの歴史的変遷から浮かび上がるのは、「日本人」と「外国人」というカテゴリーそのものが、意図的、意識的、政治的に生み出され、組み替えられてきた、という事実である。

「混血」や「ハーフ」の社会的、制度的意味づけや法的地位は、つねに「日本人」と「外国人」というカテゴリーと共にパッケージされ、定義づけがなされてきた。戦後の「混血児問題」、在日にルーツのある人々の不可視化、メディアを通じた「ハーフ」言説の拡散、九〇年入管法改定による「ハーフ」の多様化などの、「混血」や「ハーフ」をめぐる歴史的なプロセスと、戦後の「日本人」の法的地位の再設定、経済成長と急速な西欧化、日本人論の興隆、国際化や多文化共生の議論や対策といった「日本人」「外国人」をめぐる歴史的なプロセスは表裏一体のものとして解されてきた。そしてかれらの福祉・教育の観点、そして人種差別への対策の観点からすれば、かれらの存在そのものが不可視化されてきたため、問題の解決は何十年間もにわたり先送りにされ続けている。

「混血」「ハーフ」の問題に正面から向き合うことは、直接的に「日本人とは何者なのか」を問いなおすことである。「混血」「ハーフ」という存在は、日本社会に生きるすべての人々にとって直接的に関わりのある問いかけを発し続けている。しかし、かれらに向けられた眼差しは、社会的に構築されたヘゲモニックな「ハーフ」イメージによってねじ曲げられたものである。しばしば「日本には人種差別はない」という素朴な意見が聞こえてくるが、社会問題そのものが不可視化され、その解決が先延ばしされ続けている現実は、「日本人」と「外国人」とを分断する二分法の最も深刻で悲惨な帰結ともいえる。かれらが直面してきたさまざまな問題は、そしてかれらの存在そのものは、なぜ歴史を通じて無視され続けてきたのだろうか。これを明らかにするためには、政府やメディアや「知識人」たちによって、作られ、組み替えられ、拡散され、浸透された「日本人」という概念そのものを、直接的に問いなおす必要があるだろう。

では、「日本人」と「外国人」とを線引きするこの強力な二分法、そして「混血」と「ハーフ」に関わる本質主義的なイメージは、かれらの日常生活の現実に、いかなる帰結をもたらすのだろうか。先行するいくつかの「混血」「ハーフ」研究、そしてあまたの「日本人論」においても、「日本人」「外国人」の概念が歴史を通じて、政治的・社会的に構築されたものであったことを明らかにしてきた。しかし、「日本人」や「ハーフ」という概念の構築的側面を暴きたてたところで、これらのカテゴリーはいまも現実社会で強力に作用しており、容易には打ち崩すことのできない効力を発揮し続けており、そのなかで「ハーフ」である当事者は個別の生きづらさを抱えながら生きている。社会的に構築された「日本人」「ハーフ」のカテゴリーがいかに生きられているか、という点までは、これまで十分に考察されてこなかったのではないか。

第II部では、「混血」や「ハーフ」と呼ばれる人々へのインタビューを通じて、個別具体的な日常生活の経験に迫ることにしたい。そこで明らかにされることは、歴史を通じて構成されてきた「混血」や「ハーフ」のカテゴリーが、いかに生きられているかという問いであり、ここまでに明らかにした「混血」の戦後史が、現代にいかなる帰結をもたらしたかという問いでもある。

第Ⅱ部　「混血」の生活史

第II部への序——「戦後史」から「生活史」へ

第II部の目的

第I部では、戦後日本において展開されてきた「日本人」／「外国人」を二分する人種プロジェクトのありよう、そしてそれが「混血」や「ハーフ」に対していかなる社会的帰結をもたらしたか分析してきた。

特に「日本人」／「外国人」という二分法の人種プロジェクトは、「混血」や「ハーフ」、そして複数の文化的背景をもつ人々の存在を不可視化した上に成り立っていた。政府の政策や統計、支援団体の運動、そしてしばしば学問領域など、人種プロジェクトがあらゆる場面において繰り返し展開されてきた。そのため、支援や施策の対象から外れ、差別構造が再生産されるという社会的な帰結をもたらしてきたことが明らかとなった。

戦後直後から開始された「日本人」の境界の再設定において、旧植民地出身者や位相Iの「混血児」の社会的・法的な位置付けが焦点化され、法的・イデオロギー的な人種化のプロセスによって、それぞれ「日本人」化と「外国人」化という強力な人種プロジェクトが国家によって先導された。この二分法にもとづく人種プロジェクトは、その後のメディア、「日本人論」や「国際化」、多文化共生関連政策や定住外国人支援の文脈で繰り返されることで現在は日本社会に定着している。この二分法のなかで、「混血児」の存在とかれらをめぐる問題は不可視化され、人種化・ジェンダー化された「ハーフ」言説は「日本人」の人種化を補完するかのように展開されてきた。また、かれらが支援の対象とされる場合は、あくまでも「子どもの問題」(教育・福祉・国籍・言語)として意味付けられたため、政府の対策でも社会運動においても人種差別の問題に対して十分な対策が取られてこなかった(図5―0)。

このように、戦後日本社会の「混血児」や「ハーフ」を対象とした場合には、「日本人」/「外国人」にもとづく二分法の人種プロジェクトと、「混血児」や「ハーフ」に対する人種プロジェクトが、並行して展開されてきたことがわかる。また、このような人種化のプロセスは各章で論じてきたように、「人種」の概念のみならず、ジェンダー、セクシュアリティ、文化、階級、慣習、出身地、国籍、親のルーツ、歴史的背景など、さまざまな要素の交差(インターセクショナリティ)によって方向づけられることがわかった。

ではこのような人種プロジェクトは、当事者の日常生活において、どのように立ち現れてくるのだろうか。オミとウィナントは、人種プロジェクトが社会構造だけではなく、日常生活の水準でも展開されると論じている。そして、マクロレベルのプロジェクトが日常生活に影響を与えることもあれば、個人レベルのプロジェクトがマクロのヘゲモニックな人種構造に影響をもたらすこともあると述べ、その相互作用の関係性を指摘している(Omi and Winant 2015)。また、「人種化された社会構造」のな

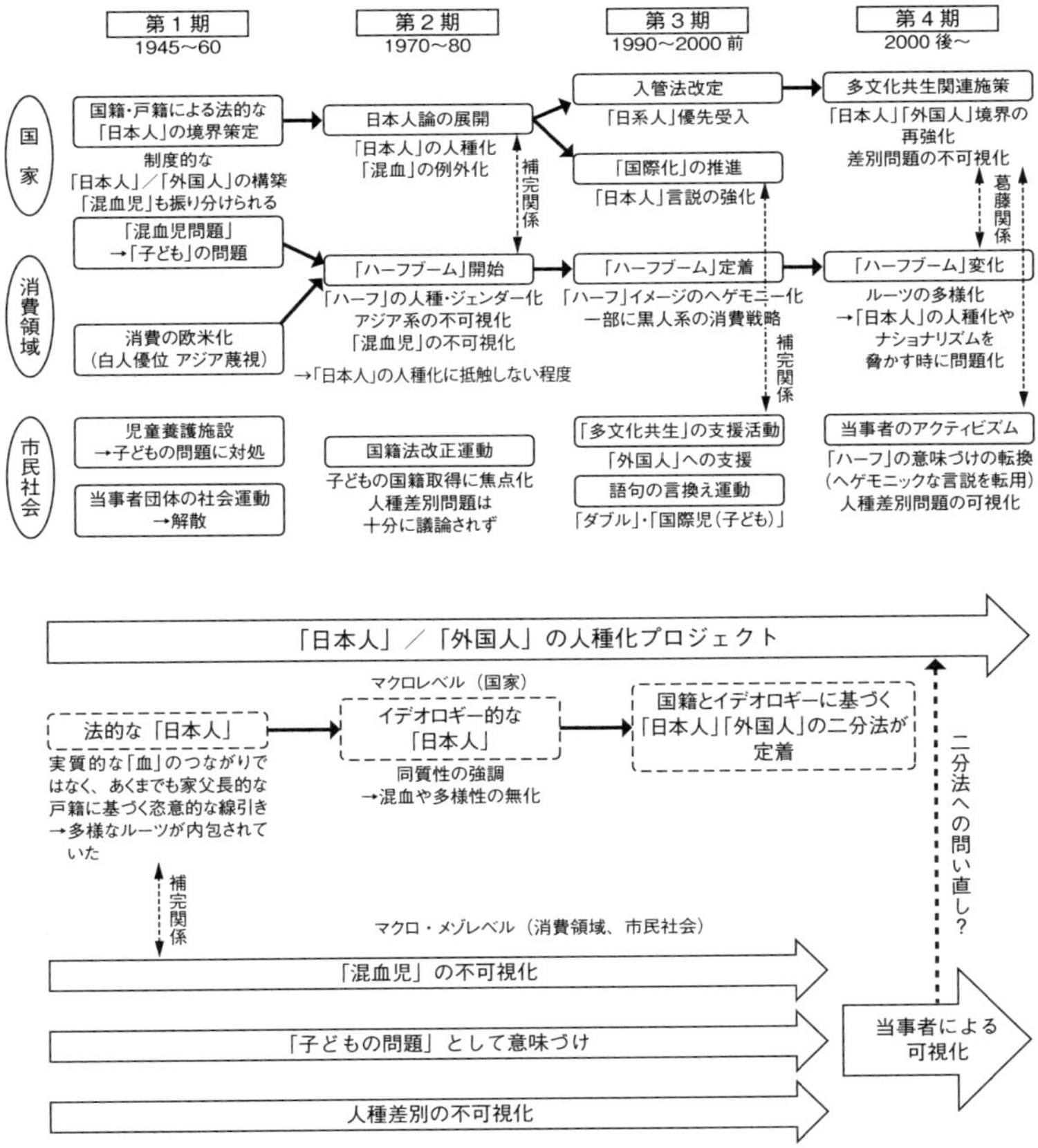

図5-0　戦後の「日本人」化と「外国人」化の人種編成

かでは、「すべての人々は、明らかに意識的な学習がなくとも、人種的な分類、そして自らの人種的アイデンティティのルールのコンビネーションやヴァリエーションを学ぶ」（Omi and Winant 2015:127）と述べている。日本社会でも、「日本人」と「外国人」とを二分する人種化された社会構造において、人々はその「ルール」を意識・無意識に学んでいくこととなるだろう。そのため、この二分法の「ルール」に還元されえない「混血」「ハーフ」は日常生活のあらゆる場面で大きな影響を受けている。

そこで、第Ⅰ部では史資料をもとに、人種化の歴史的プロセスとしての人種編成を論じてきたが、第Ⅱ部ではインタビューデータを元に、当事者のライフコースに焦点を当て、人種編成の日常生活における構造を明らかにしていくことにしたい。

日常生活における人種化

オミとウィナントは、日常生活における人種化について次のように説明している。

世界のなかで「航海／舵取り」するために、だれが味方で誰が敵かを素早く判断したり、広がる社会的ヒエラルキーの中での自分のポジションを位置付け、われわれが出会う個人や集団との社会的相互作用をガイドする手がかりをつかむため、社会的存在としてわれわれは人々をカテゴライズする。しかし人々をカテゴライズする行為、カテゴリーが普遍であるかのように異なる特性をあてがうこと、そしてカテゴリーそれ自体が、歴史的な時間と空間の中で非常に多様である。広がっている社会的カテゴリーの定義、意味、全体的な一貫性は、つねに、多様な解釈の対象となる。（中略）自己分類を含む、分類の過程は、特定の社会構造、文化的な意味と実践、広範な権力関係の反映である（Omi and Winant 2015:105-106）。

そのうえでオミとウィナントは「人種を構築することは、「他者化」のプロセスとして理解出来る」と述べている（Omi and Winant 2015:105）。人種化された「日本人」のカテゴリーが「歴史的な時間と空間」において構築されるなかで、常に「他者化」の作用を伴い、「他者」としての「外国人」や、曖昧な「混血」の社会的位置づけをめぐる解釈が問われ続けてきた。

すでに多くの研究者によって「人種」概念が社会構築主義的な文脈から認識されてきたが、オミとウィナントも「人種」の定義について、「人間の身体の差異を参照することによって社会の葛藤と利害関係を表し意味づける概念」と説明し（Omi and Winant 2015:111）、「人種は戦略であり、イデオロギー的であり、政治的な作用でもある」（Omi and Winant 2015:111）と指摘する。そのうえでアメリカ社会における人種編成過程として「人種」がいかに構築され、それがどのような効果や帰結をもたらしたのかについて政治的文脈から分析している。

さらに、R・C・キングとK・M・ダコスタ（1996）はオミとウィナントの「人種編成」論を日常生活の相互行為の分析に援用し、人種が「社会的に構築される」ことの含意を、「人種編成の四つの「側面」four "faces" of racial formation」という表現を用いて分析的に示した。

まず第一の「側面」はジェンダーの社会学理論から借用されたものであり、「人種」とは何者かが日常的な実践において「する does」ものであること。この際の「人種をする doing race」とは個人の内側と個人同士の間という区別された二つのレベルで起き、人々が自らをどの「人種」とアイデンティファイするかは自己再帰的になされるが、その一方で、人々の「制限」と「認知」を抜きにしてどの「人種」かを選択することはできないという。この「人種をする」という日常的実践について考察する場合、「ハーフ」の人々の経験はより複雑で困難な状況を示している。キングとダコスタは、「個人の内側」と「個人同士の間」の二つのレベルにおいて「人種をする」が生起するとしているが、「ハーフ」を呼ばれる人々の語りを見た場合にも、自らの内面では自分自身を「日本人」とみなす一方で、周囲からは「外国人」とみなされてしまうという状況は何度も浮上していた。当事者が自らをどのように人種的にアイデンティファイするかは個人の自己再帰的な選択にゆだねられているが、「個人同士の間」におけるアイデンティファイにおいては、他者からの「制限」と「認知」が強く作用する。キングとダコスタが説明するように、「ハーフの日本人」もしくは、「ミックスレイス日本人」「多様な日本人」などと自らをアイデンティファイすることができるかもしれないが、歴史過程を通じて形成された単一的な「日本人」イメージからこのようなアイデンティティは抑圧されやすい。「ハーフ」の人々の「人種をする」という日常的実践では、他人が投影する「日本人」もしくは「外国人」イメージから齟齬をきたすと同時に、当事者にとっても精神的に負担となる経験として語られている。そして、そもそも他者から「日本人」として想定されていないという状況にしばしば直面しなければならない日常が展開されている。また一方で、当事者の語りの中には問題状況を切り抜ける手段として「人種をする」という選択も語られていた。すなわち、「外国人」カテゴリーにも「日本人」カテゴリーにも還元されない領域の存在を周囲に認知させるために、「ハーフ」という言葉を用いる語りが聞かれた。

次に社会構築主義的な「人種」概念の第二の「側面」は、他者との相互行為における人種的な自己の表象という点である。ゴフマン（1959=1974）は「自己」について、それが行為者の所有物ではなく、行為者と観客との間の劇的な相互行為の産物であると述べているが、キングらはこの意味で「人種アイデンティティ」も「印象操作」となると説明している。このように他者との相互行為における特徴的な事例として「混血との出会い mixed-race encounter」が呈示されている。だれかが「混血の人 mixed-race person」に「あなたは何者？ What are you?」と質問するという状況において、かれらが本当に知りたいことは「あなたが自己をどのように人種的なカテゴリーでみているのか」と「そのカテゴリーと、私（質問者）があなたを認識するカテゴリーとがどう一致しているか」という点である。このように、人種は自己の内部だけではなく相互行為を通じて構築され、「時間と場所」（Omi and Winant 2015）だけではなく、「誰に」「誰と」「誰から」という主体と客体との関係性のなかで構築される。「ハーフ」当事者の日常生活においても、他者との相互行為において、常に人種的な自己の表象がみられる。また日本社会における「混血との出会い」という場面でも、「あなたは何者？」という質問が、あらゆる時間（幼少期から老年期まで、また昼夜を問わず）と空間（家庭内、学校、職場、街頭など多様な場面）で生起される。またそれは、多様な人々（見知らぬ他人、歩行者、同僚、家族、同級生、警察官、面接官など）から投げかけられる。「ハーフ」の人々は、しばしば人々のもつ人種カテゴリーに一致しないとみなされるため、「あなたは何者？」という質問を受けることがあり、語りの中でもそれが現れていた。このような他者からの人種化の質問行為にたいして、当事者はその時間・空間と相互行為の場面における構成メンバーに応じて、多種多様な人種的自己表象を展開する。かれらは、周囲からの「外国人」に関わる人種的なステレオタイプを転換させるため、自らを「日本人」であると表現するときもあるだろう。また、他者の人種化に沿って自らを「外国人」と表象するときもあるかもしれない。そして、「日本人」と「外国人」との間のカテゴリーであることを納得させるために、一般的に流通している「ハーフ」という自己表現をすることもあるだろう。さらに、メディアで主流な「ハーフ」のイメージに抗うために、あるものは自らを「混血」と呼び、またある者は「ダブル」「ミックス」などと表現するだろう。そして、これらの表現は相互行為の場面で生じるため、その場の構成員や時間・空間によって変化し続けており、この自己の人種的表象は、たとえ同じ人物であっても人生のなかで常に一貫して同じというわけではない。場面によって自己表現を変化させたり、成長とともにアイデンティティを変化させるように、相互行為における人種的表現は多種多様に展開されている。

そして人種の第三の「側面」は、人種が個々人間の相互行為だけではなく、集団間の相互行為によっても形作られるという点である。本書の対象に焦点を当てた場合にも、当事者の日常生活における「集合的に人種をする」という場面を探ってみたい。「日本人」カテゴリーであれ、「外国人」カテゴリーであれ、単独ではなく常に集合的な人種カテゴリーとして日常生活で展開される。そのため、「ハーフ」当事者は周囲から、「日本人」という集合的カテゴリーに入るのか／入らないのか、という眼差しを常に受けることになる。そして、「日本人」カテゴリーが排他的で単一人種的なカテゴリーとして用いられる場合には、「ハーフ」の人々は「日本人」という集合から排除されてしまう。

また一方で、「ハーフ」という言葉それ自体も、集合的なカテゴリーとして機能するときがあるだろう。第I部でみてきたような歴史的に蓄積されたヘゲモニックな「ハーフ」イメージを集合的に用いて他者を排除しようとする語りは、インタビューでも参与観察でもまったくといってよいほどみられない。「ハーフ」イメージが集合的なものとして語られるのは、「日本人」とも「外国人」とも異なる、その中間を埋めるようなアイデンティティの位置を確保するカテゴリーとして用いられる場合もあるだろう。しかし、この集合的な「ハーフ」という人種的表象の実践も相互行為の場面によって多様化し、当事者によって「ハーフ」に対する距離のとり方や用い方は非常に多様である。また、これまで指摘してきたように、「ハーフ」カテゴリーは、他の「エスニック集団」として捉えられるような、共通の祖国や言語、ルーツ、文化などは持っていない。また外見的特徴や親族ネットワークのありようも多様である。そのため、「ハーフ」というカテゴリーはそのものが独立した集団として表象されるというよりは、強力で集合的な「日本人」と「外国人」というカテゴリーの世界において、「それ以外」を埋めるようなカテゴリーとして用いられているものとして捉えられる。

最後に社会構築主義的な人種の四つ目の側面は、これらの人種集団が相互に関係しあいヒエラルキーを持っていることである。相互関係的な人種が意味することは、相互排他的な人種カテゴリーが存在するということであり、すなわち、人々はただ一つのカテゴリーに属する社会的観念があるということである。これらのカテゴリーは他のカテゴリーとシステマティックに結びつけられ、相互関係のなかでのみ意味を持つもので（Glenn 1992）、集団内にヒエラルキー構造をもっている。キングとダコスタはこのような四つの側面の説明によって、日常の相互行為における人種編成のプロセスを強調し、これにシンボリック相互作用論の視座も加えることで、人種の意味づけが「混血の人 mixed-race person」の日常生活にどのような影響を与えているのか論じている（King and DaCosta 1996: 232-）。

このように「人はたった一つのカテゴリーに属する」というモノレイシャルの力学は、日本社会においても強く浸透している。そのため、モノレイシャリティという観念からは逸脱している「ハーフ」の場合、人種間のヒエラルキー構造の社会的編成によって、その社会的位置づけが強力に揺さぶられる。ナショナリズムが高揚し「日本人性」が強力に求められるような場面、もしくは、「外国人性」(特に欧米における白人性)が過度に強調されるような場面などで、かれらの社会的位置づけは混乱する。「ハーフ」当事者の語りの中では、ある場面では、憧れや称揚のイメージとしてヒエラルキーの高い位置に位置づけられ、またある場面では「非日本人」としての扱いを受けヒエラルキーの低い位置に位置づけられる。人種間のヒエラルキー構造が場面や状況によって変化する中で、「ハーフ」の足場は不安定化し、アイデンティティの表現を困難にしているのである。そのため、同じ一人の人物でも、ある場面では受け入れられ、ある場面では排除されるということが起こりうる。そしてさらに深刻な場合には、「日本人」と「外国人」の両方のカテゴリーからも一致しないものとして扱われ、双方から排除・抑圧・不可視化される場合さえあるのである。

また、「ハーフ」内部にもヒエラルキー構造があるとみなされることがありうるだろう。しかし、その構造は実際には非常に複雑であり、単純にどのルーツが「ハーフ」の中で上位であるかといったヒエラルキー構造を浮き彫りにすることは難しい。例えば、白人女性のヘゲモニックなイメージを求められて仕事や社会的地位を勝ち取る場合があっても、そのイメージによってステレオタイプ的に捉え続けられたり、性的な眼差しやセクシュアルハラスメントを経験することがある。また、メディアにおけるモデルを前提として体型や外見に過度な注目が集まったり、そのイメージに一致するための努力が周囲から求められる場合さえある。また、アフリカ系のルーツを持つ「ハーフ」は、スポーツが得意などといったような身体性にたいする憧れのイメージを周囲から抱かれることがある一方、別の場面では就職差別や過度な職務質問にさらされる場合がある。韓国のルーツをもつ「ハーフ」の場合には、その時々の報道やメディア表象によって韓国の社会的なイメージが変化するため、韓流ブームのような流れで称揚される場合もあれば、当人に直接関係するわけではない歴史問題が過度に結び付けられる場合もある。また、同じ朝鮮半島のルーツをもつ場合でも、「在日」とそれ以外の場合では経験やアイデンティティの捉え方も異なる場合がある。このように、日本社会における「ハーフ」内部のヒエラルキーは決して固定的なものとして説明できず、時と空間、そしてその相互行為の場面とその構成メンバーによって、さらに背後の歴史的・経済的・トランスナショナルな多様な文脈に沿って、つねに変化し流動化している。このような人種構造の中で、「ハーフ」の人々が周囲から確固たる位置づけを与えられることは難しい。

このように人種編成の日常生活における四つの「側面」から「ハーフ」当事者の経験を捉える場合、かれらの置かれた社会的状況は非常に複雑であることがわかるだろう。第II部では、このように日常的に展開される人種化の構造をさらに詳らかに解析し、その上でこの人種化が当事者の生活にいかなる影響を及ぼしているのかについて分析を試みたい。

第II部の構成

第II部では以下、四つの問いを立て、それぞれについて個別の章を設けて論じていく。

まず第5章は、「日本人」／「外国人」を強力に二分化する人種プロジェクトと、「混血」「ハーフ」に対する人種プロジェクトが、当事者のライフコースのなかでいかに経験されるのかについてである。ここでは特に人種化の作用が、人種やジェンダー、セクシュアリティ、階級、ナショナリティといった複数の要素から当事者に影響をもたらすことを明らかにする。

また、この人種化は決して当事者に一貫して経験されるわけではなく、歴史的背景や親のルーツ、地域性などといった観点からも強く影響を受けている。そこで第6章では、第I部で用いた「位相」概念を用いて、それぞれの位相ごとに異なる人種化の作用について、その歴史的背景を念頭に置きながら分析する。

当事者のライフストーリーを分析していく際に、共通項として浮かび上がるのは、「家庭」「学校」「職場」「ストリート」といった社会的制度における経験である。第7章では、これらの四つの社会的場面に着目し、これらの制度が人種化された日本社会のヘゲモニックな構造のなかでどのように機能するのかについて当事者の経験から明らかにし、日常生活で深刻化する差別の構造を浮上させる。さらに、このような各場面は個別に存在するのではなく、当事者のライフコースにおいて各場面の社会構造は結びつき、並行し、相互に補完し、ときには葛藤しあっている。

また、当事者が人種化された社会的現実と対峙する際に、個人の水準であらゆる対応や戦略が見られる。このようなライフコースにおける個人と社会的場面の関係性、そして当事者の経験について第8章で論じていく。

第5章　「あなたはナニジン？」——日常生活における人種経験

1　日常から何が見えるか

第5章では、「日本人」／「外国人」を強力に二分する人種プロジェクトと、「混血」「ハーフ」に対する人種プロジェクトが、当事者にいかに経験されているのか、インタビュー調査をもとに明らかにしていきたい。ここではとくに、当事者に対する人種化の作用が、人種やジェンダー、セクシュアリティ、階級、ナショナリティなど、複数の要素からもたらされる点に注目し、データ分析の中で抽出された特徴的な語りを各節ごとに論じていくこととする。第1節では、「外見」という「ハーフ」当事者の身体的特徴に対してどのような人種プロジェクトが作用しているのかを明らかにしていく。

　白人系や黒人系のルーツである「ハーフ」の場合、第二期において言説的に構築された「ハーフ性」が投影（プロジェクト）されるだけではなく、戦後日本においてヘゲモニー化していった「外国人性」を投企されることで様々な差別的経験を受けることがある。また、アジア系にルーツをもつ「ハーフ」の場合、その身体的特徴により「日本人」化の人種プロジェクトを投げかけられる場合が多いため、これが逆に同化圧力としてはたらく場合や、本人のアイデンティティ形成の面で精神的な負担となる場合がある。このような事例から、「ハーフ」「ミックス」の人々に対する日常的な人種プロジェクトの内実に迫る。次に第3節では、とくにジェンダーやセクシュアリティが交差する人種化の経験に着目する。調査協力者の女性の語りには、「ハーフ」イメージの投影によるセクシュアルハラスメントを経験するケース、メイクやファッションにかんして「ハーフ性」や「外国人性」を期待されるケース、そして女性同士の会話のなかで「ハーフの子どもを産みたい」と言われるなどのケースがあった。このような「ハーフの女性」の語りを通じて、その背景にあるジェンダー、セクシュアリティと人種が交差する人種プロジェクトの影響を明らかにしていく。続く第4節では、移民研究やトランスナショナルな視座から「ハーフ」をめぐるエスニシティの要素に着目し、親世代やグローバルな親族関係など、エスニックな紐帯が当事者に及ぼす影響や、エスニシティにまつわる要素(文化、習慣、食、言語など)に結びつけられる人種化の実態を明らかにする。そして第5節では、日常生活において「ハーフ」当事者がいかに日本というネーションと結びつけられているのかについて考察する。これまでみてきたように、「日本人」という概念はネーションと密接に結びつけてきた。そのため、「混血」や「ハーフ」という存在は、ネーションとの関係性において常に問題化されてきた。かれらは日常生活において、「日本」か「外国」か、その関係性を執拗に確認される。そこでこの節では「ハーフ」と日本というネーションとの関連性について論じていく。

2　日常生活での人種経験

2−1　「あなたは何者？」――「出会い」における人種経験

まずはじめに、「ハーフ」の人々と他者との相互行為についてその「出会い encounter」の場面に着目する。

オミとウィナントは、出会いという場面において、「われわれはその人が誰かについての証拠をえるために人種（概念）を利用する」とし、「この事実が、痛々しいほど露骨に現れるのが、都合のよい人種カテゴリーにあてはめられない人々と出会ったときである。その人々とは、例えば、われわれがよく知らない人種／エスニックグループの人や、人種的に「ミックスの」人々などである。そのような出会いは、戸惑いの原因になったり、人種的な意味の瞬間的な危機となる」（Omi and Winant 2015: 126）と説明している。さらにT・K・ウィリアムズは、このように広く認識されている人種の意味づけがうまく機能しないまさにそのときに、「「あなたは何者？　What are you?」という質問が引き出される」と述べている（Williams 1996:203）。また、この質問はしばしば「悪気なく innocently」、「何気なく unintentionally」に発されるもので、この質問の社会心理学的な土台は、「表現型的に曖昧な個人 phenotypically ambiguous individuals」の「異質性 foreignness と非所属性 nonbelonging」を仮定／前提にしているという（Williams 1996:203）。この質問が「ハーフ」との「出会い」の場面で生起するのは、当事者のもつ「外見的特徴」が、初対面の相手が持つ人種カテゴリーにうまく当てはめられないときである。つまり、この質問は、「日本人」／「外国人」の強力な二分法がヘゲモニー化している社会構造において、「曖昧だ」と思われてしまう当事者の特徴によって引き起こされる。またこの場合の特徴とは、単に肌や目や髪の色・形、髪型・体型などといった外見的特徴だけではなく、服装や立ち居振る舞い、メイク、持ち物などもその判断材料とされる。また、ここにはその「出会い」の場面で話される言語（日本語／外国語、言葉遣い、イントネーションなど）や、ジェンダーなどの要因も複雑に絡みあってくる。

このような「「あなたは何者？」の出会い *What are you?* encounter」（Williams 1996）は、日本社会を生きる「ハーフ」当事者にとって、どのように経験されているのだろうか。この種の質問を投げかけられた経験は、調査協力者のあいだで多く共有されていた。

かよ：お客さんとかにも言われるから、ほんとにたまに。この間もデリカシーのない人が来て、「こちらのテーブルを担当します、かよです」って言った瞬間に、「何人（なにじん）？」って言われて、えーってなって。名前言った後に、よろしくとかも無しに、いきなり「何人？」って言われて、えーってなって。でも、何人って聞かれたら日本人だなとおもって、「え、日本人ですよ」って言って（笑）。こう、なんか強気になっちゃって。

亨：フロアに出てるときも、お客様からもよく言われる。「きみ、どこから来たの？」って、そういうの毎回聞かれる。（…）一日に一組は絶対に聞かれる。一組は絶対いる。

かよ：なんか人にもよるけど。あー、なんか大学もあったなー。大学も、一番最初、親睦会じゃ

ないけど、学科別にある、
――オリエンテーションみたいな。
かよ：そう。で、自己紹介したあとにもかかわらず、初対面で。(…)初対面っていうか、初喋り。で、「え、外人?」って言われて。えーみたいな。その子は今でもあんまり好きになれない。その子がすごい洋楽とか好きで、だからライブも毎年行ってますみたいな子で、「外人?」みたいなこと言われて。その子は、親しみを持って、仲良くなりたいから言ったんだろうけど、こっちからしたらえ?　みたいな。

太一：ふつうに電車乗ってても、バイトしてててもそうだけど、「ミックスなの?」「ハーフなの?」ってけっこう聞かれるの。(…)「ハーフ?」、「外国人なの?」って言われることが多いんだけど、それはまあ「はい」って答えてるんだけど、なんかちょっと、あんまいい気はしないよね。(…)若干いらいらする。なんか、関係ねーじゃん、みたいなこと思ったり。またどうせ聞いてくんだろ、国どこ?　って聞いてくるんだろって。で、聞かれると、「すっごいねー!」って。何がすごいんだよっ?　とか思ってて。

調査協力者は日常生活のさまざまな場面で、「何人(なにじん)?」「どこから来たの?」「外人?」といったような質問を投げかけられている。外見的特徴による人種化の作用は「出会い」の場面において強い影響をもたらす。そのため、このような状況ではまず、「外国人」化の人種プロジェクトとして人種化されたイメージが当事者に対して想起される。しかし、その一方で当事者の「名前」や「話し言葉」

が「日本人」化された要素であることで、「外国人」化の人種プロジェクトがうまくいかない状況が生じる。吉野（1997）が述べているように「日本人」という人種的カテゴリーには文化的特徴が密接に結びつけられているが、この「日本人らしさ」を示す「名前」や「話し言葉」といった指標と、「外国人」化された「外見的特徴」という指標とが矛盾をきたすとみなされるために上記のような質問を投げかけられるのである。さらに先に引用した亨さんや太一さんの語りにおいて「1日に一組は絶対に聞かれる」「結構聞かれる」とあったように、この種の質問は当事者の人生において頻繁に経験されていることであった。かよさんが「その子は、親しみを持って、仲良くなりたいから言ったんだろうけど」と振り返っているように、「何気なく」「悪気なく」（Williams 1996）なされた質問であっても、「こっちからしたら、えー？みたいな」と困惑させられる。太一さんもこの種の質問に対して「あんまいい気はしないよね。（…）若干いらいらする」とその嫌悪感と精神的負担を語っていた。「日本人」化／「外国人」化の二分法の人種プロジェクトは日常生活のあらゆる場面に偏在し、当事者に強力に作用していることがわかる。

2−2 「ハーフ」に対する詮索／尋問

また、この種の質問は、単に「あなたは何者？」だけでは終わらず、個人的なことがらをさらに掘り下げられることも多い。ミックスレイス研究では、このような性質の問いかけを「詮索／尋問 interrogating」（Gilbert 2005）と呼んでいる。先の語りでも、「あなたは何者？」という問いかけの後に聞き手からさらに質問を重ねられ、執拗な詮索を受けていた。

亨：フロアに出てるときも、お客様からもよく言われる。「きみ、どこから来たの？」って、そういうの毎回聞かれる。それプラス、「君、日本語上手だね」っていうのが。

――あぁそうなんだね。うちの母親もそれいまだに言われる。「日本語上手ですね」と、「日本に来て何年ですか？」って。

亨：あぁ（笑）、それ絶対言われる。まあ、「日本語上手ですね」、「日本に来てどれぐらい経つんですか」、あと「どっから来たんですか」っていう、その三大用語っていうのは絶対言われる。

――決まり文句的な。

亨：もう、決まり文句だね、本当に。

かよ：〔「何人（なにじん）？」と聞いてきた客に対して「日本人ですよ」と答えたあとに〕それで、「え、ハーフとかじゃないの？」って言われて、「お父さん、アメリカ人です」って答えて。なんか。そっから、料理とか、飲み物を持ってくたびに「お父さんお母さん、どこで出会ったの？」とか「お父さん何してるの？」とか、「家では英語なの？」とか、言われるから、もうこの人わかんないんだろうなと思って。「いや、離婚してるんでわかんないです」って。（…）「何人？」はびっくりした、えーってなった。

――なんか、それは相手が興味ある感じで言ってんのかな、こっちが嫌な気持ちするとか考えないで。

かよ：たぶん、全然考えてなくて、多分見た感じ、「あれこの子日本人じゃないけど何人？」っていう感じなんだろうけど、こっちからしたら、もっと違った聞き方あるんじゃないんですかって思っちゃう。なんか、フィリピン人の人もいて。ホールに。その人とかは、日本語もちょっと片言だし、こう「何人？」って聞かれて「フィリピン人です」って答えてるけど、私は生まれも育ちも日本ですからって思っちゃう。

亨さんは、「どこから来たの？」という質問に加えて、「日本語上手だね」と言われるという。そして、「「日本語上手ですね」、「日本に来てどれぐらい経つんですか」、あと「どっから来たんですか」」という「三大用語」を頻繁に投げかけられる経験をしていた。

「日本語上手ですね」という言語能力に対する投企は、そもそも亨さんがその外見から「外国人」と認識されてしまうために投げかけられている。すなわち、「日本人」／「外国人」の二分法の人種プロジェクトは言語的な要素によっても構成されており、「日本人」化されれば日本語を話せる、「外国人」化されれば日本語ではない他の言語を話すという人種化がなされる。亨さんの場合は、（外見的に）「外国人」として認識された一方で日本語を話していたため、あたかも日本語を第二言語として習得した「外国人」とみなされ、「日本語上手ですね」という言葉が投げかけられてしまうのである。さらに、「外国人」という前提で会話が進められ、出生地や日本での滞在歴までもを「詮索」されてしまう。かよさんは、「何人？」という質問に対して、自己のアイデンティティを「日本人です」と自己開示するが、相手はそれでは引き下がらずに「ハーフとかじゃないの？」と切り返す。そしていったん外国のルーツがあるということがわかると、今度は「お父さんお母さん、どこで出会ったの？」「お父さん何してるの？」「家では英語なの？」といった質問を重ねられ「詮索／尋問」されてしまう。

初めての他者と対面する「出会い encounter」の状況では、その人を判断する指標として外見的特徴が大きな役割を果たす。かよさんも、「何人？」と詮索された経験について、「多分見た感じ、「あれこの子日本人じゃないけど何人？」っていう感じなんだろうけど」と外見から判断されたと感じていた。このような「出会い」の場面において投影される人種概念は単一のもの mono-racial として想定されている。[1] このような単一の人種観 mono-racial に合致しない「ミックス」な人々との「出会い」の場面について、オミとウィナントは他者を認識する際の指標としての人種概念がうまく機能しなくなるため、「戸惑いの原因になったり、人種的な意味の瞬間的な危機となる」と述べている（Omi and Winant 2015）。また、D・ギルバート（2005）も、「ミックス・レイスの人々の生活において表現型 phenotype における特徴は大きな役割を果たす」と述べ、「ある個人を明確に人種化されたヘゲモニックな構造に位置付ける要求は、その位置付けがうまくいかない場合、不快と不確かさを生み出す」としている。また、「身体的な曖昧さは、彼らと私たちというインサイダーとアウトサイダーを分けるステレオタイプ的で本質的な考え方と決裂」するもので、「「あなたはどちらの側なの？」という質問は不可避的に浮上する」と説明している（Gilbert 2005:65）。

すでに第I部において詳細に論じてきたように、日本社会では「日本人」と「外国人」の二分法の人種プロジェクトが戦後一貫して展開され、ヘゲモニー化している。そして、人々はこの人種化され

(1)　ルート（1996）編の用語集には「Monoracial」について、「単一の人種的な遺産を主張する人々や、一人につき一つの人種があてがわれているということのみを承認する人種的な分類システムを指す」と定義されている（Root 1996:x）。

た社会構造に埋め込まれているため、この二分法は人々の認識にも浸透している。そのため、日常生活におけるミクロレベルの相互行為の場面においても、この二分法の人種プロジェクトは偏在している。外見によって「日本人」／「外国人」か、我々か／他者かを線引きするヘゲモニックな人種的構造が形作られ、「曖昧」な外見とみなされる場合には、先の語りにみられたように詮索、尋問の対象とされてしまう。

かよさんの同僚であるフィリピン人女性もかよと同様に「何人？」と質問されているが、彼女はそれに対して「フィリピン人」と答える。社会の「外国人」化の眼差しに対して、外国生まれのこの女性は抵抗感なく自らのルーツを「外国人」として語ることができる。しかし一方で、かよさん自身は「私は生まれも育ちも日本ですからって思っちゃう」とその心境を語っている。かよさんがたとえ「日本人」と答えたとしても、質問者が持つ人種的な「日本人」イメージに合致しなかったために、その後も質問が繰り返されてしまうのである。このようなミクロレベルの強力な「日本人」化と「外国人」化の人種プロジェクトは、当事者とって大きな精神的負担をもたらす。

2-3　単一人種観と「ハーフ」

これまで約二〇年以上にわたって、イギリスとアメリカ社会において「ミックスレイス」の研究が数多く蓄積されてきた。そのなかで明らかにされたこととして、マルチレイシャル／マルチエスニックといわれる社会においても単一人種観 mono-raciality が広く社会に浸透している点である。人は一つの人種的カテゴリーのみに属するという単一人種の観念（King and DaCosta 1996）は、「ミックス」の人を単一の人種カテゴリーに振り分けるように強力に働く。

駐留米軍の基地内社会で就労しながら、日本社会で生活するハンナさんは、日本社会と基地内のアメリカ社会の双方から人種カテゴリーの振り分け作用を経験している。

ハンナ：言われて一番嫌なことが、どうしても一個だけあって、結構あたしって日本人からすると、わー！ってなってる人なんですよ。でもアメリカ人からすると、すごく「日本人だ」って言われるのね。それ言われるのすごく嫌で、「だってしょうがないじゃん」って、あたし両方入ってるんだから。日本人にもなれないし、アメリカ人にもなれないから。そうやって言われちゃうと、もうなんかもう、「はぁー⁉」とかって、なっちゃって（笑）。そう、だから「ねぇー君のそういう所はすごく日本人だね」とか言われちゃうと、「そ、そうですか……」みたいな。あなたにとっては「日本人」かもしれないけど。（…）すごいなんかね、バランスが悪くなるんだよね、そう言われると。もともとどっちつかずだし私。（…）「私は私だし」って、やっぱ思うのに、そういう言い方をされちゃうと、すごくねなんかね、なんか、いらっとする。（…）「あたしハーフだし」みたいな。「どうしろっていうの？」っていう（笑）。

ハンナさんは「日本人にもなれないし、アメリカ人にもなれない」「どっちつかず」と自らの立ち位置を語っており、「私は私」と自己を表現している。それでもなお周囲から「日本人」と「アメリカ人」のどちらかに振り分けられる、人種化の影響を強く受けており、「それ言われるのすごく嫌」と語った。このように「日本人」化と「外国人」化の作用の板ばさみとなることで、自己のアイデンティティを周囲に受け入れてもらえない状況に対し、ハンナさんは「バランスが悪くなる」と表現し、困難な心境を語っていた。

このように日本社会でも米軍基地の社会においても、「日本人」と「アメリカ人」とを振り分ける単一人種観が浸透しているため、どちらでもあり、どちらでもない「ハーフ」当事者の経験は、この強力な二分法からは漏れ落ちてしまう。「日本人」とみなされなかった場合になされる「外国人」化は、「ハーフ」の人々を包摂するようなマルチレイシャルではなく、あくまでもモノレイシャルなカテゴリーとして構築されているのである。

2-4 「アジア系」のルーツを持つ人々の経験

両親共に中国にルーツを持つ「ハーフ」であり、自身のことを「クォーター」と語っていた程さんは次のように語る。

程：だから同じアジア系だと、ハーフだからといっても、こう、〔顔の〕ほりが深くなるとか、そういうのないわけじゃん。まあだから、いろいろ事情も違うんじゃないかなって。

「アジア系」の「ハーフ」の場合、肌の色や顔つき、髪質、目の色、などといった外見から「日本人」として認識されやすい。そのため外見から「外国人」化の人種プロジェクトを経験するケースとはその性質が異なってくる。本節ではこのように「いろいろ事情も違う」という「アジア系」のケースについて考察していく。

調査協力者のなかで東アジアにルーツをもつ人々は、他国のルーツを彷彿とさせる「名前」や、親の出自が周囲に知られていない状況においては概して、自らカミングアウトしなければ「日本人」として認識されることが多い。姓名ともに日本名をもつ浩介さんは以下のように語っている。

――浩ちゃんは普段の生活しててさ、ほとんど〔台湾の〕ルーツのこととか聞かれない？

浩介：あ、聞かれない、全然聞かれないよ。とりあえずルーツについてはまったく聞かれないし、むしろ「えーハーフなんだー」とか言われたり（…）気づかれないよねやっぱり。アジア系だから。

このように「アジア系」の「ハーフ」は、その外見や日本風の名前から、初対面の人との「出会いencounter」の場面で「日本人」化の人種プロジェクトを経験することがわかる。しかしこの場合、外見の指標によって「日本人」のカテゴリーと同一視されているため、外国のルーツや、「ハーフ」であることをカミングアウトする際に、かえって困難を感じるというストーリーが聞かれた。

大輔：友達に言ったんですよ、「俺ハーフだった」って。そしたら、「嘘だぁ」、みたいな。「そんなわけないだろ」って、全然信じてくれなくて。あれって〔思って〕。（…）びっくりしました。（…）ちょっとはわかってほしかったですけど。

大輔さんも日本風の姓名であるため、周囲には彼が韓国のルーツをもつことは認識されておらず、初めて友達に対し自己開示をしたときには上記のような対応を経験する。岩渕らの研究によると、

「ハーフ」言説においては「白人系」や「黒人系」(多くが「白人系」)の外見が想定されており、「アジア系」のルーツはヘゲモニックな「ハーフ」言説からは無徴化されているという。このため、大輔さんのストーリーにあるように、外見から「日本人」とみなされている際に「ハーフ」であることを自己開示すると、「嘘だぁ」「んなわけないだろ」と、疑いの言葉をぶつけられてしまう。これは、その外見から(話し方や立ち居振る舞いなども含めて)、疑いもなく「日本人である」とあらかじめ想定されているためである。

大輔さんはこの相手の反応に対し、「びっくりしました」「ちょっとはわかってほしかったですけど」と自らの心境を吐露していた。

さらに、外見的指標から「日本人」化の人種プロジェクトが投げかけられ「日本人」とみなされることにより、自らのルーツを明かす/明かさないというカミングアウトの選択に迫られる場面に遭遇する。かれらは人間関係や、就職活動などの場面で、外国のルーツがマイナスに作用する可能性を予想し、カミングアウトする際に困難を経験していた。

大輔:場所によって、そう〔韓国のハーフだと〕言うのがマイナスになるんじゃないかって思うときはありますよね。(…)そういうときはあんまり言わないです。プライベートではぜんぜん言いますけど、例えば、会社の就職のときとか、「ハーフですか?」って言われたら答えにくいですよね。

浩介:仲良くなんなかったらいちいち「ハーフです」って言わない。日本の人に「自分はハーフです」みたいな話をして、それが差別とかね、馬鹿にされる原因になったりすることもあるから、むやみには言わない。

「ゲイ」の事例からカミングアウトについて分析した研究では、カミングアウトを行ったのちに生じる「危険と制約」（風間 2002）、「フォビアに基づく否定的な対応のリスク」（森山 2010）が論じられている。大輔さんや浩介さんの語りでは、カミングアウトしたことによる人種化と他者化の否定的な帰結として就職差別や人種差別などを受ける可能性を自ら案じていた。その一方で、自らのルーツを明かさなかった場合には、「日本人」化の人種プロジェクトが展開されるため、かれらは「日本人」としてふるまい続けなければならない状況に置かれる。

このように、東アジア圏のルーツをもつ場合には、他者との相互行為の場面で「日本人」化の人種プロジェクトが強く作用する一方で、ひとたび名前や文化などの指標から、その「外国」のルーツが明らかとなったときには、「外国人」化の人種プロジェクトが発動されうることがわかる。

第Ⅰ部で明らかにしてきたように、旧植民地出身者をめぐる「日本人」／「外国人」の法的な人種プロジェクトをたどっていくと、「日本人」化された人々のなかにも実際には、外地籍の母親やその「混血」の子どもたちが含まれていた。しかし、戸籍と国籍のもつ法的・イデオロギー的な作用によってその多様性は不可視化された。そして、第二期以降、「日本人論」や「国際化」言説などによる「日本人」化の人種プロジェクトとして「単一民族論」がヘゲモニー化するが、そのなかでもかれらの存在は無化された。また、すでにみてきたように支援団体の活動においても、かれらの存在はその対象から除外されている。さらに、第二期以降に活況してくる「ハーフ」言説も、強力に人種化されたものであったため、かれらのアイデンティティは揺らいだままである。

2-5 「ハーフ」に対する人種差別

さらに調査協力者の語りからは露骨な人種差別を経験するケースも聞かれた。

かよ：一回ダンス〔サークル〕のイベントがあって、そのあと二次会があって、「三次会いく?」みたいになったときに、私明日がバイトだったから行かないみたいなこと言ったら、なんて言われたんだっけな、「は?」みたいに言われて、「ファッキン、ニガ」みたいに言われて。

――え!

かよ：えー!みたいになって。で、「あ、ごめん。差別用語つかっちゃった」みたいに言うから、「マジで笑えない」とか言って。ふふふ。そんでなんか、それはふざけていってるんだけど、なんか別にこっちはそれは面白くないし。なんにもメリットないから。で、私がなんか「え?」みたいになったら、「いや、怒んなよ」とか言われて、いや、怒るわ。みたいな。言われたことないと、わかんないんだろうなーと思って、この人は。かわいそうな人だっておもった。でも私が一回、笑えないみたいなことを言ったら、もう言ってこないけど。(…)それを普通に言えちゃうんだなとか思った。それで、「怒んなよ」とか言うから、は? とか思った。

隆史：絶対にね、何かあったんだろうね、外国人嫌いな人っているからね。〔電設業で住宅訪問した際に〕「なんであんなのが来た!?」ってクレームになるときもあるんだよ(…)「日本人です」って言っても、もう駄目だからね。

隆史：家が借りれないのね。（…）「だめだ」っつって。「外国の人には貸せない」っつって。「違う、違う」っつっても、「いや、だめだだめだ」っつって。だからそれは怖かったね。（…）「外人お断り」っつって。「日本人です」っつってもだめだったね。厳しかったね、あの頃はね。（…）「あ、すいません、お断りです」って。こう見ただけでそう。

亨：年下にからからかわれたりとか。（…）まあ、俺なんかでいったら「チョコレート」だとか、「焼きせんべい」みたいなこととか、いろいろ言われてたね。

大輔：〔ルーツとして〕韓国入ってるから嫌いっていう人いるじゃないですか、その位で人を判断しちゃうって。（…）ちょっときついジョークありますけど。別にかわいいレベルですけど。例えばですけど「おいキムチ」みたいな。

浩介：何度か差別された事はあったわ……ちょっと調子こいて外国人の講師の先生に英語で話しかけてたの……それが気に食わなかったのかわかんないけど。なんか「英語の発音になんか中国語のなまり入ってるよね」とか言われて。で「おれ〔中国語〕喋れないんだけど」みたいな。

かよさんのように露骨な人種差別の言葉を投げかけられるケースもあれば、「チョコレート」や

「キムチ」のようにルーツや肌の色にもとづく差別表現を投げかけられるケースも聞かれた。オミとウィナントはレイシズムについて、「人種的な意味とアイデンティティに基づいて支配の構造を形成し再生産していく」人種プロジェクトとして定義している。さらに、このような「人種主義的なプロジェクトは、単独で支配的なものとして想定するよりも、綿密なマトリックスのなかに存在するものであり、多様な範囲において作動し、公式非公式にネットワークを形成し、現代の社会関係・制度、アイデンティティ、経験を包含し浸透するものとしてみなすべきである」と説明している（Omi and Winant 2015:128）。先に引用した語りからもわかるように、人種差別的な法案や街頭での集団的なヘイトスピーチといったものだけではなく、個人の日常生活レベルにも人種主義的なプロジェクトは「作動」している。このような人種主義的プロジェクトは当事者に精神的な打撃を与えると同時に、第7章で論じるように「学校」や「労働市場」のようなさまざまな制度において具体的な「効果」をもたらしている。

2－6　他者化・人種化の指標

では、日本社会における他者化・人種化はどのような指標に基づいて作動するのだろうか。例えば、ギルバートが分析に用いたインタビュー調査をみると、単に肌の色という指標だけではなく、様々な要素が人種化・他者化の指標となっていることがわかる。ギルバートは、白人と日本人のルーツを持つ二五歳のアメリカ人男性に対する警察の取り締まりの事例を提示している（Gilbert 2005:69）。この事例の男性は、警官から外見によって「メキシコ人」であると誤解され、「ギャングのメンバーじゃないか、車にドラッグを積んでないか」などといった詮索・尋問をされ、ラテン系の男性に結びつけられる否定的な人種プロジェクトを経験する。しかし職務質問を進めると、この男性の名前がラテン系ではなかったため、外見と名前とを結びつけようとする警察官の人種的な認識は混乱する。ここでこの男性は、自らの会話のパターンを標準的な英語に切り替えることでこの局面を脱していた（ギルバートはこの事例を「パッシング」として紹介している。ミックスレイスの「passing」については第8章で論じる）。この事例では、ラテン系の「見た目」、黒人や白人に一般的な「名前（姓）」、そして標準的な英語の「話し方」という、それぞれの指標が、警察官に内面化された人種ステレオタイプからずれており、警察官の誤解につながっていた。

このように、社会構造に深く埋め込まれた人種概念は、単に肌の色に結びつけられるだけではなく、名前や服装、性別、年齢、家族構成、宗教、髪型・髪質・髪色、目の色、話し方、装飾品、行動パターン、性格、趣味など多種多様な指標によって投企される。それは国籍のような法的な水準から、サッカーの国際試合でどちらの国を応援するのかといったことにいたるまで振れ幅が非常に大きい。本書でも、上記のようなさまざまな指標に沿って「日本人」化と「外国人」化を経験していた。では、ここまで述べてきたことのほかに人種化の指標にはどんなものがあるだろうか。ふたたびインタビューの語りから考えてみたい。

瑛理：あのー小さいとき、学校に行くとき、お姉さんといつも行ってたんですけど、二人で歩いてるときとかに、女子高生とかが、なんか、「わー」って手を振ったりしてたのが、記憶にあって。「あれはなんだったんだろう？」みたいな。（…）風呂に入ってたら、おばあさんが、あたしの髪の毛をひっぱって、「きたない、きたない」って。言ってたんですね、で、わたしもびっくりして（…）ちょっと違う髪の毛、外国っぽい髪の毛だから、そういうふうにおばあさんが言ってたのかなって思ったり。（…）うーん、怖かったです。

かえで：〔面接で部屋に入ったら〕面接官に、「あれ、部屋間違えてませんか？」って。いや、「何時何分に面接にきた谷本です」って言って。そう言ったら、相手はびっくりしながら「あ、そうなんですね」って。それで席に着いたら、だいたい第一声が、「え、どこの人ですか？」って。「ハーフですか？」って。一番最初に聞かれるのが、志望理由とかじゃなくて、「え、ハーフ？」って。

瑛理：名前がやっぱり、名字がカタカナなので、〔清掃業者の人が粗大ゴミを〕取りに来てくれたときに〔事前に氏名を伝えていたため〕「日本の方ですか？」、うん、なんて言ったのかな、「どこの人ですか？」って言ってて。「電話で話したときに日本語がお上手だったので」って言って。それで、私は、「あ、ハーフです」って言ったら、「あぁー日本語が上手ですね」って言われて。「あぁそうですか、ありがとうございます」って。やっぱり名前が目立つんですね、きっと。

知絵：体操着とかでここに、「デミレル」って苗字なんだけど「デミレル」ってカタカナで書かれてると。なんかその、学校見学にきたお母さんとかが、めっちゃあたしの、その、名札を見てから、わたしの顔を見たりとか、してきて。今思えばぜんぜん〔平気〕なんだけど、本当になんかそんなことでと思うんだけど、そのときはすごい、嫌だった。けっきょく誰にも相談できなくて。

繰り返しになるが、社会構造に深く埋め込まれた人種概念は、単に肌の色に結びつけられるだけではなく、名前や服装、性別、年齢、家族構成、宗教、髪型・髪質・髪色、目の色、話し方、装飾品、行動パターン、性格、趣味など多種多様な指標によって投企される。先述してきたように単一人種観がヘゲモニックな社会構造において、社会に浸透しているある一つの人種概念が個人に投企される場合、その人種概念に結びつけられた特徴、すなわち言語や行動様式や名前や性格やセクシュアリティなどといった要素も同一であることが要求される。このように、日本のマクロレベルの社会構造においてヘゲモニー化してきた「日本人」化／「外国人」化の人種プロジェクトは、日常生活というミクロレベルにも偏在し、複雑に絡みあう指標にそって作用する状況が、日常生活における人種化の経験から明らかとなった。

先に挙げたギルバートのインタビュー・データにもあるように、モノレイシャリティが浸透する社会構造においては、主流の人種カテゴリーが投企される際に、そこに付随する多種多様な指標同士（言語、名前、性格、セクシュアリティなど）がずれたり倒錯していると認識された場合に嫌悪や疑念の対象とされてしまう。ヘゲモニックなモノレイシャリティは、本質的で単一の人種を境界づけし、そのカテゴリーに合致しない曖昧な立ち位置に対し非承認／不寛容に作用し、排除と抑圧的な構造を固定化する。日本社会においても、「日本人」と「外国人」の分断線はありとあらゆる指標を通して日常生活のなかで引き直され再構築される状況が明らかとなった。

3　ジェンダー、セクシュアリティと「ハーフ」

ミックスレイスの女性の経験について分析したベテッツは、「社会的アイデンティティは、人種や階級、ジェンダー、セクシュアリティ、そして他の社会的ポジショナリティが交差するという相互作用として認識する」とし、ミックスレイス研究が多様なパースペクティブから論じられることの重要性を論じている（Bettez 2010:144）。本節では特に当事者に関わる人種化の作用をジェンダー、セクシュアリティの視点から論じていきたい。アメリカやイギリスのミックスレイス研究ではすでに、人種の枠組みだけではなくジェンダーやセクシュアリティの観点からミックスレイス研究が進められており、例えばミックスレイスの女性の経験（Camper 2004; Bettez 2010）、ミックスレイスと男性性という論点（Gilbert 2005）、ミックスレイスとセクシュアリティ、バイレイシャリティとバイセクシュアリティなどに関する分析（Kich 1996）などがある。以下、これらの議論を参照しつつ、ジェンダー・セクシュアリティという視点から「ハーフ」の人種化について論じる。

3－1　「ハーフ」女性の経験

すでに第Ⅰ部で論じてきたように、日本社会における「ハーフ」言説は、第二期の国際化と経済成長のなかで、羨望の眼差しとともに商品化されることで、ジェンダー化・人種化されていた。第四期の現在では、当事者のメディア・アクティビズムによって「ハーフ」言説の再節合が活性化しているが、このようなジェンダー化・人種化された「ハーフ」言説はいまだに社会構造に根深く埋め込まれている。この「ハーフ」言説の作用は、「日本人」／「外国人」の人種プロジェクトと同様に、マクロレベルだけではなくミクロレベルの日常生活においても展開される。では「ハーフ」の女性は、日常生活における「ハーフ」言説のジェンダー化された人種プロジェクトをどのように経験しているだろうか。

「ハーフ」の女性の身体への眼差し

荻野美穂は、女性と身体との関係性について、女性が「生れ落ちた瞬間」からその身体に対して過度な注目の眼差しを浴び、「たえず身体的な外見によって値踏みをされ続けながら成長する」と説明している（荻野 2002:362）。「ハーフ」の女性の身体に対する周囲からの眼差しは、ジェンダー化されていると同時に、人種化もされている。

第Ⅰ部でも論じたように、女性の「美」に関しては、六〇年代から七〇年代にかけて、西欧の影響を受け細身の身体や健康美といった女性に投企される美の規範が流行したが、それは「高度産業化・大衆消費社会の産物であること、すなわち巨大化した国際ファッション産業、および化粧品やエステティック、美容整形などの美容産業によって煽り立てられ」てきたという（荻野 2002:358）。このような女性をめぐる「美」のイメージの変化と重なるように構成されていったのが、「ハーフ女性」に対する肯定的なイメージである（第2章を参照）。「ハーフ女性」に対するこのような肯定的なイメージは、増え続ける「ハーフ」の芸能人や歌手、アイドル、アナウンサーなどといった人々に対する表象のなかで現在に至るまで再生産され続けている。しかしながらこの言説は、過度にジェンダー化・人種化されたイメージに合致しないケースを排除するように働く。えりささんのストーリーからは、彼女に対しても「ハーフ女性」のイメージが身体に強く結びつけられていることがわかる。

えりさ：私、アメリカに一年留学したあと激太りして帰ってきて。で、かれらのなかでやっぱりハーフの女の子って、すごいイメージがあったんでしょうね。可愛くて、モデル並みの体型で、みたいな、こう。かれらっていうか、同級生。中学のときの同級生のなかで、アイドル並みの可愛い子を想像、イメージ化されちゃってて。細くて、モデル体型で、可愛くて、みたいな。でも帰ってきた私は、アメリカの生活にどっぷり浸かって、ボヨンボヨンになって帰ってきちゃったので、中学のときはそれでいじめられました。（…）けっこう大きくなって帰ってきて、まあそれがみんなの想像と違ったんでしょうね。（…）でも言われますよ、友達とかに、「えりさ、痩せたらモデルなれるのに」とか言われたことありますよ。

——やっぱり、体型みたいなのが、こう。

えりさ：女性は多いんじゃないかな。で、なんだかんだ。

——あ、たしかに男性は……

えりさ：そこまでないと思います。女性はすごくあると思う。（…）特にいまやっぱりモデルとかハーフの人がすごい多いから、ハーフイコール美人みたいな、ハーフイコールモデルになれるみたいなあれが、どこかある。でもやっぱり白人の血を持ってると太りやすいし、お肉くっつきやすいし、どうしてもムチっとなっちゃうから。私としてはそれがすっごく、すっごくちっちゃい頃からコンプレックスで。（…）体型とか、見た目とか、そういうのは多分、女性陣の方が男性陣よりはすごく意識すると思う。友達にも「もったいない！　すごく痩せればモデルになれるのに」とか言われると、なによ、「もったいない」って、みたいな。ははは。でそれを、過去にコンプレックスを持ってる者としては、すごくきついですよ。

「ハーフ」女性へのステレオタイプは、英語が話せて日本語がたどたどしいといったイメージだけではなく、モデルやアイドルなどのような身体のイメージによっても構築されている。えりささんは、自らの体型によって「いじめ」を受ける経験をし、自分自身に対して「コンプレックス」を抱いていたという。また、男性よりも女性側がより周囲からの眼差しにさらされ「値踏み」されるような点についても語っていた。第2期に構築された「ハーフ」言説のイメージは、白人系の女性に対して向けられてきたが、実際に引用した女性の経験からは、このカテゴリーへの同化が強く求められてしまう状況がわかる。

細谷実（2008）は、このような周囲からの美醜評価のまなざしによる影響や被害を「美醜ハラスメント」もしくは「外見ハラスメント」「容姿ハラスメント」と呼んでいる。細谷は、「すべての女性たちの容姿に美のモノサシが押し当てられて、かつ、合格点を与えられる水準がプロのモデルを基準として設定されているために、多くの女性たちが自分を醜く感じて劣等感をもつようになっている。そのことが女性の社会的力を弱めている」と論じている（細谷 2008:71-72）。[2]「ハーフ」である女性に対して「モノサシ」が押し当てられるとき、その「モノサシ」は歴史的に構築されてきた「ヘゲモニッ

（2）細谷はさらに、「近年では男性についても「男は顔じゃない」という考え方は通用しなくなってきている。女たちが能力によって相互に序列化されるようになってきた（＝女女間格差）のと並行して、男たちの間にも美醜による序列化が浸透してきた」と論じている（細谷 2008:72）。

クなハーフ性」、すなわち高（2014）が述べるように、女性で美しく、国際感覚があり英語が話せて、高い階層にある者、というイメージが用いられる場合がある。また、このような「美醜ハラスメント」には直接的なものと、間接的なものが存在する。

面と向かって、または特定人物を名指しして、相手の醜さや容姿の瑕疵を述べたり貶めたりすることは、言葉による相手への攻撃であり一種の暴力行使であることは、さほど異論ないであろう。（中略）その対極に、不特定の人物の醜さや容姿の瑕疵を述べたり貶めたり侮辱したりからかったりするという行為が存在している。例えば、日常会話やメディアの中で「ブスは、出歩かず部屋に閉じこもっていろよ！」などと否定的に言及される場合である。あるいは、太っていることや顔が大きいことや胸が小さいことや髪が薄いことなどが笑いのネタにされる場面である。そのような場面あるいは言説に遭遇することによって、自分がそうした容姿であることを多少とも自覚している人々は、劣等感に苛まれることになる。加えて、この劣等感は、前節で論じたように、他者の美しい容姿の賛美によっても刺激され生み出されてしまうのである。（中略）不特定な人物への一般的な言及というものは、時と所を選ばず偏在的に劣等感を刺激し苛み続ける。しかも、面と向かって貶められた場合などと異なり、困ったことには、怒りや抗議を持っていく先がない（細谷 2008:72-73）。

えりささんの場合は、社会に浸透したメディアの「ハーフはかわいい、美人」といったイメージにより直接的に容姿を貶められる美醜ハラスメントを経験していた。さらに、インタビューをしたほかの女性も、直接的なもののみならず、細谷が説明するような間接的な「美醜ハラスメント」の影響も語っていた。メディアや日常会話のなかで「ハーフはかわいいよね」「ハーフはかっこいいよね」といったような、美醜ステレオタイプの一般化が一度なされれば、「ハーフ」イメージに関わる当事者に間接的な「美醜」の基準を押し付けることになる。「ハーフ」に結びつく美のイメージは、「時と所を選ばず偏在的に劣等感を刺激し苛み続ける」ことになる。そして、「美醜についての観念がまさに社会的な産物であるがゆえに、自然の仕業の場合と同じく、特定の人物の所為だと言えなくなる。劣等感の矛先は外部に向かえず、ひたすら自分を責め苛んでしまう」（細谷 2008:73）。えりささんの語りからもわかるように、「ハーフ」の女性に過度な美のイメージが結びつけられることは、当事者にとって精神的負担をもたらしている。

一方、「ハーフ」言説はもちろん、白人系の女性だけに投影されるわけではない。かよさんは自身の身体性に対して、男性からの人種差別的かつ性差別的な眼差しを経験していた。

かよ：なんか、本当にこれ、セクハラでしょ、って思ったことがあって、一回。なんか、お客さんに、「色黒いね、焼いたの？」みたいに言われて、地黒ですみたいなこといったら、「脱がしても黒いの？」って言われて。えー！とか思って。

――気持ち悪い。

かよ：気持ち悪い。きもー！とか思って（笑）。えー！ってなったけど、そこでそんな反応しても、相手の思うツボだなとおもって、「はい、黒いです」って言って（笑）。気持ち悪い！（笑）

――えー

かよ：えーってなった。（…）〔相手は〕社長まで行かない、部長っぽいおっちゃん。キモーいってなった、あれはさすがに。あれはキモかったー。

――酔っ払ってたのかな？

かよ：いや、まだ酔っ払ってなかった。こういうこと、言えちゃうんだ、と思って。キモーいってなった。引いた。

リサ：町ではめちゃくちゃ見られます。おじいちゃんとか、顔ガン見とかしてくるんですよ。あと電車とか乗ってるときに、こっちがとくに肌を露出しているとかではなく、でもめっちゃ見られたりはあります。（…）なんか見定めるみたいに見てくるひとがたまにいるんですよ、それがほんとにムカつくというか。一回顔をみて、「あ、こいつ日本人じゃねえな」って顔をしてから、なんかそのあと、こう全身を見て、「あ、なるほどね」っていう、そういうのありますね。

――それは嫌だね。

リサ：うん、すごい嫌ですね。〔見てくるのは〕男の人ですね。

「ハーフ」の女性には、人種とジェンダー・セクシュアリティが交差する人種プロジェクトが投げかけられている。例えばかよさんは、勤め先の店の客である男性から、セクシズムとレイシズムの交差する眼差しを経験していた。このように「ハーフ」の女性に対してセクシュアルな眼差しが投げかけられるケースは多く聞かれた。

麻美：なんか、軟派系のノリで、「ハーフ？」って話しかけられることはある。

――それはどういう感じ？

麻美：ふつうに、一つの集まりとかで集まったときも、話しかけるときの言葉がけが「ハーフ？」だったりもする。やっぱ、男性だね。

麻美：あの、ハーフだから、軽いって思われる。で、単純に飲んでテンションが上がってると、本当に軽く見られる。っていうことがあって、びっくりしたんだけど、あ、こいつ今わたしのことめっちゃ軽くみてるみたいな、のはあったり。飲んだ時のテンション覚えたかのように、毎回言ってくる。その人に関しては、飲ませた方がヤレるかもみたいなのがあるなーってやっぱり。（…）その人がお酒好きっていうのもあったんだけど、飲んだときのテンションの方が好きだよみたいな、でもそれはテンポが軽くなるからかなみたいな。それは感じたことある。払拭できないなこいつのイメージ。

ナディア：わたし、多分すごい軽いと思われてるし、言われたし、「軽いね」みたいな。そういう風に言われる、オヤジには。若い人には逆に一線引かれてるけど、オヤジになってくると、結構なんだか好奇心でいろいろ言ってくる人いるんだよね。軽いっていうイメージ持ってるおっちゃんとかは、普通に「今から家行っていいか」とか、「一緒に寝るか」とか言ってくる人はいて。「おれ、金持ってるからよ」って。田舎のオヤジなんてそんなもんだから、言ってくるひといるんだけど、五〇から六〇歳とかの人で。で、仕事で関わりのある人だから、うまくスルーして。

このように「ハーフ」の女性はしばしば男性からのセクシュアル・ハラスメントを経験している。日本弁護士連合会（2017）によれば、「セクシュアル・ハラスメントは、支配従属関係、上下関係にある人間関係で起きやすく、性差別・性別役割分担の意識が背景になっている。そして、被害者が被害を訴えることが困難な場合が多く、被害が表面化しにくいこと、被害者の被害が深刻な場合が多いこと、二次被害が起きやすいといった特徴がある」。また、「セクシュアル・ハラスメントは、相手の性的自己決定権（人格権）や労働権を侵害する重大な人権侵害であり、被害者は、精神的にも身体的にも経済的にも被害を受け、その被害は甚大である」[3]。

語られたストーリーにおいても、それは文字通りに性的に「眼差される」だけではない。実際に「今から家行っていいか」というレイプ被害にもつながりかねない発言さえも投げかけられている。ナディアさんの場合は職場の上司からこのような発言を繰り返し浴びせられており、精神的負担ばかりではなく業務にも悪影響をもたらしている。ほかにも、「軽い」「飲ませた方がヤレる」といった性的に奔放であるというイメージが、「ハーフ」女性に強く結びつけられるケースがあった。

「ハーフ」女性に付与された性的なイメージは、歴史的な観点からさらに分析する必要があるだろう。戦後日本社会においては、「日本人」女性に対して貞操観念が強く結びつけられていたのとは正反対に、「外国人」女性に対しては性的に奔放なイメージが付与されてきたと考えられる。

「ハーフ」女性に対する「美」のイメージや性的なイメージは、そのまま、「美醜ハラスメント」や、セクシュアル・ハラスメント、レイプの危険性に直結している。このような言説の機能は、単にイメージや幻想として片付けられるべきものではなく、人権侵害と性差別、人種差別を起動させうる危険をはらんでいる。ここで重要なのは、「ハーフ」のジェンダー化されたイメージが社会的に構築された、という点を指摘するのみならず、「ハーフ」女性のイメージがもたらす社会的帰結を注視し続けていくことである。そして、ハラスメントやレイプの危険性につながる言説を切り崩していくことが急務である。

「ハーフの子どもを産みたい」

「ハーフ」であることに対して、「うらやましい」「いいな」と言われたことがあるというケースはインタビューでも参与観察においても多く聞かれたが、瑛理さんは、この羨望の眼差しに含まれている他者化と人種化の作用を感じ取っていた。彼女は、女性同士の会話のなかで投げかけられる特徴的な語りとして、「ハーフの子どもを産みたい」と話しかけられることについて語ってくれた。

瑛理：やっぱり、うらやましいとか、そういうことは言われたり。あの、女の人だったら、日本人の女の人だったら、自分の子どももハーフの子どもがいいとか。

——あー。

瑛理：そういう感じはあります。よくありました。

（3）日本弁護士連合会第五八回人権擁護大会シンポジウム第一分科会実行委員会編、二〇一七、『女性と労働——貧困を克服し男女ともに人間らしく豊かに生活するために』旬報社、八〇—八一頁。

――それ言われたときは、どういう気持ちになりますか？　とまどうっていうか、

瑛理：そうですね、なんか、あのーなんて答えたらいいのかわからないですよね。これ〔ハーフ〕はただ、自分なので。なんかラッキーっていうふうな意識もないし。ありがとうっていってもおかしいし。（…）ただ、ちょっと、かまえちゃうんですね、なんか、うらやましいなーとかそういう、あの、自分が違う枠に入れられるような気がして。

瑛理さんは、「うらやましい」などの羨望の眼差しに内在している他者化・人種化に対して、「自分が違う枠に入れられるような気がして」と語り、その作用を感じ取っていた。さらに女性の調査協力者に特徴的な語りに、「ハーフの子どもを産みたい」と言われた経験がある。これは女性同士の会話から聞かれるストーリーである。

えりさ：かわいい赤ちゃんを産みたいとかね。それもどうかと思うけどね。（…）〔女性同士の会話でハーフの子どもを産みたいという話題について〕そうそうそう、超言われる。（…）いや、かわいい赤ちゃんを産みたいっていうだけの理由で、あんた、ハーフの親になる覚悟あんの？って。子どもにしかわかんない苦労すごいいっぱいあるんだよって。私とか弟の苦労は母親にもわからないと思うんですよ。（…）その覚悟がなしに〔ハーフの〕子ども産むなんて簡単に言わないでって。ハーフの苦労をここで語ってあげようか、って。

荻野は、女性が「自分のからだ、自分の外見」を「ある理想の基準に合致させること」に非常に熱

心になるということの背景について、「女の子は一般に生まれ落ちた瞬間から、色が白いか黒いか、鼻が高いか低いか、脚が細いか大根足かといった具合に、たえず身体的な外見によって値踏みをされ続けながら成長するために、女の自己意識と外見とは引きはがすことのできない表裏一体のものと化しているからである」と説明している（荻野 2002:362）。女性がもつ「ハーフ」の女性に対する羨望の眼差しと「ハーフの子どもを産みたい」という語りは、女性の美に対する自己意識が、子どもへと転嫁され、「美しい」とイメージ化された「ハーフ」の子どもを出産したいという欲望へと結びついているということが考えられる(4)。

しかし、こうした言葉を投げかけられた「ハーフ」女性は概して、違和感や居心地の悪さを感じていた。瑛理さんは「なんて答えたらいいのかわからない（…）ありがとうっていってもおかしいし」と語り、えりささんは「あんた、ハーフの親になる覚悟あんの？」と相手に対する憤慨や叱責の思いを示していた。

メイク、ファッションと「ハーフ」女性

「ハーフ」に対する人種プロジェクトは、肌や髪型、目の色といった指標のみならず、メイクやファッションとも結びつけられる。みさとさんは、肌を露出する服を着た際に、周囲から「ハーフだからそういうファッションできるんでしょ」と、あからさまな嫌悪感情をぶつけられた経験を語った。また、みさとさんの語りでは、メイクやファッションに関しても「外国人」化の人種プロジェクトが

（4） この示唆的な論点については、一橋大学社会学研究科博士課程在籍の工藤晴子氏より教示を受けた。

働いていることがみてとれる。

みさと：でも、やっぱ女の子だと、そういう体型とか、見た目を気にするじゃないですか、女の子は、そこで「外人いいな」っていうのは言われますよ。何を持って「いい」って言ってるのかはわからないけど。それでいじめてくる人もいましたよ。なんか、「あんまり化粧しなくても顔、彫りが深いからいいよね」とか。なんかそれで、「すっぴんでも勝負できんじゃん」とか、がーがー言ってきたりとか。私も、同じ人間だし、女子だし、それは多少のおしゃれはするよ、みたいな。「でもさ、自分はちょっといいのもってますみたいな、思ってるんでしょ」って言われますよ。女の戦いですよ。ジーパンはいても、日本人は似合わないっていうのがあるらしくて、私そうは思わないんですけど。

このようにメイクやファッションなど、生活の細部にいたるまで、「日本人」化／「外国人」化と、「ハーフ」性の人種イメージが影響を及ぼしていることがわかる。

3-2 「ハーフ」男性の経験

これまでジェンダーやセクシュアリティに結びつく語りとして、女性の経験を取り上げてきた。一方、インタビュイーのなかでも特に男性の語りに特徴的な点も浮かび上がってきた。第四期の「ハーフ」言説の多様化について第4章で述べてきたが、山本によれば、男性性と犯罪のメイージが特に「黒人系」のハーフに結びつけられやすい。かれらは、アイドルやスポーツ選手という表象においてはあこがれや称揚の対象とされる一方で、「ハーフ」男性はしばしば脅威の対象とみなされ、危険や犯罪といったイメージと結びつけられる立ち位置にいる（山本 2014）。

このような「ハーフ」男性に対する犯罪イメージによる人種化は、よりマクロなレベルでの「外国人」に対する犯罪イメージの付与から影響を受けている。本研究のインタビュー協力者の中で、特に男性に関する語りの中で最も特徴的で多く聞かれた事例が、警察官による街頭での職務質問である。これは白人系のハーフであるイーサンさんを除くと、イスラーム圏とアフリカ系のルーツを持つ男性「ハーフ」に特徴的な経験として浮かび上がってくる。さらに、イーサンさんのように白人系の男性や、バングラデシュのルーツを持つ女性「ハーフ」のりなさんも職務質問を経験している。このような街頭における警察官の人種差別的な職務質問について、第7章で詳述する。

また、このような犯罪化のイメージのみならず、「ハーフ」男性に特有の外見やセクシュアリティ・ジェンダー意識に関する語りがみられた。

高橋：ハーフの男性だと、なんていうんですか、まぁ「イケメンだ」とか、あとその、「女の子を誘うのがうまいよね」っていう、そういうステレオタイプはあると思います。だからまあちょっとした場面で女の子とかとしゃべったりすると、「やっぱ、さすがだね」みたいな、実際そういうことはありますよね。

——あー、普通に女の人とコミュニケーションしてるのに、他の人から「さすが」みたいな。

高橋：そうですね。外国人は女性を誘うのがうまいっていうステレオタイプはありますね。

このように、「ハーフ」男性にも「ハーフ」女性に対するプロジェクトと同様に、外見の美しさとして「イケメン」であるといった身体性のイメージが過度に結びつけられる。また、高橋さんは、「ハーフ」男性に対して「女性を誘うのがうまい」というステレオタイプが結びつけられている状況を説明し、単に女性と会話をしていたとしても、周囲から「さすがだね」と言われるという偏見の眼差しにさらされることがあることを語った。また、このようなイメージは「外国人」の男性に結びつけられているイメージであると説明しており、「外国人」化と「ハーフ」イメージの人種プロジェクトが当事者に重ねられている状況がわかる。

3−3　バイセクシュアリティとバイレイシャリティ

次に、中国と日本のルーツをもち、さらにインタビューのなかで自らのバイセクシュアリティについて語った程さんのストーリーを見ていきたい。

程：この「ハーフ」の問題ってアイデンティティに関わる問題じゃん？（…）それと性ってなんか関係あったりするの？（…）てのはあたしは、バイ〔セクシュアル〕なのね。だからこれは、今の時代の流れもあるじゃん、正直。そして言ってもいい時代になってきたからみんな言ってるっていうのもあるけど、なんかあたしのなかではこう、多分いろんな要素が重なってこうなったんだろうなって思っちゃうから、それにもちろんそのうちの親とかクォーターとか場所が移動したとか、いろんなことが関係すると思うから。まぁ関係あるっちゃあるのかもしれないけど、関係ないといえば関係ないという気も、して。なんか、ちょっと聞いてみたかったんだよね。

（…）結局こう、カテゴリーみたいな問題じゃない、ほとんどそれ。（…）「男」と「女」にしろ、「中国」、「日本人」、なんとかにしろ。（…）だからなんか、あたし的にはなんだろう、結構つながるところあるんじゃないかなっていうのがあって。自分のなかで、そこで完結してるんだけど。

程：なんか、多分、そうだね。あたしのなかで体系立ててるのは、中国人のクォーターだってことは、うちの親を通して、親の影響っていうだけでの中国だなんだっていう問題だけあって、外との関係で、中国の話が問題になったことはあたし的には一度もないわけ。それよりも多分オーストラリアからこっちに移動してきたっていうことの方が多分よっぽど大きい。それは多分言葉の問題とかがあった。（…）まぁ、向こうからこっちに来たっていうのがいまだに、自分のルーツになってしまっている。だからある意味、異文化に対して寛容になれるところはあるよね。こっちに来て、「おまえ、しゃべれないの？」とか言われた分。そういうふうに言われた人の気持ちはわかる気がする。

程：そうだね。だから中国の……。親の影響を受けた部分と、その（自分自身の）移動の部分がどっちも入って、ごちゃごちゃしてて。

――セクシュアリティも？

程：それはねぇ、また別の柱であって。（…）だから、何でも許せばいいじゃん、みたいな感じで思ってて。人種とか、なんとかとか。

このように程さんのストーリーでは、親の中国のルーツと自身のセクシュアリティ、そしてオーストラリアで生まれ五歳まで暮らしたという移動の経験、エスニシティ、言語の問題（幼少期は英語のほうが流暢であった）が交差して語られ、それぞれが「別の柱」として程さんのアイデンティティ形成に影響を与えていた。

構築主義的なインターセクショナリティ（交差性）を論じるグレン・ナカノによれば「関係的」という概念を用い、「人種」や「ジェンダー」などの要素は単線的に交わるのではなく、「関係的に構築される」という。それらの要素は実際には独立した概念ではなく、相互に連関しながらカテゴリーが構成され、各要素が絡みあいながら社会的な意味づけがなされる（Nakano Glenn 1992:34）。さらに、バイレイシャリティとバイセクシュアリティの関係性について論じたG・K・キチは、「自らを人種・エスニックな背景に位置付けるのと同様に、セクシュアル・アイデンティティは個人が舵取りする生活史や行動、自己認識と関係性、所属意識と差異などの指標の中で描かれる」（Kich 1996:267）と説明している。程さんのアイデンティティも、レイシャリティ、エスニシティ、そしてセクシュアリティがそれぞれ複雑に「関係」しており、「結構つながるところあるんじゃないか」「多分いろんな要素が重なってこうなったんだろうな」という語りに、それが表れている。

また程さんは自らのセクシュアリティについて「今の時代の流れもあるじゃん、正直。そして言ってもいい時代になってきた」と語った。人種や言語能力、セクシュアリティといった要素について「何でも許せばいいじゃん、みたいな感じで思ってて。人種とか、なんとかとか」とも述べていた。キチは「バイレイシャルかつバイセクシュアルでもある人は、すべての側から抑圧的な対応を経験し、あらゆる文脈における支配的なマジョリティ集団から周縁化されている」（Kich 1996:271）と指摘している。キチはここでアメリカ社会を念頭に、バイレイシャルとバイセクシュアルの人々に対する支配的なマジョリティ集団として「ストレート、ゲイ／レズビアン、ヨーロッパ系アメリカ人、他のモノレイシャルの人々」を例に挙げ、バイレイシャルの人々は理想的かつ異常なものとして位置づけてきたのと同時に、ヘテロセクシュアルもしくはゲイ／レズビアンからは「曖昧で信用できない無責任なものとして酷評されてきた」と説明している（Kich 1996:271）。このように、日本社会においても社会に広く浸透しているような「日本人」と「外国人」とを二分するモノレイシャルかつ、ヘテロセクシュアルな規範が、ハーフ・クォーターでありかつバイセクシュアリティの人々の生を周辺化していく可能性も考えられる。この点についてはさらなるインタビューや補足調査が必要であろう。

4　エスニシティと「ハーフ」

八〇年代以降に来日した位相Ⅲのルーツをもつ「ハーフ」「クォーター」「ミックス」などと呼ばれる人々は、近年日本に急増しており、メディアやＳＮＳなどでは位相Ⅰ・Ⅱ以上にその存在感を増している。しかしながら、日本における移民研究や国際社会学などの領域ではこれまで、「ハーフ」や「混血」に関する分析は不十分であった。近年、一九八〇～九〇年代に移動してきた移民集団の「第二世代」の若者に着目した移民研究が蓄積されつつあるが、これらの研究領域とミックスレイス研究が十分に接合されているとはいえない。「ハーフ」や「クォーター」、「ミックス」はエスニック集団内部の例外的な存在として取り上げられるか、分析の段階で不可視化される傾向にある。しかしながら、本研究の対象である「ハーフ」や「ミックス」を考察するにあたっては、人種やセクシュアリティなどの側面のみならず、エスニシティの側面やトランスナショナルな観点からかれらの経験を分析する必要があるだろう。

このように移民研究とミックスレイス研究の理論的接合を目指すものとして、ミリ・ソンの研究を挙げることができる。ソンは移民研究の一つである「分節化された同化理論」の「後」には何が起こるのか？　という問いを立て、イギリス社会におけるインターマリッジ、移民第二世代のミックスレイスのアイデンティティを論じている。ソンは次のように述べている。

分節化された同化理論は、アメリカや近年の欧州における移民第二世代の経験と社会的位置に関する議論を刺激した。この理論は、若者がどのように中等教育を過ごすかという点と、家族とエスニックな社会ネットワークが第二世代の個人の支援に非常に大きな役割を果たす点に着目する。しかしながら、若者が家から離れ、高等教育機関のメインストリームへと移っていくとき一体何が起こるだろうか。分節化された同化理論は、統合や社会上昇のためのインターマリッジの含意や、増加する「ミックスレイス」の個人の経験をどのように概念化するかについてまでは言及していない。(Song 2010b:1195-1195)

第二世代研究の「その後」については、本研究でも制度や歴史に着目しながら論じてきた。以下ではさらに、エスニシティという観点から「ハーフ」「ミックス」の経験について論じていきたい。

4-1　トランスナショナルな紐帯

インタビュー協力者の語りにおいて、外見やジェンダーに関する経験と同様に重要なものとして語られるのが、エスニシティの観点、すなわち「文化」「言語」「習慣」「食べ物」などについてである。とりわけ、日本以外のルーツの人々との親族的なつながりや交流をもつ人々は、これらが当事者のアイデンティティ形成にも大きな影響を与えている。また、これらのトランスナショナルな紐帯は、しばしば次のように肯定的に語られていた。

大輔：よかったことのほうが多いっす。（…）まずは、料理を二種類食べれる。幸せ。必ず毎年韓国に帰れるから。うれしい。行く機会がある、向こうにも。（…）すごい特別なんですよね、韓国は、実家は。あたたかいですし。

瑛理：日本にも家族、おじいちゃんおばあちゃんがいるし、アメリカにも家族がいること嬉しいし、心強い。小さいころから交流があります。

また、みさとさんは日本社会におけるフィリピン人に対するスティグマを自覚しているが、自身の出身地域に対する肯定的な感情を以下のように語っていた。

みさと：日本より、あっち「フィリピン」のほうがずっと好き。（…）フィリピンってなんか、あんまりいいイメージないじゃないですか。友達に言われるのは、こう、スラム街が多かったり、発展途上の国だから、汚いイメージがあるとか。危ないみたいなイメージがあるんです。でも、うちの田舎〔レガスピ〕はほんとに落ち着いてて、のどかなんです。そこらへんに牛とか歩いてて、のどかなところなんですよ。(…) 幼馴染もフィリピンハーフです。(…) 向こうの方がらく、楽しい。

みさとさんの母親は神奈川県でフィリピンから来た人々が集う教会に所属し、みさとさん自身もその教会を中心としたエスニックネットワークのなかで友人関係を築いていた。

みさと：日本のカトリック教会も＊＊〔神奈川県の都市〕にあって。フィリピン人の人がやってるグループとかもありますし、インド系のグループとかもありますし。インドネシア系やタイ系のグループもいたり、アメリカ人のひととかもいたり。そういう各グループがいろいろ、仲良くなってます。フィリピン人はフィリピン人で一緒になって。教会の下にホールみたいなのあるんですよ、そこに、ご飯食べれるところがあって、月に一回フィリピン料理を出す会みたいなのがあったりとか。(…) 教会に行ってる日本人の人たちもおいしいおいしいって食べる。バナナの春巻き。よくお家で作る。野菜の春巻きとバナナの春巻きをどっちも作って、皮は一緒なんですよ。バナナを普通に切って包んで、揚げるだけなんです。

みさとさんにとって、教会を中心とするエスニックネットワーク内での経験は、アイデンティティ形成に重要な役割を果たしており、教会や家で食べるフィリピンの料理についても嬉しそうに語ってくれた。また、母親によってもたらされるフィリピンの文化、言語、食事は、みさとさんのアイデンティティを支える大きな要素となっている。

三浦綾希子は国際結婚家庭の子どもとフィリピン人の母親に聞き取り調査を実施し、「意図的にも、無意図的にも、母親たちは子どもにフィリピン文化を継承させようとしている」と論じている（三浦 2015:221）。さらに、「日比国際児の生活のなかには、親が持ち込む出身地の文化が当たり前に存在することとなる。分かりやすい例でいえば、家で食べるフィリピン料理は、特別な料理、外出先で食べる料理ではなく、日常的に食卓にあがるものとして認識される。無論、かれらの生活の主な部分は、日本的なもの――日本の料理、日本のテレビなど――で占められているが、母親が日常生活の中で使うタガログ語や日常的に行われるフィリピンへの言及は、自分のルーツの一端がフィリピンにあることを感じさせる」という（三浦 2015:235）。三浦は家庭内において言語や文化的規範が継承され、さらに近年ではＳＮＳを通したエスニック・ネットワークが形成されているといい、このような複数のネットワークが密接に重なり合い、「子どもがエスニックな経験をできる環境を作る」と説明している（三浦 2015:248）。

もちろん、すべての「ハーフ」がこのような日本以外のネットワークの重なりのなかで生活しているわけではない。それでも、みさとさんにとって、フィリピンとのつながりを支える複数のネットワークのチャンネルは自らのアイデンティティを形成する上で大きな役割を果たしているといえるだろう。

4－2　エスニックな要素に由来する排除と困難の経験

自らのエスニシティをめぐる肯定的な意識や経験が語られる一方で、エスニックな文化や習慣、言語、伝統やしきたり、風習などが要因となって排除や困難を経験する語りもみられた。特に程さんの姉のケースでは、見合い結婚で縁談が進んでいたにもかかわらず、「墓」をめぐる話によって外国のルーツが露見し、破談になってしまったという経験が語られた。

程：婚約相手になるはずだった人と、うちのお姉ちゃんの間で、お墓の話になったときに、どういうなりゆきかわからないけど。うちのお姉ちゃんは「うちはお墓がない」と、「まだ作ってない」っていう（…）たしかに普通の日本のお家で、お墓がないっていうのはまあ、あんまりないから。それを持ってないのは家のせいだし、またなんかそういうふうに思っちゃって、っていうのがあった。（…）たぶん、〔墓は〕ハーフとかそういう人たちの一つの問題なのかなとか、いま漠然と思ってるんだけど。

また、エスニシティの要素で特に「外国人」化の作用を強く受けるのが「言語」である。これは参与観察でも多く聞かれ、他国にルーツがあればその国の言葉が話せるだろうといったものだけではなく、特に「英語が話せる」というステレオタイプが英語圏のルーツがあるなしにかかわらず多かった。

瑛理：「英語喋れる?」とか、「なんか英語で言って」とか、そういうのがまあ……。

みさと：「ハーフなんだから英語できるでしょ」みたいな、言われますけど、「できないよ」みたいな。

知絵：多分イランで話されてる言葉をけっこう知らない人も多いから、多分ハーフって英語喋れるみたいなイメージけっこうあると思うのね。だからそれで、「英語喋れるの？」とかは、聞かれる。

ナディア：わたし、二段階でめんどくさいんだよね、「英語喋れる？」って聞かれて、「喋れません」って言って。もう、わたしも余計なこと言わなければいいんだけど、一応スペイン語圏だから、「英語じゃなくて、スペイン語圏なんだよ」って言うと、「え、じゃあスペイン語喋れるんだ」って、そう二段階に相手をがっかりさせるっていう。私も余計なこと言わないで、英語だけ「しゃべれません」って言ってりゃいいんだけど。(…) 職場では、会う度に英語で話しかけてくる人もいたりして、「オー、ナディア」みたいな、で、わたし英語話せないって何回も言ってんのに、英語で喋ってきて。まあ親しくしてくれるのはいいんだけど、あんまり度がすぎるとちょっとイラっとしてくるところもある。

語学能力は、本人の生育環境や地域、家庭内の言語、親の教育方針、学校（日本の学校か、インターナショナルスクールのような他の言語を用いる学校か）、本人の学習歴や留学歴などによって異なるはずであるが、「ハーフ」であれば外国語の言語能力を有する、というステレオタイプは広く浸透している。また、この背景には「日本人」化の人種プロジェクトにおいて、「日本人は日本語を話し、日本文化をもつ」という単一民族観のヘゲモニックな作用と、戦後の西欧化においてモデル化されていたのがアメリカであったことから、「外国人」というイメージが「アメリカ人」と密接に結びつけられ、〈「英語」を話す「アメリカ人」＝「外国人」〉として人種化されたことが大きく作用している。

さらに、ハンナさんのように見た目から「外国人」と認識されてしまった場合、英語能力が期待される人種化の作用と同時に、「日本語が話せない／聞き取れない／理解できない」とみなされる、日本語能力に対する否定の作用が語られていた。

ハンナ：なんかねぇ、たまにご飯とか食べてても。こう、電車とかであたし一人で乗ってるときとかも、周りはあたしのこと「外人だ」と思ったりするじゃないですか。で、あたしは普通にしらーっとしてると、たまにボソッと、「あの人ハーフかな」みたいな、「外人かな」みたいな事を喋ってるとか。あたし、「日本語わかるんですけど」とかって〔言って〕。で、あまりにもひどいと、「あのーわかってんだよ言ってること！」って言うと、「すみませーん……」とかいう感じ。

――でもそんなあからさまに聞こえるように言う人いるんですね。

ハンナ：うんー、いる、いる。だからなかにはそれこそ、温泉入るときとかにも、しらーっとちょこっと外人入ってると、まさか誰も日本語話せるとは思わないみたいで。

戦後を通じて「日本人」と「外国人」の二分法の人種プロジェクトは反復され、定着したが、この人種化は、人種やジェンダー・セクシュアリティの要素のみならず、文化や習慣、言語といった点からも強く影響を受けていることがわかる。[5] この背景には吉野（1997）が指摘するように、「日本人論」における特徴的な人種観念として「文化の人種的所有」が繰り返し展開され、社会に浸透していったことが大きく影響している。「日本人でなければ、日本の文化や精神を理解できず獲得さえできない」といった強力な「文化の人種的所有」という観念は、「日本人」化の人種プロジェクトの展開に密接に結びついている。そのため、「ハーフ」当事者についても、「日本人」とみなされた場合は「日本人」化された文化的特徴を期待される一方、「外国人」とみなされた場合には「日本的」な特徴は違和感あるものとして周囲からまなざされてしまう。

このような強力な人種プロジェクトの影響によって、当事者はしばしば、「日本人らしいですね」、「日本語上手ですね」といった言葉を投げかけられるのである。これはたとえ当事者を褒めようとして語られた場合であっても、この言葉のなかには、「日本人ではないのに日本の文化や言語が理解できる」という「文化の人種的所有」の観念からくる暗黙の前提が内在化しているため、日本生まれ日本育ちである当事者にとって精神的な負担や嫌悪感を引き起こす経験として語られている。

「文化の人種的所有」観念にもとづく「日本人」／「外国人」の人種プロジェクトは、この境界線上で曖昧な位置づけにある当事者の語りのなかにはっきりと浮かび上がっている。

（5）また、言語能力には、それを習得するに十分な教育を受ける家庭の経済的状況も関係している。そのため、この人種化には階層の要素も内在している。

5　ネーションと「ハーフ」

イギリスやアメリカにおけるミックスレイスの経験と、日本のミックスレイスの人々の経験とで、大きな差異として考えられるものの一つは、「ハーフ」の日常経験が国家と強く結びつけられるかどうかという点である。両方のルーツを有する「ハーフ」の経験は、ナショナリズムによって「日本人」か「外国人」かを断絶する力学にさらされやすい。これは、多様なルーツの人々が市民権を得ているイギリスやアメリカ社会に比べて、単一民族という人種観が根強く、「日本人」と「日本国家」が密接に結びつけられている日本社会の構造的な差異に起因している。調査協力者の日常経験においても、国家に関わる様々な人種プロジェクトを投げかけられていた。知佐さんは、韓国のルーツを周囲に知られた際に、しばしば日本と韓国の国家間における歴史問題や領土問題といった点の話題について質問されると語った。また、中国のルーツをもつけいさんも同様の経験を語っている。

知佐：「竹島問題どう思う?」とか〔聞かれる〕。

——どうって、なぜ私に聞くのって感じだよね。

知佐：そう。(…)〔知り合いでハーフということを聞きつけた人が〕「えーハーフなんでしょ、竹島問題どう思う?」とか。

——えー聞きにくるんだ。

知佐：なんか目があったときとかに、「えーそういうのどう思ってんの?　どう反応するの?」とか「サッカーどっち応援するの?」とか。なんかさ、どっちって言ってもすごいいい気分にはならないんだよね。
――どんな答えを求めてるんだろうね。
知佐：それでなんか、「サッカーは韓国かな」っていうと、「えーなんで日本応援しないの、日本にいるのに」って。じゃあ言っちゃいけないみたいじゃん、聞いといて。そういうのはちょっとね、いらっとする。

けい：私は、実は中国生まれで、そういうルーツがあることをぱっと知った人とかいると、大概多く聞かれるのが、最近よく聞かれるのが、「結局、尖閣諸島の問題はどう思うの？」とか。「あいうニュースとか見て、どう？」とか聞かれたときに、なんか正直、なんだろう。（…）それを「どう思うか？」って言われたときに、私はだからそういうことだから、私がどう思うか事実がどう思うか、正直本人が思うようにするしかないですよね。どうでもいいかな正直と思うじゃないですけど。国がそういう風に言い張ってるのと、本人がどう思ってるのかってわかんないから。私が中国の代表みたいな、中国人はみんなどうおもってるのかって、いやそんなのわかんないし。しかも私は日本で長く生活してるし。

また、与那覇さんは日米間の問題である在日米軍の基地問題について周囲から問いただされる経験を語った。

与那覇：なんか逆にこっちきて「基地問題とかどうなの？」みたいに言われたときに、逆になんか「おじいちゃん米軍、米軍が身内にいるから沖縄ではそんなに立ち場強くないから」みたいな。っていうふうになんか〔基地問題の話題から〕逃げられるんで。（…）〔基地問題に関しては〕あんまり極端なことは言えないし。あんまり基地問題に関しては話したくないんで。〔基地問題について〕そういうの興味ある人には聞かれますけど、そこでなんか「おじいちゃん米軍だからあんまりおっきいこと言える立場じゃないから」って感じに逃げたら、「あ、そうか」ってなるんで。それ以上あんまり話さないですね。

「ハーフ」当事者の経験では、このようにネーションが強く結びつけられる人種プロジェクトの作用についての語りが多く聞かれた。このネーションへの強固な結びつきは、外交問題・歴史問題からスポーツ観戦などといった非常に幅広いテーマに関連づけられ、これらの国家間関係が個人の水準に落とし込まれ、しばしば当事者のアイデンティティやポジショナリティを「どちらか一方」を選択するよう、執拗に迫られるのである。

さらに、日常生活のレベルの経験のみならず、日本社会において「ハーフ」や「ミックス」の人々がより一層顕在化されていくなかで、かれらをネーションに結びつける議論は盛んになっている。オリンピック代表選手やミス・ユニバースの事例では、そこに関わる「ハーフ」当事者に対し過度に日本との結びつきが強調される一方で、少しでもネーションに対して批判的な態度をみせるとナショナリストからの反発や敵意を抱かれる。このようなネーションへの強力な結びつけをともなう人種プロジェクトは、当事者のアイデンティティやポジショナリティをいずれか一つのネーションへと還元させるように作用し、ここから外れた場合の流動的なアイデンティティを一切認めないように働いている。「ハーフ」当事者の社会参画がますます増えるなかで、今後メディア、国際スポーツ試合、選挙、ミス・コンテストといった地域・国家の代表を決める場面で、ネーションと個人とを結びつける人種プロジェクトが強力に作用していくことがよりいっそう増えていくのではないかと予想される。そのため、「ハーフ」当事者がどちらかの一つのネーションを選択しなければならないという構造そのものを問い直していく必要がある。

6 小括――日常生活に遍在する人種

本章では、「ハーフ」当事者の日常生活における相互行為の場面に着目することで、ミクロレベルにおいて展開する日本社会の人種編成の構造を明らかにした。とくに日常生活で作用する人種プロジェクトとして「日本人」と「外国人」とを強力に区分する人種化の日常的展開を詳細に論じてきた。そして、これらの人種化が、外見や肌の色といった指標のみならず、言語、文化、ジェンダー、セクシュアリティ、国籍、ナショナリティなどといった非常に多様な指標によって構成されていることも明らかとなった。

日常生活における人種化の作用は当事者のライフコースに大きな影響をもたらしている。第1章で見てきた『混血児指導記録』にある小学校の状況を振り返ってみると、終戦直後から現代に至るまで「混血」や「ハーフ」に対する人種差別の構造が継続している状況が明白となった。これは、日本の政府やメディア、知識人たちがあらゆる機会を通じて再生産してきた「日本人」/「外国人」を二分する人種プロジェクトによって、「混血」や「ハーフ」をめぐる問題が不可視化され続けてきた結果である。

このように日本社会における「日本人」化／「外国人」化の二分法の人種編成は、「混血児」「ハーフ」と呼ばれてきた人々に対して強力に作用し、社会のさまざまな場面で具体的な効果をもたらしてきたことが明らかとなった。しかし、この人種化の力学は単に「混血」「ハーフ」の人々に対してだけ結びつくわけではない。かれらの経験のある側面は、そのまま「定住外国人」に対する差別経験と近く、またある側面は「帰国生」の経験と似ているところがある。「ハーフ」の経験と「定住外国人」（ここでは仮に外国籍を保持する住民とする）の経験を比較した場合、相違点として浮かぶのは、当人の国籍・文化的特徴・言語などの側面である。たとえば、外見によって周囲から「外国人」化される場合の「ハーフ」と「定住外国人」は、どちらもその当人の身体的特徴に人種プロジェクトが向けられている。この場合、初対面においてその身体的特徴に対して発動される人種プロジェクトは、当人がどのような文化的特徴をもっているか、日本国籍か／外国籍か、出身地が日本か／外国か、言語はなにか（第一言語はなにか、習得している言語はなにか）にかかわらず、このケースの「ハーフ」と「定住外国人」双方に投げかけられる。

この人種プロジェクトは、身体的特徴から「外国人」と認識することによって「ハーフ」と「定住外国人」の両方に同様に展開されているが、この人種プロジェクトに対する当人の反応には差異がみられる。すなわち、この「外国人」化の人種プロジェクトは、自らを「外国人」ではなく「日本人」としてアイデンティファイしている「ハーフ」の人々にとっては、自らを「外国人（もしくは〇〇人）」としてアイデンティファイしている人々と比べて、とくに違和感・嫌悪感を抱くような経験となる。

また、本章で論じてきたように、人種プロジェクトは初対面における一時的なものではなく、「詮索」

といった形をとる。そのため、「定住外国人」が「外国人」化の「詮索」を受ければ、相手の質問に応じて母国の文化や言語について話さなくてはならない。しかし、「ハーフ」に対する「詮索」では、たとえば出身地が日本である場合や母語が日本語の場合、「詮索」がさらなる疑問につながる場合がみられる。この場合、当事者の外見的特徴が「外国的である」とみなされるため、言語や出身地も「外国的である」ことが期待され、「詮索」がなされるが、その言語や出身地が「日本的である」場合にその期待が外れることとなる。このような周囲からの「期待外れ」は、当事者の日常生活において頻繁に繰り返されており、大きな精神的負担となっている。すなわち、「ハーフ」と「定住外国人」に対する人種プロジェクトは、まずその身体的特徴に結びつけられるため、双方にとって同様の経験となるが、その後の「詮索」という場面においては、それぞれ異なった周囲からの人種プロジェクトを経験していることがわかる。

また、「帰国生」の経験も、中国や韓国のルーツをもつ「ハーフ」の経験と共通点・相違点をもっている。「帰国生」と中国や韓国のルーツをもつ「ハーフ」の場合はどちらも、初対面の出会いの場面では共にその身体的特徴から「日本人」化の人種プロジェクトを経験する。そして、どちらのケースも、自らのもつ文化的特徴が日本的なものと異なる場合に周囲から違和感を抱かれたり、海外とのつながりをカミングアウトをしなければならない状況に追いやられる。しかし、かれらのルーツに対する周囲からの反応を見ていくと、「帰国生」の場合は「日本人」化されることで、「日本人なのにどうしてできないの?」といった「日本人」化の人種プロジェクトが強く働く。その一方、中国や韓国などのルーツをもつ「ハーフ」の場合は、周囲にルーツが周知された場合、それまで身体的特徴によって展開されていた「日本人」化の人種プロジェクトが変化し、かれらの外国性に強く結びつく

「外国人」化の人種プロジェクトが展開されることとなる。その場合には、日本以外のルーツの文化や言葉を周囲から期待されたり、時には歴史問題等に結びつけられたり人種差別的経験につながる場合がある。このように「定住外国人」や「帰国生」との共通点や相違点を考察することで、「ハーフ」に対して強力に作用する人種編成の特徴が浮上してくる。いずれにせよ「ハーフ」は日常生活において、「日本人」/「外国人」の二分法に引き裂かれ、そのあいだに存在することを認められないでいる。

第6章　「ハーフ」の捉えがたさ

1　なぜ「ハーフ」は捉えがたいのか

メディアに溢れるイメージによって「ハーフ」は一面的にとらえられがちであるが、かれらが日本社会に暮らすようになった経緯は一括りにはできない。第Ⅰ部では、「混血児」や「ハーフ」と呼ばれる人々が日本社会に現れるようになった背景として、親世代の移動経路や歴史的文脈の特徴をあらわす意味で「位相」という概念を用いて分析を進めてきた。それぞれの位相の差異によって、「ハーフ」当事者が経験する人種プロジェクトも異なって、第Ⅰ部でも新聞記事や手記を元に当事者の経験の背景にある歴史性の差異を分析してきた。この第Ⅰ部の戦後史の分析を土台としながら、本章では個々の経験に沿ってさまざまな位相における経験の差異を論じていく。

「ハーフ」と呼ばれる人々は、単に日本社会において人種化された投企を経験するだけではない。かれらが住む場所の地域性やさまざまな歴史的背景などの位相の違いもまた、かれらに対する人種プロジェクトの構成に影響を与える。とりわけ、戦後から増加し続ける位相Ⅰのケースは、親のどちらか（多くが父親）が兵士・軍属であるため、基地に反対する地域住民や反戦運動・基地反対運動の中で差別の標的にさらされやすい。また、母親が「売春」をしているケースをメディアが問題化したため、母親や当事者に対してセクシュアリティとジェンダーに関わるイメージが結びつけられる場合がある。このような位相Ⅰの事例として、第2節では、特に沖縄で「ハーフ」「アメラジアン」と呼ばれる人々の日常的生活における特徴的な人種プロジェクトの影響について、基地周辺地域におけるフィールドワークと位相Ⅰのルーツをもつ調査協力者の語りから分析する。

第3節では、位相Ⅱである旧植民地出身者のルーツをもつ「ダブル」「ハーフ」と呼ばれる人々の経験について取り上げ、かれらに対する日本社会・在日コミュニティ・「ハーフ」コミュニティ・韓国社会からの複層的な人種プロジェクトの作用とアイデンティティ形成への影響を明らかにする。川端（2014）によれば、在日コリアンはこれまで「ハーフ」言説と在日コミュニティからの二重の「無徴化の力学」にさらされてきた。本書ではさらにかれらが「日本人」／「外国人」の二分法のカテゴリー化からも除外・不可視化される状況をみていく。

さらに、第4節では位相Ⅲの事例として特に「フィリピンハーフ」に対する人種化・ジェンダー化された人種プロジェクトの諸相を明らかにする。「日本人」と国際結婚をしたフィリピン人は「興行」の在留資格によって来日したケースが多いため、かれらに結びつけられた社会的イメージが子どもである「フィリピンハーフ」へ直接影響を与える場合がある。具体的には、フィリピンという国に対する「貧しさ」「きたなさ」のほか、性産業に対するジェンダー化されたステレオタイプが子どもに結びつけられている。

これら上記の三つのケースの分析によって、位相ごとに異なって経験される人種プロジェクトの諸相および当事者の経験を明らかにする。

2　位相Iのケース

本節では、位相Iのケースによって生まれた人々が、周囲から投げかけられる特徴的な人種プロジェクトの状況と、当事者の経験を明らかにしていきたい。先述の通り位相Iのケースは、米軍や英連邦軍の駐留のもとに急増した。上田（2014）も述べるように、基地駐留に際して日本に駐留した海外軍隊（多くが米軍だが、呉などの地域では英連邦軍）と日本に暮らす女性との間に、当時「混血児」と呼ばれた子どもたちが出生するようになった背景は多様である。たとえば基地内での就労がきっかけで出会うケースや「売買春」を通じて親密な関係に至るケース、強姦によって生まれたケースなどさまざまであり、特に児童養護施設に遺棄された場合は、両親の出会いを知ることができないというケースもあった。

しかしながら、このような多様なケースにもかかわらず、当時のメディア空間や雑誌等における位相Iのケースの描き方は、「売買春」の関係から生まれたケースばかりが強く印象づけられるものであった（第1章を参照）。その一部には母親の貧困などの社会的背景を指摘するものもあったが、メディアや論壇の多くは、「混血児」の両親（特に母親）に対して否定的で侮蔑を含んだ表象を展開した。これは、新聞見出しの「ダラシのなかった大和ナデシコ」「生ませっ放しで逃げた外人兵」などという表現によく表れている（『朝日新聞』一九五三年七月一一日朝刊）。メディアや論壇による侮蔑や嫌悪感を包含したイメージの投影は、積み重なって沈殿し、位相Iの背景をもって生まれた子どもたちに対する人種プロジェクトに重ねられ、偏見を助長することにもつながった（第1章第4節で詳述した『混血児指導記録』から、母親へのスティグマが子どもたちへの差別に伝播する状況が明らかである）。

オミとウィナントは身体に結びつけられる人種プロジェクトのありようを論じているが（Omi and Winant 2015）、第一期の「混血児」と呼ばれる人々の場合も、まさに当事者の見た目や外見といったその身体性に対して、主に位相Ｉに対して構築された社会的イメージが投企されたのである。すなわち、第一期において外見から「混血児」として判断された場合、そのルーツがいかなるものであっても、当時の位相Ｉのスティグマ化の投企を経験する可能性にさらされていた。

そこで筆者は、実際に位相Ｉのケースによって生まれた人々が、どのように上記の人種プロジェクトを経験したのかについて明らかにするためにフィールド調査とインタビューを実施した。本節ではこれらのフィールド調査の概要とプロセスおよびいくつかの発言をもとに、位相Ｉのケースをめぐる人種プロジェクトの日常的な展開について論じていく。

2−1　基地周辺地域をめぐるフィールド調査とその結果

基地周辺地域のフィールド調査概要

筆者は、二〇一二年九月から二〇一六年三月まで基地周辺地域のフィールド調査を実施した。調査実施地域は、現在または過去に海外軍駐留基地が存在する地域、あるいはかつて基地のあった地域であり、具体的には青森県・三沢市、神奈川県・横須賀市、東京都・立川市・福生市、広島県・呉市、山口県・岩国市、静岡県・御殿場市、沖縄県・那覇市・浦添市・宜野湾市・名護市・金武市・沖縄市などである。関東圏では約半年、沖縄では計三ヶ月間、他の地域では一、二日の簡易的な調査となった。調査費用等の関係で十分に全国の基地地域のデータを取得できたとはいえず、この点も留意する必要がある。調査概要は、主に地域住民（主に基地周辺の店舗など）への聞き取り調査、および公文書館、市史編纂室、図書館等における当時の基地や「混血児」に関する資料収集である。また、比較的長期のフィールド調査が実施可能だった関東地域と沖縄地域では、それぞれ調査協力者に出会うことができたため数名のインタビュー・データを得られた。しかし、滞在期間が短かったため、その他の地域では調査協力者に出会うことができなかった。

基地周辺地域で当事者に会うことができなかった要因

筆者は当初、基地周辺でのフィールド調査を通じて、位相Ⅰのケースに関する多くのインタビューが可能だと期待していた。しかしながら、実際はこのケースの人々に出会うこと自体が困難であった。その要因として、フィールド調査に時間的制約があったことが挙げられるが、それ以外に、地域住民に対する聞き取り調査でわかったことは、調査対象者やその家族がすでに「引っ越した」、「昔はいた」、「小さい子どものときはよく見かけた」など、出会うこと自体が困難であるということであった。

例えば、関東地域のある基地周辺地域でコーヒーショップを営む小林さん（仮名、五〇代）へのインタビュー[1]では次のような内容が語られた。小林さんは父親の代（米軍の基地接収当時）から基地前商店街で店舗を運営しており、当該地区の歴史に詳しく、厚い人脈をもつ人物である。

（1）二〇一二年九月二四日に基地周辺地域の小林さんが経営するカフェで実施。

――□□〔基地地域〕にもハーフとかクォーターの人ってけっこう多いですか？

小林：多いね。んー。であとは、んー……。それが嫌でここから流れちゃってる人が多い。

――多いですか？

小林：めちゃくちゃ多いね。

――あー、住んでる人は？　住んでるよりも〔地域から〕出ちゃう人が
小林：出ちゃう人のほうが多い。

――やっぱり小林さんのお知り合いというか周りでも
小林：うん。それはもう、めちゃくちゃだね、多いね。

（…）

――やっぱりハーフの人が出てっちゃうっていうのはやっぱりそういう、なんていうか、イメージみたいなものがあって？

小林：えーっとね、やっぱりね、正直なところは、いじめられるんだよね。

（…）

小林：とにかくあのー、△△っていうのは保守的な街だから、うん、下町はね。うん、昔ながらの気質なのよ。だからここらへん〔基地前の商店街〕の連中のことをこう嫌ってたわけだから、当然、赤線の人間も嫌ってたし。……そういった点で、ね……。時代が落としてった……。うーん、なんていうんだろうね。やっぱり、落としダネとしかいいようがないかなー。んー、いい意味でも悪い意味でもね。本人たちにとっては辛いものだったんだろうけども。

（…）

小林：□□に関して言うと、外人の人と、えーっとできて……、ほとんどのケースが、アメリカへ渡っちゃった。

小林さんへのインタビューからは、基地周辺地域においてかつて「ハーフ」が多く暮らしていたが、その多くが引っ越しや養子などで当該地区から出て行ったことがわかる。その要因の一つとして語られたのは、「いじめ」の問題である。特に「保守的」「下町」と表現された当該地区では、基地周辺の商店街や「赤線」地区の人々を嫌悪していたという状況が語られた。

また、筆者は沖縄において調査協力者に出会うための予備調査として、宮古・八重山諸島地域を除く沖縄本島を中心に、基地が駐留する市・村地区の公民館（三六箇所）、自治会（二箇所）、観光案内所（一箇所）の計三九箇所で聞き取り調査を実施した。[2] 公民館を調査対象とした理由は、行事や同好会などの運営によって地域住民との交流が密である公民館の職員に話を聞くことができると考えたためである。プライバシー保護の観点から、質問内容は、公民館の名簿を記録することなどはいっさい行わず、各施設の窓口担当職員に対して、公民館がある地域に「ハーフ」の人がいるかどうかを職員に尋ねた。その結果、「知らない」、「いない」、「わからない」と答えたのは二〇箇所（約五一％）、引っ越しなどによって「今はいない」、「小さい子どもはいる」と答えたのは八箇所（約二一％）、そ

（2）　このフィールドワークは、二〇一四年七月二六日から二〇一四年九月二五日まで実施した。聞き取った内容は、すぐにフィールドノーツに収め、そこからデータ表を作成した。

して「いる」、「知っている」と答えたケースはわずか一一箇所（約二八％）であった。「いる」、「知っている」以外を合わせると全体の七二％を占めている。具体的には「いない。昔はいたが、いまはどこへいったのか」「小学生はいるけど、高校生以上はいない」「この地域にはいないはず」などのような回答が得られた。この調査は公民館の職員の主観や記憶に頼った聞き取りであるものの、当該施設の職員の知り得る範囲では当事者の存在はあまり確認することができないという状況を知ることができた。

小林さんへインタビューや公民館等への聞き取り調査から、基地周辺地域で「ハーフ」に会うことができなかった一要因を概観した。[3] すでに第2章および第3章の資料分析から、基地周辺地域の「混血児」に対して、当事者およびその親（特に母親）に対するステレオタイプが強く投企されている状況を明らかにしてきたが、小林さんの語りからは、人種プロジェクトの影響によって、当該の基地周辺地域から当事者やその家族が移動している状況がわかった。また、何らかの理由による居住地移動（引っ越し、経済的な要因、本人の成長にともなう進学・就職、養子縁組など）も挙げられ、これらも当事者に出会うことができなかった要因の一つとして考えられる。

2－2　位相Ⅰの経験

第一期に出生した位相Ⅰのケースは人数が少なく、高齢化が進んでいるため、調査協力者に出会うことは難しかった。しかし、わずかにインタビューを引き受けてくださった、長田隆史さんと原聡さんのストーリーから、当時の状況の一端を知ることができた。

長田隆史さんの経験――「「外人お断り」って」

長田さんは「混血児」の子どもたちが預けられる児童養護施設で育った。そして児童養護施設を出所後に、就職するが事情によりその仕事をしばらくして辞めることとなる。その後、家を探そうをするが不動産屋で部屋を借りることができなかったという経験を語った。

隆史：家が借りれないのね。

――あぁ……家が借りれない？

隆史：そう。辞めてから、あの最初に家借りてから辞めたらよかったと思ったけどさ。あの、「だめだ」っつって。「外国の人には貸せない」っつって。違う、違う、「いや、だめだだめだ」って言って。だからそれは怖かったね。えぇーどうすんの、この先？って。

――日本語で話してるのに。

隆史：もうぜんぜん、もうぜんぜん。まったく、もう一切だめ。「外人お断り」っつって。「日本人です」っつってもだめだったね。厳しかったね、あの頃はね。

――パスポートとかそういうのでもぜんぜんだめ？

隆史：パスポートなんて。あーそっか。でもその前にもう駄目だもん。「あ、すいません、お断

(3) すべての基地周辺地域を長期的に調査したわけではないため、一般的に基地周辺地域に当事者が少ないということを結論づけるわけではない（基地内部には当事者コミュニティもある。軍人と婚姻関係にある家族は残り、そうでない者たちは移動することが考えられる）。

りです」って。こう見ただけでそう。

——見た目で？

隆史：そう見た目で。

——あぁ……そんなときがあったんですね。

隆史：あったね。え、どうすんの？って思ったもんね。だから公園で寝泊まりしたこともあるよ。あの時は、ときだったかなあ、秋だったかなぁ、まだ暖かかったからねぇ。


また、長田さんの出生は一九六〇年代であるが、出生後に預けられた児童養護施設では同じ境遇の第一期世代の多くの「先輩」たちと接してきたという。

隆史：やっぱり〔自分より年齢〕上の人たちは過酷だよ。要は、この世にハーフがいない時代だからね。それで、〔世間に〕出てかなきゃいけないでしょ。それはもう。うちなんかだからその先輩たちの後ろ歩いてるようなもんだから。

この児童養護施設には戦後、多くの位相Ⅰのケースの児童が預けられていたが、隆史さんは「先輩」、すなわち一九四〇年代後半から一九五〇年代に入所した人々の経験について、「上の人たちは過酷だよ」と振り返っている。次に、隆史さんと同じ児童養護施設の「先輩」にあたる原さんのストーリーを見ていきたい。

原さんの経験――「なんたって、「戦争の落とし子」だからさ、この頃は」

原：〔当時の児童養護施設の写真を見せながら〕なんたって、「戦争の落とし子」だからさ、この頃は。うん。

――やっぱ、新聞見てたらそういう言葉がいっぱい出てきました。

原：そうそうそう。まだ、この時代はそうだったね。

原：俺のおふくろだって、結婚はしてなかったもんな。

――うちも、そうですね。〔米兵の祖父と祖母は〕結婚してなかった。

原：うん、それで、再婚して〔実際には、初婚となる〕。で、再婚した時に、向こうの両親に「お前が産んだのは、白か？黒か？」なんつって、聞かれたことがある」とは言ってた。〔母親が〕「あんた抱えて橋から飛び降りようとしたこともある」とかね。そんな話、聞かされた。

原：おふくろのきょうだいね、七人。

――あ、多いんですね、

原：うん、やたら多いんです。でも一番上とその二番目の男性は戦死してるんだよね。叔父さんが。ねぇ。敵兵に殺されて、死んじゃってるんだもん、そりゃあそんなん、妹がね、外国人の、敵兵の子を産んだなんてね、そりゃあ世間体にもね、公表できることじゃなかったとおもうんだよね。そのへんはまあちょっと、大変だっただろうなって。

原さんは児童養護施設に入所当時の写真を見せながら「「戦争の落とし子」だからさ、この頃は」と当時の状況を振り返った。特に原さんの母親の親族には戦死者もいたため、「敵国の子を産んだ」ということは世間に公表できるものではなかったと語っている。ここからは当時の位相Ⅰのケースやその母親に対する社会的なまなざしの強さがわかる。母親が幼い原さんを抱きかかえたまま橋から飛び降りるという経験からは、このような社会的なスティグマの投企を経験した者の痛切さが伝わってくる。

では位相Ⅰに対する特徴的な人種プロジェクトは、第四期の現在においてどのように引き継がれているのだろうか。また、位相Ⅰのケースの人々は基地周辺でどのように生活しているのだろうか。基地周辺地域で調査協力者に出会うことが困難だった要因を検討し、何らかの理由（引越、養子等）で当該地区から移動している状況は先の通りである。しかし、その一方で基地と自身の生活が密接な関係にある者、すなわち親族に基地勤務者がいる場合や本人が基地内に通勤、通学しているケースには出会うことができた。そこで、関東地域の米軍基地勤務の父親を持つライアンさんと、同じく関東地域の米軍基地勤務の父親をもち、なおかつ基地内で就労するハンナさんの経験をみていきたい。

ライアンの経験――「なんなのあのアメリカ人、日本人の若い子と付き合っちゃって」

ライアンさんの父親はインタビュー当時、米軍基地に勤務しており、ライアンさん自身も基地内の学校に通っていた。彼は自身の外見について、「金髪」であり、周囲からは「ハーフ」であるよりも「外国人」（特にアメリカ人）と言われる／見られるケースが多いと語った。そのため、基地周辺に暮らすライアンさんは、母親や妹（ライアンさんと容姿が似ておらず、母親似で黒髪である）と一緒にいると周囲から、アメリカ人と日本女性が交際している、と誤解されてしまうこともあるという。

ライアン：たまーにお母さんと飲みに行くと、まあ変なおっさんから、「おまえな、若いだろ。そこらへんのおばちゃんと飲むんじゃねえよ」、「お金いっぱいとられるぞ」って。いや、僕のお母さんですって。それ一回言われたことありますよ。

――まじで。

ライアン：めちゃくちゃ酔ってたおっさんに。そのあと僕がトイレ行ってる間に、お母さんが、「おめえ、若いやつからお金盗むんじゃねえよ」って〔言われた〕。

実際の親子であっても、外見の指標によって周囲から「外国人」化の人種プロジェクトを経験してしまい、さらに基地周辺地域において「外国人」の若い男性と日本人女性が共にいるという光景は、単に男女の交際を示すものとしてではなく、戦後に位相Ⅰのケースがそうであったような米兵と日本人女性との関係性のステレオタイプ化された眼差しが結びつけられやすい。また、ライアンさん自身だけではなく母親も、若い米兵に金銭を求める女性といった、戦後の位相Ⅰに通底する嫌悪感情を投げかけられている。

ライアンさんはさらに、自分と容姿が似ていないと話す妹と行動を共にするときも、同様の眼差しを経験していた。

ライアン：歩いてるときに見られたりはしますね。

――それは普通の人とかに？

ライアン：普通の人に。あと、妹と一緒にいると、結構見られます。なんなのあのアメリカ人、日本人の若い子と付き合っちゃってって。

――とか言われるの？

ライアン：っていうか、見られ方がすごいから。

――なんかもう、じろじろ？

ライアン：妹とは仲悪くないんで。

――ああ、仲良くて。

ライアン：一緒にユニクロとかいったりして、「おっこれ、ライアンいいんじゃね」って、あ、そうってなって。〔周りから〕「なんなの？」って感じに。

――それって基地の近くだからってのもあるのかなあ？

ライアン：基地の近く、はい、ここらへんですから。

このように、基地の近くで暮らすライアンさんは、特に妹と一緒にいるときに、周囲から過度に注目される経験を語っている。この眼差しの背景についてライアンさんは、「アメリカ人、日本人の若い子と付き合っちゃって」というステレオタイプが投げかけられているのでは、と考えていた。このように基地周辺地域におけるアメリカ人と日本人女性との交際が、時に金銭を介した関係として認識されたり、周囲からの過度の眼差しを受けるといったストーリーからは、戦後の位相Ⅰに対する人種とジェンダー、セクシュアリティが交差する人種プロジェクトの残滓がうかがえる。私自身も高校生の際に先輩から自分自身の生い立ちについて聞かれ、米兵であった祖父と沖縄の祖母が結婚していなかったことを告げると、「あ、遊んで生まれたんだね！」と笑いながら言われたことがある。米兵と日本人女性に対するスティグマ化は新聞やテレビなどではほとんどみられなくなったが（「混血児」という用語も「差別表現」として現在では使用が避けられている）、実際には戦後七〇年が過ぎた今でもそのイメージが日本社会に残っていることがわかる。また、位相Ｉの対する人種プロジェクトは当人だけではなく、とくに母親にも結びつけられ、そこにはセックスワーカーの女性に対するスティグマも重ねられている。

ハンナさんの経験——「基地で働いてるとハーフいっぱいいる。わたしの友達もみんなハーフ」

米兵と付き合う日本女性に対する嫌悪感情や侮蔑のスティグマ、また位相Ｉのルーツを持つ「ハーフ」当人への人種化・ジェンダー化されたイメージが残る一方で、基地周辺地域では独自の自助的コミュニティや集まりが形成され、それが当事者の居場所となっているケースもあった。ハンナさんは、以下のように語っている。

ハンナ：ベースってやっぱり〔ハーフが〕多いから。基地で働いてるとハーフいっぱいいる。わたしの友達もみんなハーフ。（…）なんか、ハーフはハーフのコミュニティみたいなのがあって。あとは日本人妻たちのコミュニティみたいなのもある。旦那さんが兵隊で、奥さんが日本人で。（…）〔基地内のハーフ同士で〕話してても、英語でも日本語でも話せるし、感覚が一緒なのか、楽。あたしだけ注目がこない。ハーフ同士でいると「あれ？」ってなんない。あたしだけ目立たないから、楽。

ハンナさんは、米兵と結婚した「日本人妻」のコミュニティや、基地内での「ハーフ」同士のコミュニティでの経験を語っていた。ハンナさんは幼稚園に通っていた頃に周囲から外見によるいじめを経験しており、それが基地内学校へ通うきっかけとなった。成人後も基地内で働いている。日本社会で「浮く」という経験をしたハンナさんは、基地の「ハーフ」コミュニティでの経験について「ハーフ同士でいると「あれ？」ってなんない。あたしだけ目立たないから、楽」と説明し、当該コミュニティでの居心地の良さを語っていた。第5章では、「ハーフ」当事者が「日本人」化と「外国人」化の強力な人種プロジェクトに影響を受けており、周囲からの疑念や執拗な問いかけにさらされる状況を明らかにしてきた。しかし、基地の「ハーフ」コミュニティでは、ハンナさんはこのような人種化のプロジェクトが投げかけられることはなく（「ハーフ同士でいると「あれ？」ってなんない」）、そのため周囲から他者化されることもないため「楽」であると語った。先に見てきたように、引っ越しや養子、当該地区の差別感情によって転出をしたケースがある一方で、基地周辺や基地内に勤務する人々の一部には、当事者同士やその母親が自助コミュニティを形成するケースがあることがわかった。

2−3　位相Iに対する人種イメージと当事者の経験

以上、関東の基地周辺地域において、位相Iのルーツをもつ調査協力者の経験からそれぞれの人種プロジェクトの特徴と違いを概観してきた。

位相Ⅰの「混血児」は、戦後もたらされた米軍の駐留によって「外国人」の軍人と「日本人」との間に生まれた子どもである。第1章で見てきたように、終戦直後には「混血児問題」として社会問題化された。関東圏の児童養護施設で育った原さんの語りからは、政府機関やメディア、論壇を通じて構築されてきた人種化・ジェンダー化・スティグマ化された「混血児」言説の影響が強く表れており、「敵兵の子」や「戦争の落とし子」といった表現、母親が原さんを連れて自殺を図るというストーリーにその影響がみられた。その後、「混血児問題」の報道熱は終息していき、一九六〇年以降、政府主導の「混血児対策」も採られなくなっていった。また、第二期においては「ハーフ言説」が登場し、第三期には「ダブル」言説を用いた社会運動が活発化するなかで、次第にかつての「混血児」に関わる問題は後景化され、「混血児」という表現じたいも差別用語として避けられるようになり、メディアでの位相Ⅰに関する負のイメージの投げかけも見られなくなっていった。しかしながら、第Ⅰ部で述べてきたように、かれらをめぐる人種差別の問題は、戦後に展開された「日本人」化と「外国人」化の強力な人種プロジェクトのなかで無化されつづけており、不可視化され続けてきた。そのため、位相Ⅰのケースに対する嫌悪や侮蔑の眼差しは決して消えてしまったわけではなく、現在、第四期の当事者の経験のなかに浮かび上がっている。今日では、第一期における「戦争」や「敗戦」といったイメージは次第に消されつつあり、参与観察やインタビューでも第三期以降に生まれた世代では「パンパンの子」などといった表現を投げかけられる経験は聞かれなかった。しかしながら、ライアンさんの語りにもみられるように、米兵と日本人女性が交際する状況に対して嫌悪感や侮蔑を示す事例も一定見られ、その子どもや親に対する人種化・ジェンダー化されたイメージは戦後から現在にいたるまで引き継がれている状況がわかる。さらに第4章でも論じたが、かれらに対する「日本人」

化と「外国人」化の人種イメージは現在でも根強く残っており、日常生活において経験され続けている。第一期において、位相Ⅰに対する人種差別の問題は政府の「対策」のなかでも取り上げられていたが、その具体的な内容は曖昧で、なおかつ実際に対策がとられたかどうかも不明である。この人種差別は未解決のまま後続世代へ先延ばしにされ、当事者に対する日常的な生きづらさに引き継がれていることがわかる。

また、その一方で、基地周辺には当事者や母親たちのコミュニティや自助グループができているという語りもみられた。基地周辺地域に暮らす位相Ⅰやその母親のコミュニティに関するインタビュー・データは不足しているため、今後さらに調査を進めなくてはならない。そして、位相Ⅰのケースへの人種プロジェクトをめぐる現代的課題や当事者の自助コミュニティにおける経験の諸相などについても引き続き考察を深める必要がある。

3 位相Ⅱのケース

次に、位相Ⅱの旧植民地にルーツがある「ハーフ」当事者の経験に着目していく。在日コリアン研究を整理した松岡瑛理によれば、これまで「帰化者やダブルのリアリティは実質的には排除されてきた（松岡 2014:174)。その一方で、二〇〇〇年代後半から徐々に在日コミュニティにおける「日本籍者」や「ダブル」に関する研究が蓄積されていった（柏崎 2007; 李 2008; 松岡 2014; 川端 2014)。松岡は、「ダブルに固有の立場性が突き付ける問題点」と「在日に固有の歴史／社会的背景」と掬い上げる必要性を指摘し、在日社会と日本社会での経験の双方を論じている（松岡 2014:174)。川端浩平も在日

「ダブル」がさらされる日本社会・在日社会・ハーフ言説からの無徴化の作用を論じる重要性を指摘している。

当事者の経験について、「日本人」／「外国人」の人種プロジェクトやハーフ言説との関わりについてはすでに第4章で論じた。その上で本節では、松岡や川端の観点を参照しつつ、とりわけ在日コミュニティとの関わりがあった朴知佐さんの語りに着目し、位相Ⅱのルーツをもつ人の経験について考察していきたい。

3-1　知佐さんの経験

知佐さんは長野県出身で、祖母が在日コリアン一世、母親が二世にあたる。知佐さんの父親は日本人だが、離婚しており、現在はまったく連絡を取っていないという。祖母も離婚し、母親も離婚しているため、現在は女性中心の家族構成であり、三世代で暮らしている。知佐さんの語りの中からは、このような日本人の父親がいないという家族状況が、自身のアイデンティティや在日コミュニティとの関わり方に大きな影響をもたらしていることがわかる。

家庭状況とルーツからくる葛藤――「ただ血が入ってたがゆえに」

知佐：わたし最近いろいろ、気分が嫌で。なんでかっていうと、パパは自分が小さい頃からいないのに、なぜかハーフで。でも民団には入ってて。民団に行くとほぼ在日の子ばっかで。なんか、すごい最近ジレンマなの。わかる？　すごい苦しい。なんか、わかる？

――親がいないけど、そのルーツがあるから、知佐：そう。（…）民団にいる人だいたい在日だね。でも、そういうところにいると自分がすごい息苦しいんだよね。なんかさ、自分のお父さんは日本だけど、ぜんぜんしゃべってもないし面倒もみてもらってないのに、ただ血が入ってたがゆえに。まあ在日の集まりで「在日だよね？」とは聞いてこないけど、まあ自分からは言わなくてもいい。だから嘘ついてる気持ちになるんだよ。言わなくてもいいやとも思ってるんだけど、すごいジレンマ。（…）なんかさ、なんにもハッキリ言えないんだよ。なんか、「お母さんと韓国語でしゃべってんの」って聞かれたら、「そうじゃないよ」って言うし。なんか自分が苦しいっていうか、わかる？　どこ行っても、浮いてる気持ち。なんかね変な葛藤があるんだよ、すごい嫌なんだよ。なんか気持ち悪いっていうか、すっきりしない何してても。うん。

――なんか、僕も似たようなこと思ってたのが、なんか自分を証明するものがないっていうか、

知佐：うん、ほんとない。国籍は日本だし、「じゃあ日本人じゃん」って言われても、納得がいかないんだよ。「でもあたし日本人の父に育ててもらってない」って。でもそんなこと意地はって言うことでもないじゃん。すごいね、すごいね嫌なんだ。

――たしかに。なんかさ、「韓国に行ったことあるの？」とかさ、

知佐：そうそう、「家族はいるの？」とかね。いるけど、〔父親と〕しゃべってはないし、関わりはないって、そういうのも変だし言えないし。だから本当あたしこそ証明するものがないって最近思ってる。なんかさ、親は「在日です」って言い切れるじゃん。私は、ほんとにハーフだけど、お父さんいないから、なんかその人のこと言いたくもないし。でもまた在日とは違うし、みたいな。こう、なんかすごい、どこ行っても、肩身が狭いっていう。嫌なんだ。

――なんか、言ったりしたことはある？　在日のコミュニティで、「お父さんが一応日本人だよ」って？

知佐：あ、言ったことはある。だけど、わたしも〔在日コミュニティの人とは〕パスポートが違うから、違うゲートになるじゃん。なんかそれもそれで。

――あ、みんな韓国籍？

知佐：そう、在日だから。日本の国籍取るのにすごいお金かかっちゃうから。それもそれでつらくない？（…）でも私最近それがほんとにつらくて。ハーフの友達と関わるより、在日の友達と関わるほうが多くなったんだよ。そこの団体に関わるのが多くなったから、なんかすごい嫌なの、ハーフの自分も嫌だし。わかる？

――つらいね、ちょっと。

知佐：そう。気分がすぐれない。（…）「ハーフ」っていうのはつらい。（…）自分も「在日だ」って言えたらいいんだけど。

知佐さんは出身地域にある民団のコミュニティに幼い頃から所属している。しかし、自身が「ハーフ」であることによって、「嘘ついてる気持ち」「浮いてる気持ち」になると語っていた。その背景には、「ハーフ」であるということ、国籍が周囲と異なること、韓国語を家庭内で使用しないこと、日本人である父親が母親と離婚していることなどが挙げられている。知佐さんは家庭内で韓国語は使用していないが、母親や祖母のもつ韓国の伝統や食文化のなかで生育しており、チェサなどの行事も行ってきたが、その一方で日本人である父親が幼い頃に離婚したことも彼女にとって大きな影響を与えている。「ただ血が入ってるがゆえに」、在日コミュニティでは「肩身が狭い」思いをしていた。そのため、「ハーフの自分も嫌だ」「ハーフっていうのはつらい」「自分も在日って言えたらいいんだけど」とその心境を語っていた。

在日コミュニティにおける「罪悪感」

知佐：〔在日コミュニティのなかでも仲の良い友達に〕その子には言ったんだよ。その子には一緒に旅行に行くときに、「あ、私日本のパスポートだから」って。「え、そうなの？」って。で、そこで言ったんだけど。なんかね、何にもついていけないっていうかね。〔在日コミュニティ内部で〕話すのもわかるし、言いたいこともわかるんだけど、自分の素性がばれたくないから。わかる？

――なんか、ちょっとねー

知佐：そう、すごい嫌な気分。

――なんかね、嘘じゃないんだけど自然にそうなっちゃう、気分が楽じゃないっていうか。

知佐：うん。罪悪感。なんかね、それもそれでハーフって辛い。そういうコミュニティっていう。小さい頃から入ってるんだけど、そんときはハーフとかまったく気にしなくて。なんか、行かされてたから行ってたみたいな、キャンプとか、そういう子たちと。でも、大きくなってこう友達ができて楽しいなって思えてきた頃に、そういうのが気になってきちゃって。（…）こういう気持ちを自分がもち始めちゃって、なんかストレスっていうか。なんていうんだろうね、嫌なんだよね。そうだとも言えないし。だからさ、どこ行ってもさ、「なにじん？」扱いだから。（…）嘘つきたくないから、言っちゃったほうが楽なんだけど、そしたら私がそのなかで外れていくようになっちゃうから。

知佐さんは、コミュニティ内でも自らそのルーツを示すことを躊躇するが、それが彼女の「罪悪感」ともなっている心境を語る。またこのように「罪悪感」を感じる一方で、ルーツを示したとしても「そのなかで外れていくように」なる可能性を感じそれが「ストレス」の要因ともなっていた。知佐さんは「どこ行ってもさ、「なにじん?」扱いだから」とその心境を語っている。川端は、在日コミュニティにおいて、「在日と日本人の間に生まれた者は、「混血者」「あいだ人」「ハーフ」「日朝人」などといわれ、やはり民族的な純血主義からは周縁化されてきた。この間、在日のアイデンティティー政治で、彼/彼女らは不可視化された存在であった」と指摘しており(川端 2014:225)、松岡もインタビュー・データから「一〇〇%在日になりきれない」「「当事者性」に引っかかりを覚えた経験」を浮かび上がらせているが、知佐さんの語りからもこのように在日コミュニティでの人種化の作用が読みとれる。すなわち、「日本人の血」を持つとされる場合には、人種・民族的な「在日」のカテゴリーに合致しないとみなされてしまう状況が浮かび上がる。

日本と韓国からの眼差し――「どういうふうに生きれば、どっちの国って認められるのか」

また、知佐さんの語りからは、日本社会においても「在日」や「韓国」ルーツであることに対する眼差しや他者化を経験していたことがわかる。知佐さんの母親は在日二世で韓国籍であるが、学校で知佐さんが母親のルーツを明かすことに対し反対している。

知佐：〔母親から〕あんまり韓国の親って言わないで、って言われる。あんたたちはいいけど、こっちの時代は違うから、そういう感覚にはなれない。みたいな。（…）〔韓国のルーツであることは〕言いたがらない。

さらに、知佐さん自身も聞かれることがなければ普段は「在日」や「韓国」というルーツを明かさないという。また、ルーツを明かしたときには日韓の歴史問題を問われたら嫌悪感の眼差しを向けられることもある。

知佐：〔周囲の人から〕「竹島問題どう思う?」とか〔聞かれる〕。

——「どう」って、なぜ私に聞くのって感じだよね。

知佐：そう。〔質問した人が〕「えー、ハーフなんでしょ、竹島問題どう思う?」とか。

——えー聞きにくるんだ。

知佐：なんか目が合ったときとかに、「えーそういうのどう思ってんの?　どう反応するの?」とか「サッカーどっち応援するの?」とか。なんかさ、どっちって言ってもすごいいい気分にはならないんだよね。

——どんな答えを求めてるんだろうね。

知佐：それでなんか、「サッカーは韓国かな」っていうと、「えーなんで日本応援しないの、日本にいるのに」って。じゃあ言っちゃいけないみたいじゃん、聞いといて。そういうのはちょっとね、いらっとする。（…）あとね、K－POP好きな子がなんかすごい仲良くしようとしてくる。

ははは、わかる?

知佐:わたしけっこうガサツだから、なんかガサツなことすると、几帳面な純日本人みたいな子に、「だから韓国人嫌いなんだよ」、とか言われるんだよ。(…)なんで私はそんなこと言われて、じゃあ何をすれば受け入れもらえるの?って。どこの人って認めてもらえるの?って。なんか、そういうこといろいろ言われて、積み重なるんだよ。みんな遠慮ないんだよね。(…)私自分でもわからなくて、どういうふうに生きれば、どっちの国って認められるのかって。

第4章で「アジア系」の「ハーフ」当事者のカミングアウトについて考察してきたが、知佐さんの場合も自らの「韓国」や「在日」というルーツを明かすことによって、日本社会における「在日」に対するイメージと結びつけられたり、「外国人」化(ここでは特に「韓国人」化)の人種プロジェクトを投企されることになる。

また、知佐さんは韓国人男性(韓国で出生し、仕事で来日し、現在は韓国へ帰国)と交際した経験をもっているが、韓国人である彼との別れ際には国籍の話題がもち出されたという。

知佐:〔韓国人の元彼氏から別れ際に〕「国籍が違うのはちょっと」って言われたんだよね。言われて、なんか私すごいショック受けちゃって。それって差別用語だし、なんか私それで悩んでるのに、そういう話はしたことなかったけど、それで追い打ちかかっちゃって、自分に。なんか、そんなことが理由じゃないくせに、そんなこと言ってきたから。じゃあ、私は何人(なにじん)なの?って。国籍が違うって何人なの？って。（…）すごい悲しくなっちゃって。なんか、そうやって差別用語を言う人も嫌だったっていうのもあったけど、自分ほんとにどこの人かわかんなくなっちゃって。だってさ、親に言われるのと、好きな人に言われるのって重みが違うじゃん。で、もうすっごいショック受けちゃって、私。（…）私はあの言葉、永遠に忘れられない。（…）なんかさ、人の一言って一生忘れられないことってあるし、一生悩んじゃったりするわけじゃん。ハーフとかにそんな言葉を突き付けるって、すごい、殺人だと思う。

——ちょっと悩んでるときだったしね。

知佐：ちょっと殺人的だと思う。どっちの血も入ってる人に対してさ。「いや、俺国籍がさ、ちょっと」って、「え？」って。あたしが完全などこどこ人だったら、言われてもいいんだけど、

——あ、そういうことね。

知佐：[「完全などこどこ人」であっても]なんか納得はしない、「は？」って思うけど、そうにもなれない、そうにもできない人に、そんな。本当に殺人的、ハーフに対して。（…）いまも、その悩みは消えないけどね、「どこの人か？」っていうのとかってさ。なんか、どこ行ってもアウェイなんだもん。

——それはある。僕は沖縄のルーツあって、家のなかは沖縄あるんだよね、食べ物はけっこう沖縄で、お母さんも沖縄の言葉使うし、でも、沖縄行ったとき、やっぱアウェイだった。

知佐：そうだよね。でもさ、料理だってたくさん知ってるしさ、味だったわかってるしさ、なんかさ認めてほしいじゃん。それなんだよね。それ。なんかさ、受け入れてほしいんだよね。認めてほしいし、受け入れてほしいのに、誰もその態勢を取ってくれないから。

知佐さんは日本で生まれ日本で育ったが、日本人である父親は離婚しており、在日一世の祖母と在日二世の母の元で暮らしている。家での日常会話は日本語だが、韓国の料理や伝統文化を親しんでおり、怒られるときには韓国語が飛び交う。また日本国籍、日本名を持つが、韓国のコミュニティや「ハーフ」コミュニティに参加する際には母親の姓である朴（仮名）を名乗っている。知佐さんは、在日のコミュニティではパスポートにおける国籍から「日本人」性が結びつけられ、日本社会では韓国にまつわる文化や歴史問題と結びつけられ、韓国人の交際相手からは国籍を理由に別れ話を告げられた。すなわち、日本社会や韓国社会、在日コミュニティのはざまを生きている。「どこ行っても、浮いてる気持ち」「どこいってもさ、「なにじん？」扱いだから」「じゃあ何をすれば受け入れもらえるの？って。どこの人って認めてもらえるの？」「どういうふうに生きれば、どっちの国って認められるの」「自分ほんとにどこの人かわかんなくなちゃって」「どこ行ってもアウェイ」といった言葉からは、コミュニティや社会からの幾重にもかさなって他者化され、周縁化されるという人種化の作用が浮かび上がってくる。知佐さんの語りからわかるのは、日本社会からの「日本人」／「外国人」の人種プロジェクト、在日コミュニティからの「在日」のカテゴリー化、「ハーフ」言説からの周縁化が個人の経験の中で複層的に積み重ねられている深刻な状況である。

3－2　まとめ

第2章でみてきたように、旧植民地である朝鮮半島にルーツをもつ位相Ⅱのケースの人々は増え続けている。しかしながら、日本社会における「日本人」／「外国人」の強力な二分法の人種プロジェクトや、在日コミュニティのヘゲモニックな言説のなかでかれらの日常生活のリアリティは十分に明らかにされてこなかった。さらに川端（2014）も述べており、本論文でも第II部でみてきたように、かれらは第一期で盛んに報道された「混血児」言説と第二期でヘゲモニー化した「ハーフ」言説の両方からも周縁化されている。第三期には「ダブル」運動が展開されるも第四期には引き継がれず、多様化する「ハーフ」言説からもとりこぼされやすい状況が続いている（この経験については第5章で詳述）。李定次の言うように、在日と「日本人」とのはざまで生きる位相IIのルーツの人々が経験する両社会からの「つまはじき」（李 1974）という状況は、知佐さんの語りからもわかるように、第四期である現在も引き継がれている。インタビューを行ったなかでは知佐さんのようなケースの人々について、「ハーフ」として自己提示するケース、「日本人」として生きるケース、在日としてのアイデンティティを発揮し運動などに積極的に関わるケース、そして知佐さんや李定次のように複数の社会のはざまに生きるケースなど、自らのポジショナリティやアイデンティティの選択は場面ごとに多様であった。このような位相IIのルーツを持つ人々の現状についても今後さらに検討していく必要がある。

4　位相IIIのケース

本書では、一九八〇年代以降に急増したニューカマーにルーツをもつケースを位相IIIと設定している。位相IIIの示すルーツは非常に多様であるが、特に中国や韓国のルーツ、ブラジルなど南米のルーツ、フィリピンやタイなどのルーツが多い。本章では位相IIIのなかでも特に、インタビューを依頼することができたフィリピンルーツをもつケースに着目する。

「日比国際児」についてインタビュー調査を行った三浦（2015）は、「貧困」「環境汚染」といった日本社会にあるフィリピンに対するネガティブなイメージが当事者へと投影されている状況を明らかにしている（三浦 2015:229-230）。しかし、これに加えてここではフィリピン系ニューカマーの多くが「興行」の在留資格で来日したことなどの歴史的背景や、日本社会で構築されたかれらに対するイメージが当事者に与えた影響について考察したい。

4-1 「フィリピンハーフ」への人種プロジェクト

本研究で対象としたフィリピンにルーツをもつ塚田みさとさんと佐藤来沙さんはともに、「フィリピンハーフ」としての人種プロジェクトを経験していた。みさとさんは神奈川県出身で、フィリピン系のコミュニティとつながりのなかで育ち、教会の行事などにも時折参加してきた。父親と母親との出会いについてはあまり聞いたことがないと話していた。来沙さんは静岡県出身で、学校でハーフの同級生はほとんどいないという学校に通ったが、地域にはフィリピン系やブラジル系の人が多かったという。母親はかつてスナックで働いており、店の客であった父親と結婚したという。来沙さんはインタビュー実施時には東京で就職しており、母親は静岡の製茶工場に勤めていた。

フィリピンへのイメージ――「発展途上」「汚い」「明るい」「気がきく」

みさと：フィリピンってなんか、あんまりいいイメージないじゃないですか。なんかこう、友達に言われるのは、こう、スラム街が多かったり、発展途上の国だから、汚いイメージがあるとか。（…）普通に、拳銃とか麻薬とか使ってんでしょ、とか言われて。「そうでもないよ」って。（…）

学校とかで、〔ご飯を〕「手で食わないの？」とかも言われます。「向こうの人って、手で食わないの？」って言われて、「うん、食べるときあるよ」っていうと、「じゃあやって」って言われます。「嫌だよ」って言って、「家ならいいけど学校でねぇ」って。

来沙：「フィリピンの子ってこんなんだよね」みたいな感じでは言われたことはある。「なんか、陽気」とか、「明るい」「気がきく」とか。そんなん人によってだわ、とか思うけど。それも社長とかからも言われるから、「まあ、そうですねー」としか言えないし。

みさとさんの語りからは、三浦が指摘したのと同様に「貧困」や「汚い」、「発展途上」といったイメージにさらされており、さらに学校で食事を手で食べることを強要された経験を話していた。来沙さんはフィリピンのイメージとして「明るい」「陽気」「気がきく」といったイメージを投げかけられるというが、彼女自身はそれをフィリピン人の特徴というよりも個人差のある問題として捉えていた。

フィリピンハーフへのイメージ——「「グレたりしなかったんだね」って」

来沙さんは、次のように語っている。

来沙：日本の人に、「ハーフです」って言うと、「ハーフなのにそんなにしっかりしてるの？」って。おかしくない？　みたいな。いや、ハーフだからしっかりしてないわけでもないじゃん。今までどんなハーフの人に出会ってきたんだこの人は、ってすごい思うんだけど。でもやっぱり、フィリピンとかそっちのアジア系っていうとさらに言われる。「グレたりしなかったんだね」って。「そんなグレルこともなく、高校生活は普通に終わりましたけど」って、言うと、それはそれで「つまらない」って。なにを求めてるの？　みたいな。

来沙：なんかこの前の川崎の事件とかもさ、結局フィリピンのハーフの子が起こしちゃった事件で。それでみんな「フィリピンのハーフの人は出て行け」みたいな。私はそんなことはなかったんだけど、いいとばっちりだよな。たまたま本人がそうだっただけで、まじめにちゃんと働いてる子もいるし。

来沙さんは、フィリピンのルーツをもつ「ハーフ」に対して、「グレる」といったイメージが結びつけられる状況を危惧しており、このようなイメージを結びつけられることについて「いいとばっちりだよな」「まじめにちゃんと働いてる子もいるし」と語る。

人種・ジェンダー化されたイメージ──「「え、お店で働いてるんじゃないの？」って」

小ヶ谷千穂は「在日フィリピン女性」に、「「エンターティナー」「フィリピン女性」という極度に固定化され、人種・ジェンダー化されたステレオタイプが割り振られていることが多い」と指摘しているが（小ヶ谷 2016a:143）、来沙さんとのインタビューにおいても同様のことが語られていた。

来沙：私、実家が本当に田舎だから、実家で飲みに行ったわけ、母親と。母親とセットだから、やっぱ外人に思われる。酔っ払った女の人に、「お姉さんたち、どこのお店の人ですか？」って言われて、すっごいムカついたそれは。「東京で、普通にOLしてるんです」って。「え、お店で働いてるんじゃないの？」って、まだ言うかこいつは、とか思って。「普通にOLしてますよ。昼間の職業してますよ」って言ったら、「え、そんな子もいるんだね」みたいな。え、そんなこと言われんの？と思って。ないわ、みたいな。（…）ブラジル系の外国人だったら工場で働いてるか、フィリピンだったらお水系か工場か、二択しかないから地元の方ではね。こう、ちょっとちゃんとした格好、お化粧ちゃんとして、ちょっと派手な格好してるともう、お店の子って思われる。だから、男の人でもわりと、「え、どこどこの店で働いてんの？」とかは言われたりとかもする。だから、「全然知らないです、そのお店」みたいな。

このように来沙さんは、母親とともに周囲から「エンターティナー」や「水商売」（インタビューでは「お水」と表現されていた）のイメージを投企されており、そうした眼差しに「すっごいムカついた」と嫌悪感を示していた。来沙さんは大学卒業後に就職のため東京に移住するが、東京ではこのようなイメージを結びつけられたことはなかったと語っており、とりわけフィリピン系やブラジル系住民が多い地域社会という文脈が大きく影響していることがわかる。

4-2　まとめ

位相Ⅲは、多様なニューカマーのルーツをもつケースを包含する枠組みである。序章でも述べたように親世代の移動の背景や要因、社会的地位、社会的イメージなどの歴史的背景（親世代のエスニシティ、人種、コミュニティ、ビザ・在留資格の差異、ジェンダー、日本における社会的地位やスティグマ、当事者による権利運動の有無など）を考慮すると、位相内にはさまざまな差異が含みこまれている。そして、ニューカマーについてエスニック・グループ内部の多様性を示し「混血」や「ハーフ」、「国際児」、「ダブル」を対象とする研究も増えている（関口 2003; 三浦 2015; 小ヶ谷 2016b など）。そのなかでも本節では特に「フィリピンハーフ」に対する人種プロジェクトの諸相を考察した。当事者にはフィリピンに対する日本社会で構築されたイメージ（「発展途上」「汚い」「明るい」「気がきく」など）と、「事件」「グレる」といった犯罪化されたイメージ、そして「興行」の在留資格で渡航した「エンターティナー」に対するジェンダー・セクシュアリティと人種が交差する人種プロジェクトを経験していた。

ただし、かれらの日常生活はフィリピンへのイメージや「興行」の在留資格に対するスティグマのみによって規定されるわけではない。小ヶ谷（2016）は、「日比国際児／ＪＦＣ」をめぐる問題点を整理し、特に父親からの認知や養育拒否を受けている場合は、①経済的負担や法的資格の不安定さ、②フィリピン・日本双方における差別、③父親不在による心理的影響などがあるとしている（小ヶ谷 2016a:164）。位相Ⅱの「フィリピンハーフ」を取り巻く状況は、当事者の家庭環境や階層、法的地位（国籍）、文化資本のありようなどによってさまざまであり、これらの重層性を前提として当事者の経験を捉えていく必要がある。

5　小括——位相ごとの人種化

第5章では「ハーフ」であることや、当事者に関わる人種、ジェンダー、階級、セクシュアリティ、ナショナリティが複雑に絡みあう人種プロジェクトの状況について論じてきたが、本章では特に「位相」すなわち親世代の移動の歴史的背景と社会的地位が子ども世代にも引き継がれている状況を明らかにした。

位相Ⅰのケースでは、戦後の「混血児問題」の際にイメージづけられた「米兵を相手にする女性」にまつわるスティグマ化の経験が語られた。特に親子関係やきょうだい関係さえも、「売買春」のイメージに絡みとられてしまう状況が明らかとなった。また、位相Ⅰのケースはいじめや差別の経験により、米軍基地の周辺地域から移動するケースが見られた一方で、基地周辺に暮らす人々のなかでは自助的コミュニティが形成される状況が明らかとなった。

位相Ⅱのケースでは、日本社会に通底する「日本人」／「外国人」の二分化の人種プロジェクトからの影響を強く受けるだけではなく、在日コミュニティや韓国社会、そして「ハーフ」の言説そのものからも周縁化されてしまう状況が語りのなかから浮かび上がってきた。位相Ⅱのケースの人々は、日本社会や韓国社会、そして在日コミュニティにもつながりがあるにも関わらず、それぞれの社会やコミュニティから他者化されることで、自らの社会的な立ち位置を確立することが困難になっている。

位相Ⅲのケースのなかで、特に「フィリピンハーフ」のケースでは、親（特に母親）に対する性的なスティグマ化が子ども世代にも影響を与えていた。さらにフィリピンに対する「汚い」「危ない」といったイメージも重ねられており、他のルーツとは異なる「フィリピンハーフ」の経験の一端が明らかとなった。

本章では、「位相」という概念で「ハーフ」内部の経験の差異を整理してきた。社会では一般的に「ハーフ」という一言でまとめられる存在であっても、その内実は非常に多様であり、その歴史性や親の移動の経緯によって、かれらに結びつけられる社会的イメージも異なっていることが明らかとなった。

第7章　「日本人らしさ」がもたらす人種化の力学
——家族・学校・労働・ストリートの現場から

1　現場で何が起こっているのか

これまで実施したフィールドワークや参与観察、当事者へのインタビューにおいて語られた生活史に迫ると、当事者の経験する人種プロジェクトは、学校や職場、家族、友人関係、居住地コミュニティ、街頭などという社会的な場面ごとに異なる仕方で構成されていく状況が浮かび上がってきた。そこで、本章では、個人の日常生活において直面する社会的な場である「制度」に着目し、特に「学校」「家族」「労働」「ストリート」という四つの制度について分析していく。「制度」については序章で示した通り、コンネルの用いた概念に基づいて分析を行う。

2　家族

私が行ってきたインタビューのほとんどすべてで聞かれたのが、家族に関する語りであった。コンネルは家族について、「家族の内部は、地質学でいう地層のように、たがいに入り組んだ多層的な関係をみせている。家族ほど長期にわたり持続的で、集約的な接触にもとづき、経済・情緒・権力・抵抗を織り込んだ、濃密な関係からなる制度は他には存在しない」と述べている（Connell 1987=1993:190）。「ハーフ」と呼ばれる人々の家族をめぐる語りにおいても、家族関係の多層性で情緒的つながりや葛藤、抵抗といった経験が語られていた。

はじめに、家族や親族などの親密な関係性において、その構成員が個別に有している人種的偏見のありようと、それが当事者へと投げかけられるようすをみていく。

太一：母親も日本人だし、おじいちゃんおばあちゃんも日本人じゃん。それで、〔四人で一緒に〕暮らしてるけど、やっぱケンカとかすると、すごい言われるよ。（…）母親とケンカすると、「父親に似てきた」とか、言われるし。おじいちゃんおばあちゃんも、父親がイスラム教だからさ、「イスラムは怒ると何するかわかんない」とかさ、ケンカとかしてるときに、「すぐキレる」だとかさ。あの、「血は争えない」だとかさ、かなり言われるよ。（…）「だからすぐテロが起きるんだよ」って。

大輔：韓国で驚いたのが、久しぶりに実家帰って、親戚一同が集まってたんですよ。で、親戚の一人が、なんか英語で字が書いてあるシャツを着てたんです。で、「なんて書いてあるの?」って聞いたら、「竹島は韓国のものだ」っていうTシャツを着てたんですよ。で、僕久しぶりに会って、「えっ?」てなって、「なにそのジョーク……」、ジョークだったのか普段から着てるのか分からないですけど。びっくりしません?（…）わかんないんすよね、だからびっくりしちゃって。「ちょっと、きつすぎない?」って。（…）なんと答えればよいのか。

太一さんのストーリーでは家族内でケンカをすると、「父親に似てきた」、「血は争えない」という言葉によって外国のルーツをもつ父親と関連づけられる。さらに「怒ると何するかわかんない」「テロ」など、イスラム教に対する偏見を帯びた言説が結びつけられてしまう。また、大輔さんの語りからも親族の集まりに日韓の歴史問題やナショナリズムが埋め込まれていることがわかる。このように、当事者は家族や親族との関係においてさえも、「外国人」化の人種プロジェクトを経験していることがわかる。

また、家族関係に関する人種プロジェクトは、親密圏の外部からも投げかけられる。

太一：〔母親と〕似てなさ過ぎて、逆に目立つ。一緒にいると親子に見られないから。母親は完全な日本人で、俺は外見が外国人だから。

原：市役所行って、「この人〔母親〕の住所教えてくれ」って言ったら、「どういう関係だ」っつうんだよ。だから、〔母親と息子が〕色違いでいると思ってないじゃん、向こうだって。だから

「どういう関係だ」って。「おれは息子だ」っつって。最初信用しなくてさ、しょうがない、免許証だしてさ、戸籍謄本出してさ、「確かに、名前一致するでしょ、おれが聡ですから」って。

ここまで日本社会において「日本人」化の人種プロジェクトが戦後において繰り返し再生産され続けてきた状況を明らかにしてきた。特に「日本人論」に関する分析において吉野（1997）が指摘するように、「日本人」は家族的な結びつきとして人種化されていった。そのため、日本社会におけるヘゲモニックな家族像はその構成員がすべて「日本人である」という人種化されたイメージであり、ドラマや街頭広告などを通じてそうした家族像は氾濫し、定着している。このような人種化された日本人家族のイメージが投企のため、たとえ血縁関係にあったとしても外見の違いによって周囲の人々から「親子に見られない」という状況が生じる。これは単に日本人家族像の表象やアイデンティティの問題にとどまるものではなく、原さんのケースのように、市役所窓口の事務手続きの場面などにおいても、具体的な問題を引き起こしている。

さらに浅井かよさんは、「ハーフ」であることに対する周囲からの偏見や、親に対する反抗期から次のような心境を語っていた。

かよ：母親に反抗期っていうのもあって、ハーフっていうのもあったし、親が離婚してるっていうのもあったし、「なんでこんな思いしなきゃいけないの」と思って……。待って、泣きそうになってきた。大丈夫。そう、お母さんに一回、「もっとふつうの家庭に生まれたかった」って言っちゃって。それでね、言ってすぐ後悔した。マジで謝ろうと思ってる、本当に。

「ハーフ」をめぐる人種プロジェクトは家族の深部にまで浸透している。かよさんが「もっとふつうの家庭に生まれたかった」と母親に語ってしまったという語りからは、親密圏である家族内での痛切な葛藤の痛切さが伝わってくる。また、このような家族内の葛藤だけではなく、恋愛・結婚などのような親密圏の再生産の場面においても人種的な差別を経験しているケースが聞かれた。

これまでの移民研究ではしばしば、家族構成や世帯が単一のエスニシティや民族的背景を持つユニットとして分析されてきたきらいがあり、例えばモロクワシチが述べるように、排斥的社会において移住者の世帯や家族は唯一の安全な場所として描かれてしまう（Morockvasic 1984:895）。しかしながら、ミックスレイスの家族親族関係に着目した場合には必ずしも当てはまらない。親密圏においてさえも、ナショナリズムや人種主義が刷り込まれてしまう場合があることがあきらかとなった。

3 学校

学校という制度について分析を行ったコンネルは、ほとんどいずれの学校でも活発な「ジェンダーの政治性」を見出したという。すなわち、「学校にはスポーツ、ダンス、科目選択、教室でのしつけ、管理その他、様々な種類の女らしさ／男らしさを構築する日常行動が存在している。とりわけ生徒の方に明瞭な現象であるが、あるジェンダーのパターン、つまりたいていは攻撃的で異性愛的な男らしさが主導的であり、それ以外のものは従属的な地位にある」という（Connell 1987=1993:188-189）。このようなジェンダー規制と同時に、日本の学校という制度では、特に義務教育期間において「日本人らしさ」と集団への同化が求められる。これらは例えば、校歌や日本語での授業・教科書、制服、体育着、お弁当、ランドセル、算数セットやピアニカといった教材にいたるまで細部に及び、それらの一つ一つが「日本人らしさ」という人種的なイメージと密接に関係づけられている。本節では語られた経験のなかからとりわけ学校という制度の人種プロジェクトの作用が強く働いていた小学校での語りに着目する。

ライアン：先輩から仲間はずれにされて。（…）小学校のときが一番きつかった。

太一：（…）いじめられたのも小学校のときだし。とりあえず、俺肌が黒かったから、〔他の生徒とは〕逆に。で、みんなは普通の色じゃん。一人だけ黒かったから、とりあえず外国人扱いされて。当時は学校にミックスなんて一人いるかいないかぐらいだったから。低学年の頃はそんな感じで（…）けっこう空気読むとかさ。まわりと違うの嫌がるとかさ。で、だんだんそういうのが出てきて、おれは普通にしてても、と思ってても、周りとはなんか違ってたみたいで。それでいじめられてたね。（…）中学のときまでは、〔自分のことを〕「日本人」って言って、「ハーフ」って言ってなかったから。だからそれで〔「ハーフ」であることで〕小学校のときいじめられてたから。そう、だから父親も絶対表には出さなかったし。だから、外国が嫌だった。日本じゃなきゃ嫌だった。

りな：小学校とかに入ると周りと違うっていうのがなんかすごいコンプレックスになっちゃって、わりとそういうこと〔親の言語や文化〕を排除しようとしちゃって、自分が。だから〔母親が〕ベンガル語教えようとしても拒否しちゃったの。（…）完全ないじめとかはなかったよ。（…）でも、そんなに仲良くない子って偏見が入ってくるから、例えば、〔肌の〕色が黒いのとかよく言われたし。あと、みんなよりちょっと毛深いとか。なんかそういうのでからかわれたかな。（…）あとなんか男の子はほんとに、ちょっと意地悪したいって感じでからかってくるんだけど、失礼な言い方で。でも女の子だと、からかうつもりはないの向こうは。だけど、単純に興味で「あなたって日本人じゃないの？」とか。そういう質問を普通にしてくるのね。それ自体はけっこう、子ども的にはなんか、仲間に入れてくれないんだ、みたいな。ちょっとそういう疎外感みたいな。「え、日本人だよ」みたいな。

——どういうときにそういう話になったの？

りな：なんか、普通に聞いてくるの。廊下歩いてると、まったく知らない上級生っていうか私が一年生二年生だとすると、三、四年の女の子とかが二人ぐらいで近づいてきて、「あいのこなんでしょ？」とか。

——えー、しかもその言葉で言うんだ。

りな：そうそうそういう時代。八〇年代だよね。（…）そういうのが子どもながらに傷ついて、なるべくみんなと同じようにしようと、必死に空気を読んで。みんなと違うと思われないように。変に悟られないように。私はまったく日本人ですみたいなスタンスで、常に振る舞うようにしてたから、やっぱりベンガル語とかも拒否しちゃったし。

フィリピンのルーツをもつ「ダブル」の若者に聞き取り調査を行った小ヶ谷は、生育した地縁ネットワークや母親のエスニック・ネットワークの「外」である学校において改めて、当事者が自らのルーツを自覚するようになることを発見している。そしてこのように「ルーツ」が意識される場面は、クラスメイト、クラスメイトの親、外国人の親、教員など複数の相互関係のなかで浮かび上がっている状況を指摘した（小ヶ谷 2016b:9）。本書における調査協力者の語りでも、いじめや葛藤はこれらの相互関係のなかで経験されていた。小学校での経験でライアンさんと太一さんから聞かれたのは「仲間はずれ」「外国人扱い」「いじめられた」という経験であり、りなさんは周囲からの偏見や疎外感を感じることで、自分自身ルーツに対しコンプレックスを抱き、「必死に空気を読」むというように周囲と同化しようという経験が語られている。

米兵と沖縄の女性との間に生まれた子どもたちに関する研究を行ったマーフィ重松（2002）は、学校における「外見的違い」への「いじめ」について、「この年頃の子供は身体の微妙な違いに実に敏感」であり、「周りにいる人々とは違った存在とみなされて」しまうことで、「厳しいいじめから軽い冗談まで様々な形で」影響を受けると指摘している。そして、とくにこのような「外見的違い」によっていじめを受けるのは「小学校の低学年時代であるようだ」としている（マーフィ重松 2002:107）。また、三人の語りに共通している点は、外見的な特徴に起因するいじめの問題だけではなく、小学校において求められる「日本人らしさ」の規範や周囲からの同化圧力の問題である。太一さんが「空気読むとかさ。まわりと違うの嫌がるとか」と語るような小学校の状況のなかで、外国のルーツをもつ父親の話題が表に出ないようにしたという話が聞かれた。ライアンさんは「仲間」グループからはずされてしまった経験のつらさを語っている。また、りなさんは周囲になじむために自らのルーツを「排除」し日本人としてのハビトゥスを強調していた。さらにこのような学校制度における規制的な同化圧力は、児童間だけではなく教員やＰＴＡの保護者などからも向けられていることが語りのなかから明らかとなった。

さらに、小学校において「色が黒い」や「毛深い」といった身体的特徴に対する「からかい」を受けているが、ここには同世代の女子生徒の身体との差異が強調されており、人種とジェンダーが交差する人種プロジェクトが経験されている。また、この語りのなかには男子生徒と女子生徒との間のいじめに関するジェンダー差がみられた。りなさんはこれらの経験を語りはじめるときまず、「完全ないじめとかはなかったよ」と述べているが、その一方で「そういうのが子どもながら傷ついて」とその精神的負担を吐露している。このような、小学校における人種プロジェクトの作用は規模が小さなものであった場合でも過小評価することはできない。蓄積される日常的な人種プロジェクトの作用は当人のアイデンティティや友人関係の形成に影響を与えるばかりではない。「ハーフ」をめぐるいじめの問題によって児童が自殺してしまうという痛ましい事件も起きている。

第Ｉ部において詳述してきたように、以上のような小学校という制度におけるいじめや人種的偏見などの終戦直後の状況から変わっていない。また、第一期において文部省は主に位相Ｉの「混血児」児童に対し教育指針を全国の小学校に配布することで義務教育期における「混血児対策」を制度化したが、第二期以降現在にいたるまで「ハーフ」を対象とした政府レベルの教育・学校施策はとられていない。また第３章から第４章にかけて分析してきたように、総務省の「多文化共生推進プログラム」や地方自治体レベルの国際交流会などの支援団体によって「外国につながる子どもたち」もしくは「外国籍児童生徒」に対する日本語・母語教育、学校支援（学校における取り出し・入り込みなど）は活発化してきたが、日本語の習熟度や生活上の文化・習慣の差異などの生活面で相対的に問題が少ないとみなされがちな「ハーフ」の場合はこれらの支援の対象となっていない。そのため学校における諸問題（差別経験、いじめなど）に対して個々人の水準で対処しなければならない状況が続いている。第1章で論じてきたように、戦後の民主化の流れのなかで、教育において「無差別平等」のロジックが展開された。これは、旧来の封建制度の身分に基づく人種編成による差別を克服し、平等に扱うという理念であった。しかしこのロジックの根底には「日本人」化の人種プロジェクトが通底していたため、「差別しない」「平等に扱う」ことは、「『日本人』と同じに扱う」という意味で解釈される。このように日本人への人種化を強く内面に秘めた教育上の「無差別平等」のロジックは移民の子どもたちのみならず、「ハーフ」と呼ばれる人々にも強く作用することとなるのである。

近年、日本各地の学校について調査を行ない、日本語教室教員や担任へ聞き取り調査を行った太田晴雄によると、そこでよく耳にしたのは「『外国人ではなく日本人として扱っています』という対応であった」という（太田 2005:63）。太田はこれについて次のように述べている。

> このような対応の意図は、外国人・日本人を問わず、すべての者を同様に扱うこと（equal treatment for all）が、教育における「平等」であり、したがって「差別」をしない処遇である、ということのように思われる（太田 2005:63）。

この対応について太田は「「特別扱いできない」というのは、「異質な存在を認めない」というメッセージでもある」とし、「異なりを顧慮せず、すべてを同一に扱う「形式的平等」」であると指摘した上で、これが「当該の子どもの「日本人化」をもたらす」と論じている（太田 2005:64）。そして、「差異を顧慮せず、すべての者を同一的に扱うことは、「多数者」とは異なる背景を持ち、異なる教育的ニーズをもつと考えられる「少数者」を抑圧することを意味しており、結果的には、かれ・彼女らの学習困難をまねくことになるのである」と指摘している（太田 2005:64）。このような太田の議論をふまえると、「日本人」化を基底とする「無差別平等」のロジックは戦後の「混血児」をめぐる教育方針からまったく変化しておらず、戦後の歴史過程を通じて脈々と存在し続けている。この強力な人種化は、現在の移民の子どもたちに対して作用するのみならず、「ハーフ」と呼ばれる人びとの日常生活にも大きな影響をもたらしている。そして深刻化するいじめや差別の問題も未解決のまま継続しているのである。

4　労働

これまで社会学の領域では、部落や在日コリアンをめぐる就職差別の研究が蓄積されてきたが（孫・片田 2009 など）、ここでは「ハーフ」と呼ばれる人々に対する就職差別や、職場という制度における人種プロジェクトの実態を明らかにしていく。インタビューでは自らの外見や語学的能力を活かすことで雇用機会を得ている事例も見られたが、その一方で、当事者に対する人種的なステレオタイプが労働市場への参入障壁となるケースもある。そこで以下では労働に関わる場面として、特に「面接」と「職場」という二つの場面に着目する。

4―1　面接において

労働市場へ参入するにあたっての「面接」という場面では、面接官の持つ人種的なステレオタイプが採用・不採用に強く反映していた。面接における選考プロセス、すなわち電話受付、書類選考、対面面接などの各段階においては、具体的に次のような就職差別にさらされるケースが聞かれた。

トーマス：だから、〔面接のための電話で〕名前を言った時点でダメになるから、できるだけ〔苗字の〕「田中」って言うようにしてる。

――電話とかで？

トーマス：うん、電話とかでバイトの面接受けたいんでって、「田中です」って言って。下の名前聞かれたら答えるし、ほとんど聞かれないんだけど。

イーサン：あるバイト探すときに、名前でダメだった。〔広告に〕募集してますって出てて、募集の電話？　あれは通るんですよ、〔電話で〕「募集してますか？」って聞いたら、「あ、募集してますよ」って。で、「いつ面接来れますか？」、「いつでも行けますよ」、「じゃあ、お名前とお電話番号を教えてください」と、で「電話番号はこれこれで、名前はこれこれです」っていったら、「あ、少々お待ちください」って。で、待った後に、「すみません、あのちょっと、ただいま、募集が終わってしまったみたいで……」っていうのが。っていう〔電話で断られた〕のが、五つぐらい。

名前が、カタカナ名であったりする場合、「外国人」化の人種プロジェクトが投げかけられ、そもそも面接さえも受けることができないケースもあった。イーサンさんとトーマスさんは電話面接における名前を指標として作動する人種プロジェクトに対し、日本名である苗字のみで対応するという戦略をとり面接の機会を獲得するが、面接の場面では外見の指標に沿って再び「外国人」化の人種プロジェクトにさらされることとなる。

トーマス：でもやっぱり〔面接に〕行くと、「え、田中さんですか？」とか。あと、アルバイトとかによっては、「うん？」ってなると。「すみません、僕は日本育ちのハーフなんですけれども、見た目は多分、黒人の方が濃いめです」と。「それでも大丈夫ですか？」ってちょっと聞いたりしたら、「ちょっと待ってくださいって」言って、二分ぐらい上司と相談して、「ちょっと、それは無理です」とかって言われたりとか。

イーサン：「履歴書持って何時に来てください」と、なんで面接までもってこれたかというと、「関です」って言うたんですよ〔イーサンはミドルネームとして「関」という母親の姓を持っている〕。電話で、「関」を使ったんですよ。で、それで行ったら、「あ、ミラー、イーサンの関なんだね」って言われて。なんか求めてるものと違ったぞ、と。まあ、座って話してると、「わかりました、じゃあまた、今すごいほかに面接来てる人もいっぱいいるので」っていうマイナスな雰囲気なんですよね。で、「わかりました」ってこう、〔面接室を〕出ようとしたときに、靴紐ほどけとったから、出るドアのところでしゃがんで結んどったんすよ、したら〔面接室から〕出たって思われて、で「外人やったね」って聞こえて。「いやー、ちょっと〔雇用は〕ないね」みたいな。で、出づら、みたいな、で気づかれないようにドアそっと開けて。うわーっと思って。

このように、電話では名前に対する人種プロジェクトによって差別され、面接においては身体的特徴を指標に差別される。ここでの、「外人やったね」という語りにみられるように、外見的な指標に沿って「外国人」化の人種プロジェクトが展開され、職業差別がなされているのである。

トーマス：〔バイトの面接で〕警備員〔の仕事〕は全部、受からなかった。〔面接官の人から〕「黒人なんで無理です」って。「黒人のガードマンは雇えないでしょ」って。「ほんと申し訳ないですけど、こればっかりは無理です」って言われて。で、普通に。

——どういう意味なんだろ……。

トーマス：ようするに「ガードマンが黒人っていうのは企業のイメージが悪くなる」って〔面接官が〕思ってて、「なんで外国人雇ってんだろうってなるからダメです」って言われて。

「黒人」「外国人」を雇うことで「企業のイメージが悪くなる」というのが企業側から採用を拒否された理由として語られている。このような人種偏見に基づくステレオタイプの投影は、本人に精神的苦痛を与えるだけではなく、「ハーフ」を労働機会から排除するという実質的な人種差別の効果をもっていることがわかる。

4―2　職場において

つぎに「職場」の場面に着目する。先述のように、さまざまな雇用環境の形態や労働条件に合わせて自らのルーツの文化や言語能力を業務に活かして活躍するようなケースもみられる一方、外見や名前などによって、社内の同僚や顧客からの人種ステレオタイプにさらされたり、外見に対するクレームを受けることで業務に支障が出るケースなども聞かれた。

亨：巡回するマネージャーからも、「ネルソンって英語喋れるの?」って毎回聞かれる。〔お店の〕フロアに出てる時も、〔お客様から〕「きみ、どこから来たの?」って毎回聞かれる。それプラス、「君日本語上手だね」っていうのが。(…) 一日に一組は絶対に聞かれる。(…)「ハーフ?」って聞いてくる人は少ないかな、やっぱ、もろ外国人って思われてる。やっぱ、顔が日本人じゃないから。

ナディア：〔職場において〕見た目で、相手が私を、こういう性格だって判断するから。

――それは、どういうふうに判断されちゃうの?

ナディア：うーんと、会社の上司とかには、「岸辺さんはやっぱり、外国の血が入ってるからちょっと違うよね」とか。「要するに大雑把。やっぱり外国の血が入ってるからだよね」って。

隆史：〔仕事中に「外国人」と聞かれる経験が〕しょっちゅう。毎回、毎回。一年間、客商売やってるでしょ？ 必ず家の門を、あのー、工事やってるから、エアコン取り付けだとか電気工事だとか、もうすべてお客さんのところ〔での作業〕だから、もう、やっぱりびっくりするよ。「○○電気でーす」って入ってくるんだけど。で、「ハーフ？」って聞いてくれる人はまだいい、「どこの人？」とかもある。（…）そこで、「ハーフだ」っつって話すとね、「どーりで日本語がうまいと思ったわ」。（…）そうかと思ったら絶対にね、何かあったんだろうね、〔別の客で〕外国人嫌いな人っていているからね。「なんであんなのが来た！？」ってクレームになるときもあるんだよ。（…）「日本人です」って言っても、もう駄目だからね。

亨さんと隆史さんの経験として、職業（それぞれ寿司屋と電気技師）の客と接する場面で「外国人」とみなされるということが語られた。また、新聞記者をするナディアさんも取材現場で偏見を経験しているほか、上司からも「外国の血が入ってる」という「外国人」化の人種プロジェクトによって、仕事が「大雑把」だと判断されたことがあるという。特に、隆史さんの電気技師としての仕事内容は住宅訪問による電化製品の修理・取付けであるが、そこで人種差別的対応をとられ、業務に支障をきたすばかりか、外見そのものがクレームにつながることもあった。こうした場面における「外国人」化の人種プロジェクトは非常に強力なものであり、そこで隆史さんがいくら「日本人です」と主張したとしても相手の人種化された認識は変更されることはなかった。

面接の場面では、「ハーフ」であることや、外見・名前などから外国人とみなされてしまうことでそもそも雇用機会が得られず、さらに職場においても、当事者に対して人種差別があることが明らかになった。オミとウィナントも説明するように、人種プロジェクトは単なるシンボリックなイメージの投影なのではない。この強力な「外国人」化の人種プロジェクトは雇用機会からの排除や顧客からのクレームといった具体的な人種差別に帰結している。

5　ストリート

「ハーフ」の人々が日常生活において受けるさまざまな人種プロジェクトは、学校や職場などのような制度化された空間だけではなく、道路を歩行しているとき、電車・バスに乗車している時、買い物をしているときなど様々な空間において経験される。そのなかでも特に本節では、不特定多数の歩行者が行き交う「ストリート（街頭）」という制度に着目する。コンネルは「街頭」について、これが「制度」と捉えられることはあまりないが、実際には構造的なジェンダーパターンが多くみられるため、「街頭は少なくとも、特定の社会関係を持つある明確な社会環境なのである」と述べている（Connell 1987=1993:203）。「ハーフ」と呼ばれる人々の経験に着目した場合にも、ストリートという社会的空間において多くの人種プロジェクトを経験していた。

知絵：〔中学校の〕帰りに、家まで歩いてて、いろんな人が私の顔を見てくるのがすごい嫌だった。なんでこんな私の顔見るんだろう、みたいな感じで。今思えば、フンとか思うけど、そんときすごい繊細だったからやっぱり。何でそんな私の顔見るんだろう、とか。

トーマス：〔仕事で疲労し路肩で休憩をしていた際、通りすがりの男性に〕目を挙げたときに、目の

> 合い方が悪くて、やべえなと思って、つっかかってくるなと思ってすぐ下向いたら、「おいおまえ」って。来ちゃったなと思って「あ、はい」って言ったら、「お前ちゃんと労働ビザ持ってやってんのか」って言われて。「お前俺がここに警察連れてきたら一発で国に返されるよな」って言われて。（…）要するにみんなにとっては、ビザなしの不法労働者なわけよ。だめだなこりゃと思って。（…）ずっと、「すみません」って謝って。そこで「いや、日本人です」って言ってもさらに逆上するだけだなと思って。

コンネルが説明するように「ストリート」において女性は周囲の目線にさらされるが、「ハーフ」であり女性である知絵さんは、このような「ストリート」におけるジェンダー化・人種化された眼差しについて「何でそんな私の顔見るんだろう」と嫌悪感を示していた。また、トーマスは通りすがりの他者から「ビザなしの不法労働者」という人種プロジェクトを受けた経験を語っている。このように不特定多数の他者が行き交う街頭では、「ハーフ」に対する人種的・ジェンダー的な「外国人」化の人種プロジェクトによってあからさまな偏見や眼差しにさらされる状況がわかる。

　また、街頭におけるより深刻な人種プロジェクトとして、特に国家の権力装置である警察の「職務質問」に関するストーリーが多く語られている。警察官による「人種」に基づく街頭での職務質問はしばしば「レイシャル・プロファイリング」と表現される。南川文里は「人種・プロファイリング」について、「これは、特定の人種的特徴を持つことによって、警察からの呼び止め、身分照会、取り調べの対象となることを指す。（中略）人種プロファイリングは、人種や肌の色などを理由に、相手を潜在的な「犯罪者」として扱うことであり、明らかな人種侵害である」と説明している（南川

2016:149)。調査協力者の経験においても、このように警察から「潜在的な「犯罪者」」であるかのように扱われる街頭での「レイシャル・プロファイリング」の深刻な実態が以下のように語られていた。

原：〔都会の混雑する駅前を友人と歩いている際に〕わーって人がいっぱいいるなかで、おまわりさんがバッと来て。「ちょっといいですか?」って、俺の袖引っぱるわけ。(…)こっちはさ、こんだけいっぱい歩いてる中でさ、顔の色がちょっと違うだけでね、おれを止めたってわかってるからさ、そういうのさ。(…)「なんでおれを止めたんだ、なんの理由があって止めたんだ?」って。(…)おれみたいに茶色っぽい人もいるし。(…)そういう人はどうしてもいまだにそういう職質受けたりっていう割合は高いんじゃないかな?(…)だからそういうのは完全に見かけだけで止めてるし、犯罪に手を染めてたり、関わってる人が、そういう系の人だっていう、もうそういうの〔イメージ〕があるんだろうからね。それはもうしょうがないんだと思うんだけど。(…)だからね、もうほんと普通の日本人の顔で生まれたかったなって思ったことは何度もあるよ。もうさすがにこの歳になるとないけど、三〇代ぐらいの頃はね。普通の日本人の顔で生まれてきたら、こんな職質されることもないし。どこ行っても、いきなり普通に話ができるし。

亨：おれもよく昼間とかで、警察に止められたりして、「きみ、〔外国人〕登録証見せなさい」っていわれて、「は?」と思ってさ、おれちょっとキレてさ、「そんなの知らない」と思ってさ。「日本人ですよ」みたいな感じで言ったんだけど、「いやいや登録証がないとだめだよ」って。しつこいなと思って。で、ちょうどそのとき、母親が偶然そこ通って、「かれ日本人なんで、登録証必要ありません」って説明したら、一発で納得してくれてさ。おれが言った時はまったく納得してくれなかった。だからそういうのには本当に困った。

――いきなり登録証見せてって言われるんだ。

亨：うん。その時点で、見た目でしか判断してないよね。本当あれは酷かった。

太一：威圧的に来るじゃん警察って。（…）それのさらにすごいバージョンで来るから。なんかもう、「絶対決めつけてるでしょ？」みたいな。で、もう、顔で判断されるから、よく止められるし、「あぶないもの持ってない？」とか。ボディチェックとか荷物検査とかしょっちゅうされるし。（…）「どこの国の人ですか？」、「日本人です」って。「ＩＤ見せてもらっていいですか」って。「免許証、身分証明書見せてもらっていいですか？」って。で、免許証見せて、免許証ないときは学生証見せたりとかして。で、「ちょっと持ち物検査してもいいですか？」っつって。（…）「危ないもの持ってないですよね、ナイフとか持ってたら困るからさ」って。ふつーに言われるよ。やっぱ、あれね。中東とか、あっち系の人が多い、言われるの。インド、バングラディッシュ、パキスタン、イラク、イラン、アフガニスタンとか。イスラム圏の人は警察に止められる率は高い。特に男の人。そう。なんか九・一一からすごい、めっちゃ言われる。

トーマス：例えば小学校のときに、五、六人ぐらいで自転車乗っててさ、警察がおれのことだけ止めたわけ。そう六人ぐらいでチャリンコ乗っててておれだけ止められて、〔他の友達に警官が〕「君たち先に行っていいよ」って。「どうしたんすか、おまわりさん」って言ったら、「それ君の自転車?」って言われて。「証明しなさい」って言われたりとか。そんときは、なんでだろうと思いながらわからないからさ、その施設〔当時トーマスさんが入所していた児童養護施設〕に電話して、「僕が乗ってる自転車が僕のじゃないって思われてるみたいなんだよね」って言って。(…)だから、警察に止められたときは色々話しちゃう。「どうして僕を止めようと思ったんですか」とか。

街頭における警察官による「外国人」化の人種プロジェクトに基づいた職務質問は、深刻な問題であると言える。警察による職務質問は「任意」という名目でなされるが、実質的には強制的なものである。強制に近い形で施行される警察による「ハーフ」へのプロファイリングは、単なる身元確認に留まらず、手荷物検査や一時的な拘留、指紋採取までさせされるケースも聞かれた。警察による職務質問の事例を用いて「呼びかけ」概念を説明したL・アルチュセールは、「日常的実践であるところの呼びかけは、あるはっきり決まった儀式に則って行われるが、その警察的なかたちでの実践――「ほら、そこの、おまえ!」――においては見世物めいた形態をとる(学校における呼びかけもこれにとても似た諸形態ととる)。しかし呼びかけの他の諸実践と異なり、警察による呼びかけは抑圧的である。(中略)(警察的呼びかけにおいて、主体は多少とも疑わしい、アプリオリに「悪しき」ものと想定されている)」と説明している。(Althusser 1995=2010:280-281)。

調査協力者の語りでも、警察による職務質問が威圧的に行われていることがわかり、原さんやトーマスさんの事例のように、周囲に大勢の人がいる場合や友人と一緒にいる際にも自分だけが声をかけられるというように「見世物めいた形態」をもつ。これについてP・ボウ-ハビブも、レイシャル・

プロファイリングを経験したものは周囲の傍観者からの屈辱的な目線を防ぐことができない状況に立たされると説明しており（Bou-habib 2011:43）、当事者の精神的苦痛は大きいものとなる。また、アルチュセールは述べていないが、身元確認や手荷物検査、身柄拘束といった手続きによって多くの時間が奪かれてしまうという物質的効果をもっている。警察による職務質問は、任意であっても当事者が拒否することは実際の場面では難しく、原さんは未成年のときから現在に至るまでのライフコースの多くの場面で職務質問を経験してきた。

また、調査協力者に対する警察のプロファイリングは、語りからも明らかなように「外見」という身体的特徴を指標として執り行われている。アメリカにおけるプロファイリングの実態を分析したR・ウェイザーとS・ターチは、警察官が市民を引き止め取り調べを決行する際に「人種」が参照されると述べている（Weitzer and Tuch 2002:435）が、日本社会の「職務質問」という警察業務においても同様の働きが見られた。本書の事例でも、外見に対する人種的なステレオタイプによって犯罪の疑いをかけられ、職務質問され、身元が判明するまで一時的に拘束されるだけではなく、トラウマになりかねないような深刻な状況が語られている。警察官による「外国人」化の人種プロジェクトは非常に強力であるため、いったん「外国人」であると認識されてしまうと、たとえ口頭で「日本人」であると説明したり流暢な日本語で話したとしても、「日本人」としてみなされることは少なく、保険証や運転免許証といった身分証の提示によってのみ「日本人」であることの認知を得ることができる。当事者が経験する職務質問は「外国人」化の人種プロジェクトに基づいているため、そもそも証明として提示を求められるものも、外国人登録証やパスポートなどであった。また、調査協力者のなかでプロファイリングを経験したことのある人のほとんどが男性であった（女性のインタビュイーでは、りなさんも職務質問を経験していた)。テレビや新聞報道における表象・言説分析によって「ハーフ」言説の男性に結びつけられるステレオタイプを分析した山本は、「(ハーフの男性性が)消費領域において魅惑的な商品となる一方で、ひとたび犯罪化や暴力性という枠づけによって語られてしまうと脅威の対象に転ずるという危うい表象を形作る」と説明している(山本 2014:139)が、「ハーフ」に対する警察のプロファイリングにおいても人種化・ジェンダー化された犯罪者イメージが当事者に結びつけられているといえる。また、これらのプロファイリングが青少年に向けられるだけではなく、小学生から壮年期もしくは向老期までの幅広い年齢層が経験している点も明らかとなった。

このように、プロファイリングを行う警察官自身の人種・ジェンダー的な偏見が強く作用し、さらにその身体的特徴に犯罪のイメージを結びつける、職務質問における「外国人」化の人種プロジェクトは強力かつ深刻なものである。また、このような「ハーフ」に対する街頭でのレイシャル・プロファイリングは、日本社会における「外国人」を犯罪化する構造と地続きである。高谷幸によると、一九九〇年末ごろから移民を犯罪化する傾向が強まってきたという。政府は移民に対する治安対策として九七年から二〇〇九年まで一~三年おきに入管法を改定しており、「二〇〇〇年に発表された入管局「第二次出入国管理基本計画」においても「強力かつ効果的な不法滞在者対策の実施」が盛り込まれ」ることとなった(高谷 2017:119-120)。また、この入管法の改定は「テロ対策」と結びつく形で進展し、アメリカの US-VISIT の導入や捜査機関による犯罪者データの共有など、グローバルな連携を伴って展開されてきたという(高谷 2017:120)。太一さんの語りのなかに、九・一一以降に警察による職務質問が増えたと実感したとあるが、これは入管・警察そしてグローバルな「テロ対策」ネットワークの強化によって、日本に暮らす「ハーフ」や「外国人」に対して不当な人種差別的プロファイリングが増加していることがうかがえる。高谷はこのようなプロファイリングの強化をディディエ・ビゴの議論を元に次のように論じている。

ディディエ・ビゴは、このように「不法」移民を「犯罪化」するような動きにフーコーが追求した「統治性」権力の変容を見いだし、その現代的な形式を「バノプティコン（ban-opticon）」（監視追放複合装置）とよんでいる（Bigo 2002, 2008 = ビゴ 2014）。それは、名称からわかるように「ban」と「panopticon」を組み合わせたものである。ビゴによると、現代の統治性は、すべての人びとを監視の対象にするようなパノプティコンではない。むしろバノプティコンにおいては、プロファイリングによって、監視の対象下におかれるべき人と監視から自由になる人びとを区分する技術が働いており、このとき移動する人びとは潜在的なリスクとして監視の対象になる（Bigo 2002）。ビゴによると、こうした移動する人びとを監視するバノプティコンが機能する場は、従来、人の移動を管理してきた物理的な国境とはますます関係をもたなくなっているという（ビゴ 2014）。ビゴの議論は、ヨーロッパにおける移動を念頭においているものの、日本においても移住者は、国境における出入国管理にくわえて個人情報のデータベースにもとづいて常に監視されるようになっている（高谷 2017:120）。

このように潜在的なリスクとして監視下に置かれる対象となるのは、ビゴや高谷が説明するような「移動する人」や「移住者」のみではない。日本社会において展開される人種化されたプロファイリングは、かれらの子どもの世代、すなわち「ハーフ」と呼ばれる人びとをも監視下に置くように作用する。そして、監視すべきものとそうでないものとの線引きは、外見を指標にした警察の個別的判断によってなされている。この際に何よりも判断基準となるのは国籍ではなく、「外見」である。警察官の個人的な人種差別感情がもたらした、「外見」に基づくプロファイリングは深刻な問題である。

6　制度間の相互作用

これまで、さまざまな場面において展開される人種プロジェクトの特徴について、家族や職場、学校、街頭といった制度ごとに考察してきた。しかしコンネルは、焦点を当てている眼前の制度が、それ以外の制度からも影響を受けている点について分析する重要性を指摘している。すなわち、これらの制度は個別に作用するのではなく相互に影響をし合いながら、補完的・葛藤的・並列的な相互関係を形成しているという（Connell 1987=1993:206-212）。具体的に、家族という制度を対象として、他の制度との関連性について考察してみよう。

例えば、学校と家族が交差する場面として、保護者が学校に参加する運動会や、ＰＴＡ活動、授業参観、保護者面談などが挙げられる。インタビューでは、特に授業参観での経験が語られていた。

麻美：母親がスイス人で、やっぱ学校に関わることは母親がやるから。お母さんがスイス人じゃなかったら……っていうのはすごい考えた。普通でいられたのにって思ってた。（…）お母さん自身は困ってないんだけど、私が恥ずかしいみたいな。

りな：うちのお母さんって自分のアイデンティティにすごい誇りもってたりするから、なんか学校に、授業参観に結構派手な格好してきちゃったりとか。普通にサリー着てどこでも行っちゃうから。（…）あーそんな格好して行ったら大変なことになるって。〔自分が〕シャイな子だったから。〔授業参観のときは〕ドキドキしてた。〔母親に〕「なるべく普通の格好で来て」って言ってた。

これは学校という制度においても、授観参観といった具体的な場面において「日本人」の人種化された家族像という人種プロジェクトが埋め込まれているという状況がうかがえる。

またストリートという制度においても、当事者個人だけではなく家族（親やきょうだい）といるときに、周囲からの眼差しや差別的経験にさらされるケースが聞かれた。

瑛理：そうですね、やっぱり、昔から目立ってた、っていうか、そういう意識はありましたね。〔道を歩いていて〕どっちかっていうと家族といるとき、お父さんが白人なので、そういうふうに自分だけが〔周囲から〕見られてるんじゃなくて、みんなが、家族が見られてると言うか。

このように日本人の家族をめぐる人種イメージの投影は街頭でも強力に働いている。さらに、労働市場においても家族（特に外国のルーツを持つメンバー）に対するステレオタイプが雇用機会の獲得に大きな影響を与える場面もあった。

知絵：〔バイトの面接の際に〕「あ、イラン人のハーフみたいね」って聞かれて、「はいそうなんです」って答えて。（…）それで、その〔面接を受けた〕スペイン料理屋が〔夜の〕一〇時に閉まるのかな、一〇時に閉まるから、たぶんなんかそのイランっていう国柄でお父さんがすごい厳しいと思われてて、「帰るのが一一時ぐらいになっちゃうけどそれは大丈夫なの？」って聞かれて。「大丈夫ですよ」って答えたら、「大丈夫なの？　お父さん厳しくないの？」みたいに言われて、「イランて人を簡単に死刑にする国でしょ」みたいなことを言われて。〔面接官が〕笑いながら。そんときにすごい悲しくなっちゃって。その瞬間に涙こらえて、〔面接室から〕出た瞬間にめっちゃ泣いて。（…）すごい厳しい国と思ってたんじゃない？　その人は。〔面接は〕落ちた落ちた。電話こなかったし。

知絵さんの場合、父親のルーツや父親自身に対するイメージが、本人に対する「外国人」化の人種プロジェクトとして展開され、彼女自身の雇用機会獲得に強い影響を与えていることがわかる。

本節では、調査協力者の語る学校・街頭・労働市場といった社会的制度の中で、家族に関する人種プロジェクトの影響がみられることを明らかにした。街頭では、外国人の親族と共にいる場合に他者化の眼差しが強化され、日本人の親族と共にいる場合には血縁関係にあるにもかかわらず他人とみなされる。学校では、授業参観などの家族参加の行事の際に家族関係が影響をもたらし同化の作用が強化される。労働市場では、特に就職や面接といった場面で、本人の学歴やパーソナリティだけではなく、家族へのスティグマや人種差別が就職の障壁として作用していた。また、外見、言語、名前、国籍、出身地、慣習的行為など、あらゆる指標によって当事者が「ハーフ」と判断されるとき、ほぼ同時に周囲からは「親のどちらかが外国人」という通念が投射される（「クォーター」の場合は「祖母のどちらかが外国人」)。つまり、人々が「ハーフ」に出会うときには、ほとんど自動的にその家族関係が想起されているのである(この想起はしばしば好奇的なものであり、しばしば嫌悪的でもある。自己紹介においても当事者の親に関する問いかけは日常茶飯事的に展開されている)。このため、「ハーフ」をめぐるさまざまな制度の相互連関においても、家族関係の影響力が大きいことがわかる。

このような制度間の関係性[1]をコンネルは「加算的ないしは補完的」関係と説明しており(Connell 1987=1993:206)、本書の事例のように日本社会の「ハーフ」をめぐる学校、労働、といういずれの制度においても、その背景に家族関係の影響が補完的に影響を与えていることが明らかとなった。

7 小括——人種化がもたらす社会的帰結

本章では、「家族」「学校」「労働」「ストリート」という四つの場面に着目し、コンネルの用いる「制度」の概念を用いることで、日本社会における「ハーフ」の生活史における多様な人種プロジェクトの作用とその帰結を明らかにした。[2] オミとウィナントが指摘してきたように、これらの人種プロジェクトでは、「ハーフ」をめぐるイメージが、単にシンボリックなものとしてではなく、日常生活のあらゆる場面で具体的な効果をもたらしてきたことがわかる。家族の制度では、家族関係にナショナリズムやレイシズムが浸透し、親密圏の内部で葛藤を経験しているケースがあった。また、日本社会では家族そのものが単一人種としてイメージ化されているため、実の親やきょうだい関係であっても家族としてみなされないという経験が語られた。学校では同化と「日本人」化の圧力の中でいじめや差別を経験し、自らのルーツを隠すなどの対処がはかられていた。労働市場の制度では、

「外国人」化の人種プロジェクトによって、その参入の際に自らのルーツが障壁となり就職差別を経験する事例がみられ、職場の同僚や顧客からも偏見やクレームを受けるケースがみられた。そして街頭では周囲の人々からの好奇の目にさらされるだけではなく、警察による「外国人」化の人種プロジェクトとして深刻なレイシャル・プロファイリングの実態が明らかとなった。またその上で、それぞれの制度間においてしばしば家族関係が大きな影響力をもつことを論じた。

本章では、このように四つの制度の人種編成の構造について明らかにしてきたが、一方で、当事者のライフコースに沿ってこれらの社会的場面の経験が相互にいかに関係し合っているのかという点についてはまだ分析が十分ではない。そして、この点を明らかにするためには、一人一人のライフコースに沿って展開される人種編成のありようを浮かび上がらせる必要がある。そのため、第8章ではラ

---

(1) このようなジェンダー体制間の相互作用について、コンネルの理論をアメリカのインド出身看護師の事例に用いて分析したS・ジョージは、労働、家庭、コミュニティといった領域における移住をきっかけとした男女間(夫婦間)のジェンダー関係の変動や地位の変化に着目している。とりわけ「女性が先に移り住む」というトランスナショナルな移動の事例検証の場合は、労働関係が家庭やコミュニティのジェンダー再編に大きな役割をもっていたことが明らかにされている(George 2005=2011:258-259)。

(2) 本章では、制度の規制的作用を明らかにするという研究目的のため、また限られた字数において当事者の語りの全体像を掲載することができないため、当事者の語りのなかでもとりわけ困難な状況のストーリーを掲載している。そのため、当事者の経験が受け身であるかのような印象を与えがちだが、実際には自らのルーツや語学力などを活かして雇用機会を得たり、親子や親族内の人種差別や葛藤を乗り越えるストーリーなど、多様な当事者の経験も語られている。このような当事者の経験については第8章で詳細に論じることとする。

イフコースの各場面の語りを取り上げ、人生の軌跡に沿って経験される各制度での経験と、そこでのかれらのさまざまな対応や生き様について論じていく。

第8章　「日本人」と「外国人」に二分される世界を生きる

1　人生の軌跡をたどる

　これまで、第II部ではインタビュー・データを用いて分析を行い、第7章では具体的な四つの制度に着目しそれぞれの制度の特徴と差別の構造を描き出した。また、第5章、6章では位相ごとに異なる投企や、人種化・ジェンダー・エスニシティ・ナショナリティなどによって複層的に形作られる人種プロジェクトの特徴とその作用を論じた。また第I部では戦後に歴史的に蓄積された「混血児」「ハーフ」言説の編成過程を明らかにしてきたが、「日本人」と「外国人」を二分する人種秩序は学校や家庭、職場などといったさまざまな場面において偏在し、均一に当事者に作用するわけではない。当事者が経験する人種プロジェクトとその帰結のありようは多様である。そこで、本章では調査協力者の人生の軌跡をたどって、ライフコースにおけるさまざまな場面での経験を明らかにする。

　コンネルは、このような異なる領域や制度間における構造の関係を論じる重要性を指摘し、これらを補完・葛藤・並列という三つの関係性に整理している。さらに、コンネルのレジーム論を社会学的分析に援用したジョージは、インドのケーララ州からアメリカに看護師として移住した女性とその家族（特に男性配偶者）についてフィールド調査とインタビュー・データを分析し、家族・労働・コミュニティ（教会）という三つの異なる領域におけるジェンダー関係（レジーム）の変化と再生産を論じている。ジョージは、「コンネルは異なる領域におけるジェンダー体制が補完的、葛藤的、あるいは同時並行的な関係をもちうるとするが、これらの関係がどのようにして発生し、再生産されるかは説明していない」と指摘し、事例研究によってこれらを解き明かした。例えば、女性看護師が「先に移り住む」という状況において、妻の収入が増えることで、これまでのケーララにおける家族におけるジェンダー関係が再編され、労働の領域が家族の領域のジェンダー構造に影響を与えたことがわかる。その一方、移住の過程において家庭内での地位の低下や経済的な下降移動を経験する男性移住者は、教会活動のなかで自らの地位と権利を確立することでコミュニティという領域において「代替空間」を得ようとする戦略がみられたという。ジョージはこれらの三つの領域について、家父長的ジェンダー関係が相互作用によって強化されたという点が認められた一方で、「この一見して均衡にみえるものは安定的ではな」く、「これらの領域におけるジェンダー関係は、究極的には相互に切り崩し合う」といった関係性を明らかにした。本書の当事者のライフコースに着目する場合も、ライフコースにおいてさまざまな領域での生活を経験するが、これらの領域における関係性は一様ではなく、相互補完や葛藤といった関係が認められ、当事者の対応の仕方も多様である。そこで本章では、このような領域や制度の関係性に着目し、これらの構造を再生産または変化させる当事者の経験を明らかにしていきたい。

ジョージはケーララ州のインド人女性看護師の移住経験を分析する際に、ある種の共通項として

「家族」「労働」「コミュニティ」という三つの領域を分析的指標として抽出し、これらの関係性が移住先のアメリカにおいて共時的に再編されることを指摘すると同時に、移住前後のプロセスや本国とのトランスナショナルな紐帯によって受ける影響を通時的に論じた。一方、本章のライフコースの語りで抽出された共通的な語りの領域は、「家族」「学校」「労働」「公共空間（街頭など）」での経験である。

これまでイギリスやアメリカにおいて蓄積されてきた「ミックスレイス」研究は、幅広い知見を蓄積してきたが、本人のアイデンティティや一時的な差別経験については分析されている一方で、当事者のライフコースの軌跡を記述する分析は意外にも少ない。本章でライフコースの軌跡を記述する意義は、これらの制度の関係性や調査協力者の経験を通時的・共時的視点から分析するためである。例えば、学校の中で苛烈ないじめを経験した者が、その後自らの文化・社会関係資本を生かして就職や職場で成功を収めたとしても、ひとたび街頭という公共空間に繰り出せば瞬く間に再び差別的な目差しにさらされてしまう。そのため当事者の経験を分析するにあたっては、下降・上昇移動といった単線的に図式化することはできず、通時的・共時的な社会構造の空間のなかで調査協力者の経験を捉える必要があるだろう。また、調査協力者がさまざまな場面でみせる反応は一過性のものではなく、その背景にこれまでの人生におけるさまざまな学び（もしくはトラウマ）が動員される。そのため、同様の経験であっても年齢によって感じ方や対処の仕方は異なるだろう。そこで、ライフコースを記述することによって、「家族」「学校」「労働」「公共空間」などの領域間の連関とそのあり方を一つの共時的・通時的なものとして描き、そのなかでの経験をつまびらかにする必要がある。

本章で取り上げる語り手は、全員が、第三期の後半から第四期にかけて出生した若者世代である。

親のルーツは位相Ⅲでありさまざまな国から来日している。この選定理由は、まず一点目として先述した各社会的領域の経験を語っていたこと。二点目は、比較的年齢層の近い世代であるため、同じ人種編成の時期区分の中でそれぞれが異なる経験を比較分析することが可能となるためである。また、小学生時代の記憶も鮮明な語り手が多く、各制度間の移り変わりや当人の成長のプロセスが語りのなかに生き生きと現れているため、本章の目的を明らかにする上で必要不可欠な経験が語られていると考えられる。他方で、この七名を取り上げる上での制約は、第一期、第二期の人種編成の経験者が含まれないことや「老い」を迎える当事者の経験について触れられないことなどである。本章で取り上げられなかったテーマは今後の研究課題としたい。

2 ライフコース分析

イギリスのミックスレイスについて分析したアスピナールとソンは、単なるアイデンティティの類型化にとどまらない当事者のさまざまな対処や反応のありようを提示している。当事者の経験や反応について「レイシズムと考えられるものの経験に対する、自動的で一般的な対処や反応の形態など存在しない」と述べ、対処や反応の仕方が多様であることを指摘している。このような反応のあり方についてかれらが用いた分析データから抽出された傾向は以下の三点である（Aspinall and Song 2013:113-114）。「①否定的な相互行為を最小化。人種的な行為や決まり文句にさらされていることをわかっていたとしても、それらを「取るに足らない出来事 non-event」としてみなしたり考えたりする」、「②一緒にいた場合、否定的な人種的出会いや排除を経験しそうなグループ（白人集団であったり、共通のエスニック・マイノリティ集団であったり）のメンバーと距離をとったり、警戒したり、ある程度の距離感を保つ」、「③「異なるもの」であるという人種的なスティグマ（これが稀なものであっても）を避けるため、白人としての「パス」する」。そしてこうした反応のあり方はしばしば重複するという。本研究の事例でも上記のような三つの反応の仕方がみられた。さらに、反発や抵抗の意思表示や、「代替空間」での自尊心の回復、投企された役割を演じる、投企された役割を撹乱するといった他の反応も確認することができた。そこで、以下ではライフコースの軌跡に沿って、小学校から大学そして労働や公共空間といった領域間の関係性やそれらの経験における当事者のエージェンシーのありようについて論じていきたい。

2−1　小学校での経験

アスピナールとソンによれば、語り手が頻繁に語っていた人種的な出来事の多くが、「学校」で起こっていたという（Aspinall and Song 2013:112）。かれらは、「これらの出来事は一時的で大したことないものとみなされるものもあれば、非常な動揺やトラウマ的体験として話されることもあった」というが、同時に「これらの過去における出来事は今もなお彼らの経験を色付けるものとなりうる」と指摘している。「学校」での経験は具体的にどのようなものだったのか。そしてそれに対する当事者の反応はどのようなものだったのか、現在において過去の経験はどのように語られているのか。そしてこれらの経験はその後のライフコースにどのような影響をもたらしているのか。

第7章ですでに論じてきたように、小学校では、戦後から引き継がれる「日本人」化の人種プロジェクトを基軸とした「無差別平等」による「日本人」化が強く作用している。そのため、少しでも周囲と異なれば排除や他者化の対象とされ、当事者にとってはいじめやからかいの対象となってきた。学校という制度のなかで、どのような経験や反応が語られているだろうか。本章の語りでは、当事者のほとんどが小学校におけるいじめやからかいを経験している。

りな：そこまで、なんだろう、ひどいいじめっていう感じには、なんなかった。やっぱり、多少からかってくる人とかはいたんだけど、完全にいじめられることはなかったかな。やっぱり見た目で。あと家でなんか、うちでは普通なことが、みんなはあんまり普通じゃないみたいな。ただやっぱうちのお母さんがすっごい社交的な性格だから、ほんとに友達のお母さんと仲良くなるのすごい上手で。そうするとみんなよくかわいがってくれたし。友達ともそんなに意識せずに付き合えたんだけど。仲の良い子はそうだけど、やっぱりそんなに仲良くない子って、もうちょっと偏見が入ってくるから。例えば、色が黒いのとかよく言われたし。あと、みんなよりちょっと毛深いとか。なんかそういうのでからかわれたかな。あとなんかよく男の子とかはほんとに、ちょっと意地悪したいって感じでからかってくるんだけど、失礼な言い方で。でも女の子だと、からかうつもりはないの向こうは。だけど、単純に興味で「あなたって日本人じゃないの？」とか。そういう質問を普通にしてくるのね。それ自体は結構、子ども的にはなんか、仲間に入れてくれないんだ、みたいな。ちょっとそういう疎外感みたいな。「え、日本人だよ」みたいな、ははは（笑）。

——どういうときにそういう話になったの？

りな：なんか、普通に聞いてくるの。廊下歩いてると、まったく知らない上級生で三、四年の女の子とかが二人ぐらいで近づいてきて、「あいのこなんでしょ?」とか。

――えーしかもその言葉で言うんだ。

りな:そうそういう時代。八〇年代だよね。ひどい男の子には、「ブッシュマン」とか言われた。いきなり、外で。「お前って、ブッシュマンに似てるよなー」とかって、いきなり呼び止められて。「それ、なに?」みたいな。わかんなくて、それがなんなのか。もうほんとに、そういうのが子どもながらに傷ついて、なるべくみんなと同じようにしようと、必死に空気を読んで。みんなと違うと思われないように。変に悟られないように。私はまったく日本人ですみたいなスタンスで、常に振る舞うようにしてたから、やっぱり(親が教えてくれようとした)ベンガル語とかも拒否しちゃったし。

アメリア:うーんとね、小学校までは、名前でバカにされることが多かった、苗字で。苗字でバカにされることはすごい多かったけど、まあでもいじめみたいなのはなかったんだよね、ぜんぜん。高校までは、わたしけっこうキャラも違くて。全然違くて、すっごいおとなしたかった。もう目立ちたくないわけ。極力目立ちたくなくて。もう、全然喋んないし、なんか友達もすごい限られてたし。そんな前に出るタイプじゃなくて。

りなさんの場合は、「肌が黒い」や「毛深い」といった外見に対して、アメリアさんは「名前」に対して他者化の作用が働いていた。また、りなさんは「日本人じゃないの?」「ブッシュマンに似てるよな」「あいのこなんでしょ」と直接的な用語を投げかけられている。

アメリアさんは周囲からの目線や過度な注目を避けるために目立たないように振る舞い、友好関係のある友達づきあいも「限られてた」という。ここにはアスピナールとソンのエージェンシーモデルにおける距離感の維持（いじめやからかいをするグループから距離をとる）とパッシングの戦略（日本人らしく振舞う）がみられる。りなさんも、バングラデシュのルーツを示す指標を表に出すことを極力避け、自ら母親からの言語習得の機会を「排除」していた。当時の彼女たちにとっては、周囲からの偏見やいじめを避けるために、「日本人」のように振舞うことが重要だったことがわかる。

ウィリアムズはこのようなミックスレイスの人々の「パッシング」の戦略について論じている。彼女は、「人種的に秩序づけられ運用される社会において、パッシングという社会現象はしばしば、弊害をもたらす人種の影響から逃れるためにマルチレイシャルな個人によって利用される数少ない戦略の一つである」と述べている。さらに、「パッシングによって、マルチレイシャルな個人はかれらの人種的なポジショナリティをラディカルに変化させることができる。これは例えば、「マイノリティ」から「マジョリティ」の地位へ、もしくはある「マイノリティ」の地位から「より受け入れられやすいマイノリティ」の地位へという変化である」と説明している（Williams 2004:166-167）。りなさんとアメリアさんはこのように、いじめや過度な注目を避けるため、より広く日本社会に定着している日本人像、もしくは小学校の中で求められる規範的な日本人像への同化をめざすことで問題を避けるためのパッシングの戦略としてとられている。ウィリアムズは欧米社会を念頭に置きながら、「パッシングは、身体的な外見か文化的な表出、もしくはその両方に基づいて実践されうる」と説明しているが、りなさんやアメリアさんはすでに外見的特徴によって他者化されており、「目立たないように」「日本人」として振舞うことで文化的な側面からのパッシングを実践していた。すなわち、りなさんとアメリアさんはマイノリティからマジョリティの「日本人」へとポジションを変化させることができたというよりは、あくまでもより受け入れられやすいマイノリティのポジションへと自らを位置づけさせ続けていたのである。

しかし、いかに当事者本人がパッシングの戦略をとったとしても、外国のルーツが親によって可視化される経験が語られた。

りなさんはPTAに母親がサリーを着て参加することについて、「そんな格好して行ったら大変なことになる」と感じ、「なるべく普通の格好で来て」と語った。それは、りなさん自身の「外国人」性が可視化されることになるからである。このように学校と家族の領域が交差する授業参観という場面では、親に対する人種プロジェクトが子どもである語り手本人に「外国人」化の人種プロジェクトとして重ねられていくのである。そのため学校内でパッシングを行ない「日本人」として生活していたとしても、このようなルーツ表出の場面における過度な注目や他者化の作用を避けることは難しい。また、アメリアさんも周囲からの過度な注目を避けるために学校では「大人しく」過ごすことでパッシングを図っていたが、いざ父親とともに街頭や電車といった公共空間に出た場合に、「ハロー、ハロー」といった声かけや「ジロジロ見られる」といった経験をしている。そのため父親と電車に乗ることや買い物などに行くことが「いやだった」と語られている。周囲からの人種プロジェクトや過度な注目を避けるため学校の領域においてパッシングの戦略を行なっていても、ひとたび街頭などの公共空間に出れば（特に外国のルーツを持つ親）には文化的な振る舞いによるパッシングは効力をもたず、外見の指標によって他者化と「外国人」化の作用を受けてしまう。

一方、言葉によるからかいだけではなく、小学校のときに具体的な暴力をふるわれた経験をした者もいる。

亨：友達はできたっちゃできたけど、おれその当時はまだ日本語がまだちゃんと理解できてなかったんだよね。（…）あんまりまだハッキリとした日本語は話せてなくて、なんか悪口言われてもまだ意味がわからなかったし。なんかどういうふうにとらえたらいいのかなってのがまだわかんなくて。で、入学してから三ヶ月ぐらい経ってから、二つ上の上級生〔小学三年生〕三人から、いじめをうけてさ。そういういじめを受けてから、俺はやっぱりすごい馬鹿にされてるんだなってことに気づいて。（…）あれはちょっと、精神的につらかったかな。（…）言葉というか、もう暴力という感じだね。言葉だけだったらまだいいけど、暴力って感じになるとおれはやっぱりいじめられてるんだなっていうのは、もうその日からわかった。で、もうそれ以来学校行くのがちょっと嫌になって。で、登校する途中でもう自分のうちに戻ってきてしまうっていうのがあって。なんかこう、親とかに車で学校に送ってもらったりしたこともあったし。で、そういうのに困った親は、俺みたいにADDとかADHDをもってる子どもたち対象の児童学校に行かせたんだよね。週一回だけなんだけど。で、その学校に行ったおかげで、まあ自分を変えられるきっかけにはなったんだよね。その学校に行ったおかげで。

亨さんは、小学校の入学時において、英語による日常会話の機会が多かったため、当初は言葉によるいじめを理解することができなかったという。しかし、言葉ではなく、身体的な暴力をふるわれたことがきっかけで、いじめられていることを自覚したという。亨さんは、これらのいじめがきっかけで不登校状態へと陥ってしまった。

イーサン：あと、集団リンチを二回されたことがある。これ、おもしろいのが、アメリカで一回。あと、日本で一回。で、それは両方、見た目がムカつくから。両方同じ理由だった。今思うと、面白いと思う。違う国なのに、しかもどっちも小学校のとき。アメリカは小三。日本が小五。でも、けっこう過激なやつ、いまよくニュースで、殺されたりとか子どもが、あるやないですか。おれももう、ほんとライターとカッターと、バットみたいな。そんなの、両方でそうだった。それで、両方たまたま止めてくれる人がおったんですよ。その、リンチしてるグループの一人、「これ以上やばいって」っていうやつが一人おって、それがなかったらほんとわかんない、どうなってたか。で、もう、アメリカの場合は黒人だった。黒人の集団にやられた。だからそこ、ほんとにまだ差別的なものがあるのか。まあ、「見た目がムカつく」って言われたから。色なのか、もうほんと、アメリカ人じゃないっていうのか、っていうところなのか。そこはちょっとグレーゾーンでよくわからないけど。日本の場合はもう明らかに、「日本人じゃない」っていうのが。そう、他にもおったんすよ、おれの友達、日本人の。一緒に遊んでたんですよ、公園で。その友達は何もされずに、「お前ら帰っていいよ」と。で、おれだけ囲まれて、みたいな。だから、これはけっこう貴重な体験だった。あまり、話してもいない。話す機会はあるから、「一番ひどかったことは？」って聞かれて、「いや、リンチは怖かった」って、ほんと怖かったんですよ、その話をすると、あの、興味そそってくれるっていうか、「あぁ、なるほどねー」みたいな。それぐらいかな、一番のマイナスポイントは。逆にいうと、それぐらい。

イーサンさんの経験したものは非常に苛烈ないじめであり、アメリカと日本で二度「リンチ」された経験を語っていた。たまたまこのリンチ集団のなかに暴力を止めるメンバーがいたことが大きかったというが、もし「それがなかったらほんとわかんない、どうなってたか」とその深刻な状況を語っていた。これらのリンチはどちらも、「見た目がムカつく」という、外見へ向けられた嫌悪感が原因であったという。イーサンさん自身も学校では目立たないように振舞うことを意識してきたことを語るが、このような暴力はパッシングの戦略では避けることが難しく、当事者の身体を直接的に傷つけるものとなる。

亨さんはこのようないじめに対して一時的に登校拒否となってしまうが、かれが「変わり始めた」きっかけとなったのが、児童学校での経験だった。彼はこの特別学級での経験において、自らの行動を客観視できるようになっていった。さらに、外国の文化や言語を大切にするような環境づくりも行われていたという。このように亨さんは、いじめや暴力の現場となる公立小学校とは別の理念をもつ児童学校へ週一回通うことによって、次第に変化していくこととなった。かれはここでの経験について、「その学校に行ったおかげで、まあ自分を変えられるきっかけにはなったんだよね」「自分を変えてくれた。いまでもすごい感謝してる」と語っている。このように「代替空間」が自尊心の回復やADDの治療の場となることが結果としては、かれが登校拒否の状態を改善していくことにつながっていった。しかしながら、かれ自身の状況は変化したものの、公立小学校での環境では、外見や名前などへのいじめやからかいの問題が継続していた。相談できるのも親か先生だけで、友人関係については、「一人でいたっていう日もあった」と語る。アスピナールとソンは、ミックスレイスの人々が、「人種的な敵意や偏見に加えて、よりひろい一般の人々や、時にはかれらが人種差別主義者と考えていないような友達からも、人種的に対象化（物象化）されていることに気がつく」（Aspinall and song 2013:115）と説明している。小学校の経験においても、イーサンさんのように明らかな敵意や偏見にさらされるケースだけではなく、友人関係における人種差別を経験していたことがわかる。

2-2　中学校での経験

中学校での経験についても、小学校と同様に、肌の色や名前などに過度な注目が集まるという語りが多く聞かれた。

アメリア：中学入ったとき。そのときはまだハーフとか珍しくて、上の学年にはそういう子が一人もいなくて。だから、なんか先生たちは別に普通だったけど、上の学年の子たちが、すーごい寄ってたかって私を見にきて。入学した日とか、次の日とかに、窓にびっしりみたいな感じで。

――クラスに?

アメリア：そうそうそう、見にくるの。それが、すっごい嫌だった。珍しかったんだろうけど。めっちゃ見にくるから、わたし、カーテン閉めてもらってた。

アメリアさんは中学受験を経て中高一貫校の中学校へ入学したため、学内にはそれ以前から彼女を知る同級生がおらず、入学式の日に教室に他のクラスや学年の子が物珍しげにアメリアさんを見に来るという出来事を経験している。さらに、アメリアさんは家庭で父親と英語を使っていた時期があるが、中学校の科目で英語の授業が始まった際には、教師から頻繁に英語の問題を当てられるという経験を語った。

アメリア：中高のときの、英語の先生とかの方が、なんか外国人だから、っていうか、英語わかるでしょ、ってなんかすぐ当ててくるから、その方がすごいいやだった。

——あー、中学入ったら英語の授業が始まるから、

アメリア：始まるから、そうそうそう。人によってはね、先生によってはなんでもかんでも当ててきたりとか。「じゃあみんなの前で言ってみて」みたいなのとか。「いや、いいからほんと」みたいな感じだった、断ってたけどね。

——断ってたんだ。

アメリア：断ってた（笑）。「いや、ほんとやめてください」みたいな。

小学校と同様を強いられる中学校においては、このように英語の能力を過度に期待されることが、他の生徒との差異を浮かび上がらせることにつながり、本人にとっては不快感や嫌悪感の残る経験として語られていた。アメリアさんはこれらの注目や期待に対し、教室では「カーテンを閉めてもらってた」といい、英語の先生には「ほんとやめてください」と自身の意思を伝えることで対応した。

また、亨さんやりなさんも、中学校でも外見へのいじめやからかいを経験している。

――それ（からかわれた経験）は小学校の時だけじゃなくて、中学校に入った後とかも？
りな：そうそうそう。やっぱり普通にみんな、肌の色のこととか。なんか、暗くなると、「りなちゃん、どこ？」みたいな。
――え！
りな：そういう、なんかちょっとしたジョーク？　なんだけど、ちょっと差別的みたいな。
――ちょっと、笑えないよね、まあそのときは冗談で流すしかないかもしんないけど。
りな：そう。ほんとに、みんなねー、冗談だと思ってるんだよね。そういう差別的な冗談は、普通。日常的に。……笑って流すのは、けっこう得意だったかな。
――あー。
りな：内心は、やっぱり、いやだったね

りなさんは、教室の部屋が暗くなった際に、「りなちゃん、どこ？」という「ちょっと差別的」な「ジョーク」を経験し、「内心はやっぱり、いやだった」とも語った。このような「差別的な冗談」は「普通」であり「日常的」なものとして、日々繰り返されていた。亨さんも中学校で「いじめとか言葉の暴力とかで。いろいろ苦しめられてはいたね」と語っている。

アスピナールとソンは、日常生活で繰り返される人種的な意味付けの作用を「人種化の累積効果（cumulative effect）」と呼んでおり、これらの効果は長期的にみて当事者にとって大きな影響を及ぼすと指摘している（Aspinall and Song 2013:114）。またかれらは、「マルチレイシャルな若者を含む、白人ではない子どもと若者たちは、価値を引き下げる様々な決まり文句やメッセージにさらされ、その否定

的なメッセージや意味づけを無意識のうちの内面化してしまう可能性がある」と論じている（Aspinall and Song 2013:112）。亨さんは、特に名前についてのいじめやからかいを何度も繰り返され、「この名前、なくなっちまえばいいのに」と感じたこともあったとその心境を語っている。過度に注目されることに反発する意思を示したアメリアとは異なり、りなさんと亨さんはともに、「流す」ことでその場をしのいでいた。

りなさんは、「笑って流すのは、けっこう得意だったかな」と述べ、その理由として「(言い返すことによって) 自分も相手を傷つけるっていうか」「どっちかっていうと、仲良くしてほしいって思ってるから」と語る。そして、「変に言い返して、空気が濁っちゃうよりは、なんか、笑い流して。とにかく、すごい、みんなの空気を読んで。読みまくってた気がする」と語った。すなわち、自分自身が反対意見を表明することによって周囲との友好関係が崩れるよりは、「笑って流す」ことで周囲との関係性を保つことを選択していたのである。また亨さんは、これらのいじめに対抗しなかったことについて、「いじめられても、なんかやりかえさなかったのは、なんかこう冷静でいたとか、なんか「やりかえしてはいけない」っていう意識でいたんではなく、もうただたんにプライドがなかっただけ」と語っている。

亨：いじめられるのにも慣れる頃になったら、「あ、そう、それがどうしたんだ」って流すような感じで、無視してる。そう言ってる人には、もうひたすら無視すればいいやってふうに思えた。

亨さんは日常的に繰り返しいじめを経験することで、いじめに「慣れ」ていったと話し、この頃になるといじめに対しては「流すような感じで、無視してる」と語った。このように、りなさんは周りの友好関係を崩さないため、一方の亨さんは繰り返される執拗ないじめに諦めに近い感情を抱く様になったため、両者はいじめやからかいを「流す」という対応をとっていた。このような対応は、アスピナールとソンのエージェンシーモデルにおける「否定的な相互行為を最小化」する営為とみなせる。すなわち、かれらは人種的な投企にさらされていることを自覚しつつもそれらに反発や抵抗を示すのではなく、「取るに足らない出来事 non-event」として「流す」という戦略をとっているのである。

2-3 スポーツの領域での活躍

中学生になると、部活動が始まる。部活動では、「文化系」や「体育会系」などそれぞれの種目ごとに特殊なスキルが求められ、多くの生徒は日々練習に打ち込むようになる。部活では経験値やスキル、部活動への貢献度などに応じてチームのヒエラルキーが構成されている。そのため、部活を通じたスポーツ領域でのヒエラルキーは、しばしば所属するクラス内の学力ヒエラルキーや友達グループにおけるヒエラルキーとは異なる構造をもつ場合がある。小学校で苛烈ないじめを経験したイーサンさんは、「小中高大で、中学が一番楽しかった」と話しているが、その理由の一つとして部活動での活躍の経験を語っている。イーサンさんはサッカー部に所属していたが、中学生のときはチームメイトのなかでも「ナンバーワン」であり、「全盛期だった」と語っている。さらに、中学のサッカー部では友好関係も良好であった。イーサンさんは中学校でもその外見によって周囲からの視線を感じていたが、かれはこのサッカーの経験について、「毎日がすごい、サッカーづくしで楽しかった。サッカーに救われたかな」と話していた。

さらに亨さんも、スポーツでの経験を通じた自己の変化について語っている。亨さんは中学二年生ごろから徐々に陸上競技のスキルを向上させ、練習に活発に取り組み大会にも出場していった。かれは、「そっからもう、いじめとかに対しては忘れてきて、練習に打ち込めるようになって」きたと語る。かれにとっては小学校の特別学級も転機となったというが、「陸上も俺を変えてくれた一つなんだよね」と話してくれた。また、かれは中学校の垣根を超えた陸上競技の自主練習グループにも熱心に取り組んでいたが、このグループを紹介した友人についても、「彼も俺を変えてくれた人物の一人」と話していた。

このように、普段の学校生活とは異なる部活動や自主練習グループといった場面においては、クラス内で求められる集団意識や勉学の能力ではなく、なによりも運動のスキルとチームワークが求められる。スポーツの領域では、運動能力において他人から抜きん出ていることは、チームにとってはマイナスではなく、相乗効果をもたらす。クラスで外見などによって過度な注目を受けていたイーサンさんや亨さんは、他人の目を気にしたり、無視するという方法でこれらに対処していたが、スポーツの領域では自らのスキルを向上させ、活躍することができた。これはいじめやからかいを日常的に経験する彼らにとっては、自分を変えるきっかけであり、自分を救ったものとして認識されており、かれらにとっての「代替空間」(George 2005) となっていたことがわかる。すなわち、かれらは中学校のクラスにおいては、友人関係やヒエラルキーに抗い、差別やいじめに直接抵抗を示すのではなく、部活動や自主練習グループといったスポーツの領域において活躍することでクラスとは異なる居場所を築いていったのである。

さらに、スポーツの大会や試合で好成績を残すことは結果として、高校や大学を選択する上でも大いにプラスになった（亨さんやトーマスさんはスポーツ推薦を受けることができた）。
とはいえ、このような代替空間を獲得できたとしても、それ以外の場面での差別やからかいがなくなったわけではない。そうであるからこそ、この空間がかれらにとっての重要な居場所となりえたのである。

2−4　思春期の経験

知絵さん、イーサンさん、りなさんは思春期を迎えた中学校において、それぞれ異なる経験を語っていた。知絵さんは、思春期を迎えた中学生の頃に「思い悩」み、「すごいつらかった、本当に」と語る。

知絵：中学校は、中学三年のときかな、やっぱさ、思春期だから。今思うと、なんかあのときの自分思い悩んでて懐かしいなと思うんだけど。でも、すごいつらかった、本当に。なんかね、思春期っていうか、なんだろう、中学三年だから一番なんか反抗期もあり、心もけっこう乱れてる感じだったから。とりあえず、〔中学校の〕帰りに、家まで歩いてて、いろんな人がわたしの顔を見てくるのがすごい嫌だった。なんでこんなわたしの顔見るんだろう、みたいな感じで。今思えば、フンとか思うけど、そんときすごい繊細だったからやっぱり。何でそんな私の顔見るんだろう、とか。あとなんかその、体操着とかでここに、「デミレル」って苗字なんだけど「デミレル」ってカタカナで書かれてると。なんかその、学校見学にきたお母さんとかが、めっちゃわたしの、その、名札を見てから、わたしの顔を見たりとか、してきて。今思えばぜんぜんなんだけど、本当になんかそんなことでと思うんだけど、そんときはすごい、嫌だった。結局誰にも相談できなくて。で、お父さんに言ったとしても、多分お父さんそれを悲しむだろうし。お母さんお父さんに言っても、そんなことで私が、子どもが悩んでるって言ったら、すごく悲しむだろうから。絶対言えなくて。でもなんかその、自分のなかで思ったことは、絶対に私だけがこういう風に悩んでるんじゃないと思って。いまわたしと同じ状況で、多分ハーフとかクォーターの子が、自分は何人なんだとか、そういうアイデンティティで悩んでる人がこの地球上にはいっぱいいるから。いまはそういう人たちと繋がれないけど、なんか、大人になってそういう人と、まああのときつらかったよね、みたいな話できたらいいなと思ってたから。それをなんか、心の糧にして、自分は乗り越えたかな。

彼女は、「反抗期もあり、心もけっこう乱れてる感じだった」というなかで、周囲からジロジロ見られる経験や体育着に書かれた名前と顔を見比べられるという経験について「今思えば全然なんだけど」、「嫌だった」と語った。また、知絵さんはこの悩みを打ち明ければ両親が悲しむと考えだれにも相談することができなかった。彼女はこの悩みについて、同世代のハーフ・クォーターも同じ経験をしているということを想像することで、それを「心の糧」にして苦難を乗り越えていったという。

イーサンさんは、中学校時代が一番楽しかった理由として、いじめがなかったこと、部活動での経験、そして「恋愛」をあげていた。イーサンさんは中学校において、「ハーフの僕」「ハーフだから」という理由で付き合うのではなく、「イーサンとしての」自分自身に好意を抱いてくれる人と出会った。イーサンさんは特に外見が目立つため、担任の教員からの質問に間違えてしまった場合には、周囲から過度に注目されてしまう。イーサンさんの間違えに対して指摘したりからかってくる人に対し、かれは「賢い人とかが特にしそうだな」と思っていたというが、クラスの中で非常に成績の良い人に好きになってもらえたという経験はイーサンさんにとっては大きく、「幸せだなーと思った」と語っている。

一方、思春期の恋愛について、りなさんは全く異なる側面の経験をしていた。彼女も中学校で好きな男子生徒ができるが、「やっぱ結構自分がハーフだからコンプレックス」「普通の日本人の女の子よりも劣っているっていう意識」を感じており、「だから多分告白してもハーフだから、嫌われるだろうな」と語っていた。アスピナールとソンが述べるように、周囲からの否定的な意味付けの内面化（Aspinall and Song 2013:112）が語られた。

りな：〔中学校のとき〕好きな男の子の親友に、「△△くんのこと好きなんだよねー」って話したら、「あー、お前ハーフじゃなかったらよかったのになー」とか言われて。

――えーー！

りな：そう。どんな理由だよみたいな（笑）。でもやっぱりさ、やっぱりそうなんだと思って。そう、すごい、何とも言えない、敗北感でした、ははは（笑）。

りなさんは親友に恋愛相談をした際に、「お前ハーフじゃなかったらよかったのにな」と言われた経験を話していた。彼女は、「ハーフ」であることを理由を引き合いに出されたことに対して、「何とも言えない、敗北感」を感じたという。このように、イーサンさんとりなさんの語りは、中学校における思春期の経験の異なる側面を示していた。イーサンさんは、「ハーフだから」という理由ではなく自分に好意をもってくれたことに喜びを覚え、りなさんは「ハーフ」であることを引き合いに出されたことに対しての辛い経験を語ってくれた。

小学校から中学校という領域間の関係性に着目すると、「日本人」化と「外国人」化の人種プロジェクトの関係性は基本的には補完関係にある。そして調査協力者が語った対応は、積極的に構造を転換させるというよりは、集団のなかでなんとか差別を避けるためのパッシングの戦略が取られていた。しかしながら、児童学級や部活動などのスポーツ領域がある種の「代替空間」となることで小学校や中学校において否定され抑圧された当事者の自尊心の回復の場となっていたことも明らかとなった。

2－5　高校での経験

高校では周囲の目線が小学校や中学校よりも和らいだという語りも聞かれた。一方で、小学校、中学校と同様に、高校でも見た目や名前などについてからかいや過度な注目を受ける語りもあった。亨さんは、中学生のときに熱心に取り組んだ部活動や自主練習が実を結び、スポーツ推薦で高校に進学することができた。しかしながら、この高校では必ずしもスポーツの成績でクラスのヒエラルキーが変更されるのではなく、亨さんは継続して外見や名前に関するからかいを「卒業までずっと」受けたという。特に男子校について、「男子校だとなおさら。女子がいないと思ったことそのまま口にしちゃうから、子どもみたいに」と話している。かれはこれらのからかいに対して、中学校のときと同様に、「無視する」という対応をとった。

アメリアさんは、中学校から高校まで、周囲からのイメージの投企に悩まされていた。

アメリア：なんか高校の時も、意識して、そんな自分がいやだったから変えたいなっていうのはあったんだけど、なかなか変わらなくて、どうしてもね。周りがやっぱそういう風に、お嬢様みたいに見られてたから、中高のときは。「お高くとまってる」とか「お嬢様」とか。なんか、「成績も頭もいいし、勉強もできて、可愛くて」みたいなことをけっこう言われてたから、周りの人から植えつけられたなんか自我像みたいなのがあって、それが先にきちゃってたから。なんか、ほんとはそうじゃないんだけど、なんかそれを破れなくて、っていうのはあった中学のときは。

周囲はアメリアさんにたいして、「お嬢様」「成績も頭もいい」「可愛い」といった言葉を投げかけ、彼女はこれらを「植え付けられた自我像」と語る。これらの他者からの自己イメージは、自分自身のアイデンティティをはっきりと主張するよりも「先にきちゃってた」ため、「そんな自分がいやだったから変えたいなっというのはあったんだけど、なかなか変わらなくて」と語っていた。これは、第5章で述べたような、人種化され女性化された「ハーフ」言説の人種プロジェクトがアメリアさんに影響を与えている状況がわかる。

高校におけるいじめやからかいの内容の変化、そしてこれらに対する対応の変化について語ったのはイーサンさんである。

イーサン：高校は一番辛かったかも。小学校はまだ子どもだから、いじめっていうのわかって辛くても、もっと繊細な、気になることは気づかない。高校なるともう、考える能力があるから、すごい、醜いいじめが、理解できる。「うわ、遠回りだな」っていうていうか、「そこついてくる？」っていうか。なんか、なんかほんといやな話だと、例えば、「じゃあ、外人と日本人がヤって、お前が生まれたんだ」みたいなとか。これって小学校じゃ理解できない、全然わからないから、チュウしたら子どもできよると思ってたから、ははは（笑）。だから、自分のなかでパッと出る例えはそれ。「うわ、めちゃくちゃ残酷やな」とか。で、そう言った話を聞いたりした後に、「お前は、なになにするために生まれてきたんだ」っていうのもけっこう言われるし。

――それは、こう、さっきのと同じような感じ、

イーサン：そう。延長のものもあれば、延長じゃないのかもしれないけど、一回そういうの耳にしてるから、「お前は、いじめられるために生まれてきたんだよ」とか、「お前は、いじられるために生まれてきたんだよ」とか、まあ、いろんなこと言われた。高校でも。まあ、ピンキリ、言う人もいればもちろん言わない人もいたけど。それで、いちばん辛かったのは、男子校で、サッカー部だったから、もうマンモス校やから、名前覚えてもらうために、一年生はサッカーの練習中、Tシャツに名前を書く。そんとき、カタカナだと、めちゃくちゃ目立つじゃないですか。しかも男子校だから、ますますひどいんすよね。しかもけっこうわるかったから、頭いいからわるいまで幅の広い学校だったから、そうだからランニングしてると、上からおれだけ、チョーク投げられたりとか。なんか、椅子投げられるとか。

――椅子って危ないじゃん、

イーサン：うん、そう。だからそんときは、あのなんか「いやだなー」っていう感情じゃない。あの、怒りの方。小学校のときは、怒りじゃなくて、いやだなっていうもっと弱い気持ち。だから、ケンカの感覚、高校は。これもまた面白い心境だなとおもった、当時。小学校の時はしゅんってなって、不登校になる人の気持ちがすごいわかった。でも、高校の場合は、もう犯人見つけてから、もうしっかりと、詰め寄ると、いう感覚やったから。その変化はすごい面白かった。逆に言うと、小学校での経験が助かったのかもしれない、よくいうと。ないに越したことはないけど。

イーサンさんは高校でも、小学校のときと同様に、椅子やチョークを投げられるといった暴力によるいじめを受けており、さらに、いじめやからかいがより陰湿なものへと変化していったことも述べている。小学校のときには理解できなかった言葉の暴力も理解できるようになり、それが彼を苦しめた。「外人と日本人がヤって、お前が生まれたんだ」「お前は、いじめられるために生まれてきた」などという発話は高校生になってその意味を理解できることで彼自身を苦しめ、「高校は一番辛かった」「めちゃくちゃ残酷やな」と当時の心境を語った。また、自分自身の名前をイントネーションを変えたり連呼されるといった経験、ひそひそ話をされるといったことを何度も経験する。そのため、実際には別の用語であっても、「またなんか言われたのかな」と勘ぐってしまうようになったという。彼はこのような状況を避けたいと願い、「目立ちたくなかった、ほんとうに。全てはそこにあった」と話している。そのため、大学二年までは、「殻に入ってた感じ」と述べている。このような陰湿ないじめは、単にイーサンさん個人に向けられたものではなく、親にも向けられていたからこそ辛かったという。彼は「いちばんいじめで辛かったのは、自分単体じゃなくて、自分の親とかにつながりがあったときとかは特に。あと、名前とかでもいじめられると、自分の親がつけてくれた名前だから、親にすごい申し訳ない。だから、そういうのすごいムカついた」と当時の心境を語っていた。

その一方で、イーサンさんはいじめやからかいにたいして、彼自身の受け止め方が小学校と高校で変化したとも語った。椅子やチョークなどといった物理的な暴力を受けた場合については、小学生のときには「いやだな」と「もっと弱い気持ち」だったものが、高校生になると「怒り」もしくは「ケンカの感覚」と話している。このような変化についてイーサンさんは、「その変化はすごい面白かった」「小学校での経験が助かったのかもしれない」と意味づけている。すなわち、小学校の経験があったからこそ、高校ではいじめに対して「しっかりと、詰め寄る」といった対応をとることができたのである。しかしながら、かといって小学生の苛烈ないじめの経験を単純に肯定的だと捉えなおしているわけではなく、あくまでも「(それらのいじめが) ないに越したことはないけど」と付言している。

2-6 留学での経験

高校生における留学の経験によって自己肯定感が増したと語るのは、りなさんである。りなさんは高校時代、オーストラリアの高校に編入した。

りなさんはそれまで、小学生や中学生時代には差別的な冗談やからかいに対抗しながら、仲間に入れてもらうために「必死に空気を読んで」いたが、「多民族」社会であったオーストラリアでさまざまなルーツの住民やクラスメイトと接するなかで、「一〇〇パーセント日本人じゃなくてもいいんだ」

「自分でいることが、前よりも楽になってきて」と語った。かつては周囲との差異をなるべく表出しないように、自らのルーツを拒否していたりなさんだったが、このオーストラリア留学がきっかけとなって、バングラデシュに対する興味が湧き、妹と二人で初めて長期滞在をしたと語った。それまでバングラデシュには幼少期に数回行ったことがあったというが、そのときの感想は日本社会と比較して「あまりにも文化が違う」というものだったという。しかし、一九歳になって妹とともにバングラデシュに赴いた際は、これらの文化や社会の差異が「面白いって思えるようになった」と言い、「こういう文化も自分のなかに入ってるんだ」と自らのルーツに肯定的な感情を抱くようになったという。

塩原良和によると、オーストラリアでは一九七〇年代に政府によって「多文化主義」が国家理念(「公定多文化主義」、「オーストラリアン・マルチカルチュラリズム」)として導入されたという(塩原2005:14)。ここでオーストラリア社会の人種編成について詳しく論じることはできないが、少なくともりなさんは留学を通じて日本とは異なる人種編成の社会に接したことで、自らの海外ルーツ、すなわち異質性や混淆性に対して自己肯定感を抱くことができるようになった。このように、「移動」という経験によって、異なる人種編成を体感することが、当事者のアイデンティティ形成にいかに変化をもたらすのかは、オミとウィナントの議論でも十分に論じられていない課題であり、今後さらに考察を深化させていく必要がある。少なくともここでいえることは、単一の人種的価値観ではなく、多様な人種的背景を容認する社会や環境によって、「ハーフ」や多様なルーツをもつ人々は自らのアイデンティティをより受け止めやすくなるという点である。

2－7　大学での経験

大学生活では、いじめの経験はあまり聞かれなかった。しかし学内に留学生がいる場合には、外見から留学生に間違えられるケースが語られた。亨は小学校から高校まで継続的なからかいやいじめを経験してきたが、大学では地方出身の学生や留学生の存在にふれ、「多様性をもってる人が多いから」「差別とかそういうのは大学からはもうまったくなくなった」と話している。

アメリアさんも小学校から高校までの過度な注目によって、これまで「極力目立ちたくない」というスタンスをとっていた。そのため大学に入学した当初は、「その人見知りが染み付い」ていたためこれまでと同様に大人しくしていたという。しかし、彼女が「大学入ってすごい変わった」契機となったのは、寮生活であった。寮での友人関係や、寮対抗の演劇に出演したことがきっかけとなり、「すごい、自分が出せるようになって」「居心地いいみたいになって。そっからすごい変わった」と話す。それまでは外見や名前に対して周囲から過度な注目を受け、周囲（学校や街頭など）から目立つことを避けていたアメリアさんだが、この経験によって、「もうぜんぜん目立つのも平気になった」「別にあんま見られたりとかしても気にしなくなった」と語った。さらに、アメリアさんが入学した大学の国際的な校風や海外経験のある同級生の影響も大きかった。

このように、周囲の状況が変化したり（いじめがなくなるなどの環境的な要因）、自身の受け止め方が変化した（気にしなくなったなどの個人的な要因）ことで、大学生活は比較的良好なものとして語られていた。しかし、トーマスさんはこのような大学での経験の変化について戸惑いを語っていた。かれは、「大学に入ってから、みんな、「いいなー」って言うようになったよね。もう、二、三年ぐらいは信じられなかった」「そういうふうに思う人が世の中にいるんだ」って相当衝撃を受けたよね」「不思議な感じだったね」と語っている。大学やクラブにおいて、黒人のヒップホップカルチャー(音楽やファッション)に影響を受けた若者が、トーマスさんに対して「いいなー」「いい感じだよ」と声をかけた。こうした一部の周囲の反応に対して、トーマスさんは、「それに対して、疑問もいっぱいあるけど、まあ「そう言う人もいるんだー」って言う感じ」と、戸惑いと疑問を示した。このようなトーマスさんの語りからは、周囲からの眼差しがたとえ否定的なものから肯定的なものに変化しても、その変化自体が当事者にとっては戸惑いや疑問として受け取られることがあるということがわかる。これは、「混血児」から「ハーフ」へと語句とイメージが変化したことについて嫌悪感を示す第2章の新聞記事の女性の経験にも通底している。

差別的な言葉のみならず、憧れによる何気ない「いいなー」という声がけも、本人にとってはどちらもが疎外感を感じるものとなりうる。

2-8 アルバイト、面接、就職活動、職場における経験

ここまで小学校から大学までの教育機関における通時的な経験と、当事者のさまざまな対応をみてきた。学校生活における苛烈ないじめや差別の状況は、進学するごとに好転していくかにみえるが、アルバイトや就職にともないより広い社会に直面したとき、経験はさらに複雑なものとなる。

第5章において、「出会い」の場面における相互作用について論じた。職場やアルバイトにおいて客と接する場面においては、初対面の人と出会う機会が増え、「出会い」の場面における「外国人」化の人種プロジェクトによって過度に注目され、勘違い、偏見、差別にさらされる機会も増える。ま

た、第7章で「職場」の制度について論じてきたが、そもそも職を得るための面接で偏見によって就職差別を受けるケースも多く聞かれた。さらに、同僚や上司との関係性においても人種的な偏見によって仕事の質を判断されたり、仕事が過度に割り振られるといった経験が語られた。また女性の場合には、アルバイトにおいて男性から過度に親密な関係性を求められる、ジェンダー化された語りが多く聞かれた。りなさんはアルバイト中に電話番号を聞かれる経験について、「怒りが多かった」と語った。さらに、かよさんやナディアさんは、セクシュアル・ハラスメントも経験していた。このような状況に対して、当事者はどのような対応・戦略をとっているのだろうか。

亨さんはすでに学生生活において「慣れる」ほどに頻繁に、外見や名前についてからかいを経験してきた。それまでかれは、これらのいじめや差別に対して、「無視」するという態度をとってきたが、職場においては逆に相手に対して作り話で対応したり、相手の勘違いに乗ると語っている。

亨：「英語喋れるの？」とか。でも、まあそれは今でも会社とかでもよく言われる。上の人からとか。巡回するマネージャーからも、「ネルソンって英語喋れるの？」って毎回聞かれる。〔お店の〕フロアに出てるときも、お客様からもよく言われる。「きみ、どこから来たの？」って、そういうの毎回聞かれる。それプラス、「君、日本語上手だね」っていうのが。

——あーそうなんだね。うちの母親もそれいまだに言われる。「日本語上手ですね」と、「日本に来て何年ですか？」って。

亨：あー（笑）、それ絶対言われる。まあ、「日本語上手ですね」、「日本に来てどれぐらい経つんですか」、あと「どっから来たんですか」っていう、その三大用語っていうのは絶対言われる。

――決まり文句的な。

亨：もう、決まり文句だね、本当に。

――なんていう、そのときは。

亨：そのときはなんつうんだろう。ときにはまあ話を作っちゃったりとかして（笑）、ちょっとからかったりとかして（笑）。まあ、「日本にきて、二年目です」とか（笑）。ちょっとからかったりとかしてるときもある（笑）。「へー」みたいな感じで、そういう反応（笑）。だからもう、聞いてくると同時に、お客様の反応とかも見てみたいからさ。だから、そういう面白さっていうのはある。だから、もういつもの反応じゃ面白くないから、ちょっとパターン変えてみようかなみたいな。（…）まあ、聞いてくるお客様は、一日に一組は絶対に聞かれる。一組は絶対いる。

亨さんは頻繁に聞かれる「日本に来てどれぐらい経つんですか」という問いかけに対しては、その偏見を無視したり言い返したりするのではなく、その勘違いの眼差しに沿って自らの語りを変化させ、「日本にきて、二年目です」と言ったりする経験を語った。また、「お客様の反応とかも見てみたい」「いつもの反応じゃ面白くないから、ちょっとパターン変えてみようかなみたいな」とも語っている。「一日に一組は絶対に聞かれる」という状況の中で、かれはかれなりの受け答えを身に付けたのである。これは、差別や偏見の構造を即座に変化させるものとはならないが、かれにとってこのささやかな撹乱とパッシングの行為は、「面白さ」として、日常で繰り返される経験への変化をもたらすものとして語られた。

一方、アメリアさんは就職活動や職場の場面で、「ハーフを強みにしていた」という。

——面接とかで別に「ハーフですね？」とかは全然なかった？

アメリア：あたし逆に自分から言ってた、「ハーフ」って。ハーフを強みにしてた。就活の時は。なんか、そういう「多面的な視野があります」とか、「二つの文化で育ってるから、いろんな視点から物事がみれます」とか、英語はでもまあ、英語は職種によっては出してたし。けっこうそれは、強みにしちゃってた。もう、出せるものは出そうと思って。

彼女は、「ハーフ」であることで「多面的な視野があります」「二つの文化で育ってるから、いろんな視点から物事が見れます」といった多文化的な側面について、また、職種によっては英語力などについてもアピールしていたという。アメリアさんは就職して以降も、「容姿のことは相変わらず言われる」と語っていたが、大学で自らを表に出せるようになったという経験もあり、「職場であんまり人間関係に困ったことなくて」と話している。アメリアさんの仕事は「秘書」であるが、業務の性質上、取り引き先との面会の場面で頻繁に「出会い」の場面に遭遇する。そこではやはり、外見や名前などの観点から他者化される経験をしている。しかしながら、彼女はこうした生活を否定的に捉えてはおらず、「秘書ってアイコンだと思ってるから、なんか別にそれは気にならない」とし、「むしろ目立ってなんぼだから、上司のためにね。それもまあ、仕事だと思ってやってるけどね」と語った。彼女は、依然として外見的な注目を受ける一方で、それを逆手にとり、自ら積極的に「目立つ」ことによって、会社のことを覚えてもらったり、上司が顧客と交渉するときの話のネタになるような実践を行なっている。これらを「上司のために」「仕事だと思って」としてこなしていた。これまでの小中高の教育機関において、アメリアさんは周囲からのイメージづけを避け、目立たない振る舞うようパッシングの戦略をとってきたが、「ハーフ」であることを強調することがしばしば求められる労働の場面において、これらの指標を積極的に表出させることで労働機会の獲得や職場における地位の確立を目指す戦略がみられた。これは周囲からの人種化されることを逆手に取り、自らの新たなアイデンティティへと転用していく戦略といえる。

しかし、インタビューしたなかには「就職した先の会社で社長から採用の理由を聞いた際の答えが、「ハーフ」だったから」と言われた人もいた。「ハーフらしさ」が求められる業務のあり方や上司の価値観に違和感を覚え、事務職へと転職する語りも聞かれた。

イーサンさんは、飲食店のアルバイトの同僚から名前に対するからかいを受けることに対して嫌悪感を語っていた。しかし、イーサンさんもアメリアさんと同様に、職場で目立つことにある種の意義も見出している。かれは外見や名前が目立つことが、客が自分や店を覚えてくれることにも有効に機能していることを感じ、「もう全部プラスに変わった」と話している。このような飲食店での経験についてかれは、「ターニングポイント」と語った。ほかにもトーマスさんは飲食店にやってきた外国人の親子とのエピソードを語ってくれた。この外国人の女性の子どもは小学校でひどいいじめを経験していたが、それに対して憤りを感じたイーサンさんは、直接その小学校に赴き、いじめの実態について校長と教頭に訴えかけた。そのことがきっかけで、イーサンさんを迎えた全校集会が開催され、全校生徒の前で道徳の授業としてイーサンさんは自らのいじめの経験について語り、それらのいじめがなくなるように訴えかけた。このような経験についてかれは、「それも、ハーフですごいよかったなと思う」と話してくれた。自分自身の過去の経験を成人してから語ることで、現在いじめが起こっている小学校の状況を改善しようとした。

イーサンさんはこの飲食店でのアルバイトの経験を経て、都内の高級レストランに勤めることとなった。そしてこのレストランでの顧客に声をかけられたことで、現在は翻訳会社の営業の業務についている。イーサンさんはこれまでの経験から、「人の目を気にしてしまう」「今までずっとこう萎縮してた」と言い、これを克服したいと願っていた。かれは、「自発的になろうと、もっと積極的になろう」と試みるも、「どうしても（過去の経験が）一瞬よぎる」といい、「人の目が。今でも、トラウマになってる」と話している。このように新しいことを始めようとするときに過去のトラウマが頭をよぎることが「一番辛い」と語った。そのためかれは、髪型や服装をわざと派手にしたり、あえて周囲から注目される場面に身を置こうとしたという。飲食店から営業の仕事へと転職したのも、このような自分自身を「克服するステップの一つ」とみなしていたためであった。かれは高校生時代の経験やアルバイトでの経験を経て、次第に「殻」から抜け出すことができたと話すが、上記のようなトラウマについては、「殻から出てこられてから、一番の課題」だと話している。

2−9　公共空間での経験

初対面での「出会い」が相互作用のほとんどを占める公共空間——すなわち不特定多数の人々が行き交う街頭や、バスや電車といった公的交通機関、公園、商業施設、観光地など——では、当事者は過度に注目され、人種差別的な言葉を投げかけられ、さらに警察官による職務質問などにも遭遇する。公共空間において日常的に繰り返される「外国人」化の人種プロジェクトによる他者化と排除に対して、当事者はどのように対応しているだろうか。

イーサンさんは公共空間での語りを詳細に語っていた。かれは街頭ではすれちがった人から「ガイジン」と声が聞こえたり、日本語が話せない外国人と認識され「目の前でおれのこと話しはじめたり」した経験を語った。かれはこれらあらゆる場面での経験について、「バスんなか、電車んなか、歩いてたり。特にサッカーの試合とか、他の学校からもすごい辛かった」と語った。イーサンさんが福岡に住んでいるときには、バスに乗っている時に父とともにヒソヒソ話をされたり過度な注目を受けたこともあったという。

イーサン：人に見られて、言われて、ヒソヒソされてたんは、バス、サッカー……。まあ、コンビニレベルじゃ言われないけど、スーパーとかちょっとおっきいデパートとかになると、まあ、歩いてると見られたり。(…) 高校はもう、サッカー。男子校行ってるっていうのもあって、他のクラスの奴ら。大学も多かったすね、やっぱその教室で、名前呼ばれたらみんな振り向く。座ると、絶対俺の両サイドだけは座らない。そこだけ空けて、ほかんとこ座る。で、男子校上がりやから、ちょっとモテんのかなって思ったけど、はぁ一切ない(笑)。飲食店とかは、そげんないかな。だから、やっぱりそういうふうなことする人は、えっと、おばちゃんは話しかけてきてくれる。「どこのこ？ 顔ハンサムやね！」とか。そんな、すごいいい感じに。若い子は、ヒソヒソ話とか。今日もあったし、待ってる間。

このようにライフコースにおいて、日常生活のさまざまな場面で過度に注目されたり、噂話をされたり、差別的な言葉を投げかけられるといった経験をしていた。かれはこのような過度に注目されるのを避けるために、サングラスを愛用していると語った。しかし、このように周囲を気にしすぎることと自体を克服したいと考えているイーサンさんは、「もう一切そういうの無くしたい」とも話している。

ほかにも、相手が英語で話しかけてくるということについても語った。かれは、英語が得意な高齢者によく英語で話しかけられるといった場面のエピソードについて、このような場合では「完全に外国人として」みなされているにもかかわらず、それに嫌悪感を示したり反対意見を述べるのではなく、言われたままに英語で受け答えるという。かれは日本語で返してしまった場合相手が「恥ずかしい気持ちになる」と考え、「親切には親切で返したい」という発想からそのようにするという。かれは、親切な気持ちをもって話しかけたり手助けしようとしてくる人に対しては、「どんな言語使ってても関係ない、その気持ちが、すごい嬉しいし、美しいなって思う」と話した。すなわち、イーサンさんは「出会い」という場面において他者が投げかけるイメージを演じることで、その好意に答えようとしたのである。

このような公共空間での経験とエージェンシーについて、トーマスさんも詳細なエピソードを語ってくれた。トーマスさんはまず学生時代の学校外での経験について話してくれた。

トーマス：自分が経験するのは、その、通学の帰りとか、行き帰り。まあ、ケンカ売られるっていうか、日本語喋れないと思って冷やかしてくるやつがいて。（…）駅のホームでこうやって〔手を上げて〕、「ハロー」って言ってくる人とか。（…）〔電車のなかで〕違う高校のやつらがいて。で、「あの黒人、なんて名前つける？」みたいな、ふざけてて。（…）そういう、差別みたいなこととか、まあハーフとか、見た目がこうであるがゆえに起きたことっていうのは、そういう、自分の記憶ではサッカーとか、帰り道とか。で、ひかれそうになって、車に、で「あぶねえ」と思ったら、運転してる大人が窓あけて、「おい外人、国帰れ」とか。(…)普通にきょうだいで歩いてるじゃん、七歳とかのとき。なんか、通りすがりの小学生が、自転車できて、止まって、「うわー、外人だ」とかって言ってたからね。そんな時代。

このようにトーマスさんも、イーサンさんと同様に、あらゆる場面で差別的な表現を投げかけられている。かれはこのような「外国人」化の人種プロジェクトに対して、基本的には反発や怒りを覚えていた。しかし、イーサンさんと同様に、好意的に英語で話しかけてくる経験については柔軟な態度を示していた。かれは、自分自身と話すときにたとえ英語で話しかけられたとしても、そこで憤慨したり嫌悪感を示すのではなく、「ちゃんと説明してあげよう」という意識で接したいと述べた。かれは、他者から外国人とみなされたり日本語が話せないと見なされることについて、「怒るのもわかるし、おれもすごい疲れてる時は、一瞬「カチン」ってくるけど。やっぱそのほう〔怒らずに説明するほう〕がさ、うちらの後を歩いてくる世代にとっては、もっと居やすい世界になる」と語る。すなわち、勘違いした人にとっては次の出会いを良きものとするため、そして「ハーフ」の後続世代にとっても初対面の人との出会いを良きものとするため、「怒る」のではなく柔軟に対処することの重要性を話してくれた。

このように、日常的な公共空間におけるあらゆる場面での人種的な投企は理不尽であり、人種差別的である。しかし、当事者はこれらに対してただ受け身の立場に立つのではなく、避けたり反発すること、撹乱すること、与えられた役割を転用すること、そして後続世代のために柔軟に対処することなど様々な反応のあり方が見られた。

3　小括：移りゆくライフコースのなかで

本章における「ハーフ」当事者のライフコース全体の語りの分析から、「小学校」「中学校」「高校」「大学」「職場（バイト）」「公共空間」という、社会的な制度におけるメゾレベルの人種編成と制度間の相互関係を描くことができる。コンネルが整理した制度間関係を手がかりとして、「補完・加算」「葛藤」「並列」的関係をみていきたい。

まず、ライフコースの語りからも明らかなように、小学校から高校にかけての学校制度では、「日本人らしさ」への同化が強く求められる人種編成が浸透しており各制度の関係は補完ないし加算的関係となっている。そのため、多くの語り手が外見や名前などに結びつけられたいじめや暴力といった人種化の影響を受けていた。一方で、制度内の人種化の作用は一律に経験されるわけではなく、当事者によってもっとも強く影響を受けた制度は異なる。小学校のときに過酷さを最も感じるものも入れば、高校生になって両親への性的なスティグマ化に対して苦痛を感じるものもいた。また、小学校から高校に至るまでの制度における当事者の反応のあり方も一貫しているわけではない。いじめや暴力、そして要求される「日本人」化の作用に対して、「日本人」としてやりすごすパッシングの戦略がとられる場合や、距離をとるケース、流す／無視するなどの対応がみられた。また、直面する当該の制度ではなく、特別学級や部活動などといった「代替空間」において自らのアイデンティティや活力を得ていくケースもみられた。

小学校から高校までの制度は補完・加算的関係であったが、大学へ進学したものはしばしば高校までの学校制度とは異なる友好関係や学校生活を経験した。個性や専門性が求められ、なおかつ専攻によって興味や関心が似ている人々が集まりやすい環境で、高校までの強力な「日本人」化の圧力を語るものは少なかった。そのため、高校までの「日本人」化が強く求められる人種編成に対して、大学という学校制度は葛藤関係にあることがうかがえる。また、学校制度のなかでも留学によって海外の学校へと通学したケースでは、「日本人」化の人種プロジェクトの作用を経験せずに、海外における人種的編成のなかで生活することで、自らのアイデンティティを受け止めることができるようになったケースもみられた。

アルバイトや職場における語りの分析においては、より複雑化する制度間の関係性がみられた。例えば学校の制度では、「出会い」という場面として、入学式直後やクラス替えの直後などに受けた他者化の作用が、次第にクラスに馴染むことで落ち着くというケースもみられた。新たな「出会い」が頻繁に経験されやすい接客業などのアルバイトに就くケースでは、人種化の影響が繰り返し経験されていた。職場では、自らの「ハーフ」性を業務に活かすケースや、目立つことで顧客に覚えてもらうことを利点とみなすケースがあり、これは他者からの「外国人」化や「ハーフ」言説の投げかけの作用を逆手にとる戦略といえる。その一方で、職場の業務において過度に「外国人」性や「ハーフ」性を求められることに対し精神的負担を感じるケースもあった。学校の制度とアルバイト・職場の制度の関係性は、補完・加算的関係になる場合もあれば、葛藤関係となる場合もある。職場で「外国人」らしさが求められる場合は、同化を強調する小・中学校の状況とは葛藤関係であるといえるが、当事者のなかでは、それを自らの戦略として用いるケースもあれば精神的負担を感じるケースも見られる。また、職場にも日本社会における「日本人」／「外国人」を区分する強力な二分法の人種編成がメゾレベルに浸透しているため、当事者がこのどちらかのカテゴリー化に振り分けられるという構造は再生産され続けている。

小学校から職場に至るまでの複雑な制度間の関係性に対して、ほとんどすべての瞬間が新たな「出会い」の場面となる公共空間では、「日本人」化と「外国人」化の人種編成が並列的に作用し続けている。学校制度や職場制度における日常生活において、あらゆる戦略を通して人種編成の作用をやり過ごしていた場合でも、いったんストリートなどの公共空間に出てしまえば、他者からの新たな「日本人」化と「外国人」化の強い作用に日々さらされることになる。ここでは、じろじろ見られたり英語で話しかけられるといったことから、親子の関係性を疑われる、差別用語を投げかけられる、リンチされる、そして警察による人種差別的な職務質問を経験する場合など深刻な経験が語られていた。

本章では、コンネルの「制度」という概念を用いることで、当事者のライフコースにおけるさまざまな社会的場面での反応や戦略を明らかにしてきた。ここで明らかとなったのは、コンネルが分析したジェンダーの社会構造と同様に、人種をめぐる社会構造はさまざまな社会的場面でいつも一貫しているわけではないということである。その関係性は補完、葛藤的、並列的なものとして浮かび上がってきた。これまでみてきたように、「日本人」化と「外国人」化という二分法の人種プロジェクトの影響は広く社会に浸透し強力に作用しているが、日常生活のさまざまな場面において常に同じように働くというわけではない。ある場面では「日本人」らしさが強調され、ある場面では「外国人」らしさが求められる、ということが一人のライフコースのなかで経験されるのである。コンネルは、ジェンダー秩序が一貫しておらず矛盾を抱えているという状況が、すなわち、ジェンダー構造が変化しうることを表していると説明している（Connell 2002=2008:93）。これは日本社会における人種構造にも当てはまる。「日本人」と「外国人」とを二分する人種編成は歴史的に構築されたものであり、なおかつ、社会全体で一貫しているわけではない。さまざまな社会的場面ごとに異なった働きや社会的帰結をもたらしている。当事者の日常的経験から明らかとなったことは、日本社会における人種編成の構造は、変化しうる、ということである。「ハーフ」の日常的な経験は、社会に浸透する「日本人」と「外国人」とを二分する人種編成の構造が、実際には不安定であることを示している。

第II部まとめ
――「日本人」と「外国人」のはざまはいかに生きられているのか

第II部では、インタビュー分析を通して、「ハーフ」と呼ばれる人々の経験に着目した。第I部でも詳細に分析してきたとおり、「混血」や「ハーフ」の意味づけが問われることと表裏の関係で、「日本人」と「外国人」という二分法のカテゴリーが歴史的に構築されてきた。しかし、「日本人」「外国人」のカテゴリーが歴史的・社会的に構築されたものであることを暴いても、それはすでに社会のなかで「あたりまえ」で「自然」なものとして定着してしまっている。そのためこの社会に暮らす人々は、これらのカテゴリー化の力から完全に自由になることは難しい。「ハーフ」の人々の暮らしぶりや、語られる言葉一つひとつに耳を傾けてみて明らかとなったのは、日常生活のさまざまな場面で、人種的なカテゴリーが強力な影響を及ぼしていることである。戦後の日本社会のなかで作られた境界線は、いかに生きられているのだろうか。

第5章では、出会いという相互行為の場面や、ジェンダー、エスニシティ、ネーションなどに関わる人種化の実態について分析した。「日本人」という概念に人種的・文化的なイメージが強く結びついている。外見から「外国人」と判断された「ハーフ」当事者たちは、日本語を話すことや、身につけた文化が「日本的」であることに違和感を表明されたり、生活のなかで繰り返し「何人？」「ガイジン？」といった言葉を投げかけられている。金明秀は繰り返される日常的なレイシャル・ハラスメントを「マイクロ・アグレッション」と呼んでいる。一見些細な出来事のように見えても、さまざまな人から毎日のように言葉を投げかけられることで疎外感や苦痛を感じ、大きな精神的負担となる場合があると説明している（金 2018）。また、これらの人種化が、外見や肌の色といった指標のみならず、言語、文化、ジェンダー、セクシュアリティ、国籍、ナショナリティなどといった、多様な指標によって構成されていることも明らかとなった。「日本人」や「外国人」といったカテゴリーは、たとえ社会的に構築された概念だとしても、「ハーフ」と呼ばれる人々の日常生活に色濃く影響を及ぼし、深刻なレイシャル・ハラスメントやセクシュアル・ハラスメントを野放しにしてしまう根拠を提供し続けている。人種化された「日本人」と「外国人」、そして「ハーフ」というカテゴリーは当事者の生きづらさに直結している。

また、日常生活に最も浸透している語句は「ハーフ」であるが、カテゴリー化や人種化が「ハーフ」と呼ばれる人々に同じ作用を与えるわけではない。第6章では特に「位相」、すなわち親世代の移動の歴史的背景と社会的地位の違いに着目し、これらが子ども世代にもたらす影響を分析した。特に位相Ⅰのケースでは、当事者に対する「外国人」化の人種プロジェクトのみならず、親に対する性的なスティグマ化の作用に関する経験が語られた。また、位相Ⅱのケースでは、日本社会と在日コミュニティの双方で生きづらさを感じたり、主流の「ハーフ」言説からも排除されてしまうという現実が語られた。位相Ⅲのケースではフィリピンハーフのケースに着目した。フィリピン女性に対する社会からの否定的な眼差しは、子ども世代にも引き継がれており、日常生活の困難へとつながっていることが浮き彫りとなった。親の社会的背景や国のルーツなどによっても、当事者が経験する人種化の作用や差異化の経験は異なってくることがわかる。

そして、日常生活における人種化は、あらゆる場面で同じように展開されるわけではない。第7章では、かれらの語りのなかから家族、学校、労働市場、街頭という四つの場面に着目し、各場面における人種化作用の違いや共通点を描き出すとともに、日常生活でのよりアクチュアルで具体的な効果や社会的帰結を明らかにした。家族の場面では、その内部にまで「日本人」や「ハーフ」に付着した社会的イメージが浸透することで葛藤を経験するケースや、そもそも家族として認識されないという経験が語られた。学校では「日本人」化の圧力のなかでいじめや差別が経験され、それらを「流す」戦略や、自らのルーツを隠すといった対処がはかられていた。学校における人種化の作用にともないのしかかる精神的負担は、学業においても大きな負の効果をもたらしているといえる。労働の場面では、そもそも海外のルーツであることを理由に就職差別を経験する事例がみられた。就職できても、職場や顧客からの人種差別を経験していた。また、学校や職場では、クラスメイトや同僚とある程度時間を共有することで、初対面のときのような露骨な人種差別は薄れていったが、ひとたび街頭に出れば、周囲の人々からの好奇の目にさらされるばかりではなく、警察から過剰な職務質問を受けるなど、深刻な経験が語られた。

続く第8章ではさらに、小学校、中学校、高校、大学、職場（アルバイト先）、公共空間という社会的な制度ごとの人種化の関係性を論じた。これらの制度におけるメゾレベルの人種編成は決して一律ではなく、それぞれの制度が補完的、葛藤的、並列的なものとして浮かび上がってきた。すなわち日本社会における「日本人」と「外国人」の二分法の人種言説や、「ハーフ」に対する強力なステレオタイプは、日常生活の場面ごとにその効果や社会的帰結が同じであったり異なったりする。このように、社会の人種秩序はすべての制度を通じて一貫して作用するのではなく、制度ごとに複雑な網の目のように作用し、「ハーフ」の生きづらさへつながっていることが明らかとなった。

「日本人」を単一のものとみなす強力な人種化作用は、日本社会に生きるすべての人に効力を発揮しており、しばしば日本の社会的課題として浮かび上がる生きづらさの根を社会全体でみつめなおす必要に迫られている。

終章

本書を通して明らかにしようとしたことは、日本社会において「混血」「ハーフ」と呼ばれるカテゴリーが歴史のなかでいかに構築され、それが現実世界でいかなる社会的帰結をもたらしているかという点であった。第I部では、人種的な「日本人」と「外国人」の二分法が構築されてきた歴史をたどり、その二分法のはざまで、「混血」や「ハーフ」というカテゴリーが生み出され、作り換えられ、繰り返され、定着していった過程を明らかにした。「日本人」が歴史的に構築された概念であることは、すでに構築主義的アプローチをとる多くの先行研究でも明らかにされてきた。一方、本書は「日本人」と「外国人」の境界、あるいはそのあいだにいる「混血」「ハーフ」のカテゴリーを脱構築するにとどまるものではない。第II部において、これらの作られたカテゴリーが現実世界にいかなる社会的帰結をもたらしたのか、すなわち「日本人」と「外国人」の境界がいかに生きられているのか、現代を生きる人々の語りに寄り添いながら考察した。以下で、本書が明らかにしてきたことをふりかえってみよう。

第I部では、「日本人」「外国人」いうカテゴリーの線引きが歴史的になされるのと並行して、「混血」「ハーフ」の社会的位置づけがいかになされたのか、その差異がどのように構築されたのか明らかにするため、公文書や新聞、雑誌などの史資料を分析し、考察した。そこでは、戦後、「日本人」と「外国人」とを法的に再編成する動きと、「混血児」の社会的位置づけに関する処遇とが、車の両輪として展開されてきたことが明らかとなった。「日本人」というカテゴリーは、それだけが単体で構成されたわけではない。「外国人」を他者化し、境界線を設定することで、はじめて「日本人」というカテゴリーが成立する。そこでは、境界策定にあたって〈問題〉となる存在、すなわち「混血」や「ハーフ」などの存在が常に問われてきた。旧植民地出身者の親と内地籍の親をもつ「混血」の子どもたちは、法的な強制力の下、親の戸籍上の性別にもとづいて「日本人」籍か「外国人」籍かに区分された。一方、敗戦直後の「混血児問題」では、米兵と日本の女性との間に生まれた子どもたちのみを「混血児」と表現するようになるが、かれらは厚生省、文部省の対策においては「日本人」と同化され、「混血児」をめぐる深刻な差別は不可視化され、無問題化された。

社会に浸透した、人種化された「混血児」のイメージは、その後の「混血ブーム」「ハーフブーム」へと引き継がれる。この「ブーム」においては、これまで「混血児」という表現に付着していた「敗戦」や「恥辱」といったイメージは、消費社会のなかで新たに「憧れ」、「女性」、「美しさ」、「性的な対象」、「国際性」などといったイメージに書き換えられていった。そして、ここでの女性化された「ハーフ」イメージは、同時期に盛んに論じられていた「日本人」論にみられた男性化された「日本人」イメージからは他者化される形で構築された。経済成長と国際化のなかで、男性主体の「日本人」像が描かれたのに対し、「ハーフ」は女性的なものとして対象化された。当時の「日本人」論にみられた単一民族としての「日本人」イメージは、むしろ戦後に社会問題化した「混血児」や、ブームとして拡散された「ハーフ」の存在を「外国人」として他者化することで、あたかも論理的に矛盾のないものとして定着していったといえる。「混血」「ハーフ」を他者化しなければ、単一民族説は論理的に成り立たず、内破してしまうためである。

また、「混血ブーム」においては、かれら自身の生い立ちや差別の経験についての「自分語り」がみられたが、消費社会のなかで商品化された「ハーフブーム」では、かれらの「自分語り」はしだいに封殺されていった。

「日本人」イメージが人種化され、「混血」や「ハーフ」の存在が隠ぺいされる人種編成が浸透してきたのと同時期、一九八〇年代後半の外国人受入論争や九〇年代の入管法改定の動きのなかでは、「日本人」と「外国人」の二分法はあたかも自明のものとして語られた。日本社会はすでに多様なルーツの人々が暮らしているにもかかわらず、そのことは「日本人」論や「国際化」言説、そして「多文化共生」言説にみられる「日本人」カテゴリーにおいて隠ぺいされ、受け入れ側の「日本人」と受け入れられる側の「外国人」という構図が固定化されてしまった。そして、海外ルーツの人々の受け入れは「将来の問題」「今後の問題」として認識されてきたのである。

戦後、「混血」や「ハーフ」は戸籍に基づいて「日本人」（もしくは「外国人」）に組み込まれたが、少なくとも人々の認識の上では「日本人」には組み込まれなかった。それはかれらの外見、身体的特徴による。戸籍上はまぎれもない「日本人」であったとしても、その身体的特徴から「日本人」とみなされないという現実が、日本における「混血」「ハーフ」人種化の歴史には根深くある。そして、「日本人」か「外国人」かという二択を問う強力な思考枠組みは、人々の日常的な認識はおろか、制度や政策、統計、研究領域など、社会の隅々にまで浸透している。こうした思考枠組みもまた、「混血」や「ハーフ」が経験する人種差別の実態を抑圧することに加担している。

「日本人」カテゴリーはなによりも、現実社会の圧倒的なアクチュアリティのなかで、具体的に作用している。繰り返しになるがこれまでも歴史社会学などの分野において、単一民族を前提とした「日本人」概念そのものが「幻想」であることが明らかにされてきた。しかし、「幻想」にすぎないこのカテゴリーが、現実世界では強力な効果を発揮してしまっている。本書は、「日本人」と「外国人」の境界線がいかに構築されたのかを明らかにすると同時に、その境界線がいかに生きられたのかという点を考察した。第Ⅱ部では、筆者が行ってきたインタビューをもとに、かれらの日常生活のさまざまな社会的な場面での、より具体的な経験に目を向け、その経験の多様性を論じてきた。

かれらは初めて出会った人に、道端ですれちがう人に、友人や職場の同僚、ときには親族からでさえも、こんな言葉を投げかけられる。「何人(なにじん)?」「日本人ですか?」「日本にきて何年ですか?」「日本語上手ですね」――。こうした言葉を投げかけられ、眼差されるのは、かれらにとって「あなたは日本人ではない」と言われることに等しい。かれらは、人生のうち何度も繰り返しこうした言葉をかけられ、他者化・人種化されることに精神的な負担を感じており、ときに自身のアイデンティティが揺さぶられる。ここで投げかけられる言葉の一つひとつを「とるに足らないものだ」と感じる人がいるかもしれない。けれども、同様の言葉を毎日のように、あらゆる人から浴びせられることは大きな精神的苦痛となる。

また、このような言葉や眼差しは、すべての「ハーフ」に一律に展開されるわけではなく、ジェンダー、セクシュアリティ、階層性、エスニシティ、ナショナリズムなどが複雑に絡みあうなかで異なりをみせている。さらには、かれらのルーツや親の移動背景によっても、社会からの眼差しはそれぞれ異なってくる。

人種化の眼差しが、より具体的なセクシュアル・ハラスメントや結婚差別などにつながっている状況も浮き彫りとなった。就職面接において肌の色や名前などから差別される経験、外見的特徴そのものが標的とされ、職場でクレームを受けたという経験も語られていた。さらに、警察による職務質問においても深刻な人種差別の経験が語られていた。身体的特徴と法的な地位とを結びつけて認識されることによって、「日本人です」という主張は警察官から疑われる場合が多い。警察官は、その身体、肌の色、外見的特徴などから、「この人は日本人ではない、すなわち日本の国籍はない、だから外国人登録証の形態が必要な「外国人」であり、登録証の形態が義務付けられている」と瞬時に判断し、職務質問をする。警察から職務質問を受けた経験は、子どもから高齢者にいたるまでの「ハーフ」が語っており、公的に振りかざされる人種差別の日常的な実態を象徴している。

差異や境界はつくられたものであるだけではなく、現実世界のなかで実際に生きられるものである。「日本人」や「血統」といった概念は、「幻想」で「あいまい」なものであることに違いはないが、それでも現実世界にみられるさまざまな言動の根拠として強力に作用している。現実世界における人種差別を分析するためには、人種的なカテゴリーが構成される歴史とあわせて、そのカテゴリーが実際にもたらす社会的帰結や、日常生活レベルにみられる具体的効果をとらえる必要がある。日本社会がすでに含みもっている多様性や、そこにいるさまざまな背景をもつ人々の声を掬いあげることは、ただ認識上の変化を促すためだけのものではなく、当事者の日常生活の困難を変えていくために急務である。

「日本人」の境界が問われるのは、もちろん「混血」や「ハーフ」だけではない。「アイヌ」や「オキナワ」や、他のさまざまなカテゴリー、概念、社会的存在が、「日本人」を輪郭づけるときに問われ続けている。そもそも「日本人か否か」という問いかけは、実際には日本社会に生きるすべての人に向けて発せられているものだ。外見や身体的特徴にかぎらず、その行動様式をあげつらって「日本人」だったら、そんなことは言わない、行わない。あなたは日本人じゃない」といった言葉が日常的に投げかけられる現実がある。この社会で素朴に用いられる「日本人」というカテゴリーが現実社会にもたらす帰結は、もはやこの社会に生きるすべての人に関わる事柄なのである。

たとえ「日本人」や「日本人の血」といった概念を脱構築したとしても、その境界を生きる人々にとって、日常生活における「しんどさ」や「生きづらさ」は残ったままだ。必要なことは、「同化」か「他者化」という視点で今後の課題を考えるのではなく、すでにさまざまな背景をもつ人びとが現代をいかに生きているのか、という視点で思考することである。

これを執筆している現在、二〇一九年度の移民受け入れ拡大の議論が本格化している。そこでは「今後、多様な人々を日本社会が（もしくは日本人が）、どのように受け入れ共生していくのか」といった声が政府関係者や報道からも聞こえてくる。しかし、本書で論じてきた通り、同様の議論はすでに九〇年代の入管法改定においても、戦後の混血児の「同化・隔離（保護）」論争でも、何度も繰り返されてきた。そしてそのたびに、多様性の受容、多文化の共生の議論は「今後の課題」「将来の問題」として設定されてきている。わたしは本書を通じて、「混血」や「ハーフ」を事例としながら、現に、すでに日本社会には多様なルーツの人々が多く暮らしていることをつぶさに論じてきた。問題は、かれらの存在が、かれらの人生が、すなわちこの社会がすでに含みもっている多様性が、これまで隠されてきたということである。「多様性」や「ダイバーシティ」はこれから目指すべき目標なのではなく、すでにそこにある現実なのである。「違った人たちを受け入れよう」、「共生を実現する社会を目指そう」というスローガンが聞こえてくるが、そもそもわたしたちはすでに多様な背景をもつ人たちと隣り合わせで暮らしている。すでにある現実を正面から受け止めること、自分とは違った人の存在や声が隠されることに抗うこと、そしてその歴史を理解し、現在へと対話の場を広げていくことに、本書が少しでも役立てれば幸いである。

あとがき

一九五〇年、多くの人々が命を落とした戦争が終わってからわずか数年の沖縄。私の母は、祖母（金城光子）と、米兵である祖父（クラレンス・H・ローレンス）との間に生まれた。本書のカバーに写る少女は、私の母である。本書を執筆する現在、母親は六七歳となるが、今でもマンションの管理人として毎日掃除やゴミ出しをして働いている。かつては「混血児」、いまでは「ハーフ」と呼ばれる人々は、日本社会に暮らしている一人一人だ。

「アメラジアン」という言葉との出会いをきっかけとし、それ以来、「混血」や「ハーフ」について研究を進めていった。「混血」や「ハーフ」をめぐる資料調査やインタビューは、「私自身を知る」ということにもつながり、研究は簡単にはいかないときもあった。「混血児」「基地の落とし子」という負のイメージや社会の眼差しについて調べた時、つらい差別的経験について話をうかがった時、言葉を失ってしまう瞬間を何度も経験した。そして、忘れ去っていた私自身の嫌な記憶が蘇ったこともあった。

しかし、それでも研究を続けていけたのは、周囲で多くの人に支えられたこと。そして、「混血」

や「ハーフ」と呼ばれる人々の生きる姿を伝えたいという思いを持ったからである。なぜ、これほどまでに「混血」「ハーフ」は研究が進んでいないのか。なぜ、「日本人」とはみなされないのか。なぜ、あまりにも偏ったイメージで眼差されるのか。なぜ、母親の世代から今の若い世代まで、人種差別の問題は放置され続けているのだろうか。これらの問いに駆り立てられるように調査を進めていった。そして、「混血」や「ハーフ」は、「例外」や「特殊な集団」ではなく、この日本社会の現実の一部であることを、本書を通じて明らかにしたかった。

本書は、一橋大学へ提出した学位論文「戦後日本における「混血」、「ハーフ」をめぐる人種構成――〈日本人化／外国人化〉人種プロジェクトの歴史的な展開」を元に、データ補足、大幅な加筆・修正を行った。また、本書を出版することができたのは、ひとえに、青土社の編集者である加藤峻さんに声をかけていただいたことによる。

「混血」や「ハーフ」と呼ばれる人々に光をあてる田口（筆者旧姓）さんのご研究は、マイノリティの存在や差別の実情をうかびあがらせることにとどまらず、戦後日本において「日本人」の境界がつくりだされるありようを描き出し、その境界を問いなおし、ゆるがしていくようなお仕事なのではないかと考えております。

このように加藤さんから声をかけていただくことがなければ、本書を出版することはできなかっただろう。このようにおっしゃってくださった内容に、十分に答えられたかわからないが、本書の執筆作業を二人三脚で進めていった。ほんとうにありがとうございました。また、本書の元となった学位論文の執筆では、大学院在学中に多くの方々にお世話になりました。私の研究に関わって下さった全ての方のお名前を挙げることはできませんが、特にお世話になった方々のお名前を挙げてお礼にかえさせていただきます。

はじめに、ご指導いただいた主指導の伊藤るり教授、特別論文指導の小井土彰宏教授に心よりお礼を申し上げます。国際社会学、ジェンダー学はおろか、社会学さえも知らず未熟なまま大学院に進学してしまった私に対して、丁寧に、辛抱強く、時には厳しく見守りながらご指導くださった伊藤先生のご指導がなければ、社会学の学位論文を執筆することは到底できませんでした。また、小井土彰宏教授はマクロレベルの構造的議論からミクロレベルの語りに関する分析まできめ細やかなアドバイスで導いてくださり、社会学理論の修得を大きく助けてくださいました。それぞれのゼミでは、移民・難民研究、国際社会学研究などについて様々な地域をフィールドとしたゼミ仲間と、時に励まし合い、時に忌憚なく指摘しあいながら多くの知的刺激を受けてきました。このように研究生活に渡って日々もたらされるご助言やご指導がなければ、この論文を執筆することはできませんでした。この場を借りてお礼を申し上げます。

また、学位論文審査に加わってくださった小林多寿子教授、南川文里教授（立命館大学）にもお礼を申し上げます。小林先生は、ライフストーリー調査法や参与観察についての調査者としての立場性と、インタビュー協力者に対して誠実な姿勢を持つことを教えて下さりました。南川先生は、立命館大学を拠点にご研究を進められていますが、東京に来られる際、お忙しい中時間を下さり、「人種編成論」をいかに実証分析へ援用するのかについて多くのご指摘をくださいました。先生よりいただいたご指摘は、今後の研究課題として深く受け止めていきたいと思います。さらに、ゼミ生でもない私の研究について有益なコメントやアドバイスをくださり応援してくださる小ヶ谷千穂先生、いつもありがとうございます。

そして多くの示唆を与えてもらい共に学び合い、研究生活全般を支え合った同研究ゼミのメンバー、特に藤浪海さん、工藤晴子さん、飯尾真紀子さん、ブンさん、アンジーさん、鄭さん、南波さん……ここに書ききれなかった皆様。また本論文を書き上げる上で多くのご教示を下さった嶽本新奈さん、上村陽子さんにも同様に感謝の意を示したいと思います。藤浪さんは、唯一の同期のゼミ仲間としてお互い支えあいながら研究を進めることができました。この経験は私にとって大きな励みとなっています。「ハーフ」や「混血」という難しいテーマについて諦めずに研究を続けることができたのは、このように研究を背後で支えて下さった皆様のおかげです。

さらに、本研究にご協力して下さったインタビュー協力者の一人一人にも感謝し尽くせない思いです。本研究はなによりも、インタビュー協力者のご厚意によって得られたデータから多くの分析を行なっており、このインタビューにおける一言一言がなければ語ることのできなかった論点ばかりでした。また、単に研究者としてではなく、「人種」や「エスニシティ」の揺らぎを生きる私にとっても、かれらの語る一言一言は非常に大きな意味を持っており、インタビュー協力者との出会いは、「私は私」というように、自らのアイデンティティを揺らいだまま受け入れる力を与えてくれました。論文を書くにあたって苦しい局面が何度もありましたが、それを乗り越えることができたのも、かれらの語りと、それを社会に発信したいという思いによってです。

また、私が「アメラジアン」というルーツを受け入れるときに、大きな心の支えとなった黒島トーマス友基さん、野入直美先生、スティーブン・マーフィ重松先生、本当にありがとうございます。特にトーマスさんとの出会いは、私の人生にとってとても大きなものです。

史資料収集の際には、国立国会図書館とはじめとして、沖縄県公文書館、基地地域図書館（広島・呉市、山口県・岩国市、青森・三沢市、神奈川県・横須賀市）、外務省外交史料館等で図書館職員や司書の方々に大変お世話になりました。また、資料収集とインタビューのためのフィールド調査は、日本学術振興会特別研究員奨励金を受けた成果でもあります。心から感謝申し上げます。

大学院卒業後は、勤務先の港区立男女平等参画センターで職員の皆様から、ジェンダーやセクシュアリティについて学びつづけています。毎日のように刺激的なディスカッションをし、私のくだらない意見にも耳を傾けてくださる同僚や環境は、本書を執筆する上でも心の支えとなりました。ありがとうございます。

そして、二〇一八年から開始した「ハーフ」や海外ルーツの人々の情報発信プロジェクト「HAFU TALK」の立ち上げに始まり、公私ともに非常に助け合い支えられ、共に「ハーフ」研究を進めているケイン樹里安くんにもこの場をかりてお礼を。いつも本当にありがとうございます。今後ともどうぞよろしくお願いいたします。

また、「ニッポン複雑紀行」で記事を執筆した際に非常にお世話になった望月優大さん、田川基成さん、野津美由紀さん、田中志穂さん。「HAFU TALK」プロジェクトで暖かい言葉で応援し励ましてくださり、ご寄稿もしてくださった温又柔さん、金村詩恩さん。海外ルーツの子どもたちの支援に日々奔走し、私に多くのアドバイスや知恵をくださった田中宝紀さん。皆様、本当にありがとうございます。

そして、大学院進学入試のための費用が足りなかった私に、その場で自分のポケットからお金を手渡ししてくれた新聞配達バイト時代の社長へ。あなたがあの時お金を出してくれなかったら、そもそも私は大学院に進学できず、いまは全く別の仕事をしていたことでしょう。本当にありがとうございました。

最後に、いつもそばで見守り励ましてくれた友人たち、家族、パパ、お母さん、お姉ちゃん、百利、マミー、秀人お父さん、クラちゃん、そして下地セシリア久子に感謝を込めて。

下地　ローレンス吉孝

二〇一八年八月

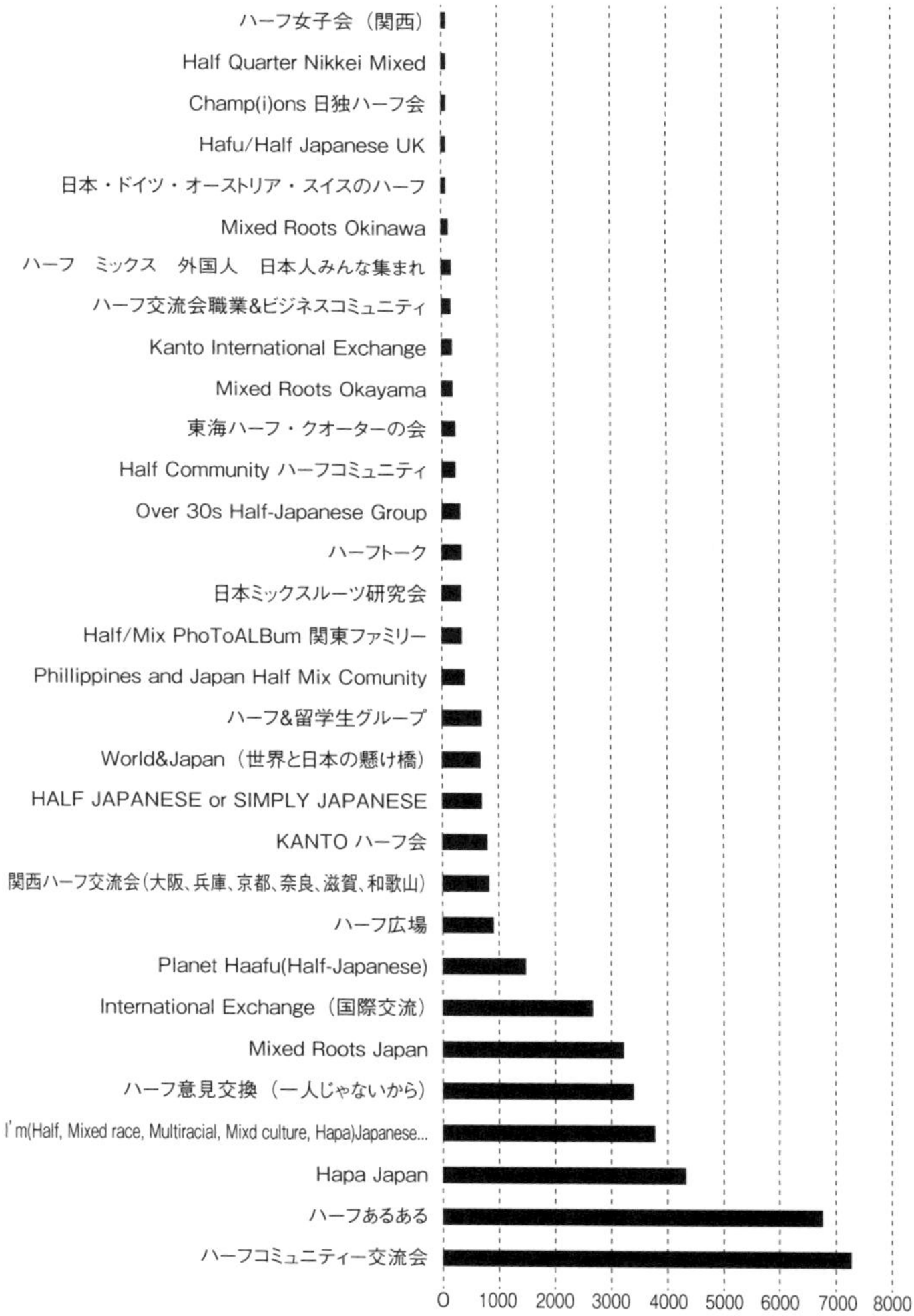

参考資料 5　SNS における「ハーフ」コミュニティ登録者数
出典：筆者作成、2017 年時点での登録者数

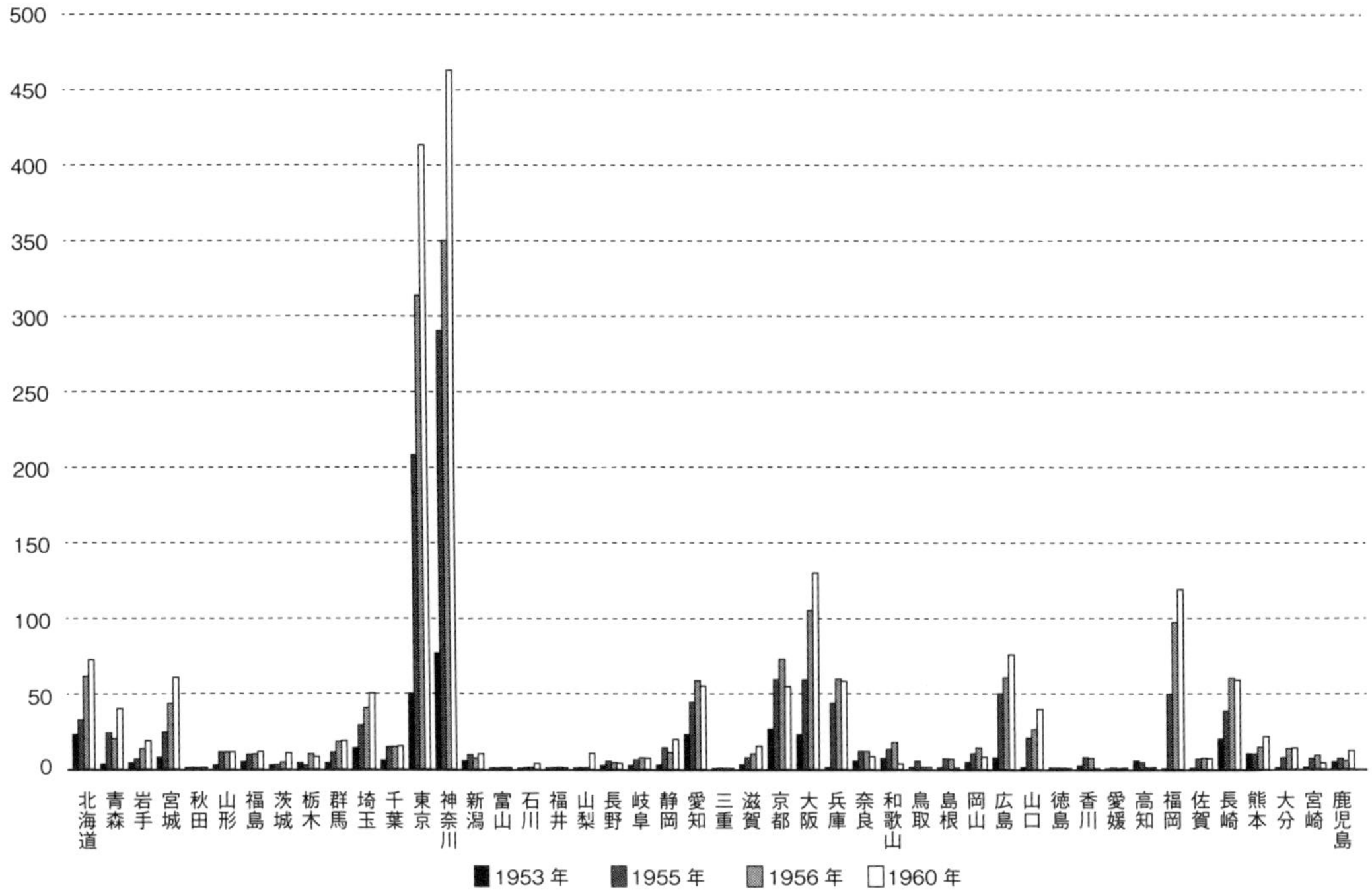

参考資料4　文部省調査における混血児児童数の推移

出典：『混血児指導資料』（文部省編, 1960）をもとに筆者作成

	調査題目	調査主体	日時	人数	内訳	備考
①	施設収容混血児童数調査	厚生省児童局	1952年3月1日	482	施設収容児童数（全国で乳児院34施設、養護施設72施設）	
②	全国社会福祉協議会連合会の調査による各都道府県別の所謂混血児童数	全国社会福祉協議会連合会	1952年7月31日	1644	「性別」：男810、女811「血統」：黒248、白1370、その他26	東京、岐阜、和歌山、沖縄のデータなし
③	医師による混血児出産取扱数調査表	日本医師会	1952年8月	910	「米国人」：789、「英国人」：17、「その他」：104	茨城、福井、長野、島根、岡山、香川、徳島、高知、愛媛、宮崎、鹿児島、沖縄が含まれていない。
④	助産婦、産婦人科医師が終戦以来取扱った混血児出生数	厚生省児童局	1952年12月23日	5013	「白色系児童数」：4205（男2222、女1983）、「黒色系児童数」：714（男361、女353）、「白色系か黒色系か区別のつかない児童数」：94（男52、女42）	回収されたのは31県分
⑤	いわゆる混血児童実態調査	厚生省児童局	1953年2月1日	3490	「白色系」：3004名、「黒色系」：400名、「不明」：81名	沖縄のデータなし
⑥	施設収容混血児童数再調査	厚生省児童局	1958年4月1日	279	施設収容児童数「白色系」：149名、「黒色系」：85名、「その他」：45名	

参考資料2　「混血児」の実態調査一覧

出典：「混血児実態調査概略」（厚生省児童局，1953）を元に筆者作成

一部　入学前に考慮したいこと
（一）入学する混血児の数を前もってはっきりつかむ
（二）混血児を持つ母親や保護者の不安感を除く
（三）ひとりひとりの混血児をじゅうぶんに理解する
（四）一般の父兄や地域の人々に対して理解を深める
（五）教職員全体の理解を深め、協力を得るように
（六）学級編制についての考え方

第二部　入学後に注意したいこと
（一）問題が起こったときの解決態度
（二）混血児をもつ母親や保護者には、こまめに連絡する
（三）混血児の座席についての考え方
（四）混血児指導の記録をとっておく

参考資料3　『混血兒の就學について指導上留意すべき点』の目次

出典：『混血兒の就學について指導上留意すべき点』
（文部省初等中等教育局初等教育課，1953）

参考資料

	名前（仮名、あいうえお順）	年齢層	親の出身地、ルーツ	出生地	インタビュー		位相	備考
					場所	実施年月		
1	浅井 かよ	20代	父親がアメリカ	神奈川	神奈川	2015年9月	II	父親がアフリカ系アメリカ人。親は離婚しており母親と二人暮らし。
2	長田 隆史	50代	父親がアメリカ	神奈川	神奈川	2012年12月	I	児童養護施設で育つ。現在は電設業を営む。
3	神田えりさ	20代	父親がアメリカ	宮城	東京	2015年10月	III	生まれてすぐに秋田に引っ越す。両親は研究職。家の中ではバイリンガルで過ごす。
4	岸辺 ナディア瑞江	20代	父親がドミニカ共和国	東京	東京	2015年10月	III	父親がドミニカ共和国出身。現在は留学中。
5	木村 太一	20代	父親がバングラデシュ	東京	東京	2013年9月	III	父親は留学生として来日。幼い頃に両親が離婚。本人はベンガル語は話せない。
6	佐藤らいさ	20代	母親がフィリピン	静岡	東京	2016年4月	III	東京で就職。
7	サンドーバル リサ恵	20代	父親がペルー	神奈川	東京	2016年12月	III	日本で生まれるが高学年までペルーで過ごす。
8	鈴木 ハンナ	20代	父親がアメリカ	東京	東京	2012年11月	I	父親が米軍軍属。基地周辺地域に暮らし、基地内で勤務する。
9	高橋 圭介	20代	父親がカナダ	兵庫	東京	2015年10月	III	父親は華人系カナダ人で、英会話教室の先生。カナダの親戚とも交流がある。
10	竹内 浩介	20代	母親が台湾	東京	埼玉	2013年9月	II	祖父の代に台湾から日本に来る。
11	田中 トーマス	30代	母親がガーナ	東京	東京	2015年10月	III	中学まで児童養護施設で暮らす。
12	谷本 かえで	20代	母親がアメリカ	東京	東京	2017年6月	III	公立・私立の学校には通わず、自宅学習により高校卒業検定を経て大学へ進学した。
13	塚田 みさと	20代	母親がフィリピンと中国	神奈川	神奈川	2015年8月	III	母親がフィリピンと中国のミックスである。
14	デミレル 知絵	20代	父親がイラン	東京	東京	2015年9月	III	父親がイラン出身。現在は留学。
15	豊田 麻美	20代	母親がスイス	神奈川	東京	2015年10月	III	母親がスイス出身。大学を卒業し、保育関連の仕事をしていたが、現在は育児のため休職。
16	富永 ニコラス	20代	父親がギリシャ	大阪	大阪	2015年8月	III	大阪出身、大阪育ち。
17	ネルソン ルイス亨	20代	父親がガーナ	東京	長野	2015年6月	III	父親がガーナ出身。小学校でADDと診断され、養護学級と普通小学校を両立。現在は福祉関係の仕事に就く。
18	パーカー ライアン	20代	父親がアメリカ	神奈川	神奈川	2013年8月	II	父親が米軍軍属。基地内学校に通っていたためバイリンガル。
19	朴 知佐	20代	母親が韓国	長野	長野	2015年6月	II	在日コリアンである祖母、母と三人で暮らす。
20	長谷川 大輔	20代	母親が韓国	東京	東京	2013年9月	III	母親がニューカマーの韓国人。小学校高学年で自らが「ハーフ」だと知る。
21	原 聡	50代	父親がアメリカ	神奈川	東京	2012年12月	II	児童養護施設で育つ。父親はアフリカ系アメリカ人であるという。自動車整備会社を経営。
22	ハリス アメリア紗智	20代	父親がアメリカ	北海道	東京	2015年10月	III	高校まで北海道でくらし、大学から東京。アメリカにしばしば行く機会があった。
23	程 紗栄子	20代	両親が中国の「ハーフ」	オーストラリア	東京	2013年9月	II	両親ともに中国の「ハーフ」であり、オーストラリアで5歳まで育つ。
24	マイヤーズ 瑛理サラ	30代	父親がアメリカ	京都	東京	2013年8月	III	インターナショナルスクールに通ったためバイリンガル。米大学を卒業後、日本で教育関係の職。
25	水上 けい	20代	母親が中国	中国	大阪	2015年8月	III	中国出身。10代で日本に来る。
26	ミラー イーサン関	20代	父親がアメリカ	福岡	千葉	2015年11月	I	父親が元米兵。米留学経験もあるが、両国の学校でいじめを経験。
27	山本 りな	30代	母親がバングラデシュ	東京	東京	2015年10月	III	母親がバングラデシュ出身。日本の小中に通うが差別などの経験から渡豪。現在はダンス教室を運営。
28	与那覇 来莉朱	20代	祖父がアメリカ	沖縄	東京	2016年1月	I	祖母は宮古島から沖縄市へ。基地周辺地域でくらす。進学で東京へ引越す。

参考資料1　インタビュー協力者一覧

――――, 1953,『いわゆる混血児童実態調査結果について』(1953年2月1日付) 外務省記録『本邦人と諸外国人の混血児問題』(J-6-0-0-5、外務省外交史料館) 所収.
――――, 1953,「混血児問題対策について」(1953年8月19日) 外務省記録『本邦人と諸外国人の混血児問題』(J-6-0-0-5、外務省外交史料館) 所収.
――――, 1959,『児童福祉十年の歩み』日本児童問題調査会.
――――編, 1963,『児童福祉白書』厚生問題研究会.
文部省初等中等教育局初等教育課, 1953,『混血児の就學について指導上留意すべき点』文部省.
文部省初等中等教育局編, 1954,『混血児指導記録 一』文部省.
――――, 1955,『混血児指導記録 二』文部省.
――――, 1956,『混血児指導記録 三』文部省.
――――, 1957,『混血児指導記録 四』文部省.
文部省編, 1960,『混血児指導資料』文部省.
内閣府, 2009,『定住外国人支援に関する当面の対策について』.
日系定住外国人施策推進会議, 2011,『日系定住外国人施策に関する行動計画』.
――――, 2014,『日系定住外国人施策の推進について』.
首相官邸, 2016,『日本再興戦略2016――第4次産業革命に向けて』.
定住外国人施策推進会議, 2009,『定住外国人支援に関する対策の推進について』.
中央児童福祉審議会, 1952,「第二十五回中央児童福祉審議会議事録」(1952年7月9日) 外務省記録『本邦人と諸外国人の混血児問題』(J-6-0-0-5、外務省外交史料館) 所収.

岩渕功一編『〈ハーフ〉とは誰か――人種混淆・メディア表象・交渉実践』青弓社，114-142.
山谷哲夫，1985,『じゃぱゆきさん』情報センター出版局.
山脇啓造，2003,「日本における外国人政策の批判的考察――多文化共生社会に向けて」『明治大学社会科学研究所紀要』41(2):59-75.
――――，2011,「日本における外国人政策の歴史的展開」近藤敦編『多文化共生政策へのアプローチ』明石書店，21-39.
安田常雄，2013,「テレビのなかのポリティクス――一九六〇年代を中心に」安田常雄編『シリーズ戦後日本社会の歴史 2 社会を消費する人びと一大衆消費社会の編成と変容』岩波書店，128-158.
吉田容子，2010,「米軍施設と周辺歓楽街をめぐる地域社会の対応――『奈良 RR センター』の場合」『地理科学』地理科学学会，65(4): 245-265.
Yoshino, Kosaku, 1997, “The discourse on blood and racial identity in contemporary Japan,”, Frank Dikötter ed., *The Construction of Racial Identities in China and Japan: Historical and Contemporary Perspectives*, Honolulu: University of Hawai‘i Press, 199-211.
吉野耕作，1997,『文化ナショナリズムの社会学』名古屋大学出版会.
湯川やよい，2013,『アカデミック・ハラスメントの社会学的研究――学生の問題経験と「領域交差」実践』一橋大学大学院社会学研究科，2013 年度修士論文.
Zulueta, Johanna O.,2004, “The Nisei: The Second Generation Okinawan-Filipinos in Metro Manila,” *Philippine Sociological Review*,52: 55-74.
作者不詳，1907,「横濱に於ける混血児」『児童研究』10(1):50-51.

政府刊行物

自由民主党外国人材交流推進議員連盟，2008,『人材開国！日本型移民政策の提言――世界の若者が移住したいと憧れる国の構築に向けて』.
厚生省児童局，1953,「いわゆる混血児実態調査について」（1953 年 1 月 21 日）外務省記録『本邦人と諸外国人の混血児問題』（J-6-0-0-5、外務省外交史料館）所収.
――――，1953,「混血児実態調査概略」（1953 年 2 月 1 日）外務省記録『本邦人と諸外国人の混血児問題』（J-6-0-0-5、外務省外交史料館）所収.

坪井洋文, 1979,『イモと日本人――民俗文化論の課題』未来社.
茶園敏美, 2014,『パンパンとは誰なのか――キャッチという占領期の性暴力とGIとの親密性』インパクト出版会.
鄭暎惠, 2003,『〈民が代〉斉唱』岩波書店.
鵜飼哲, 酒井直樹, テッサ・モーリス＝スズキ, 李孝徳, 2012,『レイシズム・スタディーズ序説』以文社.
内田誠, 1998,「ニッポン外国人地図 (12・最終回) 混血の系譜」『労働法律旬報』1426:22-24.
内田康雄, 2006,「澤田美喜と混血孤児――その業績はいかに受容されたか」『アジア女性研究』, 3(15):37-43.
我妻洋・米山俊直, 1967,『偏見の構造――日本人の人種観』日本放送出版会.
渡辺雅子, 2002,「ニューカマー外国人の増大と日本社会の文化変容」宮島喬・加納弘勝編『国際社会――変容する日本社会と文化』東京大学出版会, 15-39.
渡会環, 2012,「『メスティサ』から『ハーフ』へ――日本への国際移動と日系ブラジル人女性の人種化」『愛知県立大学大学院国際文化研究科論集』13:209-224.
Weber, Max, 1921, *Wirtschaft und Gesellschaft*, Tübingen: J.C.B. Mohr (Paul Siebeck).（=1968, Guenther Roth and Claus Wittich eds., *Economy and Society: an outline of interpretive sociology*, New York: Bedminster Press.）
Weitzer, Ronald and Tuch, Steven, A., 2002, "Perceptions of Racial Profiling: Race, Class, and Personal Experience", *Criminology*, 40(2); ProQuest Social Sciences Premium Collection: 435-456.
Williams, Teresa Kay, 1996, "Race as Process: Reassessing the 'What Are You?'Encounters of Biracial Individuals", Maria P.P. Root ed., *The Multiracial Experience: Racial Borders as the New Frontier*, Thousand Oaks, London and New Delhi: Sage Publications, 191-210.
――――, 2004, "Race-ing and Being Raced: The Critical Interrogation of 'Passing'", Jayne O.Ifekwunigwe ed., *'Mixed Race'Studies: A Reader*, London and New York: Routledge,166-170.
ウォント盛香織, 2013,「ハパ・ハリウッド――アジアパシフィック系混血アメリカ人スターの台頭と展望」『比較文化研究』日本比較文化学会, 105: 133-144.
山本敦久, 2014,「〈ハーフ〉の身体表象における男性性と人種化のポリティクス」

鈴木淳子, 2005,『調査的面接の技法 (第 2 版)』ナカニシヤ出版.
帯刀貞代, 1952,「未亡人と混血児——戦争と駐留の産物」『改造』改造社, 33(11):184-187.
高橋保, 1977,「アジア問題における外国人——混血と国籍」伊東俊太郎・石井米雄・岡田英弘編『講座・比較文化　アジアと日本人』研究社出版, 149-174.
高畑幸, 2003,「国際結婚と家族——在日フィリピン人による出産と子育ての相互扶助」石井由香編『移民の居住と生活』(講談　グローバル化する日本と移民問題　第 II 期第 4 巻) 明石書店, 255-293.
高崎節子, 1954a,「続　混血児」『労災——災害補償と安全衛生』労働協会, 5(10):10-13.
————, 1954b,「続　混血児（完結）」『労災——災害補償と安全衛生』労働協会, 5(11):6-9.
————, 1955,「白い子・黒い子の悲しみ」『文芸春秋』33(8):198-205.
高谷幸, 2017,『追放と抵抗のポリティクス——戦後日本の境界と非正規移民』ナカニシヤ出版.
嶽本新奈, 2015,『「からゆきさん」——海外〈出稼ぎ〉女性の近代』共栄書房.
竹ノ下弘久, 2005,「『不登校』『不就学』をめぐる意味世界——学校世界は子どもたちにどう経験されているか」『外国人の子どもと日本の教育——不就学問題と多文化共生の課題』東京大学出版会, 119-138.
竹下修子, 2004,『国際結婚の諸相』学文社.
竹沢泰子編, 2005,『人種概念の普遍性を問う——西洋的パラダイムを超えて』人文書院.
竹沢泰子・川島浩平編, 2016,『人種神話を解体する 3 ——「血」の政治学を超えて』東京大学出版会.
田中壽, 1952,「混血兒問題はどうなつているか」『レファレンス』国立国会図書館調査及び立法考査局, (19):46-54.
丹野清人, 2013,『国籍の境界を考える』吉田書店.
照本祥敬, 2004,「多文化共生の可能性を考える——『アメラジアン』をめぐる経験から」社会文化学会『社会文化研究〈第 7 号〉』晃洋書房, 22-38.
Thomas, M., James, 2014, “Affect and the sociology of race: A program for critical inquiry” *Ethnicities*, 14(1): 72-90.

加納弘勝編『国際社会 2 変容する日本社会と文化』東京大学出版会，69-92.
志水宏吉・清水睦美編，2001,『ニューカマーと教育――学校文化とエスニシティの葛藤をめぐって』明石書店.
志水宏吉・山本ベバリーアン・鍛治致・ハヤシザキカズヒコ編，2013,『「往還する人々」の教育戦略――グローバル社会を生きる家族と公教育の課題』明石書店.
清水隆雄，2008,「外国人政策の変遷と各種提言」『人口減少社会の外国人問題――総合調査報告書』国立国会図書館調査及び立法考査局，31-41.
塩原良和，2005,『ネオ・リベラリズムの時代の多文化主義――オーストラリアン・マルチカルチュラリズムの変容』三元社.
2010,「『連帯としての多文化共生』は可能か？」岩渕功一編『多文化社会の〈文化〉を問う――共生／コミュニティ／メディア』青弓社，63-85.
Slack, Jennifer Daryl, 1996, “The theory and method of articulation in cultural studies”, David Morley and Kuan-Hsing Chen eds., *Stuart Hall : critical dialogues in cultural studies,* London and New York: Routledge, 112-129.
孫・片田晶，2009,「『在日である自己』をめぐるコミュニケーションの現在　『就職差別』の潜在化と在日の自己提示の越境の戦略」『京都社会学年報』，(17):113-138.
Song, Miri, 2010a, “Does ‘race’ matter? A study of ‘Mixed race’ siblings’ identifications”, *The Sociological Review*, Blackwell Publishing Inc., 58(2):265-285.
――――，2010b, “What happens after segmented assimilation? An exploration of intermarriage and ‘mixed race ’ young people in Britain”, *Ethnic and Racial Studies*, Routledge, 33(7):1194-1213.
すだまさあき，1952,「混血児問題の焦点」『茨城教育時報』茨城縣教育委員會，4(9):31-32.
杉本良夫，1996,「日本文化という神話」井上俊・上野千鶴子・大澤真幸・見田宗介・吉見俊哉編『岩波講座　現代社会学――日本文化の社会学』岩波書店，7-37.
スティーブン・マーフィ重松，2002,『アメラジアンの子供たち――知られざるマイノリティ問題』集英社.
鈴江懐，1953,「混血兒問題」『日本體質学雑誌』日本体質研究会，18(2):57-58.

酒井直樹，2003,「非本来的国民の排除と統合——『ホワイト・ネイション』と日本の国民主義」ガッサン・ハージ『ホワイト・ネイション—ネオ・ナショナリズム批判』、保苅実・塩原良和訳，平凡社，371-385.(=Ghassan Hage, 1998, *White Nation: Fantasies of White Supremacy in a Multicultural Society*,Pluto Press:Australia and Comerford and Miller Publishes Australia, Melbourne.)
坂野徹，2005,「人種・民族・日本人——戦前日本の人類学と人種概念」竹沢泰子編『人種概念の普遍性を問う——西洋的パラダイムを超えて』人文書院，229-254.
————，2009,「混血と適応能力——日本における人種研究　1930 -1970 年代」竹沢泰子編『人種の表象と社会的リアリティ』岩波書店，188-215.
桜井厚，小林多寿子，2005,『ライフストーリー・インタビュー——質的研究入門』せりか書房.
桜井厚，　2002,『インタビューの社会学——ライフストーリーの聞き方』せりか書房.
————，2012,『ライフストーリー論』弘文堂.
Sartre, Jean Paul, 1960, *Question de Méthode*,（=1962, 平井啓之訳『方法の問題——弁証法的理性批判序説』人文書院.）
————，1965, *Situations*,（=2001, 海老坂武訳「作家とその言語」『哲学・言語論集』人文書院.）
沢田美喜，1953a,「混血児の母の手紙」『ニューエイジ』毎日新聞社，5(4):38-45.
————，1953b,「入学気を迎えた混血児」『ニューエイジ』毎日新聞社，5(3) :22-24.
————，2001,『澤田美喜——黒い肌と白い心　人間の記録』日本図書センター.
Santa Ana, Jeffrey, 2008, “Feeling Ancestral: The Emotions of Mixed Race and Memory in Asian American Cultural Productions”, *East Asia Cultures Critique*, 16(2):457-482.
関口知子，2003,『在日日系ブラジル人の子どもたち——異文化間に育つ子どものアイデンティティ形成』明石書店.
関計夫，1954,「混血児の問題」『教育と医学』教育と医学の会，2(3):165-168.
島袋まりあ，2002,「沖縄の『混血児』とその母親を語る政治性」青木保ほか編,『アジア新世紀 3 アイデンティティ——解体と再構成』岩波書店，85-100.
志水宏吉，2002,「学校世界の多文化化——日本の学校はどう変わるか」宮島喬・

————, 1994, *Racial formation in the United States: from the 1960s to the 1990s 2nd*, Routledge.
————, 2015, *Racial formation in the United States : Third Edition*, Routledge.
大串潤児, 2013,「戦後子ども論」安田常雄編『シリーズ戦後日本社会の歴史 4 社会の境界を生きる人びと——戦後日本の縁』岩波書店, 101-129.
太田晴雄, 2000,『ニューカマーの子どもと日本の学校』国際書院.
————, 2005,「日本的モノカルチュラリズムと学習困難」宮島喬・太田晴雄編『外国人の子どもと日本の教育——不就学問題と多文化共生の課題』東京大学出版会, 57-75.
Parreñas, Rhacel Salazar, 2008, *The Force of Domesticity: Filipina Migrants and Globalization*, New York: New York University Press.
Pollock, David C., and Van Reken, Ruth E., 1999, *The Third Culture Kid Experience: growing up among worlds*, Yarmouth, Me.:Intercultural Press.
Rocha, Zarine, L., 2016, *"Mixed Race" Identities in Asia and the Pacific: Experiences from Singapore and New Zealand*, Routledge.
Roediger, David, R., 1999, *The wages of whiteness: race and the making of the American working class*, London : Verso.（=2006, 小原豊志・竹中興慈・井川真砂・落合明子訳,『アメリカにおける白人意識の構築——労働者階級の形成と人種』明石書店.）
Root, Maria, P.P., eds.,1996, *The Multiracial Experience: Racial Borders as the New Frontier*, Sage Publication: Thousand Oaks, London, New Delhi.
————, 2002, "Methodological Issues in Multiracial Research", Gordon C. Nagayama Hall and Sumie Okazaki eds., *Asian American Psychology: The Science of Lives in Context*, Washington, DC: American Psychological Association, 171-193.
————, 2004, "Within, Between, and Beyond Race", Ifekwunigwe eds., *'Mixed Race' Studies*, Routledge: London and New York,143-148.
定松文, 2002,「国際結婚にみる家族の問題——フィリピン女性と日本人男性の結婚・離婚をめぐって」宮島喬・加納弘勝編『国際社会——変容する日本社会と文化』東京大学出版会, 41-68.
賽漢卓娜, 2011,『国際移動時代の国際結婚——日本の農村に嫁いだ中国人女性』勁草書房.

生徒交流会における相互性と、学びを増幅する学校文化」『多文化教育における「日本人性」の実証的研究』琉球大学リポジトリ，17-34.
————，2009a,「沖縄のアメラジアン——教育保障運動が示唆していること」志水編『日本の教育と社会 第 17 巻 エスニシティと教育』日本図書センター，204-225.
————，2009b,「『アメラジアン』という視点（特集エスニシティ）」『理論と動態』社会理論・動態研究所，(2):18-39.
————，2013,「【《UH・UR 合同シンポジウム》報告】映像表象における沖縄の『アメラジアン』」『国際琉球沖縄論集』(2):53-75.
小川政浩，1960,「混血児の福祉について」『混血児指導資料』文部省，139-151.
小ヶ谷千穂，2013,「支援組織との関わりから見る JFC のアイデンティティと複層的な“日本経験”——『JFC 研究』のための試論」『国際交流研究—国際交流学部紀要』フェリス女学院大学，15:189-213.
————，2016a,『移動を生きる——フィリピン移住女性と複数のモビリティ』，有信堂高文社.
————，2016b,「日比ダブルの若者が語る家族とアイデンティティ——日本育ちの若者の語りから（1）」『国際交流研究—国際交流学部紀要』フェリス女学院大学，51:1-27.
荻野美穂，2002,『ジェンダー化される身体』勁草書房.
小熊英二，1995,『単一民族神話の起源——〈日本人〉の自画像の系譜』新曜社.
————，1998,『〈日本人〉の境界——沖縄・アイヌ・台湾・朝鮮　植民地支配から復帰運動まで』新曜社.
小倉康嗣，2006,『高齢化社会と日本人の生き方——岐路に立つ現代中年のライフストーリー』慶応義塾大学出版会.
岡村兵衛，2013,「『混血』をめぐる言説——近代日本語辞書に現れるその同義語を中心に」神戸大学国際文化学研究科『国際文化学』，26:23-47.
————，2016,「『ハーフ』をめぐる言説——研究者や支援者の叙述を中心に」川島浩平・竹沢泰子編『人種神話を解体する 3——『血』の政治学を超えて』東京大学出版会，37-67.
Omi, Michael and Winant, Howard, 1986, *Racial formation in the United States: from the 1960s to the 1980s,* New York and London: Routledge and Kegan Paul.

森山至貴，2010,「ゲイアイデンティティとゲイコミュニティの関係性の変遷——カミングアウトに関する語りの分析から」『年俸社会学論集』2010(23):188-199.
Morockvasic, Mirjana, 1984, "birds of Passage are also Women...", *The International Migration Review* (Special Issue: Women in Migration),18(4): 886-907.
永井萠二，1952,「ごめんなさい——混血児の諸問題」『6・3教室』新教育協会，6(10):55-59.
長沼賢海，1953,「國際混血兒」『史淵』九州大学文学部，56: 43-84.
中村安菜，2010,「日本における国籍立法の黎明——黎明期における国籍概念の漠然性について」『法学研究論集』33:67-86.
中根千枝，1967,『タテ社会の人間関係』講談社現代新書.
————，1972,『適応の条件——日本的連続の思考』講談社現代新書.
Nakano Glenn, Evelyn, 1992, "From Servitude to Service Work: Historical Continuities in the Racial Division of Paid Reproductive Labor," *Signs: Journal of Women in Culture and Society*, Fall, 1-43.
中野佐三・甲野ヒサ子，1953,「一年生になった彼ら——混血児の成長」『児童心理』金子書房，7(7):618-622.
中曽根康弘，1978,『新しい保守の論理』講談社.
中村英代，2011,『摂食障害の語り——〈回復〉の臨床社会学』新曜社.
成田龍一，2016,「日本における『混血児』のディスクール——『戦前』と『戦後』」竹沢・川島編『人種神話を解体する 3 ——「血」の政治学を超えて』東京大学出版会，99-132.
日本弁護士連合会第 58 回人権擁護大会シンポジウム第 1 分科会実行委員会編，2017,『女性と労働——貧困を克服し男女ともに人間らしく豊かに生活するために』旬報社.
西尾幹二，1988,『戦略的「鎖国」論』講談社.
西沢修，1954,「混血孤児の問題に関する一考察——アメリカ人との養子縁組を中心として」『家庭裁判月報』最高裁判所，6(4):53-79.
野入直美，2004,「アメラジアンと沖縄社会——ディアスポラから見るホスト社会としての沖縄」『西日本社会学会年報』2:59-68.
————，2007,「〈非日常の学び〉と〈日常の学び〉の結びつき——在日外国人

年」梶田孝道・宮島喬編『国際化する日本社会』東京大学出版会，97-128.
松岡瑛理，2014,「在日運動における『当事者性』はいかに効力を失ったか？——在日韓国・朝鮮人＝日本人間『ダブル／クォーター』への聞き取り調査を中心に—」関東社会学会『年報社会学論集』(27):170-183.
松尾知明，2010,「問い直される日本人性——白人性研究を手がかりに」『多民族化社会・日本——〈多文化共生〉の社会的リアリティを問い直す』明石書店，191-209.
南川文里，2006,「日系アメリカ人研究と人種エスニック編成論——日系人研究の批判的統合のために」『神戸外大論叢』57(1/2/3/4/5):105-124.
————，2007,『「日系アメリカ人」の歴史社会学—エスニシティ、人種、ナショナリズム』細流社.
————，2006,「日系アメリカ人研究と人種エスニック編成論——日系人研究の批判的統合のために」神戸市外国語大学『神戸外大論叢』 57(1):105-124.
————，2012,「エスニシティは変容する——アメリカ合衆国におけるエスニシティ論の射程」マイグレーション研究会『エスニシティを問いなおす——理論と変容』関西学院大学出版会，23-46.
————，2015,「ポスト占領期における日米間の移民とその管理——人の移動の1952年体制と在米日系人社会」『立命館国際研究』28(1):145-161
————，2016,『アメリカ多文化社会論——「多からなる一」の系譜と現在』法律文化社.
嶺山敦子，2012, 「戦後の『混血児問題』をめぐって——久布白落実の論稿を中心に」『社会福祉学』，52(4):41-53.
三浦綾希子，2015,『ニューカマーの子どもと移民コミュニティ——第二世代のエスニックアイデンティティ』勁草書房.
水尾順一，1998,『化粧品のブランド史』中央公論社.
水谷智，2015,「植民地における『遺棄』と女性たち——混血児隔離政策の世界史的展開」『アジア遊学（世界史のなかの女性たち）——(妊娠・出産・育児)』186:153-164.
森廣正，2002,「日本における外国人労働者問題の研究動向——文献を中心にして」『大原社会問題研究所雑誌』法政大学大原社会問題研究所，1-25.
森田芳夫，1955,『在日朝鮮人処遇の推移と現状』法務研修所.

――――，1941,『國土・人口・血液』朝日新聞社.
――――，1944,『日本民族渾成誌――特に大陸との関係について』日新書院.
――――，1953,「混血ものがたり」『婦人公論』中央公論新社，39(4):164-169.
久布白おちみ，1953,「混血児の新しい諸問題」『ニューエイジ』毎日新聞社，5(3):25-29.
國弘正雄，1974,「外交交渉と言語」『国際問題』10.(=Kunishiro, Masao, 1976, "The Japanese Language and Intercultural Communication", trans. D. O. Mills, *The Interpreter*, 10(3/4):267-283.)
倉敷伸子，2013,「消費社会のなかの家族再編」安田常雄編『シリーズ戦後日本社会の歴史 2 社会を消費する人びと――大衆消費社会の編成と変容』岩波書店，40-66.
栗本英世，2016,「日本的多文化共生の限界と可能性」『未来共生学』，3:69-88.
Laclau, Ernest, 1977, *Politics and Ideology in Marxist Theory: Capitalism-Fascism-Populism*, London:NLB.（= 横越英一監訳『資本主義・ファシズム・ポピュリズム――マルクス主義理論における政治とイデオロギー』大村書店.）
Laclau, Ernesto and Mouffe, Chantal, 2001, *Hegemony and Socialist Strategy: Towards a Radical Democratic Politics*, Second Edition, London and Newyork: Verso.（= 西永亮・千葉眞訳『民主主義の革命　ヘゲモニーとポスト・マルクス主義』筑摩書房.）
李洪章，2008,「肯定性を生きる戦略としての『語り』と『対話』――在日朝鮮人 = 日本人間『ダブル』のライフ・ストーリーを事例として―」『京都社会学年報』(16):75-96.
李定次，1974,「『朝・日』混血として」『思想の科学』6(32):42-48.
Loomba, Ania, 1998, *Colonialism/ Postcolonialism*, London and New York: Routledge.（=2001, 吉原ゆかり訳『ポストコロニアル理論入門』松柏社.）
マイク・モラスキー，2010,「1958 年から 1968 年へ――ジャズと文化人の関係を中心に」四方田犬彦・平沢剛編『1968 年文化論』毎日新聞社，43-72.
毎日新聞東京本社社会部，1989,『じぱんぐ――日本を目指す外国人労働者』毎日新聞社.
牧賢一，1953,「混血児の問題」『社會事業』中央社會事業協會社會事業研究所 36(1):22-29.
町村敬志，2002,「世界都市からグローバルシティへ――『世界都市』東京の二〇

Kich, George Kitahara, 1996, "In the Margins of Sex and Race: Difference, Marginality, and Flexibility", Maria P.P. Root ed., *The Multiracial Experience: Racial Borders as the New Frontier*, Thousand Oaks, London and New Delhi: Sage Publications, 263-276.

金明秀, 2018,『レイシャルハラスメントQ&A——職場、学校での人種・民族的嫌がらせを防止する』解放出版社.

金英達, 1999,「日本の朝鮮統治下における『通婚』と『混血』——いわゆる『内鮮結婚』の法制・統計・政策について」『関西大学人権問題研究室紀要』, 39:1-46.

木村有伸, 2009,「日本人の『国際化』議論における日本特殊性の信念——その内容と問題点」立命館大学国際研究, 22(1): 141-162.

King, Rebecca Chiyoko, and DaCosta, Kimberly McClain, 1996, "Changing Race: The Remaking of Race in the Japanese American and African American Communities", Root eds., *The Multiracial Experience: Racial Borders as the New Frontier*, Sage Publication: Thousand Oaks, London, New Delhi, 227-244.

岸政彦, 2013,『同化と他者化——戦後沖縄の本土就職者たち』ナカニシヤ出版.

小林淳子, 2008,「1985年国籍法と沖縄の『無国籍児』問題——『排除』と『包摂』のはざまで」『人間文化創成科学論叢』, 11:441-449.

————, 2009,「1982年入国管理法の『配偶者ビザ』新設をめぐるジェンダーの交錯——『国際結婚を考える会』の対抗的運動を事例として」日本女性学, 17:74-91.

小林多寿子編, 2010,『ライフストーリー・ガイドブック——ひとがひとに会うために』嵯峨野書院.

国際結婚を考える会, 1986,『素顔の国際結婚——外国人を夫にもった女性たちの体験エッセイ集』ジャパンタイムズ.

————, 1990,『楽しくやろう国際結婚』明石書店.

高美哿, 2014,「戦後日本映画における〈混血児〉〈ハーフ〉表象の系譜」岩渕功一編『〈ハーフ〉とは誰か——人種混淆・メディア表象・交渉実践』青弓社, 80-113.

是川夕, 2018,「日本における国際人口移動転換とその中長期的展望——日本特殊論を超えて」移民政策学会『移民政策研究』(10): 13-28.

古屋芳雄, 1939,『日本民族は何處へ行く』日新書院.

神崎清，1953,「白と黒——日米混血児の調査報告」『婦人公論』中央公論新社，39(3):128-139.
柏木博，1985,「アメリカン・ドリーム・オブ・ライフ——アメリカ製ホームドラマをめぐって」筑摩書房『言語生活』, 401;52-57.
柏崎千佳子，2007,「韓国籍・朝鮮籍をもたずに『コリアン』であること」高全恵星監修・柏崎千佳子訳『ディアスポラとしてのコリアン——北米、東アジア、中央アジア』新幹社，195-228.
————，2010,「日本のトランスナショナリズムの位相——〈多文化共生〉言説再考」『多民族化社会・日本——〈多文化共生〉の社会的リアリティを問い直す』明石書店，267-292.
加藤幹雄ほか，1987,「国際化の促進」総合研究開発機構編『事典 1990 年代日本の課題』三省堂，421- 452.
川端浩平，2010,「岡山在日物語 ——地方都市で生活する在日三世の恋愛・結婚をめぐる経験から」岩渕功一編『多文化社会の〈文化〉を問う——共生／コミュニティ／メディア』青弓社，116-145.
————，2014「〈ダブル〉がイシュー化する境界域——異なるルーツが交錯する在日コリアンの語りから」岩渕功一編『〈ハーフ〉とは誰か——人種混淆・メディア表象・交渉実践』青弓社，222-242.
河合優子，2014,「日本における人種・民族概念と『日本人』『混血』『ハーフ』」岩渕功一編『〈ハーフ〉とは誰か——人種混淆・メディア表象・交渉実践』青弓社，28-54.
川上郁雄・市瀬智紀，2005,「多国籍化する社会の言語教育とは何か——地域と子どもの視点から」日比谷潤子・平高史也編『多言語社会と外国人の学習支援』慶應義塾大学出版会，13-50.
風間孝，2002,「カミングアウトのポリティクス」『社会学評論』53(3):348-364.
ケイン樹里安，2017,「『ハーフ』の技芸と社会的身体——SNS を介した『出会い』の場を事例に」『年報カルチュラル・スタディーズ』（5）;163-184.
————，2018,「『ハーフ』のドラマトゥルギーのために——ソーシャルメディア，『労働』，ジェンダー秩序」『市大社会学』(15);20-38.
ケント・ポーリン，2014,「多文化共生政策が誰との『共生』を目指しているか？」『国際文化研究』，18:53-60.

飯塚エリザベス乾子，2008,「沢田美喜の『国際児』教育――『統合』・『分離』教育論争をめぐって」『キリスト教教育研究』，26:19-40.
稲村博，1980,『日本人の海外不適応』日本放送出版協会.
石田智恵，2009,「1990年入管法改正を経た〈日系人〉カテゴリーの動態――名づけと名乗りの交錯を通して」『Core Ethics: コア・エシックス』立命館大学大学院先端総合学術研究科，427-434.
石川好，1988,『ヒトの開国かヒトの鎖国か――日本の選択』パンリサーチインスティチュート.
岩渕功一，2010,「多文化社会・日本における〈文化〉の問い」岩渕功一編『多文化社会の〈文化〉を問う――共生／コミュニティ／メディア』青弓社，9-34.
――――，2014,「〈ハーフ〉が照らし出す人種混淆の文化政治」岩渕功一編『〈ハーフ〉とは誰か――人種混淆・メディア表象・交渉実践』青弓社，11-26.
Kandaswamy, Priya, 2012, "Gendering Racial Formation," Daniel Martinez HoSang and Oneka LaBennett and Laura Pulido eds., *Racial Formation in the Twenty-First Century*, Berkeley: University of California Press,23-43.
梶田孝道，2002,「日本の外国人労働者政策――政策意図と現実の乖離という視点から」梶田孝道・宮島喬編『国際化する日本社会』東京大学出版会，15-43.
梶田孝道・丹野清人・樋口直人，2005,『顔の見えない定住化――日系ブラジル人と国家・市場・移民ネットワーク』名古屋大学出版会.
――――，2005,「国民国家の境界と日系人カテゴリーの形成――一九九〇年入管法改定をめぐって」『顔の見えない定住化――日系ブラジル人と国家・市場・移民ネットワーク』名古屋大学出版会，108-137.
梶田孝道編，2005,『新・国際社会学』名古屋大学出版会.
梶田孝道・宮島喬，2002,「日本社会の変容と外国人の生活世界」梶田孝道・宮島喬編『国際化する日本社会』東京大学出版会，1-14.
上田誠二，2014,「占領・復興期の『混血児』教育――人格主義と平等主義の裂け目」『歴史学研究』920:46-59.
嘉本伊都子，2001,『国際結婚の誕生――〈文明国日本〉への道』新曜社.
――――，2008,『国際結婚論！？【現代編】』法律文化社.
加納実紀代，2007,「『混血児』問題と単一民族神話の生成」恵泉女学園大学平和文化研究所編『占領と性』インパクト出版会，213-260.

社.
長谷部言人, 1942,「大東亜建設ニ関シ人類学研究者トシテノ意見」（= 土井章監修, 1991『昭和社会経済史料集成　第一六巻』大東文化大東洋研究所, 32-38.）
平井和子, 2014,『日本占領とジェンダー——米軍・売買春と日本女性たち』有志舎.
平野威馬雄, 1964,「〈あれから 19 年〉混血児は生きている」婦人生活社『婦人生活』, 18(8):170-174.
堀口佐知子・井本由紀, 2014,「ミックス・レースはどう語られてきたか——『ハーフ』にいたるまでの言説をたどって」岩渕功一編『〈ハーフ〉とは誰か——人種混淆・メディア表象・交渉実践』青弓社, 55-77.
細谷実, 2008,「美醜としての身体——美醜評価のまなざしの中で生きる」金井淑子編『身体とアイデンティティ・トラブル——ジェンダー / セックスの二元論を超えて』明石書店, 69-94.
堀田・世紀・アントニー, 2015,『アイ　アム　ジャパニーズ——これがハーフ芸人の生きる道』ヨシモトブックス.
藤村正之, 2013,「若者の生き方の変容—対抗文化・アイデンティティ・空気」安田常雄編『シリーズ戦後日本社会の歴史 2 社会を消費する人びと——大衆消費社会の編成と変容』岩波書店, 68-96.
福田友子, 2002,「国家による成員の選別過程——1990 年入管法改定と『日系人』を事例として」東京都立大学社会学研究会『社会学論考』23: 31-56.
福岡安則, 1993,『在日韓国・朝鮮人——若い世代のアイデンティティ』中公新書.
市川房枝, 1952,「「獨立」日本の婦人問題——パンパンと混血兒問題の解決を」『東洋経済新報』東洋経済新報社, (8):51-55.
Ifekwunigwe, Jayne O., 1999, *Scattered Belongings: Cultural Paradoxes of "Race", Nation and Gender*, London and New York: Routledge.
———— ed., 2004, *'Mixed Race' Studies: A Reader*, Routledge.
飯島真里子・大野俊, 2010,「フィリピン日系『帰還』移民の生活・市民権・アイデンティティ——質問票による全国実態調査結果（概要）を中心に」九州大学アジア総合政策センター『九州大学アジア総合政策センター紀要』, 4:35-54.

and Their Impact on Identity Formation, The Department of Sociology of the London School of Economics, The Degree of Master of Philosophy, London, February 2010.

Gane, Nicholas, 2005, "An Information Age Without Technology: A Response to Webster", *Information, Communication and Communication and Society*, 8(4):471-476.

George, Sheba, M., 2005, *When Women Come First: Gender and Class in Transnational Migration*, University of California Press.（=2011, 伊藤るり監訳『女が先に移り住むとき——在米インド人看護師のトランスナショナルな生活世界』有信堂高文社.）

Giddens, Anthony, 1979, *Central Problems in Social Theory*, Berkeley and Los Angels: University of California Press.（=1989, 友枝敏雄・今田高俊・森重雄訳『社会理論の最前線』ハーベスト社.）

Gilbert, David, 2005, "Interrogating Mixed-Race: A Crisis of Ambiguity?", *Social Identities*, Routledge, 11(1):55-74.

Goffman, Erving, 1959, *The Presentation of Self in Every Life*, Doubleday & Company.（= 石黒毅訳, 1974,『行為と演技——日常生活における自己呈示』誠信書房.）

Grossberg, Lawrence, 1996, "On postmodernism and articulation: An interview with Stuart Hall", David Morley and Kuan-Hsing Chen eds., *Journal of Communication Inquiry*, Stuart Hall: Critical Dialogues in Cultural Studies, London: Routledge, 131-150.（=1998, 甲斐聰訳,「ポストモダニズムと節合について——スチュアート・ホールとのインタヴュー」青土社『現代思想』26(4):22-43.）

Hall, C. C. I., 1980, *The ethnic identity of racially mixed people: A study of Black-Japanese*, Unpublished doctoral dissertation, University of California, Los Angeles.

Hall, Stuart, 1980, "Race, articulation and societies structured in dominance", *Sociological Theories : Race and Colonialism*, Paris : Unesco, 305-346.

原知章, 2010,「『多文化共生』をめぐる議論で、『文化』をどのように語るのか？」岩渕功一編『多文化社会の〈文化〉を問う——共生／コミュニティ／メディア』青弓社, 35-62.

原山浩介, 2013,「出発としての焼け跡・闇市」安田常雄編『シリーズ戦後日本社会の歴史 2 社会を消費する人びと——大衆消費社会の編成と変容』岩波書店, 14-39.

ハルミ・ベフ, 1997,『増補新版　イデオロギーとしての日本文化論』思想の科学

Ethnography, and The Racial Politics of Social Media In The United States", *American Ethnologist*, 42(1):4-17.

Bou-habib, Paul, 2011, "Racial Profiling and Background Injustice", *The Journal of Ethics*, 15:33-46.

Camper, Carol, 2004, "Into The Mix", Connell, Jayne O. Ifekwunigwe ed., *'Mixed Race' Studies: A Reader,* London and New York: Routledge, 177-182.

Chang, Sharon H., 2016, *Rasing Mixed Race: Multiracial Asian Children in a Post-Racial World*, New York and London: Routledge.

Choo, Hae Yeon, and Ferre, Myra Marx, 2010, "Practicing Intersectionality in Sociological Research: A Critical Analysis of Inclusions, Interactions, and Institutions in the Study of Inequalities", *Sociological Theory*, 28(2):129-149.

Connell, R.W., 1987, *Gender and Power: Society, the Person and Sexual Politics*, UK: Polity Press（=1993, 森重雄・菊池栄治・加藤隆雄・越智康詞訳『ジェンダーと権力——セクシュアリティの社会学』三交社).

————, 2002, *Gender: Short Introduction*, Cambridge: Polity Press.（=2008, 多賀太監訳『ジェンダー学の最前線』世界思想社.）

————, 2005, *Masculinities: Second Edition*, Berkeley and Los Angeles: University of California Press.

Cornell, Stephen and Hartmann, Douglas, 2007, *Ethnicity and race: Making identities in a changing world 2nd*, Thousand Oaks, London, New Delhi: Pine Forge Press.

Crenshaw, Kimberle, 1991, "Mapping the Margins: Intersectionality, Identity Politics, and Violence against Women of Color," *Stanford Law Review*, 43(6):1241-1299.

DaCosta, Kimberly McClain, 2007, *Making Multiracials: State, Family, and Market in the Re-drawing of the Color Line*, Stanford: Stanford UP.

Dixon Kitsy, 2014, "Feminist Online Identity: Analyzing The Presence of Hashtag Feminism", *Journal of Arts and Humanities*, 3(7):34-40.

Elam, Michele, 2011, *The Souls of Mixed Folk: Race, Politics, and Aesthetics in the New Millennium*, Stanford California:Stanford University Press.

遠藤正敬, 2013,『戸籍と国籍の近現代史——民族・血統・日本人』明石書店.

————, 2017,『戸籍と無戸籍——「日本人」の輪郭』人文書院.

Evanoff, Elia, 2010, *Online Hafu Japanese Communities: The Uses of Social Networking Services*

引用・参考文献

阿川清道・渡辺葆共編，1960,『戸籍関係判例総覧』帝国判例法規出版出版社.

Althusser, Louis, 1965, *Pour Marx*, Paris: La Découverte Maspero.（=1994, 河野健二・田村俶・西川長夫訳『マルクスのために』平凡社.）

————, 1995, *Sur la reproduction*, Paris : Presses universitaires de France.（=2010, 西川長夫・伊吹浩一・大中一彌・今野晃・山家歩訳『再生産について——イデオロギーと国家のイデオロギー諸装置』平凡社.）

Althusser, Louis, and Balibar, Etienne, 1965, *Lire Le Capital*, Paris: Librairie François Maspero.（=1974, 権寧・神戸仁彦訳『資本論を読む』合同出版.）

安藤由美・鈴木規之・野入直美，2007,『沖縄社会と日系人・外国人・アメラジアン　——新たな出会いとつながりをめざして』, クバプロ.

青柳真智子，2004,『国勢調査の文化人類学——人種・民族分類の比較研究』古今書院.

青柳まちこ，2010,『国勢調査から考える人種・民族・国籍——オバマはなぜ「黒人」大統領と呼ばれるのか』明石書店.

網野善彦，1990,『日本論の視座——列島の社会と国家』小学館.

アントニオ・グラムシ，1978, 石堂清倫訳，『グラムシ獄中ノート』三一書房.

Aspinall, Peter J., 2003, "The conceptualisation and categorization of mixed race/ethnicity in Britain and North America: Identity options and the role of the state", *International Journal of Intercultural Relations*, 27(3): 269-296.

Aspinall, Peter, and Song, Miri, 2013, *Mixed Race Identities*, Basingstoke: Palgrave Macmillan.

Bettez, Silvia, C., 2010, "Mixed-Race Women and Epistemologies of Belonging", *Frontiers: A Journal of Women Studies*, 31(1):142-165.

Bigo, Didier, 2002, "Security and Immigration: Toward a Critique of the Governmentality of Unease", Alternatives, 27:63-92.（＝2014、村上一基訳「国境概念の変化と監視体制の進化」森千香子・エレン・ルバイ編『国境政策のパラドクス』勁草書房）

Bonilla, Yarimar, and Rosa, Jonathan, 2015, "#Ferguson: Digital Protest, Hashtag

は行

ハーフあるある　234, 244, 247
ハーフブーム　19, 147, 161-2, 165, 177-8, 225, 228, 253, 261, 438-9
売買春　71, 327, 358
バイレイシャル　308-9
ハッシュタグ　246-7
パッシング　289, 398-9, 402, 412, 421, 423, 428
バブル崩壊　34, 181, 183, 226
パラムの会　31, 49, 200, 202
パンパン　71, 98-9, 109-10, 124, 252, 341
平野威馬雄　123, 155
平野レミ　123
父系血統主義　175
ブラックハーフ　194-5
プロファイリング　43, 51, 378-9, 381-5, 389
文化の人種的所有　28, 144, 166, 317
米兵　31-2, 52, 54, 71-3, 107, 121, 152-3, 169, 177, 228, 252, 335, 337, 339-41, 358, 368, 438, 445
掘田・世紀・アントニー　230
ポツダム宣言　68

ま行

マイクロ・アグレッション　434
前田美波里　152, 160
マッカラン＝ウォルター法　91, 126-7
マリアン　162, 165
マルチエスニック　44, 280
マルチレイシャル　44, 280, 282, 398, 405
ミックス　19, 40, 52, 194, 225, 236, 238, 245, 264, 266, 272-3, 275-6, 279-80, 289, 292, 309-10, 318, 320, 365-6, 393-4, 395, 403
宮本エリアナ　227, 229-30
民族籍　65, 67
メディア・アクティビズム　34, 50, 57, 246-7, 249, 254, 292
モノレイシャル（モノレイシャリティ）　267, 283, 309
文部科学省　95, 211, 222
文部省　10, 31, 56, 74-6, 79, 85, 93-7, 100-2, 105-6, 110-3, 115-20, 126, 128-30, 132, 140, 174, 252, 369, 438

や行

安田直人　200, 203
吉野耕作　28

ら行

ラブリ　230-1
リーマンショック　217, 221
Lilico　230
レミの会　31-2, 121, 123-5, 155
労働移民　181, 191, 209, 213

ＡＢＣ

GHQ　30, 32, 49, 72, 75, 252
hafu　31, 246, 449
hapa　31, 234, 236, 245
RAA（特殊慰安施設協会）　71

新自由主義　31, 41, 207, 214, 225-6, 247
人種の線　62, 68, 132-3, 252
人種編成　24-31, 35, 37-8, 42-5, 50-1, 53, 55-8, 65-6, 85, 111, 119-20, 131, 133, 135, 148, 164, 169, 177, 179, 182, 251, 261-3, 267, 269, 321-2, 324, 370, 389, 394, 417, 428-31, 435, 439, 447
壬申戸籍　67
スティグマ　50-1, 115, 177, 201, 226, 247, 311, 328, 336, 339, 341, 357, 358, 359, 387, 395, 428, 434
聖母愛児園　72, 78, 121
セクシュアリティ　13, 28, 48, 57, 260, 269, 271-2, 291-2, 298, 304-10, 317, 321, 326, 338, 357-8, 434, 440, 449
セクシュアル・ハラスメント　300, 420, 434, 441
節合　24, 38, 40-2, 138-43, 202, 225, 248
一九五三年会　123
戦争花嫁　31-2, 126-7
占領　21, 30-2, 62-3, 71-2, 75, 127, 130-1, 252
総務省　205, 208, 222, 369

た行

代替空間　392, 395, 402, 408-9, 412, 428
大日本帝国　61, 65, 82, 131, 174
台湾人　63-5, 70
たかとりコミュニティセンター　204
高崎節子　123
高橋恵美子　152-3, 156
ダブル　19-20, 23, 30-1, 33-4, 36-7, 42, 49, 57, 169, 181, 195-200, 202-4, 233, 254, 261, 266, 326, 341-3, 352, 357, 368
多文化共生　31, 35, 48, 50, 57, 179, 181-2, 204-8, 210-1, 213-7, 224, 254-5, 260-1, 369, 439
単一民族　13, 33, 46, 137-40, 165, 171-5, 179, 179, 209, 217, 285, 316, 318, 438-40
中央児童福祉審議会　74, 76-7, 79, 88, 90
中国帰国者　182, 189, 211
朝鮮人　44, 63-5, 70, 103, 168-9, 183, 200, 203
朝鮮総督府　61
定住者　187-9, 191-3, 210, 220-1
同化政策　61, 169

な行

内鮮結婚　62, 168, 175
内地戸籍　65-8, 189
内地人　61, 63-4, 131
難民救済法　128
日系人　26, 166, 187-92, 209-11, 213, 218-20, 248, 261
日本人性　27, 166, 178, 268
日本臣民　61, 62, 84-5, 131
日本人らしさ　45, 143-4, 165-6, 228, 276, 361, 366, 368, 428
ニューカマー　31, 36, 49, 52, 207, 225, 325, 247, 352, 353, 356-7

210, 213, 236, 253, 282, 306-7, 309, 330, 387, 410
草刈正雄　1161, 167
血統　11-2, 46-8, 68, 82, 84-5, 175, 189-90, 441
厚生省　31-2, 42, 159, 253
ゴールデン・ハーフ　157-9
国際化　56, 135, 163, 170-3, 175, 177-9, 185, 188, 204-5, 215, 224-5, 260-1, 285, 292, 438-9
国際結婚　15, 21, 30-1, 33-4, 120, 127, 175-7, 181, 183, 195-6, 202, 212, 313, 326
国際結婚を考える会　176-7
国際交流　204-5, 369
国際児　16, 19-20, 23, 32, 34, 49, 195-7, 204, 212, 254, 261, 313, 353, 357
国際社会事業団（ISS）　31, 76, 92, 117, 121, 126, 129
国際日本文化研究センター　171
国勢調査　48, 68-70, 217
戸籍　12, 45, 47-8, 61, 63-8, 83, 90, 95, 124, 131, 154, 175, 177, 188-9, 210, 212-3, 261, 285, 364, 438-9
戸籍原理主義　66-8, 83, 95, 131
コムスタカ　31, 195, 197
「混血児の就學について指導上留意すべき点」　105
混血児童実態調査　86-7, 89, 252
混血児指導記録　10, 85, 96-7, 106-7, 111, 114, 117-8, 321, 328
混血児指導資料　85, 93, 97, 117-8, 129
混血児問題対策　31-2, 74, 76, 78-80, 88-91, 132
混血タレント　147, 151, 153, 155-7, 161, 165, 253
混血ブーム　19, 135, 146-7, 151, 153-8, 161, 164-5, 177-8, 253, 438-9
混血モデル　151-2
コンプレックス　155, 294-5, 367-8, 411

さ行

在日コリアン　31, 33, 103, 168-9, 176-7, 195, 199-200, 208-9, 211, 233, 326, 342-3, 371
在日韓国・朝鮮人 191, 200, 203
在日コミュニティ　20, 326, 342, 343, 345-7, 351-2, 358, 434
佐藤美子　123
沢田美樹（澤田美樹）　78, 121-3, 126
サンフランシスコ講和条約　31-2, 64-5, 68, 126
ジェンダー　13, 18, 28-9, 43, 55-7, 68, 85, 88, 132, 140, 143, 161, 163-4, 166, 168, 175, 177-8, 244, 252, 253-4, 260-1, 263, 269, 271, 274, 292-3, 298, 301, 304-5, 308, 311, 317, 321, 326, 338-9, 341, 355, 357-8, 365-6, 369, 377-8, 383, 389, 391-2, 420, 430-1, 433-4, 440, 447, 449
児童局　74, 76, 91-2
社会福祉協議会　76, 91-2
ジャパニーズ・フィリピーノ・チルドレン（JFC）　20, 212, 254
ジャパゆきさん　183
出入国管理及び難民認定法　182, 189
職務質問　39, 55, 268, 289, 305, 378, 381-3, 424, 430, 435, 441

索引

あ行

アイヌ　30, 140, 208, 215, 441
あいのこ（アイノコ）　19, 81, 108, 124, 139, 153, 167, 226, 397
青線　71
赤線　71, 330, 331
秋元才加　230
秋山リサ　159, 161
アジア女たちの会　31, 33, 176, 195
新しい社会運動　41, 195
アメラジアン　19-20, 30-1, 34, 49, 54, 199, 201, 326, 445, 448
アメラジアン・スクール・イン・オキナワ（Amer-Asian School in Okinawa, AASO）　31, 199
アメリカ市民協会　127
移民　16, 21, 22-3, 31-2, 34, 36, 72-3, 78, 91-2, 106, 122-3, 126-8, 130-1, 133, 181, 190-1, 193, 195, 204, 208-9, 211, 213-6, 221, 223-6, 272, 309-10, 365, 370-1, 383-4, 442, 447
入江美樹　151-2, 156, 164
民籍　69-70
移民国籍修正法　128
インターセクショナリティ　260, 308
失われた一〇年　187
内なる国際化　170
江川宇礼雄　123
エリザベス・サンダース・ホーム　31-2, 52, 78, 122-3, 127, 130, 158
援助共同米国委員会　128
沖縄　20, 31-2, 36, 44, 49-50, 54, 72, 103, 125, 140, 198-201, 208, 215, 320, 326, 328-9, 331, 339, 350, 368, 445, 449

か行

海外養子縁組　74, 77, 89-93, 106, 111, 116-7, 123, 126-31
開国・鎖国論争　182, 186
外国人政策　182, 217
外国人登録令　63-5
外国人労働者　44, 183-9, 206, 217, 223
外地戸籍　63, 65-6, 68, 189, 212
外地人　61, 131
外務省　10, 49, 56, 68, 74, 76-7, 79, 81, 91, 107, 126-7, 190, 223, 449
家父長的（な）　175-6, 261, 392
カミングアウト　55, 283, 284-5, 323, 349
帰化　17-8, 44, 144, 200, 208-9, 211, 220, 223, 342
『キクとイサム』（映画）　152, 156
帰国生　322-4
技能実習制度　204
キャロライン洋子　159
旧植民地出身者　48, 56, 62-3, 65-7, 71, 83-4, 88, 132-3, 175, 178-9, 182, 189, 259, 285, 326, 438
クォーター　19, 34, 54-5, 57, 189, 193,

［著者］　下地ローレンス吉孝（しもじ・ろーれんす・よしたか）

1987 年生まれ。一橋大学大学院社会学研究科博士課程修了。博士（社会学）。専門は社会学・国際社会学。2021 年 8 月より日本学術振興会・特別研究員（CPD）に採用され、ハワイ大学マノア校アメリカン・スタディーズ学部に研究員として所属。著書に『「ハーフ」ってなんだろう？――あなたと考えたいイメージと現実』（平凡社、2021 年）がある。「ハーフ」や海外ルーツの人々の情報共有サイト「HAFU TALK」を共同運営。Twitter および Instagram アカウント：@lawrenceyoshy

「混血」と「日本人」

ハーフ・ダブル・ミックスの社会史

2018 年 9 月 13 日　第 1 刷発行
2021 年 7 月 20 日　第 4 刷発行

著者――下地ローレンス吉孝

発行人――清水一人
発行所――青土社

〒101-0051　東京都千代田区神田神保町 1-29　市瀬ビル
［電話］03-3291-9831（編集）　03-3294-7829（営業）
［振替］00190-7-192955

組版――フレックスアート

印刷・製本――シナノ印刷

装幀――鈴木一誌

ISBN 978-4-7917-7094-6 C0030